防災 減災 復旧 復興 Q&A

大災害被災者支援の経験から

近畿災害対策まちづくり支援機構 編

東方出版

発刊にあたって

　本書は、大災害の救援・復興にあたってきた研究者（学者）と専門実務家（弁護士、建築士、技術士、税理士、不動産鑑定士、土地家屋調査士、社会保険労務士、司法書士、行政書士）が、研究と実践経験に基づいて執筆しました。
　理論と実務を兼ね備えたQ&Aです。
　私たちが所属する支援機構は、阪神・淡路大震災の教訓から翌年、1996年に結成され、以後の大災害に対しては現地視察、現地自治体訪問、被災者の方々からの事情聴取などをもとに調査研究をおこない、東日本大震災、熊本地震には現地に学者と全業種を揃えた「ワンパック専門家相談隊」を派遣し、発災初期における各種相談に従事し、数多くの事例の解決にあたってきました。
　専門研究者、専門実務家からなる支援機構は、1997年以来付属研究会をもっており、理論と実務を架橋する研究を20年にわたり続けてまいりました。現在の研究会共同代表は、研究者側が平山洋介神戸大学人間発達環境学研究科教授、実務家側が弁護士である私がつとめております。
　本書はそれらの実践と研究の中から、浮かび上がった論点を厳選し、大災害に直面する国民の方々にどうしても知っておいていただきたい項目を各専門家に割り振り、本書を完成しました。防災・減災・復旧・復興のノウハウ集であります。
　同一項目を別職種が別観点で書いている箇所がいくつもありますが、この支援機構の特徴の一つであります。復興の章の項目は、東日本大震災の事例をあげればなお多く取り上げることは可能ですが、原発被害からの復興などをはじめ一般化できない問題もあり、今回は取り上げませんでした。
　本書の最終準備にかかった時に起きました西日本豪雨、大阪北部地震、台風21号、北海道地震の連続を見ますと、常時災害列島の感をいだかせます。これらの直近災害の様々な事象、ブロック塀の倒壊、山崩れ土砂崩れ、高潮、液状化など、この本には全て入っておりました。この本を読んでいただき対策を取っていただいていたらなあと思った次第であります。
　接近が予告されております南海、東南海トラフ地震も視野に入れますと、私たちは、防災・減災・復旧・復興の全ての過程を知り、覚悟しなければならないものと思われます。
　多くの国民、ボランティア、NPO、自治体職員のみなさまが、本書を活用され、災害に対処していただきますことを心から希望しております。

　　異常気象と度重なる災害の起きた2018年の秋

近畿災害対策まちづくり支援機構運営委員・付属研究会代表
斎藤　浩

ごあいさつ

　近畿災害対策まちづくり支援機構の前身である「阪神・淡路まちづくり支援機構」は、阪神・淡路大震災の発生から1年半後の1996年9月4日に設立された、わが国で初めての専門家団体による横断的なNPOです。

　阪神・淡路大震災では6,434人の方々がなくなり、25万棟の建物が全半壊しました。この未曽有の大災害からの復興には行政が深く関与しますが、主体となるのは被災者（一般市民）です。しかし、まちづくりは土地・建物などの不動産にかかわるため法律問題一般のほか、支援制度や登記、測量、税務、不動産鑑定、設計など多くの専門的知識が必要とされ、問題が複雑に絡みあっているため、個々の市民だけで対応することは困難です。

　このような問題に対応するのが研究者・弁護士・建築士・技術士・税理士・不動産鑑定士・土地家屋調査士・社会保険労務士・司法書士・行政書士などですが、これらの専門家は通常、個別に仕事をしており、自分の専門分野については相談に応じられますが、他の分野のことはわかりません。災害によって生じた被災者の諸問題は、種々の専門的知識、ノウハウを必要とする複合的要素が強く、とりわけ復興まちづくりは多くの問題が相互に絡み合って極めて複雑であり、単一の専門家だけでは対応できないわけです。

　こうした現状に対して、まちづくり支援機構は6職種・9団体が連携し日本建築学会・都市住宅学会などの協力を得て設立し、職能団体として被災地の市民のまちづくりの支援活動を行ってきました。阪神・淡路大震災に際して行った相談件数は237件、派遣された専門家は245名に上りました。

　その後も、中越地震や能登半島地震などが相次ぎ、それらの被災地にも出向いて支援活動をおこないましたが、2011年3月の東日本大震災に際しては4月29日から6日間、被災3県で、2016年4月の熊本地震に際しては6月10日から3日間「ワンパック相談会」の活動を行いました。

　阪神・淡路まちづくり支援機構は、2017年9月に「近畿災害対策まちづくり支援機構」と名称を改めました。これは、阪神・淡路大震災以降全国各地で災害が相次ぎ、とりわけ東日本大震災を契機に全国的な活動も増え、同時に災害後の復興だけでなく平時からの災害予防活動やその支援の重要性が増しているからです。本年の災害事情をみると、地震、豪雨、土砂災害などの複合的な災害が全国どこでも発生することがますます明白になっており、さらには南海トラフ巨大地震が迫っている状況では、対象を広げた活動の必要性が高まっています。

　当支援機構の最大の特徴は、研究者（学者）とさまざまな専門職能団体が連携し、複雑な問題に対して一体となって相談に応じることができる点にあります。こうした組織を平時から備えておくことが極めて重要であり、近畿地方だけでなく全国にその設立を呼び掛け、各地で専門士業の組織も生まれています。また行政との連携も重要で、当支援機構は2013年に関西広域連合との間で「復興まちづくりの支援に関する協定書」を交わしています。

　毎年のように繰り返される大小さまざまな災害や来るべき巨大災害に対して、平時から備え、またいったん災害発生後には速やかな復興を遂げられるよう、当機構の使命は一層大きなものがあると自覚しています。

　本書はこれまでの当機構の活動のエッセンスを取りまとめ、今後の活動に生かしていく貴重な糧とすべく編纂したもので、大方のご批判を頂ければ幸いです。

　　　　　　　　　　　　　　　　　　　　　　　　　　近畿災害対策まちづくり支援機構
　　　　　　　　　　　　　　　　　　　　　　　　　　　　代表　塩崎賢明（神戸大学名誉教授）
　　　　　　　　　　　　　　　　　　　　　　　　　　　　代表　森川憲二（弁護士）

●目次

発刊にあたって　1
ごあいさつ　2

第Ⅰ部　災害の教訓を生かしたい

今後の大災害のための制度と心構え　京都府立大学名誉教授　広原盛明　10
阪神・淡路大震災の教訓　神戸大学教授　平山洋介　12
東日本大震災7年の復興　神戸大学名誉教授　塩崎賢明　14
常総水害、熊本地震の教訓　長岡技術科学大学大学院准教授　木村悟隆　16

第Ⅱ部　専門研究者・専門実務家からの提言

第1章　防災・減災のために

事前復興まちづくり　首都大学東京教授　市古太郎　20
災害ハザードマップ　首都大学東京教授　市古太郎　21

［備える・知る］

Q1　活断層の有無　22
Q2　南海トラフ地震と長周期地震動　24
Q3　長周期地震動と建物被害　26
Q4　免震構造の超高層マンション　28
Q5　長周期地震動と高層マンション被害　30
Q6　地震で壊れやすい地盤　32
Q7　安全な宅地　34
Q8　地盤の液状化現象　36
Q9　隣接地の掘削工事　38

［出される情報・警報］

Q10　気象警報・気象特別警報　40
Q11　緊急地震速報　42
Q12　津波警報　44
Q13　台風の進路と備え　46

Q14　暴風警報・暴風特別警報　48
Q15　記録的短時間大雨情報　50
Q16　大雨特別警報　52
Q17　土砂災害特別警戒区域　54
Q18　土砂災害警戒情報　56
Q19　集中豪雨で壊れやすい場所　58
Q20　高潮特別警報・波浪特別警報　60

［安全強化に向けて］
Q21　建築確認と新築住宅　62
Q22　ブロック塀の安全対策　64
Q23　家具類の転倒防止　66
Q24　マンション管理組合の備え　68

第2章　復旧のために

どの役所を頼ればいいか　立命館大学教授　見上崇洋　70
避難所の改善と関連死　神戸大学名誉教授　塩崎賢明　72
「孤独死」防止のために　追手門学院大学准教授　田中正人　74
障害者と災害　立命館大学授業担当講師　前田萌　76

［どんな現象が起きるのか］
Q25　宅地が動く　80
Q26　地盤の亀裂　82
Q27　崖地・斜面・河岸　84
Q28　地震で家が傾いた　86
Q29　建物の全壊、半壊の調査　88
Q30　建物の危険度判定　90
Q31　建物と宅地の危険度判定　92
Q32　マンションの敷地が液状化　94
Q33　液状化した土地の価格　96
Q34　マンションの滅失度合いと評価　97

［災害救助の基本］
Q35　災害救助法　98
Q36　避難所　100
Q37　被害と補償　102
Q38　り災証明書　104

[人の死]
- Q39　災害と相続　106
- Q40　震災死と相続登記　108
- Q41　同時死亡の推定　110
- Q42　両親が同時に死亡した場合の相続税の課税　112
- Q43　災害と相続税の特例　114
- Q44　遺言をめぐる問題　116
- Q45　保険金等にかかる税金と申告　118
- Q46　死亡した被災者の不動産の把握　120
- Q47　行方不明者の財産管理、相続　122

[住いの破壊]
- Q48　隣地の擁壁の倒壊　124
- Q49　全壊した隣家による被害　126
- Q50　境界の調査　128
- Q51　境界の調査における震災前の資料　130
- Q52　地図混乱地域の境界　132
- Q53　境界確定の方法　133
- Q54　水没海没土地の境界　134
- Q55　水没海没土地の所有権　135
- Q56　被害と雑損控除　136
- Q57　災害減免法（扱い）と雑損控除　138
- Q58　被災後の土地価格と動向　140
- Q59　被災後の不動産価格　141
- Q60　被災住宅の売却と税金　142
- Q61　被災住宅の買換えと税金　144
- Q62　被災と贈与税　146
- Q63　災害時地価と固定資産税　148
- Q64　被災建物の取り壊しと固定資産税　149
- Q65　被災建物倒壊と登記　150
- Q66　被災建物増改築と登記　152
- Q67　境界不明土地の売買　154
- Q68　地震による土地の移動と境界　156
- Q69　地震による土地の移動の確認　158
- Q70　地震による立木移動と登記　159

[職場の破壊、雇用、賃金]
- Q71　就労中の地震と労災　160
- Q72　被災企業が行う従業員支援　162

Q73　震災と雇用　163
Q74　被災企業への経済支援　166
Q75　解雇、会社閉鎖などの場合の社会保険や年金　168

［借地・借家］
Q76　貸家の倒壊による被害　170
Q77　借家の滅失と敷金　172
Q78　家主の行方不明・死亡と借家権　174
Q79　借家の一部損壊と家賃、解約の可否　176
Q80　貸家の被害と所得申告　178
Q81　借家の被災と家賃等（貸主の立場から）　179
Q82　借家の被災と家賃等（借主の立場から）　180
Q83　災害と借地権価格、地代　181

［支援金・支給金・融資・ローン］
Q84　支援金、弔慰金と税金　182
Q85　災害に係る許認可手続　184
Q86　埋葬費用援助、瓦礫撤去など　185
Q87　未登記建物被災と補助金　186
Q88　災害時の事業融資　187
Q89　災害弔慰金の不認定　188
Q90　住宅ローン控除の重複適用　190
Q91　住宅ローンの減免制度　192
Q92　債務整理と不動産価格　193

［様々な対策］
Q93　帳票書類等がない場合の税務申告　194
Q94　権利証等の紛失　196
Q95　後見人の被災、被後見人預金通帳等の喪失　198
Q96　成年後見と空き家の活用　199
Q97　成年後見と不動産の処分行為　200
Q98　建物の工事請負契約と倒壊　202
Q99　建物の売買契約と倒壊　204
Q100　製作物供給契約　206
Q101　リース物件の滅失　208
Q102　震災と許可期限の延長　210
Q103　廃車等の登録　212

第3章　復興のために

住宅復興政策の全体像　　神戸大学教授　**平山洋介**　214

都市計画コンサルタントの役割　　アルパック（株）地域計画建築研究所会長　**杉原五郎**　216

復興まちづくり協議会　　神戸まちづくり研究所代表　**野崎隆一**　217

Q104　建築制限、被災土地建物の価格、滅失登記　220

Q105　高台移転に係る土地の評価　221

Q106　自宅の再建と農地規制　222

Q107　借地上の建物の再築　224

Q108　借地権の売却　226

Q109　被災建物建替の際の登録免許税の免税特例　228

Q110　マンションが滅失した場合の再建　230

Q111　被災マンションと抵当権　232

Q112　マンションが一部滅失した場合の措置　234

Q113　被災マンションの建替等に伴う鑑定　236

Q114　被災マンションの建替時の贈与税　237

Q115　土地区画整理事業　238

Q116　防災集団移転促進事業　240

近畿災害対策まちづくり支援機構「会員および構成団体」一覧　242

執筆者一覧　242

第Ⅰ部　災害の教訓を生かしたい

今後の大災害のための制度と心構え

京都府立大学名誉教授、都市計画・まちづくり論　広原盛明

今後の大災害に備え、我が国や国民が備えなければならない制度や心構えは何でしょうか。

災害は忘れないうちにやってくる

「天災は忘れた頃にやってくる」という有名な言葉があります。これは、物理学者であり随筆家でもあった寺田寅彦（東京帝国大学教授）の言葉だとされています。しかし意外なことに、本人が直接書いたものの中には見当たらないそうです。NHK特集によると、関東大震災後の地震研究の指導者だった今村明恒（同）が、著書『地震の国』（1929年）の中で「天災は忘れた時分に来る。故寺田寅彦博士が、大正の関東大震災後、何かの雑誌に書いた警句であったと記憶している」と言葉の由来を紹介しています。

「天災＝天から降ってくる大災害」とは言い得て妙です。「天」とは人の上の存在、人を超えた存在という意味ですから、「天災」は人知を超えた不可抗力の大災害のことです。人類はこれまで地震、津波、台風、山崩れ、洪水、落雷、噴火のような様々な自然災害に生命の危険に曝され、自然の脅威に直面してきました。だから、災害を被ったときは「天災」として受け止めるしかなかったのでしょう。

しかし最近は、「災害は忘れないうちにやってくる」ようになりました。いま日本列島のどこかでは絶えず地震が発生し、それが瞬時にテレビやラジオで伝えられます。各地の火山噴火の現場では立ち入りが規制され、大雨が降ると道路や鉄道が山崩れで寸断される事態も日常的に起きています。こうなると、私たちは災害を「滅多に起こらない天災」と見なすのではなく、「日常的なリスク」と捉えなければなりません。日常的なリスクとは、普段の生活の中でごく普通に起こる危険のことです。私たちが道を歩くとき無意識のうちに交通事故に気を付けるように、日常生活の中でも災害に対する日頃の警戒心が求められるようになったのです。

加えて、これまでは一度大災害が起こると次の災害は長い間起こらないとされてきました。東日本大震災のような大災害は数百年に一度しか起こらないといった類の説明です。でも「地震の巣」とか「台風の通り道」と言われる日本列島では、各種の自然災害が連続して発生してきたのです。東日本大震災7年の各紙特集（2018年3月）は、日本列島災害史を取り上げました。それによると、20世紀の災害空白期は1960年代から80年代にかけての僅か30年間だけで、それ以前はほぼ10年おきに（1923年関東大震災、33年昭和三陸地震、46年昭和南海地震、59年伊勢湾台風）、それ以降は数年を置かずに（1991年雲仙普賢岳噴火、93年北海道南西沖地震、95年阪神・淡路大震災、2000年鳥取県西部地震、04年新潟県中越地震、11年東日本大震災、16年熊本地震）、大災害が連続して発生しています。

今年2018年は、西日本豪雨、大阪北部地震、台風21号水害、北海道胆振東部地震が短期間に集中して発生しました。こんな状況を見ると、「災害は忘れないうちにやってくる」というよりも、「災害はいつでもやってくる」と言った方が適切かもしれません。

災害日常化時代の心得

それでは、このような「災害日常化時代」の防災対策はどうあるべきでしょうか。災害リスクが日常化してきている現在、防災対策も日常化する必要があります。「非常時だけ」の防災対策から「平常時を含めた」防災対策へのバージョンアップが求められています。平常時から非常時へスムーズに移行できる「シームレス」（切れ目のない）のシステムが必要なのです。自治体行政との関係で言えば、職員体制を平常時から非常時に素早く切り替えられるよう指揮命令系統の確立や業務分担体制の整備などが求められるでしょう。

シームレスな防災体制を確立するには、まず「リスクマネジメント」を体系化することが必要です。リスクマネジメントとは、各種の危険による不測の損害を少ない費用で効果的に処理するための管理手法ですが、この方策はすでに多くの自治体で採用されています。「ハザードマップ」を作って被害の広がりを予測し、被災規模を抑制する。危険を避け、被災者を減らすために防災教育や避難訓練を重ねる。被災者の救急救命・安否確認態勢を整え、犠牲者の増加を防ぐ。災害ボランティアの受け入れ態勢や生活再建制度を整備し、被災者・被災地の早期復旧を図る。事前復興計画を作って災害危険性を軽減する——などなどです。

もう1つは、都市や地域が災害を受けにくい構造や状態にするため、中長期にわたって「防災まちづくり」を追求していくことが求められます。このまちづくりは、

土木建築的な「ハコモノ事業」のことではありません。ハコモノ事業は災害予防・災害抑止の物理的手段になりますが、それだけでは不十分です。大切なのは、「まち全体」をハード、ソフトの両面で災害が受けにくい構造や状態にしていくことです。そのためには、日頃から「住みよいまちづくり」を続けることがカギになります。市民・住民のひとり一人が主体意識を高め、住みよいまちづくりに参加するようなライフスタイルを身に着けることが大切だと言えます。

私はかねがね地震は「自然現象」、災害は「社会現象」、復興は「政治現象」だと考えてきました。地震は純然たる「自然現象」ですが、地域社会が際立った格差状態に置かれている時は、災害は社会的弱者に集中する「社会現象」としてあらわれます。さらに都市や地域社会が特定の政治勢力に支配されている時は、被災地再建のための復興事業が災害ビジネスの食い物にされるという「政治現象」にもなります。自然現象としての地震を避けることはできませんが、地域社会の努力によって災害を軽減し、復興事業の政治的な歪みは糺すことができます。住みよいまちづくりが防災まちづくりの決め手になる所以です。

復興計画見直しの必要性

とはいえ、これまでの防災まちづくりは、都市の「耐震化」と「不燃化」を軸とするハード事業が中心で、復興計画の目標は「復旧よりも復興」でした。経済成長と人口増加が続く都市成長期には、都市は大きくなるもの、成長を続けるものとの考え方が支配的だったので、防災まちづくりは災害を契機により一層都市の拡大と強靭化を目指すものだったのです。

阪神・淡路大震災が発生した時、神戸市は被災者救済よりも都市再開発計画のための市街地調査を優先しました。震災を奇貨として都市の耐震化と不燃化を推進するため、「復興都市計画」の決定を急ぐ必要があったからです。そして、震災発生後僅か2カ月間で全ての計画手続きを完了し、1995年3月17日に都市計画決定を強行しました。この都市計画決定は被災者の意思と人権を無視したものとして激しい批判を浴びたのですが、それ以上に防災まちづくりとしても致命的な欠陥を有するものでした。それは人口が減少し都市が収縮していく時代に、以前と同じく（あるいはそれ以上に）「成長拡大型都市計画」を追求しようとするものだったからです。

結果は悲惨なものになりました。復興都市計画のシンボル事業である長田南再開発事業（20ヘクタール）は、周辺地域の激しい人口減少に見舞われて商店街の経営が立ち行かなくなり、いまや大半の店舗が閉店するなど文字通り「ゴーストタウン」と化しています。震災復興事業に便乗した9兆円もの超大型プロジェクトの多くが次々と破綻し、神戸市は激しい財政危機に陥ったのです。それ以降、神戸市は人口減少を前提とした都市づくりに方向転換せざるを得なくなりました。

阪神・淡路大震災における神戸市の教訓は、今後の大災害における「復興計画」の意味や役割を鋭く問うことになりました。これまでの復興計画は、「復旧よりも復興」を旗印に大災害を都市拡大・都市改造の「千載一遇の機会」と捉えてきました。関東大震災における後藤新平の「帝都復興の儀」、阪神・淡路大震災における貝原兵庫県知事の「創造的復興」もそうです。為政者としては大災害を機に旧態依然とした都市構造を一気に変えたい、防災まちづくりを進めたいとの気持ちに傾くのでしょうが、一歩間違うと、それは不必要な「ハコモノ事業」や「災害ビジネス」をはびこらせる「ショック・ドクトリン計画」に転化します。

東日本大震災では、津波対策の決め手として「巨大防潮堤建設」と「高台移転」が遮二無二推進されました。過疎化が進む海岸線一帯ではいまなお、巨大防潮堤が建設中です。だが、あたり一帯の人家や人影はまばらとなり、おそらく防潮堤が完成する頃には、誰もいなくなった無人地帯が周辺一帯に広がっているのではないでしょうか。「誰もいない海」や「港の見えない丘」が広がる中で、巨大防潮堤だけが屹立している光景を想像するのは悲しいことです。

人口縮小時代に直面して

21世紀の日本は「人口縮小時代」に変貌します。国立社会保障・人口問題研究所の『日本の将来推計人口』（2012年1月推計）によれば、2015年現在1億2700万人の日本総人口は、半世紀後の2065年には8800万人（69％）に縮小します。これは「人口減少」ではなく「人口縮小」です。「減少」は進行状況を示すフロー概念ですが、「縮小」はその結果をあらわすストック概念です。日本は「人口縮小」という不可逆的段階に到達したのであり、21世紀の防災まちづくりでは「復興より持続的復旧」が目標になるかもしれません。

阪神・淡路大震災の教訓

神戸大学教授　平山洋介

阪神・淡路地域では、大震災からの復興に向けて、住宅・まちづくりのための努力が重ねられました。それは、どのような教訓を残したのでしょうか。

大災害からの復興では、被災者の生活再建を進めるために、その「器」としての住まいとまちを再生することが、重要な課題になります。被災した人たちの人生の立て直しに向けて、雇用の確保、保健・医療の再構築、地域福祉の拡充など、多岐にわたる施策が打たれます。しかし、生活再建の「器」の安定を抜きにして、日常の落ちつきを取り戻すことは、ほとんど不可能です。この点に、住宅・まちづくりの固有の意義があります。

阪神・淡路地域が大地震から受けた被害は甚大でした。その復興では、参考になる先例が乏しく、酒田大火のケースが参照されたとはいえ、いわば手探りでの計画立案と事業実施が続きました。阪神・淡路大震災を1つの契機として、日本では、鳥取県西部地震（2000年）、新潟県中越地震（04年）から東日本大震災（11年）、熊本地震（16年）まで、大規模な災害が目に見えて増えました。これらの近年の大災害では、先例をもたなかった阪神・淡路地域での復興が先例となりました。では、阪神・淡路大震災からの復興は、どのような教訓を残したのでしょうか。

危機は機会なのか？

阪神・淡路大震災での復興が示唆したのは、大災害による「危機」が都市改造の「機会」にしばしば読み替えられ、壮大な構想の立案を促すという傾向でした。多くの地域にさまざまな課題があります——道路基盤の整備、公園の拡大、建物の不燃化など。この状況下で大災害が発生すると、地方公共団体の一部または多くは、被災地を災害前の状態に戻す「単なる復旧」の範囲を超えて、たまっていた課題を一掃し、さらに、よりゴージャスな将来像を描こうとします。

阪神・淡路地域では、建築基準法第84条による建築規制の対象地区が総計約336ヘクタール（4市町）に及び、その広大さが注目を集めました。この制度の適用は、土地区画整理・市街地再開発事業などの都市計画事業の実施を前提とし、大半のケースにおいて、大規模な空間改造に結びつきます。神戸市の新長田地区では20.1ヘクタールの巨大な再開発事業が適用されました。

しかし、大型プロジェクトの実施は、長い年数を必要とし、地域の復興を遅らせる側面を有しています。人口が増え、経済が拡大する時代であれば、災害復興の事業展開は、新たな投資を呼び入れる力をもちます。しかし、人口減少・低成長の時代では、大型事業は円滑には進みません。阪神・淡路地域の区画整理事業は、すべての完了までに15年を必要としました。道路基盤などの公共施設が整備され、多数の新しい住宅が建ちました。この光景は、被災地の再生を象徴するかのようにみえます。しかし、新しく建った住宅の入居者の多くは、その場で被災した住民ではなく、新たに転入してきた人たちです。長期にわたった事業は、住民の大幅な「入れ替わり」をともないました。新長田の再開発事業は、23年以上が経過してなお完了に到達せず、すでに建った再開発ビルは、多数の空室をかかえたままです。この巨大事業の停滞は、地域経済に深いダメージを与えました。

唐突に発案された大型の開発事業は、プロジェクトのあり方についての十分な検討を経ていないために、より大きなリスクをもっています。震災をまちづくりの「機会」としてとらえるとしても、それは震災前からの計画の実施を前倒しにする程度の「機会」と考えるべきで、突発的な発案の「機会」とすべきではないというのが、阪神・淡路大震災の教訓です。

住民参加が大切

大災害からの復興では、住まい・まちづくりの展開にさいして、被災者の意見を聴き、その参加を保障することが大切です。被災住民の実態と意向をふまえないトップダウンの計画・事業は、根拠が不明瞭で、けっして安定しません。

神戸市では、震災前から住民参加のまちづくりが展開していました。住民が組織する「まちづくり協議会」は、地区の将来像などを定め、まちづくりのルールなどに関し、市長との間で「まちづくり協定」を締結できます。この方式は、1981年制定の「神戸市地区計画及びまちづくり協定等に関する条例」にもとづいています。さらに神戸市は、まちづくりに専門家を派遣する制度を1979年から運営してきました。

住民参加のまちづくりを制度として確立し、その経験を重ねたことは、震災復興に重要な効果をもたらしました。まちづくり協議会が震災前から活動していた地区で

は、その組織が中心となって復興の方向性を検討しました。多くの住民グループは、自分たちのまちの再建に取り組むために、専門家派遣の制度を利用しました。震災前の平常時におけるまちづくりの蓄積が、震災後の復興を促進する力になります。

一方、都市計画事業（土地区画整理・市街地再開発事業）は、震災発生から2ヶ月しかたっていないときに計画決定となりました。日常生活さえままならない時期に、トップダウン方式で策定された計画は、被災住民の強い反発をまねきました。このため、事業区域にまちづくり協議会がつくられ、住民と行政の話し合いがはじまりました。しかし、一方的な計画決定に対する被災者の反発は大きく、冷静な意見交換が可能になるまでに、長い時間が必要となりました。住民の意見をふまえた計画変更がありえるとはいえ、事業区域、事業手法など、事業の骨格は不変のままで、それを前提とする範囲内でしか地区の将来を想像することが許されません。住民参加のまちづくりを進めてきた神戸市などが、都市計画決定を急いだのは、国庫補助などに関連する理由があったと推測されます。しかし、被災者の意見と参加を尊重しない計画は、住民同意という基盤をもたず、不安定であるうえに、生活再建に役立つとは限らず、けっして合理的ではありません。この点は、阪神・淡路大震災の重要な教訓となりました。

被災者実態からの制度改善を

阪神・淡路地域の復興では、被災者の生活再建を支えるために、その実態をふまえた住宅・まちづくり制度の不断の改善が必要になりました。この制度改善は、阪神・淡路大震災だけでなく、後年の大災害時でも続き、さらに将来にわたって継続されます。被災者が新たな支援制度を求め、研究者・専門家が被災現場の実情にもとづく制度設計の必要を提起することで、住宅・まちづくりの方法が進化します。

阪神・淡路大震災での仮設住宅は、行政が建設・供給する「プレハブ仮設」にほぼ限られていました。しかし、遠隔地立地、極度に低水準の建築、入居までの長い待機時間などの問題点がありました。これを反映し、東日本大震災では、行政が民営借家を借り上げ、仮設住宅として供給する「みなし仮設」が増えました。阪神・淡路地域の住宅復興では、持ち家再建に対する補助は、ほとんどありませんでした。私有資産に対する公的助成は困難と考えられていました。しかし、被災者救済のための新たな支援を求める市民運動が展開し、それを受けて、被災者生活再建支援法が2008年に制定され、生活再建支援金の給付が制度化しました。続いて、鳥取県西部地震では、被災者救済と地域復興のために、県が持ち家再建への補助に踏みきりました。この経緯から、同支援法の2004年、07年改正によって、生活再建支援金を住宅再建に使うことが可能になりました。阪神・淡路大震災以来、私たちが学んだのは、生活再建の困難という実態、そして、住まいとまちの安定を求める被災・支援者の運動が政府を動かし、制度改善を促進するということです。

阪神・淡路大震災の頃から、日本は脱成長の時代に入りました。経済の不安定さが増し、成長率は下がりました。人口は減りはじめ、高齢者率がますます上がります。住宅・まちづくりの技法の多くは、高度成長期に確立しました。区画整理、再開発などの事業手法は、地価上昇を前提としています。住宅ローンの供給は、若い世帯が多く、所得が伸びている社会に適した技術です。持ち家再建に対する補助がはじまった理由の一つは、被災者の多くが高齢で、住宅ローンを利用できない点にありました。脱成長時代の大災害では、住宅・まちづくりの制度を根本から見直し、改善していく努力がいっそう重要になります。

復興は長く続く

大災害からの復興に終わりはあるのでしょうか。阪神・淡路大震災は、この問いを残しました。これに関して、少なくとも言えるのは、復興は長く続くということです。阪神・淡路大震災からの住宅復興では、被災者に借り上げ公営住宅が供給されました。借り上げ期間の20年がすぎたとき、入居者の大半は高齢化し、転出が困難になっていました。そもそも明け渡す必要を伝えられていなかった人たちもいました。このため、入居者と明け渡しを求める行政の間で紛争が起こりました。復興公営住宅の団地では、入居した被災者の多くが高齢者でした。その高齢者は、入居から20年ほどたった今、さらに高齢です。後期高齢者が入居者の半数を超えるといった状況の団地は珍しくありません。そこでは、高齢者をどのように見守り、団地コミュニティをどう維持していくのかが問われています。

大災害が発生すると、「目の前の惨状」への対応が求められます。復興計画は、たとえば5年、あるいはせいぜい10年程度を対象としています。しかし、阪神・淡路大震災の教訓の1つは、復興計画の立案から20年程度はすぐに経過し、新たな課題がつぎつぎと現れるということです。「目の前の惨状」に対処する仕事に集中する一方で、復興が長く続くことに対する想像力が必要になります。

東日本大震災7年の復興

神戸大学名誉教授　**塩崎賢明**

　東日本大震災は文字通り未曽有の大災害となりました。しかし、今後30年以内に南海トラフ地震の発生が確実視され、東日本大震災を上回る被害がもたらされると予想されています。東日本大震災の被害と復興にはどのような特徴があり、私たちはそこからどのような教訓をくみ取るべきでしょうか。

1. 被害の特徴

　東日本大震災は地震の強い揺れと巨大津波、原発事故により、かつてない災害となりました。

　その特徴は、第1に、被災地が沿岸部を中心に南北500kmに及ぶ超広域であり、人口減少や高齢化の進む小規模な市町村であるという点です。このことは住まいやまちの復興に大きな影響をもたらしました。

　第2に、人的被害の大部分が水死で、死者18449人、行方不明者3523人に上りました（2016年末、警察庁）。加えて、災害後に亡くなった関連死が、3523人（2016年9月末）におよび、その多くは原発事故に伴う避難者とみられ、福島県だけで全体の59％を占めています。

　直接死に対する関連死の割合は、阪神・淡路大震災では16.9％でしたが、東日本大震災では19.1％となり、福島県に限れば115.2％となっています。また熊本地震では149人が関連死でなくなっており、関連死の大きさが最近の災害の1つの特徴と言えます。

　「在宅被災者」の存在が顕在化したのも東日本大震災の特徴です。さまざまな理由で避難所や仮設住宅に行かず（行けず）に、壊れた自宅で、電気や水道にも不自由しながらかろうじて暮らしている人々で、行政から「被災者」として認定されません。災害救助法による住宅の応急修理制度を利用すると避難所に行くこともできず、仮設住宅の応募資格も失うといった仕組みを知らずに利用した人もいます。在宅被災者はその後の水害や熊本地震でも多数存在し、災害被害の一類型として対策を講じるべき課題と言えます。

2. 仮設住宅

　プレハブ住宅、木造仮設住宅、みなし仮設住宅という3種類の仮設住宅が供給されたことは、重要な前進でした。

　建設型の応急仮設住宅（プレハブ＋木造）は最大で53,169戸建設され、借上げ仮設住宅（みなし仮設住宅）には最高時68,177戸に162,056人が入居しました。

　プレハブ仮設は狭い、断熱性、防音性が低いなど、阪神・淡路大震災以来指摘されてきた居住性の悪さがくりかえされ、費用は1戸当たり700万円以上とみられています。

　木造仮設住宅の供給戸数は13,335戸に達し、建設型仮設住宅5.3万戸の4分の1を占めました。その先鞭をつけたのは岩手県住田町の取り組みで、29.8m^{2}の平屋、1戸建てのがっしりした造りで、建設費用は1戸当たり270万円（上物価格、外構含め340万円）でした。地元産の木材を使い、地元の工務店が施工し、地域経済の活性化にも寄与しました。

　被災3県で最も多く建設したのは福島県で（6700戸）、建設型応急仮設住宅の4割以上を占めました。

　みなし仮設住宅は居住性がよく、自分で居住地を選択できることから人気を博し、プレハブ仮設をうわまわりましたが、やむを得ず急ごしらえで導入した面があり、改善すべき課題が多々あります。

　第1に、民間賃貸住宅の物件が仙台市などの都市圏に集中しているため、被災地の人口減少を加速させる面があります。

　第2に、入居した被災者の所在をオープンにできないために、ボランティアやNPOの被災者支援活動（支援物資や情報など）が届かない、被災者自身が孤立するといった問題があります。個人情報保護の壁という問題ですが、契約時に入居者の了解を得ておくなどの方法をとることが考えられます。

　第3に、みなし仮設住宅は、家主と県と被災者の3者契約を必要としていますが、この仕組みは膨大な事務量を発生させます。災害救助法上は、被災者に家賃を直接支給することも可能であり、今後改善が必要です。

　第4に、みなし仮設住宅が終了する際には、家賃が民間家賃に急上昇するため、転居を余儀なくされるという問題があり、住み慣れた場所に住み続けるには一般的施策としての家賃補助制度の導入が必要です。

3. 災害公営住宅

　災害公営住宅は3県で約3万戸が計画され、2018年度末にはすべて完成する予定です。

　安倍内閣は「復興加速化」をスローガンに、建設を急がせてきましたが、そのことは画一的な高層集合住宅の大量建設という傾向につながります。

建設は早いに越したことはありませんが、入居してからの生活がより大きな問題です。大規模な高層住宅に抽選によって見知らぬ人々が住むことになれば、コミュニティが失われ、生活の孤立化を招きかねません。阪神・淡路大震災の災害公営住宅で大量の孤独死が発生している経験にてらせば、わずかな時間の短縮よりも、被災者の生活をよく考えた計画・設計、入居システムに力を注ぐことが重要です。

また、被災自治体は、震災前の公営住宅の2倍、3倍もの公営住宅を抱え込むことになっていますが、入居者の多くは高齢化しており、将来の空家発生など、管理面での新たな問題が生じていきます。

4. 自力再建

被災者にとって自然な住宅復興は元の家を再建することですが、資金面での困難が避けられません。現在、被災者生活再建支援制度によって、全壊の場合、最高300万円（基礎支援金100万円、加算支援金200万円）が支給されます。しかし、300万円という額は住宅再建にとって不十分であるし、また半壊以下の場合は支援の対象になりません。その不十分さを補っているのは、自治体の独自制度ですが、県や市町村によって支援策にばらつきがあり、同じ災害による被害でありながら、住む地域によって支援が異なるという不公平を生んでいます。この制度は本来見直すべき時期に当たっていましたが、国はその検討をせず、現在に至っています。全国レベルでの支援金の増額や適用対象の拡大が不可欠です。

5. 復興まちづくり

東日本大震災の被災地では大規模な復興まちづくりのプロジェクトが各地で進められています。津波による土地そのものの破壊や、再び津波に襲われる危険性があるため、元の土地で再建ができないといった事情によります。

国は災害直後から、津波を避ける高台移転を打ち出してきました。津波の規模を数十年から100年程度に1度発生する津波（L1）と数百年から1000年の頻度で発生する最大規模の津波（L2）に分け、L1に対しては防潮堤などの施設で防ぐが、L2に対しては津波の浸水を想定し土地利用などで多重防御するという考え方です。

震災後制定された津波防災地域づくり法により、県が津波のシミュレーションを実施し、それを受けて市町村がまちづくりをおこなうという仕組みになっています。具体的には、津波浸水地域では住宅建築を禁止・制限し、その地域の住宅を防災集団移転促進事業や土地区画整理事業、漁業集落防災機能強化事業などによって、高台・内陸へ移転します。ただ移転先の住宅建設は自己負担です。移転した跡地では、津波復興拠点整備事業などによって、盛土などを行い町の新たな核として行政施設やショッピングセンターなどの都市開発が行われています。

これらの事業は資金的には復興交付金制度によりほぼ100%国費で賄われ、市町村の負担なしでおこなわれていますが、様々な困難を抱え、簡単には進まない状況です。

2012年12月時点では3県の移転住宅地の計画戸数は28,060戸で、災害公営住宅の計画戸数（24,256戸）を上回っていましたが、その後、2017年1月には移転計画戸数は19,385戸となり、逆に災害公営住宅の計画戸数（30,108戸）より少なくなりました。事業の完成を待てない、住宅建設の費用が足りないなどの事情から自宅建設をあきらめ、公営住宅希望に転換しているのです。

一方、3県で整備される防潮堤は594カ所395kmにおよび、そのうち50kmは高さ10mを超える規模です。これまでに83カ所が完成、建設中は361カ所、133カ所が未着工となっています（2016年1月末時点）。高い防潮堤の建設には賛否の意見があり、宮城県で359カ所中133カ所、岩手県で136カ所中23カ所で、住民要望により防潮堤の高さを引き下げました。

6. 復興予算は何に使われたのか

東日本大震災の復興には莫大な予算が投入されています。

2015年度までの5年間に25兆円以上の資金が投じられており、その後5年間でさらに6.5兆円が予定されています。莫大な資金はいったい何に使われてきたのでしょうか。

2015年の復興庁の報告書「集中復興期間の総括と28年度以降の復興事業のあり方（ポイント）」の参考資料「集中復興期間における復興事業の主な実績」には25.4兆円の使い道が大づかみに示されています。

最大の使途は「住宅再建・復興まちづくり」の10兆円で、全体の40%を占めるのですが、その中には災害公営住宅や高台移転といった被災者の生活再建に直結するものもあれば、インフラ整備・復興道路といった事業も含まれており、被災者の復興にどの程度役立っているかわかりません。

莫大な予算の中には全国防災対策費等3兆円（11.8%）が含まれています。これは将来の災害に備えて耐震化などの防災対策を行う費用で、被災地以外の全国で使われ

たものです。東北の復興予算が全国で使われるようになった背景には、東日本大震災復興基本法があります。その第1条では「東日本大震災の速やかな復興」と同時に、「活力ある日本の再生」がこの法律の目的とされ、復興予算を被災地以外で使うことも合法とされたのです。

一方、被災者の生活や住宅の再建に直結する事業に投じられた資金についてみると、2015年6月末までに建設型の応急仮設住宅には3,112億円、借上げ仮設住宅には1,526億円、2011～2015年の間の復興交付金は災害公営住宅に6,023億円、高台移転等に7,686億円、被災者生活再建支援金支給額は3,222億円で、総額2兆1569億円となり、総額25.4兆円の8%程度です。

こうしてみると、東日本大震災の復興に投じられている資金のアンバランスぶりは著しく、とりわけ、被災者の住宅再建などにつながる費用よりも、被災地外での全国防災対策費等が上回っていることは異常というほかありません。

常総水害、熊本地震の教訓

長岡技術科学大学大学院准教授　**木村悟隆**

すまいの復旧手順の標準化とその普及を！　常総水害と熊本地震の支援の片隅で感じたこと

筆者は専門は化学であり、災害ではないが、中越地震で自ら被災したことをきっかけに、ささやかながら災害に関わってきた。ここでは、常総水害と熊本地震の支援を通じて感じたことを整理してみたい。

【常総水害】（平成27年9月関東・東北豪雨の常総市）

住家被害は、全壊53件、大規模半壊1581件、半壊3491件、半壊に至らない床上浸水150件、床下浸水3066件である（平成28年6月3日時点）[1]。浸水面積は約40km^2、最大浸水深は約3.8m、市街地で1～2mと評価されている[2]。

私が気が付いた点を幾つかに分けてまとめる。

1. 水害からの家屋の応急処置の手順が住民に示されない（標準的なマニュアルが無い！）

米国ではFEMAや赤十字、EPAが浸水地域や浸水家屋への立ち入りに関して、パンフレットを作成している[3]。また、CDCはホームページ上に科学的エビデンスを提示して、主に衛生・健康面から注意点をまとめている[4]。一方、日本には、伝染病対策の消毒マニュアルはあるが、家屋の処置についてのマニュアルに乏しい。消石灰は従来、屋内外で土壌や床下に広く撒かれてきたが、土壌の消毒効果のエビデンスが無い。このことは常総水害後に筆者が指摘した[5]。

被災住民には、床下や壁の応急処置が更に必要であり、住宅の構造によっても適切な処置が必要なことが当初、理解されていなかった。最近の高気密高断熱住宅では、床下はベタ基礎の排水と床下断熱材の除去、床上は浸水した壁の石膏ボードと断熱材の除去が必要である。また、応急処置が終わった後は1～2ヶ月乾燥する必要がある。

これら応急処置を誰がするかも問題である。水災の保険に加入していて、「再調達価格（新価）特約」を付けていれば、応急処置や復旧に掛かった諸経費に対して見積書ベースで保険金が支払われる。従って、全ての作業を業者に依頼することも資金的には可能である。現実には、保険未加入の世帯も多い。その場合には、工務店等とも相談しながら、出来るところまで自分でやって修理費を安く済ませることも必要だろう。高齢者の場合には、保険未加入でかつ修理の資金に乏しく、さらに応急処置が身体の問題で出来ないケースが多い。ボランティアが支援することもあるが、何処まで作業に責任を負えるのか、そして作業後は業者にどう引き渡すかが問題だろう。

応急処置のマニュアルは、常総水害後に、震災がつなぐ全国ネットワークがまとめた[6]。また、消毒等については、日本環境感染学会がガイダンス資料を公開している[7]。こうしたものを、本来、行政機関が住民を保護する目的で作成すべきである。適切に処置されれば、家屋復旧のコストも少なくて済み、解体することなく復旧され、地域再建にとってもプラスだろう。

2. SNSの有効活用——facebookグループ「常総市復興コミュニティー」

「常総市復興コミュニティー」[8]は常総市出身の管理者が「被災者のためのグループです。支援者同士の連絡、例えばボランティア活動の情報は書かないで下さい」旨

明確に意思表示をされた。また、日時が明示されないfacebookの問題をカバーするために、書き込み日を明記すること、と書かれた。発災当初は、「どこが通ることができる」「どの位の浸水か」といった情報が殆どだった。また、毎日、今日は被災者にとってどの段階か、ということを管理者が明確に記事に発信し、初動の情報が整理され理解された。その後は、公的支援制度や、修理に関する情報もやりとりされた。

以上の様に、被災者相互の情報交換にfacebookグループが活用されたのが、常総水害の特徴である。現在、災害が起きる度にfacebookグループが設置されるが、被災者のためなのか支援者同士の情報交換なのか、それとも単なる自己主張なのか、趣旨がよく分からないものが多い。発信された情報の管理やその統御には管理人の類い稀なるコミュニケーション能力が必要である。設置も管理もボランタリーなfacebookグループの限界を感じる。

3. 半壊世帯への支援

床上浸水は全て半壊、と内閣府の基準とやや異なる認定が常総市ではされた。しかし、床上浸水で全て直すと高気密高断熱住宅では500万円程度と、地震の半壊より寧ろ修理費が掛かる場合が多い。他にも一階の家財は全て買い換えとなる。しかし、当時は、災害救助法の応急修理制度は、半壊では世帯の構成員全員の控除前の収入の合計が500万円以下という収入基準があり、多数の世帯が対象にならなかった。被災者から支援を求める請願が県に提出され、県単独の事業で、応急修理制度相当の支援56万7千円と、更にこの水害に限定して上乗せの支援25万円がされた。

4. その他

外国人が多い地域だが、法制度や支援用語の多言語訳が未整備であり、地元NPOの「Juntos」が様々な翻訳を行った。また、仮設住宅は建設されず、全て借り上げ型仮設住宅、いわゆるみなし仮設が提供された。この発表は発災の約2週間後と比較的早かったが、常総市内の物件が非常に少なかったのが問題であった。

【熊本地震】

私が直接関わったのは地盤災害の地区である。発災2ヶ月後の頃であるが、過去の地震動災害で適用された国の制度が適用される可能性はあることを伝えた。ただし、未だ発表されていないので、国や自治体のホームページを見逃さないこと、また、制度が出来る前から、県市町村には陳情等で窮状を訴えることは大事だと伝えた。東日本大震災後に創設された地盤品質判定士の方が地盤復旧のアドバイスで大きな役割を果たした。過去の震災の教訓が活かされた1つの大事な事例である。

また、「自然災害による被災者の債務整理に関するガイドライン」は熊本地震が事実上最初の適用となったが、実際に運用してみると様々な問題があった。全ての債権者からの合意を得るのは容易ではない様である。公務員共済も当初合意しなかった機関の1つであるが、国からの通知により債権放棄に応じる様になった。

仮設住宅の入居を原則全壊と厳しくしたのは、地震動災害の実情には合わず問題であった。中越地震では、罹災証明と仮設住宅入居は無関係であり、被災者なら誰でも入居することが出来た。

熊本地震の最大の負の教訓は、半壊まで公費解体にする一方で、応急修理制度の上乗せ支援が無かったことである。半壊でも全壊でも直すことは出来る。もちろん、被災の仕方により修理に掛かる費用は変わる。しかし、公費解体により直せる家でも解体するケースが多かった様である。過去の地震動災害でも、解体したが、資金が無くて自力再建出来ず、同じ地域で住むことが出来なくなった世帯は多い。中越地震では、新潟県は国の応急修理制度の他に、県単応急修理制度と県単支援金を上乗せし、半壊では合わせて約150万円が修理に使えた。これにより、多くの世帯が解体せず修理して住み続ける道を選んだ。災害からの復興はすまいの復興である。安全が確保される限りにおいて、被災前の地域ですまいの復興がなされるような政策を望みたい。

文献

1）常総市、平成27年常総市鬼怒川水害対応に関する検証報告書、http://www.city.joso.lg.jp/ikkrwebBrowse/material/files/group/6/kensyou_houkokusyo.pdf.

2）佐山敬洋、平成27年関東・東北水害　鬼怒川氾濫による常総市周辺の浸水深分布調査（速報）、http://www.dpri.kyoto-u.ac.jp/web_j/saigai/20150915_hanran.pdf.

3）FEMA, Protecting Your Home And Property From Flood Damage, https://www.fema.gov/media-library/assets/documents/21471. American Red Cross, Repairing Your Flooded Home, https://www.redcross.org/images/MEDIA_CustomProductCatalog/m4540081_repairingFloodedHome.pdf. EPA, Flood Cleanup and the Air in Your Home Booklet, https://www.epa.gov/mold/flood-cleanup-and-air-your-home-booklet.

4）CDC, Floods, https://www.cdc.gov/disasters/floods/index.html.

5）木村悟隆、水害のみえない被害、リスク対策.com、http://www.risktaisaku.com/articles/-/1116.

6）震災がつなぐ全国ネットワーク、「水害にあったときに」～浸水被害からの生活再建の手引き～、http://blog.canpan.info/shintsuna/archive/1420.
7）日本環境感染学会、「一般家屋における洪水・浸水など水害時の衛生対策と消毒方法」のガイダンス（暫定版）、http://www.kankyokansen.org/modules/news/index.php?content_id=171、2018年7月31日閲覧
8）常総市復興コミュニティ、https://www.facebook.com/groups/923074324432009/.
9）茨城県、平成27年9月関東・東北豪雨関連補正予算について、https://www.pref.ibaraki.jp/somu/zaisei/zaisei/h27hoseiyosan.html.

第Ⅱ部　専門研究者・専門実務家からの提言

第1章　防災・減災のために

事前復興まちづくり

首都大学東京教授　**市古太郎**

「事前復興まちづくり」とは何ですか。また東京では町内会・自治会などが実践していると聞きました。どんな活動ですか？

　事前復興まちづくりは、阪神・淡路大震災における復興初動期の2つの失敗、すなわち「仮設住宅の遠隔地化」および「都市復興計画をめぐる葛藤と対立」を教訓とした都市計画・まちづくりの方法論です。言い換えれば、長期間を要する大災害後の生活、なりわい、まちの再建にしなやかに速やかに（Resilient）対応する主体を形成し、平時の多重防災まちづくりを進める取り組みです。契機となったのは、1996年に東京都が公表した「都市復興マニュアル」でした。このマニュアルで「地域協働復興」と「時限的市街地」が提案され、まちづくり専門家、市区自治体が地域によびかけて「震災復興まちづくり訓練」を展開していきました（なお本マニュアルの2003年改訂では復興を「震災によって大きな変容を迫られた社会の中で、被災者が生活の変化にうまく適応するための営み」と定義している点も重要な点だと思います）。

　震災復興まちづくり訓練は、2001年に北区と世田谷区で開始され、東日本大震災もはさんで、2018年3月時点で51地区で訓練実績があります。その成果としては、①地域・行政・専門家で復興主体を形成し、復興手順を組み立てること、②地域における復興主体を公的に根拠づけるための市区条例や復興マニュアル策定、③大災害時に復興のたたき台となり平常時の予防対策の取り組みとも整合する復興まちづくり計画づくり、④住み続けながら復興をすすめるための「時限市街地計画」の検討、からなります。言い換えれば、プログラム、システム、プラン、デザインの4側面からのアウトプットといえましょう。

　また復興まちづくり訓練を踏まえて、その成果を地域防災訓練に反映したり、仮設住宅確保のための土地と賃貸ストックを検討したり、「みち・いえ・ひろば」を中心とした防災まちづくり計画事業を推進したりといった事前対策への反映も図られています。より深く災害像を地域に即してイメージしつつ、事前の取り組みを改善していく、「大災害を架構してプランニングをすすめる」という意味をもった事前復興まちづくりが展開しています。

参考文献：
1) 佐藤滋編著（2009）『大震災に備えるシリーズ2復興まちづくり』、日本建築学会叢書、丸善、pp. 207-244
2) 市古太郎（2016）事前復興まちづくりの現在、特集　東日本大震災5周年、日本不動産学会誌、No. 115, Vol. 29 No. 4, pp. 54-60, 2016/3月

実寸シェルターづくりワークショップ（左）と
災害時公園利用デザインゲーム（右）

災害ハザードマップ

首都大学東京教授　**市古太郎**

住んでいる地域において、どんな自然災害に備えるべきか、どんな災害が想定されているか、どのように調べればよいでしょうか。

災害を取り扱う研究領域は、理学、工学、行動科学（広い意味では社会科学）の3領域があります。台風災害を例に取れば、理学領域にある気象学と水文学（どれだけの降雨が想定され、河川流量が増量するか）、工学領域にある河川工学（洪水に対処するための施設の計画と設計）、行動科学としての災害情報のあり方、避難判断・対処の方法、といった知見が災害研究の成果です。

どんな自然災害に備えるべきか、これは主として災害を引き起こす自然現象解明を目的とする理学の領域に該当します。そしてこの理学的な調査研究の成果に基づいて、地図上に想定される災害外力を表現した「ハザードマップ」が公表されています。生活しているまちで、どんな災害が想定されているか、ハザードマップを読み解き、実際に地図を持ってまちを歩いてみることが効果的です。

台風災害を例に出しましたが、自然災害には大きく、地震、津波、大雨洪水、土砂災害、火山が挙げられます。ハザードマップを読み解く上で留意したいのが、それぞれ、地震学、気象学、水文学、地形学、火山学といった自然現象として解明するための学問分野があり、それら学問的知見をベースとしたハザードマップは、その内容表現にも差違が避けられません。ここで「家族や地域で防災に取り組む」という視点から表1のように3つに区分できます。

3つの区分のうちI-aとI-bは、災害ハザードがもたらす影響範囲や被害量を図化し、公的な防災対策の基礎資料とする点に重きが置かれています。また実際には表の3つの区分全体がカバーされたハザードマップもあります。IIの防災行動支援型では、対処行動を考えるための「防災資源」の表現が重視されています。実はさきほどハザードマップとは、「災害ハザードを表現した地図」と述べましたが、実際には自治体が発行しているハザードマップは、災害ハザードの表現にとどまらず「家庭の防災ハンドブック」とも関連づけられて公表されていることも少なくないかと思います。

ハザードマップを読み解く上でもう一点留意したい点が、表現されているハザードの設定条件、言い換えれば、どれくらいの発生確率や発生条件で算定しているのか、という点です。洪水ハザードマップならば「200年に1回程度発生する想定で3日間総雨量548mm」（東京都葛飾区、荒川洪水ハザードマップの例）といった記載がなされています。この「3日間総雨量548mm」と表現される降雨強度について、お住まいの地域における最近の降雨経緯などから感覚的につかんでおくことが大事です。

2007年4月に国土交通省は「ハザードマップ・ポータルサイト」を公表し、日本各地で発行されているハザードマップを自治体別に検索し閲覧・ダウンロードしたり、またWeb地図上で、洪水、土砂災害、津波のリスクを同時に重ね合わせて確認することもできるようになっています。

表1　目的からみた災害ハザードマップの類型

類型	特徴	主な利用主体	ハザードマップの例
I-a シナリオ表現型	過去の自然災害の履歴も含め、特定された（複数でもよい）ハザードが地図に表現されている	・自治体 ・開発等に関わる民間企業	・火山ハザードマップ
I-b 空間分布表現型	ある一定のもしくは確率論に基づく雨量や地震力が均一に働いた際の影響を表現	・自治体 ・開発等に関わる民間企業	・多くの一級河川の「浸水想定区域図」 ・都道府県作成「土砂災害警戒区域等マップ」
II 防災行動支援型	避難場所等が表示され、避難判断と対処行動（安否確認など共助対応含め）を助けるもの	・住民 ・自主防災組織	・洪水ハザードマップ ・地域組織が自ら作成する「防災マップ」

備える・知る

Q1　活断層の有無

この場所には活断層があるのでしょうか？　あるという人もいれば、無いという人もいます。どちらが正しいのでしょうか？

・「断層」とは文字通り地層が断ち切られた現象のことを言います。断層には、非常に古い時代に生じ、現在は動かなくなったものと、今後も動く可能性がある「活断層」があります。
・活断層を判定するには、新しい地層が断ち切られている証拠を調べる必要があります。通常は、地面を掘って肉眼で観察する「トレンチ調査」によって判定します。トレンチとは「溝」のことです。断層は上下方向の変位を伴ったり、水平方向の変位を伴ったりします。両方の成分を持っているものもあります。
・わかっている活断層は、『日本の活断層』（活断層研究会編）や、都市圏活断層図（国土地理院技術資料）などで公開されていますが、現在はインターネットで閲覧することができます。
・地形に特徴が現れている活断層は読み取ることができますが、地形では判別できない活断層もあります。まだ知られていない活断層が地震を起こし大きな被害を発生させることもありました。
・「どちらが正しいか」は、調べてみないとわかりませんし、調べても意見が集約され、それが全体の合意となるには学会等で議論される必要があります。さらに、それが行政の施策になるには一般に長い時間が必要です。また、詳しい調査が実施されるのは、被災後のことが多いです。
・日本では、活断層の有無を心配するよりも、どこでも震度6強程度の地震があり得ると考え、その揺れを受けても大丈夫な場所に住むことを気にかけた方が賢明です。

1. 活断層の定義

1) 活断層の定義はまちまち

・『新編日本の活断層』による定義は、「最近の地質時代に繰り返し活動し、将来も活動することが推定される断層」です。とても曖昧な定義で、「最近の地質時代」については数万年から、約200万年前から現在までと幅があります。
・活断層の認定は、主に空中写真判読という地形解析によって行われるのが一般的です。ただし、人間が読み取りますので、人によって見方が違う場合もあります。重要な活断層については、トレンチ調査で確認します。
・2011年の東日本大震災以降、原発に適用されてきた活断層の定義は「12万～13万年前」から「40万年前以降に動いた断層」と定義し直しました。

トレンチ調査の例（熊本地震被災地内）

・現在認定されている活断層は、日本の陸地に約2000あります。その中の約100の活断層を国が「基盤的調査観測の対象活断層」として選び、活断層調査を推進しています。

2) 住民感覚としての活断層

・住民の関心は、自分が住んでいるところに地震が起こるのか？　そしてその原因となる活断層が存在するのか？　ということです。
・1995年の阪神・淡路大震災を引き起こした活断層は、淡路島にある「野島断層」で、活断層として知られていました。
・熊本地震では布田川断層・日奈久断層という良く知られた活断層が地震を引き起こしたと言われました。しかし、被害の大きかった益城町馬水周辺の「地震前の」都市圏活断層図には、その記載はありませんでした。地震後緊急に調査が行われ活断層の存在が認定され図面も改定されました。
・鳥取県西部地震、新潟県中越地震などでは「未知の活断層」が動き大きな地震を発生しました。このように、地表地形から存在が読み取れず、まだ知られていない活断層が動いて大地震を発生させることも多々あります。
・被災後の集団移転等の政策に活断層の有無が重要となる場合もあると思いますが、被災前にはわからない場合が多々あると考えておくほうが賢明です。

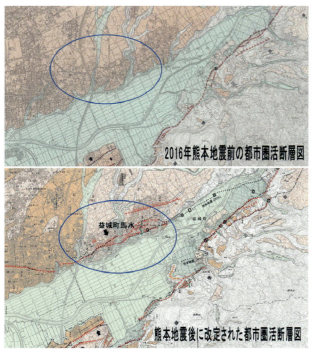

熊本地震前後の活断層図の違い
上図：地震前、下図：地震後

微動アレイ探査と計測装置

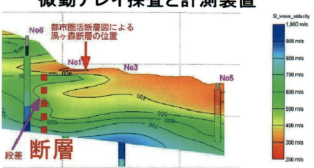

計測結果と推定される活断層位置

2. 活断層位置の情報収集

・活断層図は国土地理院が「都市圏活断層図」として公開しています。
・インターネットでは、産業総合研究所の「地質図Navi」というサイトで閲覧することができます。このサイトでは、地質情報・火山情報・地すべり地形分布情報など様々な情報が得られます。
・活断層図に書かれた活断層のそばで、実際どこに断層が通っているのかを知る簡易方法として、微動アレイ探査というものもあります。地表に精密な地震計を置くだけで地下深部の構造が浮き彫りになります。兵庫県西宮市などでは、条例により、活断層図に記載された活断層が近傍にある場合には地質調査を行うことが事実上義務付けられています。微動アレイ探査のような物理探査を用いれば、トレンチ調査のような大掛かりな調査でなくても活断層位置を特定することができることがあります。

3. 賢明な準備

・活断層があれば危険で、無ければ安全ということはありません。まだ知られていない活断層も無数にあります。
・日本に住む限り、震度6強程度の地震はどこにいても発生する可能性があります。そのような強い揺れがあっても大丈夫な家や地盤のところに住むことが最も賢明な選択です。

参考文献
東京大学出版会『新編日本の活断層　分布と資料』東京大学出版会、1991
国立研究開発法人産業技術総合研究所　地質図Navi
https://gbank.gsj.jp/geonavi/

太田英将（技術士　応用理学・建設・森林・総合技術監理）

Q2　南海トラフ地震と長周期地震動

南海トラフ地震と長周期地震動との関連性について教えてください？

・南海トラフ地震と長周期地震動とは密接な関係があり、南海トラフ地震が発生することにより、長周期地震動により超高層建築物などに被害を及ぼします。なお、地震動とは、地震波が伝わってきて起こされる地面の揺れをいいます。
・地震が発生すると様々な周期を持つ揺れ（以下に、「地震動」という）が発生します。「周期」は、揺れが1往復するのにかかる時間のことです。南海トラフ地震のような規模の大きな地震が発生すると、木造家屋に被害を及ぼす短周期の地震動だけでなく、数秒から100秒を超えるような長い周期の地震動（以下に、「長周期地震動」という）も生じます。特に2～10秒程度のやや長い周期の長周期地震動は、超高層建築物や石油タンク等に影響を及ぼすことがあります。

1. 南海トラフ地震

1）南海トラフ地震とは？

「南海トラフ地震」はフィリピン海プレートとアムールプレート（ユーラシアプレートともいう）とのプレート境界の沈み込み帯である南海トラフ沿いが震源域と考えられている巨大地震です。図1にM9.1最大規模の南海トラフ地震の想定震源域を示します。

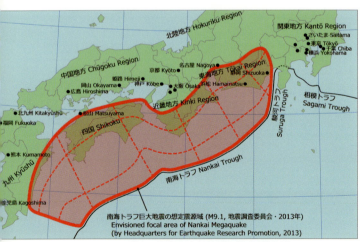

図1　南海トラフ地震の想定震源域[1]

2）地震の発生確率は？

規模はマグニチュード（M）8～9クラスで、30年以内の発生確率は70～80％程度です（2018年1月1日時点）[2]。

2. 長周期地震動

1）特徴

長周期地震動は数秒から100秒を超えるような長い周期の地震動です。特に、2～10秒程度のやや長周期の地震動は超高層建築物や石油タンク等に影響を及ぼします。長周期地震動の主な特徴を図2に示します。

2）建物との関係

建物には固有の揺れやすい周期（以下、「固有周期」という）があり、図3および図4に示すように超高層建築物の固有周期は、建物の高さが高くなるにつれて長くなります。これより、例えば高さ100m程度の建物では固有周期が2秒程度で、高さ300m程度では固有周期は5～6秒程度となります。

建物の固有周期が、地震動の中で地盤が最も大きく揺れるときの周期（以下、「卓越周期」という）と近い場合には建物は揺れやすく地震動にゆすられ続けることで建物の揺れは大きくなり、これを「共振」といいます。

長周期地震動は短周期の地震動に比べて揺れが続く時間が長いため、揺れ幅が小さくても建物の固有周期に近い卓越周期の長周期地震動が入ってくると、その建物は

長周期地震動が遠く離れた平野で発生するしくみ
- 大規模地震ほど長周期成分を多く含む
- 減衰せずに震源から遠くまで伝搬
- 平野部など厚い堆積層で、地震波に含まれる長周期成分が増幅
- 同じ震動周期をもつ各種構造物に大きな被害のおそれ

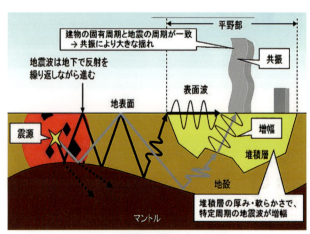

図2　長周期地震動の主な特徴[3]

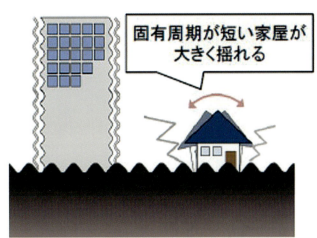
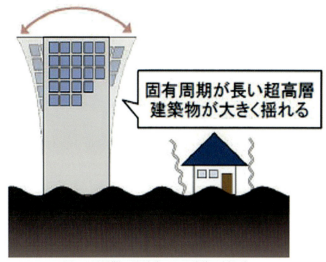

図3　短周期の地震動による建物の揺れ[3]　　　　図4　長周期の地震動による建物の揺れ[3]

共振により大きく揺れます。超高層建築物の揺れは、低層部よりも高層部が大きくなります。

首都圏や中部圏、近畿圏などの地域では、超高層建築物が多く建てられています。これらの超高層建築物は、東北地方太平洋沖地震に伴う長周期地震動による被害が発生しており、南海トラフ地震においては、長周期地震動の揺れにより大きな被害発生が懸念されています。南海トラフ地震は、地震の規模がM8〜9クラスと大きく、東北地方太平洋沖地震が発生した日本海溝沿いの地震に比べて震源地が浅く陸地に近いため、長周期地震動が強く発生する可能性が高くなっています。このため高層ビル等が多く立地している三大都市圏の平野部では、長周期地震動による被害が懸念されています。

なお、「東北地方太平洋沖地震」は、2011年（平成23年）3月11日14時46分頃に日本の三陸沖の太平洋を震源として発生した地震をいいます。

一方、「東日本大震災」は、2011年（平成23年）3月11日に発生した東北地方太平洋沖地震による災害およびこれに伴う福島第一原子力発電所事故による災害のことをいいます。

引用文献
1) M9.1の最大規模の南海トラフ巨大地震の想定震源域、2013年、地震調査研究推進本部地震調査委員会、地震調査研究推進本部事務局（文部科学省研究開発局地震・防災研究課）
https://ja.wikipedia.org/wiki/南海トラフ巨大地震#/media/File:RuptureAreasNankaiMegathrust_2013.png
2) 長期評価による地震発生確率値の更新について、平成30年2月9日地震調査委員会、地震調査研究推進本部事務局（文部科学省研究開発局地震・防災研究課）
HTTPS://WWW.JISHIN.GO.JP/EVALUATION/LONG_TERM_EVALUATION/CHOUSA_18FEB_KAKURITSU_INDEX/
3) 南海トラフ沿いの巨大地震による長周期地震動に関する報告、内閣府、防災情報のページ
http://www.bousai.go.jp/jishin/nankai/nankaitrough_report.html

國近光生（技術士　建設・総合技術監理）

Q3　長周期地震動と建物被害

長周期地震動が発生すると、どのような被害が発生するのか、また事前にどのような対策が必要かを教えてください？

- 長周期地震動による主な被害は、石油タンクとエレベーター、家屋内の被害です。
- 石油タンクの被害は規模が大きいですが、日常生活する上では直接問題とはなりません。身近な問題は、やはり建物屋内やエレベーターの被害です。
- 東日本大震災の時には長周期地震動により東京都内及び大阪市内の高層ビルで大きな揺れを観測し、低層階に比べて高層階で大きな揺れとなり、家具類の転倒・落下や、内装材や防火扉が破損するなどの被害が発生しています。また、エレベーターのワイヤー損傷やエレベーター停止による閉じ込めの事例があります。
- 長周期地震動によるエレベーターの対策として、地震で揺れた時に停止させることが基本です。揺れを感知する装置が普通の揺れだけではなく、「長周期地震動」にも反応するなどの対策が行われています。
- 室内の被害の対策は、家具類が転倒・落下・移動しないように固定することが基本です。東京消防庁発行の「家具類の転倒・落下・移動防止対策ハンドブック」[1]などを参考にして対策を行ってください。

1．長周期地震動により被害があった事例

1）石油タンクによる被害

2003年9月26日4時50分に発生した十勝沖地震（M8.0 最大震度6弱）では、長周期地震動により、震源から約250km離れた苫小牧市の石油コンビナートで、スロッシング（石油タンク内の石油が揺動する現象）が発生し、浮き屋根が大きく揺動した結果、石油タンクの浮き屋根が沈没し、地震から2日後に静電気が原因で火災が発生しました。

また、2011年東北地方太平洋沖地震の際には東日本地域の各地の石油タンクで被害がありました。

2）建物屋内の被害

2011年3月11日14時46分に発生した東北地方太平洋沖地震（M9 最大震度7）では長周期地震動により東京都内の高層ビルで大きな揺れを観測しました。低層階に比べて高層階で大きな揺れとなりました（図1）。

3）エレベーターの被害

2011年3月11日14時46分に発生した東北地方太平洋沖地震（M9.0 最大震度7）では、震源から約700km離れた大阪市（最大震度3）の高層ビルでエレベーター停止による閉じ込め事故、内装材や防火扉が破損するなどの被害が発生しました。建物内部のエレベーターや各部屋の室内がかなりの被害を受けた例は多数あります。中でも超高層ビルのエレベーターは、非常に高いところから吊り下げられているという構造のため、「長周期地震動」の影響を受けやすくなっています。

低層階（2階）

高層階（24階）

図1　東京都内の同一ビルにおける低層階と高層階の被害（工学院大学提供）[2]

2. 事前対策

1) エレベーターの対策

エレベーターは、構造を変えることが難しいので、地震時は停止させることが対策の基本です。揺れを感知する装置が普通の揺れだけではなく、「長周期地震動」にも反応する対策などが行われています。

2) 屋内の対策

超高層ビルの高層階は長周期地震動により1m以上も揺れます。建物自体は大丈夫でも建物内は大変です。

近年に発生した地震被害では、負傷者の3～5割の人々が建物内において家具類の転倒・落下によって負傷しています。家族の負傷を防止するために家具類の転倒等防止対策が非常に重要です。特に、建物内の家具類が転倒したり、落下したり、移動したりすると、ケガ等の人的被害が発生するおそれがあります。

室内の被害対策は、家具類が転倒・落下・移動しないように固定することです。東京消防庁等が作成するガイドブックを参考に対策を立ててください（図2）。

3. 緊急地震速報直後の対策

1) エレベーターの対策

緊急地震速報が届いたら、直ちに全階ボタンを押し、揺れる前にエレベーターを停めることは安全対策としては有効です。

引用文献
1) 家具類の転倒・落下・移動防止対策ハンドブック、東京消防庁
   http://www.tfd.metro.tokyo.jp/hp-bousaika/kaguten/handbook/
2) 長周期地震動により被害があった主な事例、気象庁
   http://www.data.jma.go.jp/svd/eqev/data/choshuki/choshuki_eq3.html

國近光生（技術士　建設・総合技術監理）

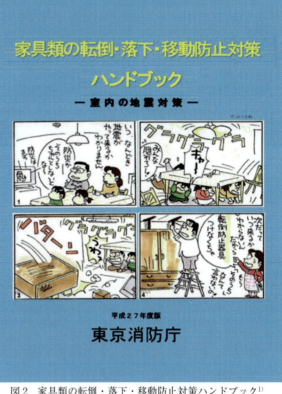

図2　家具類の転倒・落下・移動防止対策ハンドブック[1]
（東京消防庁から引用）

Q4 免震構造の超高層マンション

免震構造の超高層マンションは、地震が発生しても大丈夫なのでしょうか教えてください？

・免震構造の超高層マンションでは、地震が発生しても、建物はゆっくり揺れるので、家具等の転倒による人的被害が抑えられるだけでなく、室内家具や設備配管の損傷も軽減されます。しかし、建物の揺れがなくなることはないので、留め具や突っ張り棒等や移動防止具による家具固定を行ってください。
・免震建築物の管理者は、大規模地震によりビルが大きく揺れた場合は、継続利用や改修の要否の判断を行うに当たり、当該建築物の設計者等の専門家に調査を依頼することが望ましい[1]とされています。

1. 免震構造とは

「免震構造」とは、建物の基礎部分に震動を絶縁するか、建物の固有周期を長くするローラーや積層ゴムなどの免震装置を入れて、地震時の揺れを低減するよう設計した建物の構造形式のことです（図1）。

この他に、「耐震構造」や「制震構造」があります。「耐震構造」は、地震に耐えるように設計された建物の構造形式で、ふつうの建物といえば、これが該当します（図1）。また、「制震構造」は、地震のエネルギーを吸収するダンパー等の部材を建物内の骨組部分に設けて地震による振動を軽減する構造形式です。

2. 免震装置

建物の基礎の上に免震層が設けられ、地盤と建物を切り離す役割を免震装置が担っています。

免震装置には、「アイソレータ」と「ダンパー」が使われています。「アイソレータ」は、建物を支え、地震のときに建物をゆっくりと移動させるものです。種類として積層ゴムなどがあります（図2）。「ダンパー」は、建物を支えるものではなく、揺れを抑える働きをします。種類としてオイルダンパーなどがあります（図3）。

免震装置は、地震時に建物を揺らさないためのものではなく、急激な揺れをゆっくりとした動きに変える働きをしています。

免震構造では、地震の揺れを通常の3分の1から5分の1程度まで軽減でき、建物に大きな損傷は起こらないと考えられています。免震構造の超高層マンションでは、ゆっくり揺れるため、建物だけでなく家具等の転倒による人的被害が抑えられるだけでなく、室内家具や設備配管の損傷も軽減されます。ただし、免震構造の超高層マンションの建設費用は、耐震構造や制震構造より高めです。

3. 地震への対応策

免震建築物の管理者は、大規模地震によりビルが大きく揺れた場合は、継続利用や改修の要否の判断を行うに当たり、当該建築物の設計者等の専門家に調査を依頼することが望ましい[3]とされています。

また、室内での対策として、固定されていない多くの家具が移動します。免震構造といえども、建物の揺れがなくなることはないので、留め具や突っ張り棒等の家具固定具や移動防止具による家具固定を進めていく必要があります。室内の被害対策は、家具類が転倒・落下・移動しないように固定することです。東京消防庁等が作成

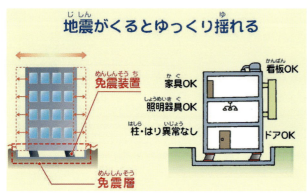
(a) 免震構造の建物

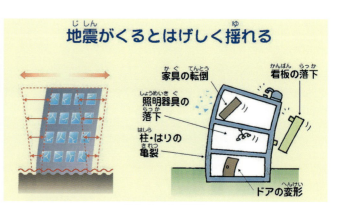
(b) ふつうの建物

図1　ふつうの建物と免震構造の建物の違い[2]

するガイドブック（27頁、図2参照）を参考にして対策を立ててください。

引用文献
1) 南海トラフ沿いの巨大地震による長周期地震動について、内閣府
http://www.bousai.go.jp/jishin/nankai/pdf/jishinnankai_shiryo2.pdf
2) パンフレット「地震から建物を守る免震」、一般社団法人日本免震構造協会
http://www.jssi.or.jp/menshin/doc/booklet.pdf
3) 「免震建築とは？」ホームページ、一般社団法人日本免震構造協会
http://www.jssi.or.jp/menshin/m_kenchiku.html#menshin2

國近光生（技術士　建設・総合技術監理）

図2　積層ゴム[3]

図3　オイルダンパー[3]

Q5　長周期地震動と高層マンション被害

長周期地震動が発生すると、高層マンション（超高層マンションを含む）では、どのような被害が発生するのでしょうか？

- 東日本大震災では、遠く離れた東京や大阪でも長周期地震動により、高層マンションのエレベーターのケーブルなどの設備の被害や、揺れによる家具等の転倒被害が発生しています[1]。高層マンションでは、建物建設の位置や規模等によって揺れや被害の傾向は違います。タンスや冷蔵庫、食器棚は、高層になるほど大きな移動や転倒が低層より多くなっています。よって、家具類を固定するなど事前の対策が大切です。
- 被害アンケート[1]によれば、超高層集合住宅では、室内の壁紙等の亀裂や壁、柱などのコンクリート部分の亀裂は、低層になるほど多くなっています。地震の横揺れにより建物が水平方向に変形する際、高層と比較して低層ほど、フロア毎の変形による傾きが大きくなるためです。
- 実際の地震による建物の揺れは、短い周期から長周期まで多くの成分が含まれ、複雑な揺れとなります。
- 東日本大震災の被害アンケートでは、"免震構造の建物は被害が少なかった"と報告されています[1,2]。

1. 高層マンションの居住者へのアンケート調査による被害調査（その1）

1）概要

関東、関西地域に建設されている24階建以上の鉄筋コンクリート（以下、RCという）系の超高層集合住宅のうち、強震観測が行われている建物を含む15棟の居住者を対象にアンケート調査を実施し、2011年東北地方太平洋沖地震における被害状況について調べています[1]（ただし、2棟は免震構造の建物である）。

ここで、強震観測とは強い地震動でも振り切れない地震計を用い、構造物や地盤の震動に対する応答特性と被害との関係の調査を行なったり、地震の詳細な震源過程の調査などを行うための観測です[3]。

対象建物は関東地域で9棟、関西地域で6棟であり、すべて24階建以上のRC系の超高層マンションです。

いずれも関東平野、大阪平野内に位置し、本震時の長周期地震動の影響を受けているものと考えられます。これらの住戸をそれぞれ高層、中層および低層と呼びます。本震時に部屋にいた割合はほぼ半数でした。

2）被害内容

建物や家財の被害に関係するアンケート結果を図1〜4に示します。タンス、冷蔵庫、食器棚等の状態を図1に、食器、本、テーブル上の小物等の状況を図2に示します。関東地域の高層部では、家具や小物等の移動・散乱が比較的多かったが、関西地域では少ない。

柱や壁、梁などのコンクリート部分の亀裂に関する結果を図4に示します。関東地域の低層部では、内装材やコンクリート部分の亀裂は多かったが、関西地域では、ほとんどみられなかった。

2. 高層マンションの居住者へのアンケート調査による被害調査（その2）

1）概要

東京都内の12棟の高層マンションを対象にアンケートを実施している[2]。アンケートの対象建物は、東京都の23区内各地にある高層住宅12棟（14階〜33階建て）で、RC造形の構造の建物である。これらのうち2棟が免震構造を採用している。

2）被害内容

図5にタンス・本棚・食器などの転倒・移動を示す。在来構造（免震構造でない10棟）の場合、上層階ほど転倒・移動した割合が高い。27階建て以上の建物より20階建て以下の建物のほうが被害割合は高い。免震構造ではほとんど被害がありません。図6に居間を対象に置物・食器・本などの散乱程度の結果を示す。これらの散乱度の傾向は、タンス・本棚・食器などの転倒・移動と同様であった。在来構造20階建ての上層の台所では、部屋一面に散乱したと回答したものが2割を超えています。建物の被害に関して、壁のひび割れ被害を図7に示す。壁のひび割れなどの被害については、全体として40％前後の被害率になっており、免震構造でも被害ありの回答が多くみられた。

引用文献
1) 東日本大震災後の超高層集合住宅のアンケート調査による屋内被害と強振記録との関係から推定される建物応答、肥田ら、日本建築学会構造系論文集、第78巻、第683号、51-60、Jan, 2013
2) 2011年東北地方太平洋沖地震時における東京の高層住宅での揺れと室内被害および対応行動に関するアンケート調

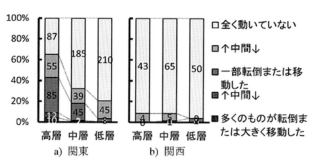

図1 タンス、冷蔵庫、食器棚等はどうなりましたか。[1]

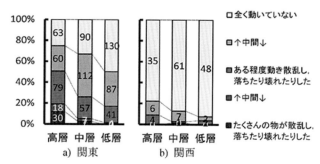

図2 食器、本、テーブルの小物等はどうなりましたか。[1]

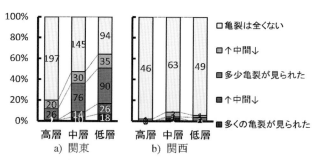

図3 室内の壁紙等の内装材に亀裂が見みられましたか。[1]

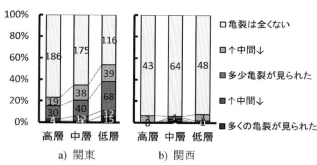

図4 柱、壁、梁等のコンクリート部分に亀裂は見られましたか。[1]

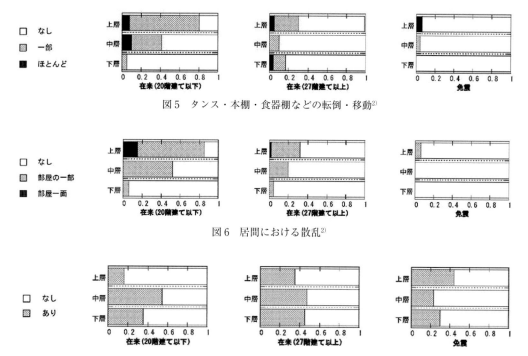

図5 タンス・本棚・食器棚などの転倒・移動[2]

図6 居間における散乱[2]

図7 壁のひび割れ被害[2]

査、田村ら、日本建築学会報告集、第18巻、第39号、2012年6月

3) 強震観測について、気象庁

http://www.data.jma.go.jp/svd/eqev/data/kyoshin/kaisetsu/index.htm

國近光生（技術士　建設・総合技術監理）

Q6 地震で壊れやすい地盤

地震の時に壊れやすい地盤の見分け方を教えてください？

- 地震の強い揺れによって、建物が壊れるだけでなく、建物の下にある地盤が壊れることがあります。
- 壊れやすい地盤や被害を受けやすい地盤として、不均質な軟弱地盤や切土・盛土の境界などがあります。建物の下にある地盤が壊れると、擁壁の倒壊や家屋の傾きなどが発生します。
- 建物の上にある崖が地震により壊れることがあります。場合によると、広い範囲で一気に宅地全体がすべることもあり、地すべりと呼んでいます。
- 地盤の液状化による変状で建物が被害を受けることがあります。液状化現象と液状化の起きやすい地盤については、"地盤の液状化現象"で解説します。

1）揺れやすい地盤とは

東京や大阪などの日本の大都市は平野にあります。平野は上から見ると平坦ですが、地面の下には、大昔に川がながれたところや、海底であったところが埋もれています。地表は平らですが、その下は結構複雑です。砂や砂利が埋まっているところや、やわらかい粘土が深くまであるところもあります。

おなじ平野の中でも地面の下が砂利の場所と、やわらかい粘土が深くまで埋まっている軟弱な地盤は、砂利が多い締まった地盤より揺れやすくなります。また、平地は山地より揺れやすい性質があります。

板の上に豆腐とこんにゃくを載せてゆすると、豆腐は大きく揺れこんにゃくはさほど揺れません。地盤の揺れ方も、この豆腐とこんにゃくと同じです。

2）地震大国日本

下右の図は、日本、アメリカ、フランス、ドイツで地震時の揺れを考慮して建物をつくる必要がある範囲を着色したものです。

日本はすべての地域が赤くなっています。つまり日本ではどこでも地震が起きる可能性があるので、道路もダムも建物も、地震の力に耐えて、壊れないように作る必要があります。

日本では地震が起きても壊れないように、揺れやすい地盤や弱い地盤では、地盤を改良して強化するなど十分な対策を施し、頑丈な構造物を作る必要があります。そのため、欧州などに比べ日本の道路などの社会インフラは建設費が高くなってしまいます。

参考文献：
1. 全国地質調査業連合会HP：地質情報ポータルサイト「日本ってどんな国・地震と地盤から考えてみよう。」https://www.web-gis.jp/Education/edication.html
2. 被災宅地災害復旧技術マニュアル～熊本地震対応～「国土交通省、熊本県、熊本市」
   熊本県HP：http://www.pref.kumamoto.jp/kiji_19077.html

幸徹（技術士　建設・総合技術監理）

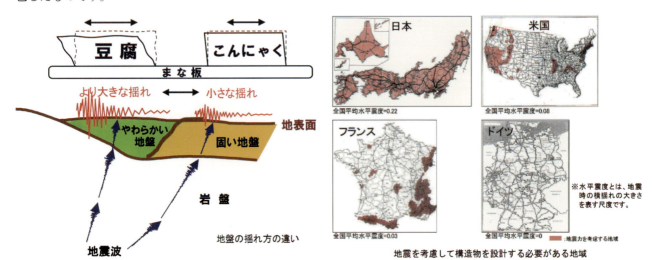

地盤の揺れ方の違い

地震を考慮して構造物を設計する必要がある地域

1. 全国地質調査業連合会HPより引用

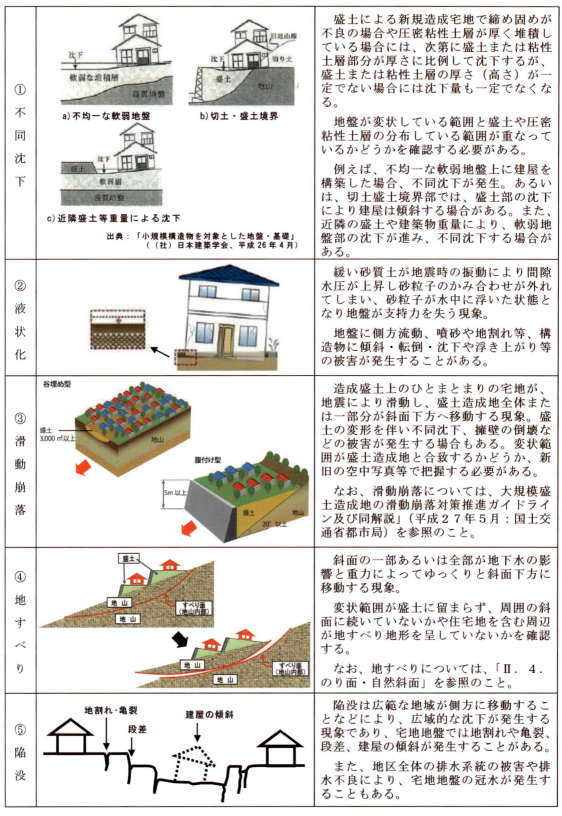

① 不同沈下	a) 不均一な軟弱地盤　b) 切土・盛土境界 c) 近隣盛土等重量による沈下 出典：「小規模構造物を対象とした地盤・基礎」 （（社）日本建築学会、平成26年4月）	盛土による新規造成宅地で締め固めが不良の場合や圧密粘性土層が厚く堆積している場合には、次第に盛土または粘性土層部分が厚さに比例して沈下するが、盛土または粘性土層の厚さ（高さ）が一定でない場合には沈下量も一定でなくなる。 地盤が変状している範囲と盛土や圧密粘性土層の分布している範囲が重なっているかどうかを確認する必要がある。 例えば、不均一な軟弱地盤上に建屋を構築した場合、不同沈下が発生。あるいは、切土盛土境界部では、盛土部の沈下により建屋は傾斜する場合がある。また、近隣の盛土や建築物重量により、軟弱地盤部の沈下が進み、不同沈下する場合がある。
② 液状化		緩い砂質土が地震時の振動により間隙水圧が上昇し砂粒子のかみ合わせが外れてしまい、砂粒子が水中に浮いた状態となり地盤が支持力を失う現象。 地盤に側方流動、噴砂や地割れ等、構造物に傾斜・転倒・沈下や浮き上がり等の被害が発生することがある。
③ 滑動崩落	谷埋め型　盛土3,000㎡以上 腹付け型　5m以上　20°以上	造成盛土上のひとまとまりの宅地が、地震により滑動し、盛土造成地全体または一部分が斜面下方へ移動する現象。盛土の変形を伴い不同沈下、擁壁の倒壊などの被害が発生する場合もある。変状範囲が盛土造成地と合致するかどうか、新旧の空中写真等で把握する必要がある。 なお、滑動崩落については、大規模盛土造成地の滑動崩落対策推進ガイドライン及び同解説」（平成27年5月：国土交通省都市局）を参照のこと。
④ 地すべり		斜面の一部あるいは全部が地下水の影響と重力によってゆっくりと斜面下方に移動する現象。 変状範囲が盛土に留まらず、周囲の斜面に続いていないかや住宅地を含む周辺が地すべり地形を呈していないかを確認する。 なお、地すべりについては、「Ⅱ．4．のり面・自然斜面」を参照のこと。
⑤ 陥没	地割れ・亀裂　段差　建屋の傾斜	陥没は広範な地域が側方に移動することなどにより、広域的な沈下が発生する現象であり、宅地地盤では地割れや亀裂、段差、建屋の傾斜が発生することがある。 また、地区全体の排水系統の被害や排水不良により、宅地地盤の冠水が発生することもある。

2. 被災宅地災害復旧技術マニュアル P.14　被災の状況とその原因（要因）を解説しています。

Q7　安全な宅地

大規模造成地の宅地を購入しようと思っています。危険性の少ない場所はどのようなところでしょうか。また、自然災害に対して安全な場所を選定するための注意点を教えてください。

・行政等が自然災害に対して危険な箇所をハザードマップとして公開しています。これを軽視せず、できるだけ危険とされる箇所を避けることが肝心です。地震動・洪水・津波・土砂災害危険区域等は行政のホームページで確認することができます。
・凸凹した山や丘陵地を平坦化した造成地は、地上からどこが危険でどこが安全かを知ることが容易ではありません。これまで起きた大地震や大雨（特に長雨）では、盛土地が選択的に被災しています。2006年に改正された宅地造成等規制法によって、造成地の中の盛土の分布を公開することが行政に義務付けられています。まだ全てについて公表されているわけではありませんが、盛土分布図についても確認してください。
・盛土分布図が公表されていない時には、埼玉大学の谷先生が創られた「今昔マップ」というフリーソフトを使うと、造成前の地形がわかります。
・一般論として、造成地の中でも切土部は地盤が堅固なので安全です（もちろん例外もあります）。
・古い造成地では、現在の基準に適合しない空積み擁壁などの「既存不適格擁壁」があることも多いです。将来補修が必要となったり、隣地の建て替え工事の際にトラブルが発生する可能性があると認識しておく必要があります。

1. 危険性の小さい場所
1）自然地盤は長い時間をかけて堅固に
・地山とは、地層が形成されてから長い年月が経ち、安定した地盤となっている自然地盤のことです。こういった地盤は、大地震や大雨を数え切れないほど経験していますので、一般的に安定した地盤です。凸凹した地形を平坦化した造成地では、切土部が地山に当たります。
・一方、谷を埋めた盛土などは、極めて新しい時代の人工地盤で、大地震や大雨をあまり経験していません。宅造法などの法律や、各種技術基準によって安全性を確保できる締固め方法などが定められていますが、施工不良や、人間が技術的にまだ良く知らない現象によって被害をうけることがあります。

盛土分布マップの例

2）切土と盛土の見分け方
・行政は大規模盛土造成地の盛土分布マップを公表する義務があります。ただし、まだ全て大規模造成地について公表されているわけではなく、作業中や未着手のところも残っています。（国土交通省の調査では、全国1,741市町村のうち、平成30年4月時点で55.4％の自治体が公表しています）
・公表されていないところでは、開発前の地形図と現在の地形図を重ねてみると、どの場所に埋もれた谷が存在し、盛土により平坦化されているのかを知ることができます。開発前の地形図を入手するのが難しければ、「今昔マップ3」というフリーソフトで調べることができます。開発前に谷があったところは盛土地になっていることが多いですから、できれば避けたほうがいいでしょう。
・盛土造成地は、大地震の際に「滑動崩落」という現象で、盛土の大部分が滑り出す危険性があります（全ての盛土がそうなるわけではありません）。
・盛土地は地下に谷が埋没しているため、長雨で地中に水が大量に供給されると、地下水が埋没した谷に沿って流れます。このため谷の合流部などで水圧が大きくなり崩壊に至ることがあります。

2. 危険性の大きい場所
1）ハザードマップで確認
・自治体は土砂災害・洪水・津波・高潮・溜池・地震の揺れ・液状化などのハザードマップを公表しています。インターネットで検索すれば簡単に見つかると思いま

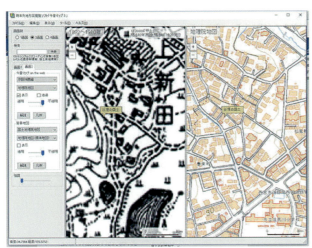

「今昔マップ3」で開発前の地形を知る　　　阪神・淡路大震災で発生した滑動崩落

す。ハザードとは、災害となる可能性のある危険性のことで、甚大な自然現象（記録的豪雨や大地震など）があったときに被災原因となる可能性が高い要因です。
・ハザードマップで危険性が指摘されているところは避けたほうが無難です。
・多少の危険性があっても、その土地が気に入っている場合には、どのようにすれば被災から逃れられる対策があるのかを専門家に相談してください。解決策がある場合もあります。

2）すでに危険な場所に住んでいる場合
・甚大な自然現象（記録的豪雨や大地震など）は、「明日くるかもしれない」と危機を煽ることがありますが、実際には再来周期がとても長いものです。ある場所にそれが起きる確率は極めて低いです。長期的な観点で防災を考えるほうが賢明です。
・危険な場所に住んでいる場合、命だけは守るということを考え、避難訓練等に積極的に参加してください。命を守る方法を教えてもらえると思います。
・子供が自立し別の地域で家を建てることがあると思います。そのときに安全な場所を選ぶことができれば、命だけでなく財産も守ることができます。人間の寿命よりも長い再来周期の現象に対しては、きちんとした知識をもち、徐々に安全を確保していくことが賢明な防災と言えます。慌てることはありません。
・安全を確保するための最大のチャンスは、家を建てる時、建て替えるとき、他の地域へ移住するときです。そのときに安全な場所に住むことができたら、災害のことをあまり気にせずとも穏やかに安全に暮らすことができます。そのチャンスのときに、専門家にアドバイスを求めてください。
・現在の基準では認められない「既存不適格擁壁」は、隣接工事の掘削作業時などに不安定化する恐れがあります。家の建て替え時などに補強しておくことをお勧めします。

参考文献
国土交通省HP 大規模盛土造成地マップの公表状況について
http://www.mlit.go.jp/toshi/web/toshi_tobou_tk_000025.html

　　太田英将（技術士　応用理学・建設・森林・総合技術監理）

Q8　地盤の液状化現象

地震が起きても基礎が大丈夫なのかを教えてください？　もし液状化が発生する場合は、どのようにすればよいのか教えてください？

- 地盤の液状化とは、堆積物の粒子の間が水で満たされた固結していない地層が、地震などの振動で急激に流動する現象です。粒度のよくそろった中〜細粒の砂からなる川の下流部や沿岸の堆積物、埋立地などでおこりやすいといわれています。
- 液状化によって地盤の沈下や流動がおこり、建造物に大きな被害が発生します。
- 新しい埋立地では、堆積物の粒度がそろわないよう砂に泥や礫（れき）を混ぜるなど、液状化を防ぐための工夫が行われています。
- 一般の宅地で液状化が起き、住宅などに被害が起こることはまれと考えられますが、東日本震災では浦安の住宅地で大きな被害がでました。
- 液状化が起きると、電気やガスなどのライフラインが切断されたり、空港や港湾といった重要な社会資本施設が使えなくなり、私たちの生活に大きな影響がでます。また、埋め立て地の石油コンビナートなどで火災が発生したりします。そのため、空港や港湾や埋め立て地などでは液状化対策工事が行われています。

1）液状化とは

液状化現象とは、地震が発生した際に地盤が液体状になる現象のことです。

液状化は、主に同じ成分や同じ大きさの砂からなる土が、地下水で満たされている場合に発生しやすいといわれています。そのような砂でできた地盤は砂の粒子が結びついて支えあっていますが、地震発生で繰り返される振動により、地中の地下水の圧力が高くなり、砂の粒子の結びつきがバラバラとなって地下水に浮いたような状態になります。これが液状化です。このような状態となると、水よりも比重が重い建物が沈んだり、傾いたりします。水の比重よりも軽い下水道のマンホールなどが浮き上がる場合があります。

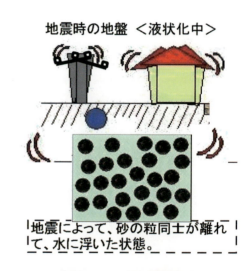

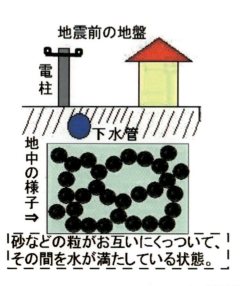

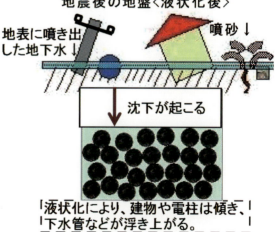

液状化のメカニズム
（国土交通省北陸地方整備局HPに加筆）

3. 全国地質調査業協会連合会 HP より引用

2）液状化による被災例

新潟地震の液状化によるアパートの転倒
（新潟県土木部）
3．全国地質調査業協会連合会HPより引用

千葉県東方沖地震によるクレーター状の噴砂跡
（応用地質）
3．全国地質調査業協会連合会HPより引用

液状化対策施工（滑走路）被害なし

2．国土交通省HPより引用

液状化対策未施工（誘導路）沈下あり

2．国土交通省HPより引用

3）液状化対策が有効であった事例

仙台空港は、大規模災害時における緊急輸送・復旧支援拠点空港と航空ネットワークとして重要な全国13空港の一つとしてして位置づけられています。そのため、液状化が予想される個所について順次対策工を施工していました。

一部対策が完了した時点で東日本大震災を受けましたが、地震時には対策工未実施の誘導路に液状化による浮上がりや沈下が発生しましたが、対策工済みの個所での被害は見られませんでした。

今回、耐震化事業により被害を最小限に食い止めることが出来たため、緊急補修で滑走路等の利用が可能となり、発災後5日目で緊急輸送機の受け入れをすることが出来ました。そのため、この耐震化事業が大規模震災（液状化対策）に対し極めて効果的な事業であることが証明できたと考えられています。

参考文献
1. 東京都HP：建物における液状化対策ポータルサイト
   http://tokyo-toshiseibi-ekijoka.jp/
2. 国土交通省HP：東北地方整備局仙台港湾空港技術調査事務所：空港での液状化対策 http://www.pa.thr.mlit.go.jp/sendaigicho/sonaeru/sonaeru01.html
3. 全国地質調査業協会連合会HP：地質情報ポータルサイト「日本ってどんな国・液状化に学ぶ。」
   https://www.web-gis.jp/Education/edication.html

幸徹（技術士　建設・総合技術監理）

Q9　隣接地の掘削工事

隣の家が建替えの工事に入りました。我が家ととても近い場所を掘削します。こちらの家や敷地に影響があるのではないかと心配です。あとでトラブルにならないように注意しておくことはありませんか？

・敷地境界近くで行う工事のことを「近接工事」といいます。車庫の工事などで、擁壁の基礎部付近を掘削することがあり、それが原因で自宅の庭や、最悪の場合家が傾き始めることがあります。隣地の工事施工者や、施主に補償を求めても、「工事が原因ではない」と言われ、しばしば紛争（裁判等）に発展することがあります。
・日本の法律では、被害を受けた側が「工事が原因で被害が発生した」ことを立証する責任があります。変状が発生してから慌てて対応しても、掘削工事が終わってしまっており、新たな変状の進行を確認できず、専門家に依頼しても明快な因果関係の立証が困難となる場合があります。
・隣地の工事が始まる前に、自宅や宅地の状態を確認する調査（「補償調査」と呼びます）を隣地の工事施工者に依頼しましょう。応じてくれない場合には、自費で専門家に依頼してやっておけば、あとで後悔しなくてすみます。
・なんとなく変状が発生したようだとか、もともとあった亀裂の幅が開いたようだというのは、相手方に否定されやすいので、「計測値」として数値でデータを持っておくことがとても重要です。できれば専門家に依頼して、変状が予想される箇所の「初期値」を計測しておかれることを強く勧めます。

1. トラブルを回避するのは着工時の確認

1) 被害の立証責任は被害者側にあります
・隣地で工事をする際には、「工事の影響でなにかあったら対応します」という約束が行われることが多いと思いますが、被害を受けた際に、その被害が工事の影響であることを立証する責任は被害者側にあります。
・極端に言えば、施工業者側は「その被害は工事とは関係なく発生したもので、こちらに責任はない」と言い張ることで責任を逃れることができてしまいます。
・特に、隣地の掘削工事などの影響で被害をうけることが多いのですが、トラブルが発生した頃にはその工事は終わっており、そこから計測を開始しても明確な変状進行が認められず「因果関係の立証」ができない恐れがあります。

2) 事前調査の有無がその後の運命を決めます
・家屋の床は本来水平になっているべきものです。擁壁などは建造直後にはクラック等の変状がないのが普通です。しかし、時間の経過とともに、少しずつ家屋に不同沈下（場所によって沈下量が異なる沈下のことを言い、それが原因となって、構造物に傾きが生じる）が生じたり、擁壁等にクラックが生じたりし始めます。
・単に老朽化が原因となった変状なのか、隣接工事が原因となった変状なのかを明確にさえしてあれば、無用なトラブルを避けることができます。
・工事着工前に、第三者の専門家に床の傾きや、戸の歪みなどを調査してもらい、傾斜角や写真で整理しておいてもらうことを「補償調査」と言います。これは最低限必要なことと考えておいてください。
・工事を行う施工者か、工事の施主に補償調査を行うことを求めればよいのですが、応じてくれないこともあります。その場合には、先々の災いを回避するために、自費であっても事前の状態を調査しておくことが大切です。
・事前調査結果があれば、工事中あるいは竣工後に変状が現れた場合、それが工事の影響であることを立証する貴重な資料になります。また、事前調査がしてあれば、施工者側もあとあと責任を取る事態になることを予想して、施工が丁寧になるということにも繋がります。
・隣地の人とは長く近所付き合いをしていかなければならない関係にありますので、避けられるトラブルは事前調査によって避けましょう。

3) 親杭横矢板式土留め工に注意
・近接した掘削でトラブルを起こしているのは、多くの場合「親杭横矢板式土留め工」と呼ばれる工法です。1～2m程度の間隔で穴を掘り、そこにH形鋼を挿入し、H形鋼の間に矢板を入れていき土が崩れないようにする工法で、「地下水のない良質な地盤」に対して用いる安価な工法ですが、締りのゆるい地盤や、地下水がある地盤や、極端に近接した施工を行う場合には、ある程度山側の地盤が動く可能性を持った工法です。
・そういう場合には、「地中連続壁工法」など、変位が発生しにくい工法を用いるのですが、工事費が高いので住宅地の施工ではあまり使われていません。
・近接した掘削工事が行われ、「親杭横矢板式土留め工」

が用いられている時には、何かが起こるかもしれないと警戒しておくに越したことはありません。

2. 工事前から計測を開始しましょう

・大げさと思われるかもしれませんが、隣接地の掘削工事で擁壁が動いたり、家屋が傾いたりすることは珍しくありません。特に、家の傾きを修正する工事には多額の費用がかかるため、隣同士が裁判で争うという不幸な事態に陥ります。

・近接した掘削工事で変状が現れるのは、掘削の中心部や、一番深い掘削部に近いところです。

・計測は専門家に依頼するのが一番良いのですが、やはり費用が高い欠点があります。

・お勧めする計測装置は、建築などで使うレーザー距離計（mm単位で計測できる）と、それを土間コンクリートなどに固定する雲台と固定ネジおよび計測する箇所に貼るターゲットシールです。ネット通販で15,000円程度で調達できるはずです。これで、同じ場所の距離を工事前から、工事中、工事後にわたり計測して記録しておけば、何か変状があった場合に工事の影響かどうかを容易に判定できます。結果的に、お隣と争う必要がなくなります。

参考文献

安藤一郎『イラストで読む　建築トラブル　法律百科』、エクスナレッジ、2001

公益社団法人　地盤工学会『地盤工学・実務シリーズ28　近接施工』、2011

　　　　太田英将（技術士　応用理学・建設・森林・総合技術監理）

簡易計測装置

簡易計測装置の設置方法

Q10 気象警報・気象特別警報

気象警報、気象特別警報の意味や発表されたとき、どのように対処すればよいか教えてください？

・「気象警報」とは、気象災害、水害、地盤災害などの重大な災害が起こるおそれがある場合に、警告のために気象庁より発表される情報です。警報は災害が発生することを市町村別に予想して発表されます。
・「気象特別警報」とは、気象災害、水害、地盤災害などの重大な災害の危険性が著しく大きいときには、警報より更に上位の特別警報が気象庁より発表されます（気象とは別に津波、地震、火山噴火についても特別警報の対象としています。）。特別警報は、警報の発表基準をはるかに超える現象に対して発表されます。特別警報は災害が発生することを市町村別に予想して発表されます
・異常気象時、「特別警報が発表されない」は「災害が発生しない」ではありません。これまでどおり気象注意報、気象警報、その他の気象情報も活用し、身の回りが危険かも知れないと感じた時には早めの行動をとることが大切です。
・ふだんから災害発生に備え、災害の種類別にお住まいの自治体の防災マップなどの情報から、避難場所や避難経路をご自分で確認しておきましょう。
・特別警報は、命の危機が迫っている状態で発表されますから、速やかな避難や安全の確保が必要です。警報の内容や情報収集についてしっかりと把握しておきましょう。

気象特別警報の種類

気象庁は、2013年8月に「特別警報」の運用を開始しました。表に気象に関する特別警報の種類と基準をまとめます。気象に関する特別警報以外に「津波に関する特別警報」、「地震に関する特別警報」、「火山に関する特別警報」があります。ここでは、気象に関する特別警報について説明します。

特別警報発表のきっかけ

近年の激しい気象現象による災害の増加の中、2012年九州北部豪雨の際には、気象庁から「これまで経験したことのない大雨」との表現で、雨の状況が異常であることを自治体に伝えました。しかし、これが高い危機感を伝える情報と認識されないケースもあったことから、気象庁では気象業務法を改正して、従来の警報よりもさらに危険性が高いことを示す「特別警報」を発表することになりました。[1]

特別警報の対象とされる現象の事例

[大雨]
発表開始前：大雨については、紀伊半島に甚大な被害をもたらし、100人近い死者・行方不明者を出した「平成23年台風第12号」など。
発表開始後：「平成25年台風第18号」（福井県・滋賀県・京都府の大雨）、「平成29年7月北部九州豪雨」など。
[暴風、高潮、波浪]
暴風、高潮、波浪については、本土に接近あるいは上陸した時点での中心気圧が930hPa（沖縄地方では910

現象の種類	基準	
大雨	台風や集中豪雨により数十年に一度の降雨量となる大雨が予想され、若しくは、数十年に一度の強度の台風や同程度の温帯低気圧により大雨になると予想される場合	
暴風	数十年に一度の強度の台風や同程度の温帯低気圧により	暴風が吹くと予想される場合
高潮		高潮になると予想される場合
波浪		高波になると予想される場合
暴風雪	数十年に一度の強度の台風と同程度の温帯低気圧により雪を伴う暴風が吹くと予想される場合	
大雪	数十年に一度の降雪量となる大雪が予想される場合	

表　気象に関する特別警報（気象庁ホームページ—特別警報リーフレット）

hPa）以下の台風がもたらす現象あるいはそれに相当する温帯低気圧がもたらす現象など。
発表開始前：台風による高潮では、我が国の観測史上最高の潮位を記録し、5,000人以上の死者・行方不明者を出した「伊勢湾台風」など）
発表開始後：「平成26年台風8号」（沖縄県の暴風・豪雨）など。
［暴風雪・大雪］
発表開始前：死者・行方不明者152人を出した「昭和56年豪雪」など

特別警報が発表された時の対処

特別警報が発表されたとき、お住まいの地域は数十年に一度の、これまでに経験したことのないような、重大な危険が差し迫った異常な状況にあります。ただちにお住まいの市町村の避難情報に従うなど、適切な行動をとりましょう。特にこの数十年間、大きな災害発生の経験がない地域でも油断は禁物です。身を守るためにただちに最善を尽くしましょう。
・決して慌てずに周囲の状況や、お住まいの市町村から発令されている避難勧告の情報などを安全な方法で収集しましょう。

・すぐに避難場所へ避難するか、すでに外出が危険な状態に達している場合には、無理をせず家の中、あるいは近所のより安全な場所にとどまってください。
・特に大雨や台風に伴う時間とともに危険度が増していく現象では、特別警報よりも前から段階的に発表される気象情報・注意報・警報や土砂災害警戒情報、記録的短時間大雨情報をしっかり確認し、早め早めの行動をとれるようにすることが大切です。
・ご自身の安全を確保した上で、身の回りの高齢者、障害者、外国人、乳幼児、妊婦等の方の支援をしましょう。

ふだんから、異常気象が発生した場合の情報収集方法、避難場所や避難方法、家族間での連絡手段、お住まいの市町村からの情報を入手する方法などを十分確認しておいてください。

特別警報の課題と改善

特別警報は、災害をもたらすような現象の広がりが府県程度であること、現象が継続して続くことなどが発表される前提となっていました。例えば、発表開始直後の2013年10月、東京・伊豆大島で発生した台風26号に伴う豪雨により36人が犠牲となった土石流では3時間雨量が335ミリで「50年に1度の値」の2倍以上に達しました。しかし、離島部であり発生領域の狭さから基準を満たさないとして特別警報の発表が見送られたような課題がありました。情報内容について検討が進められ、現在、市町村別に発表されるようになっています。

参考資料・引用資料
（1）気象庁HP「特別警報」http://www.jma.go.jp/jma/kishou/know/tokubetsu-keiho/
（2）損害保険協会「そんぽ予防時報No. 255」、2013
（3）内閣府HP「特別警報と警報・注意報」https://www.kantei.go.jp/jp/headline/bousai/keihou.html#c002

大藤明克（技術士　応用理学・建設・総合技術監理／気象予報士）

テレビ、ラジオ、インターネット（スマートフォン・パソコン）で気象情報災害情報の収集、お住まいの自治体のハザードマップを確認しましょう。

Q11　緊急地震速報

緊急地震速報が発表されたとき、どのように対処すればよいか教えてください？

・緊急地震速報を、テレビ・ラジオ・携帯電話などで見たり聞いたりしてから、強い地震の揺れが来るまでの時間は数秒から数十秒しかありません[1]、その短い間に身を守るための行動を取ることが必要です。自分の身と家族の身を守ることが最優先です。

・緊急地震速報を見たり聞いたりしたときは、まわりの人に声をかけながら
「周囲の状況に応じて、あわてずに、まず身の安全を確保する」ことが大切です[1]。

・緊急地震速報は、地震が発生し、地震計で観測した揺れの大きさから、各地の震度（揺れの大きさ）を予想し、震度5以上の揺れが起きると予想された場合に、震度4以上の地域に対して速報を発表します。すなわち大きな地震が発生したときに発表されます。

・しかし、阪神・淡路大震災のような直下型地震の場合は、震源が近いので、緊急地震速報が伝わる前に揺れが起き、間に合わない場合があります。

・津波の危険性がある場合は、地震発生の3分を目標に、津波警報が発表されます。
「緊急地震速報（警報）は気象庁が発表します。以下に気象庁資料から引用し解説します」

1．具体的な避難行動[1]

1) 室内にいるとき

家庭では！
・頭を保護し、丈夫な机の下など安全な場所に避難してください。
・あわてて外に飛び出さないでください。
・無理に火を消そうとしないでください。

人がおおぜいいる施設では！
・施設の係員の指示に従ってください。
・落ち着いて行動しあわてて出口には走り出さないでください。
・停電で真っ暗になる場合もあります

2) 乗り物に乗っているとき[1]

自動車運転中は！
・あわててスピードを落とさないでください。
・ハザードランプを点灯し、まわりの車に注意を促してください。

・急ブレーキはかけず、緩やかに速度をおとしてください。
・大きな揺れを感じたら、道路の左側に停止してください。
・緊急地震速報が発表された場合は、高台や津波浸水想定区域外に避難しましょう

鉄道やバスなどに乗車中は！
・つり革や手すりにしっかりつかまってください。
・急停車に備えましょう

エレベーターにのっているときは！
・最寄りの階で停止させて、すぐに降りてください。
・すべての階のボタンを押して最寄りの階で停止しましょう

（イラストは、気象庁ホームページから引用[1]）

3) 屋外にいるとき[1]
　街中では！
・ブロック塀の倒壊等に注意してください。
・看板や割れたガラスの落下に注意してください。
・丈夫なビルのそばであれば、ビルの中に避難してください。
　山やがけ付近では
・落石やがけ崩れに注意してください。
（イラストは、気象庁ホームページから引用）[1]

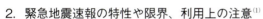

2. 緊急地震速報の特性や限界、利用上の注意[1]
1) 緊急地震速報の特性や限界
・緊急地震速報を発表してから強い揺れが到達するまでの時間は、数秒から長くても数十秒程度と極めて短く、震源に近いところでは速報が間に合いません。直下型地震では、間に合わない場合があります。
・ごく短時間のデータを使った速報であるため誤差が生じることがあります。

2) 緊急地震速報が、強い揺れの到達に間に合わない場合があります
・解析や伝達に一定の時間（数秒程度）がかかるため、震源に近い場所への速報の提供は、揺れの到達時間に間に合いません。

引用・参考文献
1. 気象庁 HP「緊急地震速報を見聞きした時は」http://www.data.jma.go.jp/svd/eew/data/nc/koudou/koudou.html より引用加筆
2. 気象庁 HP「一般向け緊急地震速報の利用の心得」http://www.data.jma.go.jp/svd/eew/data/nc/koudou/kokoroe.pdf より引用加筆
3. 日本シェイクアウト提唱会議 HP
　http://www.hoseigakkai.jp/shakeout/sokuho_renkei.html 引用

　　　　　西濱靖雄（技術士　電気電子）

●一斉防災訓練『ShakeOut（シェイクアウト）』

「まず低く、頭を守り、動かない」
日本シェイクアウト提唱会議HPより引用[3]

●緊急地震速報を見聞きしたら、いつまで身を守ればいいのですか？[1]
・震源から遠い場所では、緊急地震速報を見たり聞いたりしてから強い揺れが届くまでに時間がかかります。
・揺れがこなくても1分程度は、身を守るなど警戒しましょう。また、地震による強い揺れは、東北地方太平洋沖地震のように数分続く事例もあります。

●「日ごろからの備え」[2]
　地震への備えができていなければ「身の安全を守る」ことはできません。
　「緊急地震速報」を活かすためには、以下のようなことを徹底することが大切です。
1. 住宅・建築物の耐震化を進める
2. 家具・什器などの転倒・移動防止を行う
3. 備品の落下防止対策の実施をする
4. ガラスなどの飛散防止を行う
5. 地震時に身を守るための行動や方法を習得する
6. 普段から、安全な避難場所の確認をする
7. 防災訓練を実施する

Q12　津波警報

津波警報が発表されたとき、どのように対処すればよいか教えてください？

・大津波警報・津波警報が発表されたら、早く高い安全な場所に避難しましょう。
とくに「津波浸水想定区域内」にいる場合は、津波浸水想定区域外の高台や、津波避難ビル、3階建て堅牢な建物に避難することが大切です（市町村によっては、避難方法を推奨している場合があります）。
・震源が陸地に近い場合は、津波警報が津波の襲来に間に合わないことがあります。
・強い揺れや、弱くても長い揺れがあったらすぐに避難を開始しましょう。震源が陸地に近い地域では、詳しい情報を知ることよりも、早く避難して情報は避難先で確認しましょう。
・発表される津波の高さは、1m、3m、5m、10m、10m超えの5段階で発表されます。
　予想される津波の高さが1～3mのときは「津波警報」「予想される津波の高さは3m」と発表されます。また予想される津波の高さが3～5mのときは「大津波警報」「予想される津波の高さは5m」のように発表されます。このときはできるだけ早く高い安全な場所に逃げましょう。
・地震の規模がマグニチュード8を超えるような巨大地震が発生した場合には、最大規模の津波を想定し「大津波警報・津波警報」が発表されます。このとき最初の発表は「巨大」・「高い」と表現されます。東日本大震災のような巨大津波が予想されるためできるだけ早く高く安全な場所へ逃げてください。しばらくして津波の高さが判明すれば、津波の高さは何mと発表されます。
・津波は、何度も押し寄せます。最初が一番大きいわけではありません。
「津波警報は気象庁が発表します。以下に気象庁資料から引用し解説します」

1．津波警報・注意報[1]
・気象庁は、地震が発生した時には地震の規模や位置をすぐに推定し、これらをもとに沿岸で予想される津波の高さを求め、地震が発生してから約3分（一部の地震※については最速2分程度）を目標に、大津波警報、津波警報または津波注意報を、津波予報区単位で発表します。

（※日本近海で発生し、緊急地震速報の技術によって精度の良い震源位置やマグニチュードが迅速に求められる地震）
・予想される津波の高さは、通常は5段階の数値で発表します。ただし、地震の規模（マグニチュード）が8を超えるような巨大地震に対しては、精度のよい地震の規

	発表される津波の高さ		とるべき行動	想定される被害
	数値での発表（発表基準）	巨大地震の場合の発表		
大津波警報（特別警報）	10m超（10m<高さ）	巨大	沿岸部や川沿いにいる人は、ただちに高台や避難ビルなど安全な場所へ避難してください。津波は繰り返し襲ってくるので、津波警報が解除されるまで安全な場所からはなれないでください。ここなら安心と思わず、より高い場所を目指して避難しましょう。	木造家屋が全壊・流出し、人は津波による流れに巻き込まれます。
	10m（5m<高さ≦10m）			
	5m（3m<高さ≦5m）			
津波警報	3m（1m<高さ≦3m）	高い		標高の低いところでは津波が襲い、浸水被害が発生します。人は津波による流れに巻き込まれます。
津波注意報	1m（0.2m≦高さ≦1m）	（表記しない）	海の中にいる人は、ただちに海から上がって、海岸から離れてください。津波注意報が解除されるまで海に入ったり海岸に近付いたりしないでください。	海の中では人は早い流れに巻き込まれます。養殖いかだが流失し、小型船舶が転覆します。

津波警報・注意報の分類と、とるべき行動[1]

模をすぐに求めることができないため、その海域における最大の津波想定等をもとに津波警報・注意報を発表します。その場合、最初に発表する大津波警報や津波警報では、予想される津波の高さを「巨大」や「高い」という言葉で発表して、非常事態であることを伝えます。

・予想される津波の高さを「巨大」などの言葉で発表した場合には、その後、地震の規模が精度よく求められた時点で津波警報を更新し、予想される津波の高さも数値で発表します。

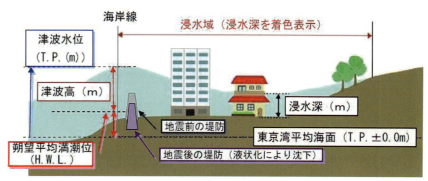

図1 津波水位の定義（兵庫県）より引用[3]

2. 津波警報・注意報と避難のポイント[1]
・震源が陸地に近いと、津波警報が津波の襲来に間に合わないことがあります。
強い揺れや、弱くても長い揺れがあったらすぐに避難を開始しましょう。
・津波の高さを「巨大」と予想する大津波警報が発表された場合は、東日本大震災のような巨大な津波が襲うおそれがあります。ただちにできるかぎりの避難をしましょう。
・津波は沿岸の地形等の影響により、局所的に予想より高くなる場合があります。
ここなら安心と思わず、より高い場所を目指して避難しましょう。
・津波は、長い時間くり返し襲ってきます。津波警報が解除されるまでは避難を続けましょう。

3. 津波が到達するまでの時間と津波の高さ[2]
・津波の速さは、海底までの深さが深いほど早く、浅くなれば遅くなります。
・南海トラフの近く（海底の深さ4,000m）では、時速約720km（飛行機なみ）の速さですが、海底までの深さが500mでは時速約250km（新幹線なみ）、50mでは時速約80km（自動車なみ）となり、陸上に上がれば時速約25km（自転車なみ）になります。
・津波が陸に近づくと、水深が浅くなる影響で速度は遅くなり、うしろから来る波に追いつかれるため波の高さはどんどん高くなります。
・地震が発生してから、津波が海岸までに到達する時間や津波の高さは国、都道府県、市町村から発表されています。例えば、兵庫県南あわじ市では、最短到達時間44分、最高津波水位8.1m、神戸市では、最短到達時間83分、最高津波水位3.9m、尼崎市では、最短到達時間117分、最高津波水位4.0mとなります。
・津波水位は、津波襲来時の代表点ごとの海面の高さ（標高＊）で表示。＊標高は、東京湾平均海面からの高さ（単位：T.P.＋m）として表示。・最短到達時間、最高津波水位は、兵庫県[3]発表の値
・津波が発生したときは、テレビやラジオで津波情報が逐一発表されるので確認しましょう。

4. 日頃から避難場所をチェックしょう
・自分たちの住んでいる地域の「津波ハザードマップ」や「ポータルサイト」で、災害時の避難場所や防災対策に役立つ情報を調べて、実際に避難訓練などを行いましょう。
・津波到達時間もあらかじめ確認しましょう。

引用・参考文献
1) 気象庁ホームページ「津波警報・注意報、津波情報・津波予報について」
　http://www.data.jma.go.jp/svd/eqev/data/joho/tsunamiinfo.html
2) 気象庁ホームページ「津波発生と伝搬のしくみ」より引用
　http://www.data.jma.go.jp/svd/eqev/data/tsunami/generation.html
3) 兵庫県ホームページ「南海トラフ巨大地震津波浸水想定について解説
　https://web.pref.hyogo.lg.jp/kk37/documents/nannkaisouteikaisetu.pdf より引用

西濱靖雄（技術士　電気電子）

Q13 台風の進路と備え

台風がやってきたとき、どのように対処すればよいか教えてください？

・「台風」とは、北西太平洋（赤道より北で東経180度より西の領域）または南シナ海に存在する「熱帯低気圧」のうち最大風速（10分間平均）がおよそ17m/s以上になったものです。台風は、上空の風に流されて移動し、通常、東風が吹いている低緯度では西へ流されながら次第に北上し、北緯26度付近（沖縄付近）から上空の強い西風（偏西風）に流されるようになり、速い速度で北東へ進み、日本に襲来します。しかし、夏期、日本付近の西風が弱い時には、台風は迷走し進路が複雑になります。

・台風の進路は事前に予想できます。台風のように徐々に危険度が増していく現象では、段階的に発表される、気象情報や気象注意報、気象警報、土砂災害警戒情報、記録的短時間大雨情報、気象特別警報、指定河川洪水警報などをしっかりと確認し、早めの行動をとれるようにすることが大切です。

・台風が襲来すると、大雨災害（土砂災害、浸水災害、洪水災害）、暴風災害、高潮災害、高波災害、潮風害、竜巻による突風災害など、様々な災害が発生します。ふだんから、お住まいの地域が、台風に伴いどのような種類の災害に弱いのかについて、自治体の情報を参考にして、ご自分で確認しておきましょう。

・ふだんから、台風が襲来した時の災害発生に備え、災害の種類別に避難場所や避難経路をお住まいの自治体の情報を参考にし、ご自分で確認しておきましょう。

・日本付近で台風から温帯低気圧に変わっても、強風や大雨には十分に注意しましょう。

台風の発生、接近、上陸

1981～2010年の30年間平均でみると、年間約26個の台風が発生し、約11個が日本から300km以内に接近し、約3個が日本に上陸します。発生・接近・上陸ともに、7月から10月にかけて最も多くなります。台風の寿命（台風の発生から熱帯低気圧または温帯低気圧に変わるまでの期間）は平均で約5日ですが、中には19日という長寿記録もあります。長寿台風は夏に多く、不規則な経路をとる傾向があります。

台風に伴う雨の特性

台風は積乱雲が集まったもので、雨を広い範囲に長時間にわたって降らせます。図1に示すように台風の眼の周りには積乱雲が壁のように取り巻いており、そこでは暴風とともに激しい雨が連続的に降ります。さらに中心から外側の200～600kmのところには帯状の積乱雲でできた外側降雨帯があり、断続的に激しい雨が降ります。また、日本付近に前線が停滞していると、日本の遠く南海上にある台風から流れ込む暖かく湿った空気が前線の活動を活発化させ、大雨となることがしばしばあります。

台風に伴う風の特性

台風は巨大な空気の渦巻きで、地上付近では上から見て反時計回りに中心にむかって強い風が吹き込んでいます。そのため、図2に示すように、進行方向に向かって右の領域では、台風自身の風と台風を移動させる周りの風が同じ方向に吹くため風が強くなります。逆に左の半円では台風自身の風が逆になるので、右の半円に比べると風速がいくぶん小さくなります。

台風の眼に入ると風は急に弱くなり、時には青空が見えることもあります。しかし、眼の通過後、風向は反対方向になり強い風が吹くことを絶対に忘れないでください。

台風の風は、入り江や海峡、岬、谷筋、山の尾根などでは強く吹きます。また、街中ではビル風と呼ばれる突風が発生することもあります。道路上では橋の上やトンネル出口で強風にあおられるなど、局地的に風が強くなることもあります。さらに台風が接近すると、竜巻が発生することもあります。また、台風が日本海に進んだ場合、南よりの強い風が山を越えて日本海側に吹き下り

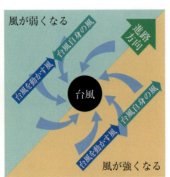

図1　台風域内の雨雲の分布　　図2　台風の風の吹き方

フェーン現象を発生させ空気が乾燥するため、火災発生時には大火になりやすいです。

台風に伴う高潮

高潮は、台風による「吸い上げ効果」及び「吹き寄せ効果」と「地形効果」によって起こります。「吸い上げ効果」とは、気圧の低下で海面が持ち上がる現象のことで、気圧が1hPa低いと海面は約1cm上昇します。中心気圧950hPaの台風の中心では、ふだんの時より海面は約50cm高くなります。「吹き寄せ効果」とは、台風に伴う風が海岸に向かって吹き、海水が吹き寄せられて海岸付近の海面を上昇させる現象です。「地形効果」とは、湾の奥ほど狭くなるV字形の湾奥に風が吹き込むと海面が高くなる現象です。さらに、大潮の満潮時には高潮の被害は大きくなります。また、9月頃は1年を通じて最も平均潮位が高くなる時期であり、台風に伴う高潮災害を大きくする原因となります。

台風の進路と高潮

台風に吹き込む風は反時計回りで、ふつうは進行方向に対して右側で強くなっています。そのため、南に開いた湾で台風が西側を北上した場合には高潮が起こります。さらに強風によって発生した高波も沖から押し寄せますので、高潮に高波が加わり海面は一層高くなります。過去50年間に発生した大きな高潮は、東京湾、伊勢湾、大阪湾、瀬戸内海、有明海の遠浅で南に開いた湾で発生しています。

台風に伴う高波

波には、風が強いほど、長く風が吹き続けるほど、風が吹く距離が長いほど高くなるという3つの発達条件があります。台風はこの3つの条件を満たしており、例えば台風の中心付近では10mを超える高波になることがあり、台風周辺の広い範囲では数mの高波が発生しています。台風による高波は「うねり」となって広い範囲に伝わります。

潮風害（塩風害）

お住まいの地域が、台風の暴風域、強風域に入ったけれども雨があまり降らない場合には、強い風で海水が運ばれ、農作物に塩が付着して被害を及ぼしたり、電線に塩が付着して広範囲にわたって停電が発生するおそれがあります。

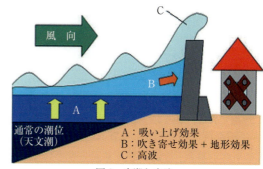

図3　高潮と高波

台風が接近、上陸する時の対処

・海岸に近い所や大阪など河口に広がる低地では、防災マップを参考にして、高潮による浸水に備えて避難場所と避難経路をふだんから確認しておいてください。

・台風が接近しているという気象情報を見聞きしたら、海岸には近づかないようにしましょう。また、台風災害への備えについて、お住まいの自治体の情報を再度確認しておきましょう。

・雨や風が強くなる前に、家屋の補強などの対策をしましょう。

・川のはん濫や土砂災害、高潮などの災害は一気に起こるため、避難が遅れると命にかかわります。天候が荒れてからでは移動も大変になりますので、特に、高齢者、障害者、外国人、乳幼児、妊婦等のいる家庭は、早い段階から自主的に避難することも検討しましょう。

・危険を感じたり、市区町村長からの避難勧告等があった場合は、あわてず速やかに避難しましょう。

・避難する時には、ご自身の身の安全を確保したうえで、高齢者、障害者、外国人、乳幼児、妊婦等の方の支援をしましょう。

・避難の前には、必ず火の始末をしましょう。

・避難時、忘れ物をした場合でも、取りに戻るのは危険ですので絶対にやめましょう。

・大雨や暴風、高潮で避難場所までの移動が危険な場合は家の中のできるだけ安全な場所に避難することも検討しましょう。

※イラストは気象庁提供

参考資料・引用資料
(1) 気象庁HP「台風について」https://www.jma.go.jp/jma/kishou/know/typhoon/index.html
(2) 気象庁HP「大雨や台風に備えて
(3) 内閣府HP（大雨・台風では、どのような災害が起こるのか）
https://www.kantei.go.jp/jp/headline/bousai/taifu_ooame.html#c001

大藤明克（技術士　応用理学・建設・総合技術監理／気象予報士）

Q14　暴風警報・暴風特別警報

暴風警報、暴風特別警報が発表されたとき、どのように対処すればよいか教えてください？

- 「暴風警報」とは、過去の災害発生時の気象現象に基づいて、暴風により重大な災害が起こるおそれが予想されるとき、市町村単位で発表して警戒を呼びかけるものです。
- 「暴風特別警報」とは、数十年に一度という台風や発達した温帯低気圧によってもたらされる極めて稀で異常な暴風による重大な災害が起こるおそれが著しく大きいとき、市町村単位で発表して警戒を呼びかけるものです。
- 暴風警報や暴風特別警報の発表基準は、市町村ごとに過去の災害と気象現象との関係を網羅的に調査した上で、都道府県や市町村等の防災機関と調整して決めているため、地域によって異なります。
- 「暴風警報、暴風特別警報が発表されない」は「暴風による災害が発生しない」ではありません。また、竜巻注意情報は警報が出ていなくても突風の発生を予測する情報です。この情報にも注意しましょう。外出時、空が急に暗くなってきた時などの突風の発生が予測されるような時には、近くの頑丈な建物に避難するなど、早めの行動をとることが大切です。
- 暴風警報や、暴風特別警報が発表されるような状況の時には、外出はやめましょう。
- 暴風特別警報は、命の危機が迫っている状態で発表されますから、速やかな避難や安全の確保が必要です。お住まいの自治体に相談し、早めに頑丈な建物に避難することも必要です。

暴風警報、暴風特別警報の発表

暴風警報の発表基準は、地域ごとに異なりますが、風速がおおむね18～25m/s以上になると予想された時です。暴風特別警報の発表基準は、数十年に一度の強度の台風や同程度の温帯低気圧により暴風が吹くと予想される場合です。「伊勢湾台風」級（中心気圧930hPa以下又は最大風速50m/s以上）の台風や同程度の温帯低気圧が来襲する場合に発表されます。ただし、沖縄地方、奄美地方及び小笠原諸島については、中心気圧910hPa以下又は最大風速60m/s以上としています。参考までに、テレビなどで放送されている「台風の暴風域」とは風速が25m/s以上の領域のことを言います。

風の強さと人への影響、屋外や樹木の様子等との関係

右頁の表に風の強さと人への影響、屋外や樹木の様子との関係をまとめています。15～20m/sの風が吹くと、歩行者は風に向かって歩けなくなり、転倒したりします。建物では屋根瓦や屋根葺材がはがれるものもでてきます。ちなみに家庭用の扇風機を「強」にした場合の風速は5m/s程度ですから、暴風（18m/s以上）は普通では想像できないような猛烈な風であることがわかります。暴風が吹き荒れると、建物の損壊、農作物の被害、交通障害など社会に甚大な被害をもたらします。また、風で飛ばされてきたもので、人がけがをしたり、電線が切れて停電したりします。風速が40m/sを超えると車の横転、列車の脱線転覆、電柱の倒壊、また、鉄塔が倒壊（写真1参照）することもあります。奈良県では、1998年9月台風第7号通過に伴い暴風警報発表中、暴風（奈良地方気象台で最大瞬間風速37.8m/sを観測）により、室生寺で樹齢約650年の杉が根こそぎ倒れて五重塔に当たり、屋根の一部が崩れたり塔が傾いたりしました。茨城県では、2002年10月台風第21号通過に伴い暴風警報発表中、暴風（銚子地方気象台で最大瞬間風速52.2m/sを観測）により潮来市で写真1に示すように鉄塔が倒壊しました。

その他暴風に類する現象の事例

暴風警報等が発表されていなくても、発達した積乱雲に伴い発生する竜巻による突風、ダウンバーストやガス

写真1　潮来市における送電鉄塔の倒壊[3]

風速	おおよその時速	人への影響	屋外・樹木の様子	建造物
10〜15 m/s	36〜 50 km/h	・風にむかって歩きにくくなる。 ・傘がさせない。	・樹木全体が揺れ始める。 ・電線が揺れ始める。	・雨樋（あまどい）が揺れ始める。
15〜20 m/s	50〜 70 km/h	・風にむかって歩けなくなり、転倒する人もでる。 ・高所での作業は極めて危険。	・電線が鳴り始める。 ・看板やトタン板が外れ始める。	・屋根瓦・屋根葺材がはがれるものがある。 ・雨戸やシャッターが揺れる。
20〜25 m/s	70〜 90 km/h	・何かにつかまっていないと立っていられない。 ・飛来物によって負傷するおそれがある。	・細い木の幹が折れたり根の張っていない木が倒れ始める。 ・看板が落下・飛散する。道路標識が傾く。	・屋根瓦・屋根葺材が飛散するものがある。 ・固定されていないプレハブ小屋が移動・転倒する。 ・ビニールハウスのフィルムが広範囲に破れる。
25〜30 m/s	90〜110 km/h			
30〜35 m/s	110〜130 km/h	・屋外での行動は極めて危険。	・多くの樹木が倒れる。電柱や街灯で倒れるものがある。 ・ブロック壁で倒壊するものがある。	・固定の不十分な金属屋根葺材がめくれる。 ・養生の不十分な仮設足場が崩落する。
35〜40 m/s	130〜150 km/h			・外装材が広範囲にわたって飛散し、下地材が露出するものがある。
40 m/s〜	150 km/h〜			・住家で倒壊するものがある。 ・鉄骨構造物で変形するものがある。

表　風の強さと人への影響、屋外や樹木の様子、建造物（表中ハッチ部は暴風）

トフロントといった突風もしばしば発生し、写真2に示すような大きな突風被害をもたらすことがあります。

暴風警報、暴風特別警報が発表された時の対処

暴雨警報、特に暴風特別警報が発表されたときには、お住まいの地域は数十年に一度の、これまでに経験したことのないような、暴風による重大な危険が差し迫った異常な状況にあります。頑丈な建物の中にいて決して外に出ないことです。家が暴風に耐えられない場合、お住まいの市町村の避難情報に従うなど適切な行動をとりましょう。

・暴風は時間とともに危険度が増していく現象です。特別警報よりも前から段階的に発表される気象情報・注意報・警報をしっかり確認し、早め早めの行動をとりましょう。

・決して慌てずに周囲の状況や、お住まいの市町村から発令されている避難勧告の情報などを安全な方法で収集しましょう。

・外出は止めて、安全な場所に留まりましょう。

・自転車や物干し竿、植木鉢など家の外に暴風で飛ばされる心配のあるものは、家の中に入れたり、ロープなどで固定しましょう。

・停電に備え、懐中電灯などの用意をしましょう。料理等もできなくなりますので、非常用の食料も準備しましょう。

・家のガラス窓や戸を閉め、雨戸があれば雨戸も閉めて、ガラス窓や雨戸等が風で飛ばされないようにベニヤ板で補強しましょう。また、家の中でもガラス窓等から離れた場所にいるようにしましょう。

・ご自身の身の安全を確保した上で、身の回りの高齢者、障害者、外国人、乳幼児、妊婦等の支援をしましょう。

参考資料・引用資料
(1) 気象庁 HP「気象警報・注意報」https://www.jma.go.jp/jma/kishou/know/bosai/warning.html
(2) 奈良地方気象台 HP http://www.jma-net.go.jp/nara/kishou/jirei/wind.htm
(3) 田村幸雄他、「2002 年 10 月の台風 0221 号および 10 月 7 日に発生した突風による風災害調査」、2003、東京工芸大学工学部紀要 Vol. 26 No. 1
(4) 気象庁災害調査速報（栃木県下での突風による災害）http://www.data.jma.go.jp/obd/stats/data/bosai/tornado/2014081001/ref01.pdf

大藤明克（技術士　応用理学・建設・総合技術監理／気象予報士）

⑦　倒壊したビニールハウス
（鹿沼市藤江町）

⑧　幹折れした樹木
（鹿沼市藤江町）

写真2　2014 年栃木県下で発生した竜巻による鹿沼市の被害状況[4]

出される情報・警報

Q15　記録的短時間大雨情報

記録的短時間大雨情報が発表されたとき、どのように対処すればよいか教えてください？

・「記録的短時間大雨情報」とは、大雨警報発表中に、現在の降雨がお住まいの地域にとって土砂災害や浸水害、中小河川の洪水害の発生につながるような、数年に1度しか起こらないような大雨があったことを知らせるために発表されるものです。情報の内容は大雨が降った場所とその雨量で、お住まいの地域で土砂災害や浸水害、洪水害に対してさらに強い警戒をよびかける警告的な情報です。

・お住まいの地域に「記録的短時間大雨情報」が発表されたときは、土砂災害や浸水害、洪水害の発生につながる猛烈な雨が降っていることを示しています。お住まいの市町村では「避難勧告」「避難指示（緊急）」が発令される基準として用いられる場合がありますので、避難の検討、あるいは開始が必要になります。しかし、あらかじめ決めておいた避難場所まで移動することが命に危険を及ぼすと判断される場合には、近隣のより安全な場所や建物へ移動してください。それさえも危険な場合には、屋内の中でも土砂災害や浸水害、洪水害が及ぶ危険性ができる限り小さくなるような階や部屋等に退避（垂直避難）するなどの行動をとってください。特に家族に高齢者、障害者、外国人、乳幼児、妊婦等の方がいる場合、情報が発表されるまで待つのではなく、危険を感じるような雨が降りそうな時、より早い段階での行動が必要になります。

・ふだんから土砂災害や浸水害、洪水害の発生に備え、避難場所や避難経路をお住まいの自治体の防災マップ等の情報を参考にし、ご自分で確認しておきましょう。

記録的短時間大雨情報発表のきっかけ

「記録的短時間大雨情報」は、345人が犠牲になった「1982年7月豪雨（長崎豪雨）」（長崎県長与町役場において日本で過去最大の1時間雨量観測値187mmの猛烈な雨を観測しました。）を機に、従来の大雨警報・注意報では防災情報として不十分だという反省と教訓から、翌1983年に導入され発表され始めました。

記録的短時間大雨情報の内容

数年に1度くらいしか起こらないような雨を観測したときに、各地の気象台から発表されます。この情報は、大雨警報発表中に、降雨がその場所にとって土砂災害や浸水害、中小河川の洪水害の発生につながるような、稀にしか観測されない雨量であることを知らせるために発表されるもので、大雨を観測した観測点名や市町村等を明記しています。発表する基準は、過去の記録を参考に決めています。観測場所で1時間雨量歴代1位または2位の雨量で、近畿地方ではどの場所でも概ね1時間に90ミリ以上の猛烈な雨量が観測された場合です。1時間に90ミリの雨が降ると、外にいるときは、傘はまったく役に立たなくなり、水しぶきであたり一面が白っぽくなり、車の運転は前が見えなくなるため非常に危険な状況

図　記録的短時間大雨情報の発表と想定される災害の種類及び避難行動
気象庁ホームページ記録的短時間大雨情報リーフレット

になります。

記録的短時間大雨情報が発表されたとき想定される災害

大雨が降ったときに想定される土砂災害や浸水害、洪水害について、以下に説明します。

[土砂災害]

土砂災害は、土砂が崩壊し一瞬にして多くの人命や住宅などの財産を奪ってしまう恐ろしい災害です。土砂災害にはがけ崩れや土石流などがあります。がけ崩れとは、山の斜面や自然の急傾斜のがけ、人工的な造成による斜面が突然崩れ落ちる現象のこと、土石流とは、山腹や川底の石や土砂が集中豪雨などによって一気に下流へと押し流される現象のことです。

[浸水害]

浸水害は、大雨等により地表にたまる水の増加に排水が追いつかず、用水路、下水溝、側溝などがあふれてはん濫したり、河川の増水や高潮によって排水が阻まれたりして、住宅や田畑が水につかる災害をいいます。内水はん濫と呼ぶこともあります

[洪水害]

洪水害は、大雨などを原因として河川を流れる水の量が異常に増加し、堤防から水があふれ出ることにより住宅地や田畑が水に浸かったり、堤防の浸食や決壊、橋が流される等の災害をいいます。外水はん濫と呼ぶこともあります。

2017年の近畿地方における記録的短時間大雨情報発表回数と災害

2017年、大阪府、兵庫県、京都府で発表された記録的短時間大雨情報の発表回数と発表された場所を表に示します。

表から、他の防災気象情報に比べて発表回数はかなり少ない特徴があります。ちなみに兵庫県では2011年以降2017年8月まで発表がありませんでした。

表に示す大阪府①東大阪付近に情報が発表されたときには、東大阪市や大東市付近で、床下浸水や道路冠水、道路一部損壊等の被害が報告されており、京都府③網野町付近に情報が発表されたときには、河川はん濫が発生したことが報告されており、情報が発表されたときには

府県	発表回数	発表された場所
大阪府	3回	①東大阪市付近、②泉南市付近、③貝塚市
兵庫県	2回	①多可町付近、②たつの市付近
京都府	5回	①網野町付近、②宮津市付近、③与謝野町付近、④京丹後市丹後付近、⑤伊根町付近

表 2017年発表の記録的短時間大雨情報（大阪府、兵庫県、京都府）
参考資料 (2)、(3)、(4) から筆者まとめ

災害が発生していることが多いです。

記録的短時間大雨情報が発表された時の対処

情報が発表されたときは、お住まいの地域で、土砂災害や浸水害、中小河川の洪水害の発生につながるような猛烈な雨が降っていることを意味しています。特に土砂災害警戒区域や浸水想定区域など、これらの災害で命に危険が及ぶおそれが認められる場所等にお住まいの方は、地元の市町村の避難情報を確認し、避難勧告等が発令されている場合には速やかに避難を開始してください。周囲の状況や雨の降り方、気象庁高解像度降水ナウキャストなどの詳細降雨分布情報などにも注意し、少しでも危険を感じた場合には躊躇することなく自主避難をしてください。ただし、記録的短時間大雨情報が発表された場合、すでに屋外では猛烈な雨となっており、あらかじめ決めておいた避難場所まで移動することがかえって命に危険を及ぼすと判断される場合には、近隣のより安全な場所や建物へ移動し、それさえも危険な場合には少しでも命が助かる可能性が高い行動として、屋内の中でも土砂災害や浸水害、洪水害が及ぶ危険性ができる限り小さい階や部屋等に退避（2、3階などで安全な部屋）するなどの行動をとってください。

参考資料・引用資料
(1) 気象庁HP「記録的短時間大雨情報の解説」http://www.jma.go.jp/jma/kishou/know/bosai/kirokuame.html を編集
(2) 大阪府の気象 平成29年（2017年）年報
(3) 京都府の気象 平成29年年報（2017年）
(4) 兵庫県の気象 平成29年（2017年）年報

大藤明克（技術士 応用理学・建設・総合技術監理／気象予報士）

Q16　大雨特別警報

大雨特別警報が発表されたとき、どのように対処すればよいか教えてください？

- 「大雨特別警報」とは、数十年に一度の大雨による重大な災害が発生するおそれがあると予想されたとき発表されます。対象となる重大な災害として、浸水害、土砂害（がけ崩れ、土石流）などです。雨が止んでも、重大な土砂害などのおそれが残っている場合、発表は継続されます。
- 洪水害には、河川の施設整備等の進展もあり洪水特別警報はありません。しかし、大雨特別警報が発表された場合、重大な洪水が発生するおそれがあります。洪水については、国や都道府県が発表する洪水予報やお近くの水位観測所の情報に応じ、必要な防災対応をしてください。
- 平素からお住まいの「住居の位置」や「住居の構造」の確認を行い、特別警報発表時「既に浸水が生じている状況なのか否か」によって「自宅外避難」の必要性は異なります。
- 大雨時、「特別警報が発表されない」は「災害が発生しない」ではありません。これまでどおり気象注意報、気象警報、その他の気象情報も活用し、身の回りが危険かも知れないと感じた時には早めの行動をとることが大切です。
- ふだんから土砂害、洪水害、浸水害に備え、避難場所や避難経路について、お住まいの自治体の防災マップ等の情報を参考にし、ご自分で確認しておきましょう。

特別警報は、命の危機が迫っている状態で発表されますから、速やかな避難や安全の確保が必要です。ふだんから警報の内容や警報発表時の情報収集方法についてしっかりと把握しておきましょう。

大雨特別警報の発表のきっかけ

近年の激しい気象現象による災害の増加の中、2012年九州北部豪雨の際には、気象庁から「これまで経験したことのない大雨」との表現で、雨の状況が異常であることを自治体に伝えました。しかし、これが高い危機感を伝える情報と認識されないケースもあったことから、気象庁では気象業務法を改正して、2013年8月から、従来の警報よりもさらに危険性が高いことを示す「特別警報」を発表することになりました。[1]

大雨特別警報発表までの防災気象情報の流れ

土砂災害の例をとって、大雨に関する防災情報が気象庁から発表される流れを図2に示します。大雨特別警報は、大雨警報が発表された後、更に広い範囲に数十年に一度の大雨が降ると予測された場合に発表されます。特別警報発表時には各地で記録的短時間大雨情報や土砂災害警戒情報も発表されるような状況です。図1に示す土砂害や洪水害の発生に注意しましょう。

大雨警報や大雨特別警報が発表されたら、お住まいの自治体の避難情報なども入手し、身の回りの危険を感じたら、早めに避難して下さい。また、日中発表中の注意報に夜間に大雨警報発表の可能性が高いとされている場合、土砂災害警戒区域、浸水想定区域などにお住まいで避難行動に支援が必要な方は早目に避難しましょう。

図1　土砂害（左）と洪水害（右）

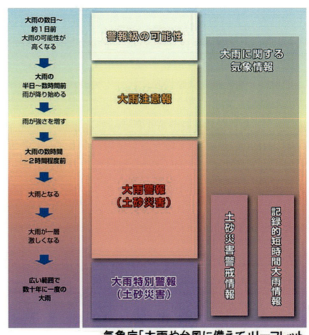

図2　気象状況と防災気象情報（土砂災害の例）

大雨特別警報の内容

2013年8月から特別警報が運用され始め、2018年7月上旬までに大雨特別警報は8事例で発表されています。大雨特別警報が発表された事例では、土砂災害、浸水害、洪水害など被害規模が大きく、右上表に示すように多数の死者がでています。2018年7月大雨特別警報発表時には、平成に入って最大規模の豪雨災害となりました。

以下に2018年7月6日京都府、兵庫県に大雨特別警報が発表された時の気象庁の発表内容を転載します。

・九州北部地方、中国地方に加えて、京都府、兵庫県に大雨特別警報を発表しました。
・これまでに経験したことのないような大雨となっています。
・重大な危険が差し迫った異常事態です。
・土砂崩れや浸水による重大な災害がすでに発生していてもおかしくない状況です。
・特別警報が発表されている九州北部地方、中国地方、近畿地方以外でも、西日本と東日本では記録的な大雨となっており、災害発生の危険度が高くなっています。
・地元市町村からすでに発令されている避難情報に直ちに従うなど、適切な行動をとってください。危険な場所には近づかないでください。
・すでに外出が危険な場合には、少しでも命が助かる可能性が高い行動として、家の中でも二階以上や崖の反対側などのより安全な場所に退避するなど、最善を尽くしてください。
・特に、現在夜間であることから、周囲の状況を十分に確認して行動してください。
・避難を完了している場合も油断しないでください。
・どこで災害発生の危険度が高まっているかを「危険度分布」で確認してください。

発表本文にも、地元自治体の避難情報の重要性に言及しています。

特別警報が発表された時の対処

上記以外にも、以下のことにも注意しましょう。
・ご自身の身の安全を確保した上で、身の回りの高齢者、障害者、外国人、乳幼児、妊婦等の方の支援をしましょう。
・大雨のように時間とともに危険度が増していく現象では、段階的に発表される気象情報・注意報・警報や土砂災害警戒情報、記録的短時間大雨情報をしっかり確認し、早め早めの行動をとれるようにすることが大切です。

【特別警報の注意点①：洪水特別警報はありませんが洪水にも最大の注意が必要】

洪水については雨量等に加え、治水施設の整備状況やその操作、河川の形状等も踏まえ総合的に把握して行うため、洪水は特別警報を行っていません。洪水特別警報の発表がないから洪水がないことではありません。国や都道府県から発表される洪水予報及び水位情報観測情報によって、お近くの河川の状況も確認し、洪水にも最大限の注意をしましょう。

【特別警報の注意点②：特別警報が発表されていなくても大雨には要注意】

大雨には、局所的に短時間の猛烈な雨をもたらす局地的大雨（一般に「ゲリラ豪雨」と呼ばれている。）や2014年8月広島市北部の狭い範囲に土砂災害を発生させ多数の死傷者を出した集中豪雨などは、災害が発生する範囲が狭いため、大雨特別警報の対象となっていません。大雨特別警報が発表されていなくても、雷注意報や大雨注意報、大雨警報が発表されている時に、大雨の危険を感じた場合、自主的に安全な場所に避難するなど、ご自身の安全を守って下さい。

年月	発表区域	死者[※2]	原因
2013年9月	京都府、滋賀県、福井県	8人	台風第18号
2014年7月	沖縄県本島地方[※1]	0人	台風第8号
2014年8月	三重県	0人	台風第11号
2014年9月	北海道石狩地方、北海道空知地方、北海道胆振地方	0人	低気圧
2015年9月	宮城県、栃木県、茨城県	8人	台風第17号
2016年10月	沖縄県本島地方[※1]	0人	台風第18号
2017年7月	大分県、福岡県、島根県西部	40人	梅雨前線
2018年7月	長崎県、佐賀県、福岡県、広島県、岡山県、鳥取県、兵庫県、京都府、岐阜県	187人[※3]	台風第7号と梅雨前線

[※1] 暴風、高潮、波浪特別警報も同時発表
[※2] 内閣府ホームページ防災情報ページ参照
[※3] 2018.7.12 13:30現在、消防庁資料参照

表　大雨特別警報発表事例（2018.7.11までのまとめ）[4],[5]

参考資料・引用資料
(1) 気象庁HP「特別警報」http://www.jma.go.jp/jma/kishou/know/tokubetsu-keiho/
(2) 損害保険協会「そんぽ予防時報 No.255」、2013
(3) 気象庁リーフレット「大雨や台風に備えて」
(4) 気象庁大雨報道発表資料
(5) 消防庁災害資料
(6) 内閣府HP防災のページ災害資料

大藤明克（技術士　応用理学・建設・総合技術監理／気象予報士）

出される情報・警報

Q17 土砂災害特別警戒区域

自分の土地が、土砂災害特別警戒区域（レッドゾーン）に指定されました。土砂が落ちてくる上流の土地（斜面地）の所有者に、安全対策を求めたほうが良いでしょうか？

・1999年に発生した広島豪雨災害を景気に土砂災害防止法が制定され、全国の土砂災害の危険性がある箇所が土砂災害警戒区域（イエローゾーン）、土砂災害特別警戒区域（レッドゾーン）に指定されることになりました。レッドゾーンは、「建築物に破損が生じ、住民等の生命又は身体に著しい危害が生じる恐れがある区域」で指定されます。対象とする現象は、急傾斜地（崖崩れ）、地すべり、土石流の3種類です。

・レッドゾーンに指定された区域では、特定の開発行為に対する許可制、建築物の構造規制等が行われます。また、レッドゾーンでは地価の下落が現実に起きています。

・崖地にあっては、崖裾の家屋がレッドゾーン区域に入ることがありますが、その上方斜面が災害発生原因です（崖崩れの場合）。

・レッドゾーンは公が危険な箇所と認定しているので、被害を受ける可能性のある住人は安全対策を求めることができるはずですが、現時点でその場合の対処法は確定していません。

・土砂災害防止法による区域指定は平成31年中に全国の指定が一通り終わる予定です。その後、運用面でいろいろな対応がなされると思います。とりあえず声を上げておく価値はあると思います。

1. レッドゾーン

1) 指定されることに対する影響

・設問の対象は急傾斜地崩壊（崖崩れ）に関するものです。崖崩れの土砂災害特別警戒区域（レッドゾーン）は、国の定めた基準（高さ5m以上、傾斜30度以上）で、かつ崩壊土砂のエネルギーが木造家屋を壊すレベルにあるところに指定されます。

・レッドゾーンに指定されると、新たに建築物を建てる場合（建て替えも含む）、土砂の衝突エネルギーに対抗できる構造としなければ建築確認がおりなくなります。また、法的制限がかかる土地となるため、地価が下落（減価）します。減価の程度は、固定資産評価上は30%程度と評価するようです（市町村によって異なりますので固定資産税担当に問い合わせてください）が、実勢価格としては90%の減価という事例（実際の相談事例です）もありました。

・崖下の住民が、崖地の所有者に安全対策を求めることはできますし、レッドゾーンの原因となっている崖の占有者または所有者は、安全確保の義務があります。しかし、崖下の住民が「危険だ」と言う場合、本当に危険かどうかを崖下の住民自身が証明する必要があります。土砂災害防止法によるレッドゾーンは、国が判断基準を作り指定していますので、客観的に危険という証明がなされたと考えることもできます。

・ただし、現実にそのような事例がまだ無いため、実際にどのように扱われるのかは現時点では確定的なことは何も言えませんので、今後のレッドゾーンと真の危険性に関する情報に注目しておく必要があります。

2) 指定区域の実際の危険度

・指定の作業を「基礎調査」と呼びます。全国くまなく指定する必要があるため、全国一律の基準（自治体によって若干の違いはある）で指定作業が行われています。平成31年度中には全国の指定が終わる予定です。

・急傾斜地（崖崩れ）の指定では、主に地形条件（高さ5m以上、傾斜30度以上）で判定が行われるため、例えば堅固な岩盤であっても、軟弱な土砂であっても、同じような地形であれば、同じような判定が行われます。

・堅固な地盤であれば、地形条件は指定基準を満たしていても、実際には危険性は少ないと言えるかもしれませんが、現時点で異議申立制度はありません。

・レッドゾーンでは、法的規制がかかることや、災害の危険があることで地価が下落するリスクを伴いますので、今後異議申し立てや、詳細調査の方法論などが議論される可能性があります。

・ただし、現時点ではどのようになるかわからないため、災害発生地に安全対策を求めても、それが法的に認められるかどうかはわかりません。

・地方自治体の一部では、指定された区域について独自基準を設け、自主的に「実際の危険性」を評価する動きがあります（例えば横浜市など）。

・また、指定区域の中に行政の管理地（公園緑地など）がある場合、自治体が建設コンサルタントに依頼して「実際の危険性」を調査している事例もあります。

レッドゾーンまで指定済地域　　　　　　　　　　　イエローゾーンのみ指定済地域

兵庫県 CG ハザードマップでの公表事例
2018 年 6 月現在、都市部のレッドゾーン指定はなされていない

・これらは、公が指定したからには対策工事を当然要求できるとなると、莫大な対策工事費が発生するため、事前に専門家の評価を求めるために実施されているものです。

2. 指定状況を知るには

1）自治体のホームページで公表

・土砂災害防止法の目的は、「行政の知らせる努力と、住民の知る努力で土砂災害による人的被害をゼロに」することです。このため指定情報は公開されます。

・指定された区域は、自治体のホームページで公開され、誰でも自由に見ることができます。むしろ「住民の知る努力」として積極的に自分の家や周辺の指定状況を見ることが望ましいです。

・レッドゾーン指定には法的規制がかかることや、地価の低下により個人財産の価値が減少するなどのデメリットが有るため、当初は住民合意が重要視され、なかなか指定および公表が進みませんでした。

・2014 年 8 月 20 日に発生した広島土砂災害では、死者 74 名、全半壊 361 戸の大災害となりました。この被災箇所では、基礎調査は終わっていましたが、住民説明会の前であり警戒区域の指定・公表が実施されていませんでした。

・2014 年の広島土砂災害後、同年 11 月に土砂災害防止法が改正され、基礎調査が終了した段階で直ちに調査結果を公表することが徹底されました。（元々法律上、住民合意は不要でしたが、丁寧に対応していたため公表までの時間が長くかかっていました）

2）指定区域の危険度を知るには

・公共事業における防災対策は、崩れたところを治すことや、急傾斜地崩壊防止対策事業で計画的に対策を整備することが行われていました。

・まだ崩れていない斜面の危険度評価については、技術的にもまだ確立されていないことが多々あります。土砂災害危険区域指定を契機に、危険度評価法や安価で効果の高い対策工の開発が積極的に行われるようになると思います。

太田英将（技術士　応用理学・建設・森林・総合技術監理）

出される情報・警報

Q18　土砂災害警戒情報

土砂災害警戒情報が発表されたときどのように対処すればよいか教えてください？

「土砂災害警戒情報」とは、大雨警報（土砂災害）が発表されている状況で、土砂災害（がけ崩れや土石流）発生の危険度がさらに高まったときに、市町村長の避難勧告や住民の自主避難の判断を支援するよう、対象となる市町村を特定して警戒を呼びかける情報です。都道府県と気象庁が共同で発表する情報です。

土砂災害の被害を防ぐためには、一人ひとりが土砂災害から命を守れるように備えておくことが重要です。そのために知っておくべき、3つのポイントを紹介します。

(1) 事前の準備：ふだんから土砂災害の危険性が認められる場所を把握しておきましょう。危険性が認められる場所とは、「土砂災害危険箇所」や「土砂災害警戒区域」です。お住まいの自治体の窓口で確認するか、自治体のホームページで確認しておきましょう。

(2) 雨が降り出し長時間降り続いたり、強くなってきたら：大雨注意報、大雨警報、土砂災害警戒情報等の発表状況だけでなく、自治体から発令される避難情報に留意して下さい。がけの近くや危険渓流の出口などにお住いの方は、情報だけに頼ることなく、身に危険を感じられた場合、区域外の少しでも安全な場所に避難することが大切です。

(3) (1)の土砂災害危険箇所や土砂災害警戒区域等にお住まいの方：早めの避難が重要です。

土砂災害警戒情報発表のきっかけ

気象庁では、1999年広島市・呉市（犠牲者：32名）の土砂災害、2003年水俣市の土石流災害（犠牲者：19名）等を契機に土砂災害に関し、大雨警報の基準の改善や情報内容の検討を行い、2008年から全国の都道府県で、都道府県砂防部局と地方気象台等が共同で市町村長が行う避難勧告等の判断や住民の自主避難の参考になるよう「土砂災害警戒情報」を発表しています。

土砂災害警戒情報の内容

大雨警報（土砂災害）が発表されている状況で、土砂災害（がけ崩れや土石流）発生の危険度がさらに高まったときに発表される情報です。土砂災害発生の危険度とは、過去に発生した土砂災害をくまなく調査した上で「この基準を超えると、過去の重大な土砂災害の発生時に匹敵する極めて危険な状況となり、この段階では命に危険が及ぶような土砂災害がすでに発生していてもおかしくない」という状態を設定しています。従って、土砂災害から命を守るためには、この基準を超えるのを待ってからではなく、この基準に到達することが予測された時点で避難を開始する必要があります。土砂災害警戒情報は、避難にかかる時間を考慮して、2時間先までに基準に到達すると予測されたときに速やかに発表しています。土砂災害の被害を防ぐためには、情報の内容を一人ひとり

急傾斜地の崩壊（がけ崩れ）

土石流

図　土砂災害の種類と警戒区域、特別警戒区域（土砂災害にはこの他「地すべり」がありますが土砂災害警戒情報の対象になっていません）
気象庁HP「土砂災害警戒判定メッシュ情報の活用」リーフレット

図 気象庁土砂災害判定メッシュ情報
気象庁ホームページ土砂災害危険情報リーフレット

表 土砂災害の種類と特徴及び前兆現象

が理解するとともに、土砂災害から命を守れるように備えておくことが重要です。

土砂災害警戒情報が発表された時の対処

土砂災害から命を守るために知っておくべき、3つのポイントを以下に説明します

(1) 土砂災害が発生しそうなときではなく、ふだんから土砂災害の危険性が認められる場所の把握をしておく

土砂災害は、建物に壊滅的な被害をもたらし一瞬のうちに尊い人命を奪ってしまう恐ろしい災害です。急傾斜地や渓流の付近など、土砂災害によって命に危険が及ぶおそれがあると認められる場所は、都道府県が土砂災害危険箇所や土砂災害警戒区域に指定することとされています。自治体の防災マップ等を参照して、お住まいの場所が土砂災害危険箇所あるいは土砂災害警戒区域に当たるかどうか、あらかじめ確認しておいてください。これらの区域にお住まいの方は、次の(2)、(3)のとおり、土砂災害から命を守るために建物からの立退き避難が必要となります。

(2) 雨が降り出したら大雨注意報や大雨警報の発表、避難情報の発令に留意

雨が降り出したら、大雨注意報、大雨警報、土砂災害警戒情報等の発表状況だけでなく、自治体から発令される避難情報に留意してください。大雨注意報や警報が発表されたら、土砂災害危険箇所や土砂災害警戒区域、土砂災害に対して危険とお感じの場所にお住まいの場合、気象庁ホームページの土砂災害警戒判定メッシュ情報（上図参照）、府県ホームページの土砂災害危険度情報を使って、お住まいの場所の土砂災害発生危険度の高まりを確認してください。

(3) 早めの避難が重要

(1)の土砂災害危険箇所・土砂災害警戒区域等にお住まいの方は早めの避難が重要です。一般の方は土砂災害警戒情報が発表された時点、高齢者、障害者、外国人、乳幼児、妊婦等の方は遅くとも土砂災害危険情報が発表された時点において土砂災害危険箇所・土砂災害警戒区域等の外の少しでも安全な場所へ速やかに避難することが重要です。

避難をしようとしたときに、道路冠水や暴風等のために、避難場所への移動はかえって命に危険を及ぼす状況となっていると判断した場合には、少しでも命が助かる可能性が高い行動として、自宅や近隣の頑丈な建物の2階以上の崖や渓流からなるべく離れた部屋に退避するなどしてください。また、周囲の状況や雨の降り方にも注意し、自治体から避難勧告等が発令されていなくても、危険を感じたら躊躇することなく自主避難をお願いします。斜面の状況には常に注意を払い、上表に示すように普段とは異なる状況（一般に「土砂災害の前兆現象」と言います。）に気がついた場合には、直ちに周りの人と安全な場所に避難するとともに、市町村役場等に前兆現象の内容などを連絡しましょう。

参考資料
(1) 気象庁HP「土砂災害危険情報」http://www.jma.go.jp/jma/kishou/know/bosai/doshakeikai.html
(2) 内閣府資料、「平成26年に発生した主な土砂災害」、2014
(3) 大阪府HP、「土砂災害に関する用語集」
(4) 砂防技術研究会、「土砂災害から命を守るポケットブック」、(財)砂防・地すべり技術センター、2009

大藤明克（技術士 応用理学・建設・総合技術監理／気象予報士）

Q19　集中豪雨で壊れやすい場所

集中豪雨で壊れやすい地形の見分け方を教えてください？

・土砂災害は、建物に壊滅的な被害をもたらし一瞬のうちに尊い人命を奪ってしまう恐ろしい災害です。まず、自治体のハザードマップなどで、土砂災害危険箇所・土砂災害警戒区域等（以下「土砂災害警戒区域等」）をご確認ください。
・土砂災害警戒区域等にお住まいの方は、土砂災害から命を守るための避難行動が必要です。
・集中豪雨などで地盤が壊れ土砂災害が発生しますが、災害（崩壊）の形により、土石流・崖崩れ・地すべり・深層崩壊（山体崩壊）などに分けられます。これらの崩壊は特定の地形や地質でくりかえし起きることが多く、自治体のハザードマップなどで知ることができます。
・ただし近年では、過去経験したことがないような雨量が集中して発生しており、注意が必要です。

1）台風や集中豪雨から身を守るために

大陸と大洋にはさまれた我が国では、季節の変わり目には梅雨前線や秋雨前線が停滞してしばしば大雨を降らせます。台風や前線を伴った低気圧が日本付近を通過するときも広い範囲に大雨を降らせることがあります。また、前線や低気圧などの影響や雨を降らせやすい地形の効果によって、積乱雲が同じ場所で次々と発生・発達を繰り返すことにより起きる集中豪雨では、激しい雨が数時間にわたって降り続き、狭い地域に数百mmの総雨量となります。毎年、こうした大雨によって河川の氾濫や土砂災害が発生しています。また、暴風、高波、高潮などによっても災害が発生しています。

2）土砂災害の種類

土砂災害は、すさまじい破壊力をもつ土砂が、一瞬にして多くの人命や住宅などの財産を奪ってしまう恐ろしい災害です。山腹や川底の石や土砂が集中豪雨などによって一気に下流へと押し流される現象を土石流といいます。また、山の斜面や自然の急傾斜の崖、人工的な造成による斜面が突然崩れ落ちることを崖崩れといいます。

3）土砂災害からの避難

土砂災害によって命に危険が及ぶ（避難行動が必要となる）タイミングとエリアの考え方については、内閣府が平成29年1月に一部改定した「避難勧告等に関するガイドライン」（以下「ガイドライン」）において具体的に示されています。
3.「避難勧告等に関するガイドライン」H29.1 改正

4）道路災害

我が国は国土の70％以上が山地や丘陵地であり総延長120万km以上に及ぶ道路は、山岳部、河川沿い、海岸の崖下などを通過する区間が非常に多いのが特徴で

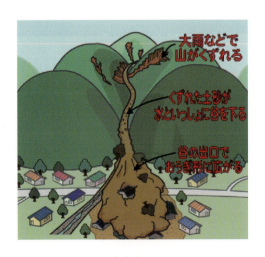

土石流（砂防広報センターHP）
2．全国地質調査業協会連合会HPより引用

がけ崩れ（砂防広報センターHP）
2．全国地質調査業協会連合会HPより引用

がけ崩れによる道路災害（国土交通省）
2．全国地質調査業協会連合会 HP より引用

外水氾濫と内水氾濫の概略図（堺市 HP に一部加筆）
2．全国地質調査業協会連合会 HP より引用

す。このような道路の斜面では、豪雨によって土石流・地すべり・がけ崩れ・落石のほか、切土・盛土の箇所で崩壊が発生したり、積雪地域では雪崩によって車両が被災することがあります。また、橋梁の基礎が洪水時に洗掘されたり、擁壁が傾いて道路の安定を損なうこともあります。

5）河川災害

河川災害とは、台風や梅雨などの時に降った雨水が堤防からあふれ出し、私たちの住んでいる土地に流れ込んで起こる水害です。最近ではゲリラ豪雨などが発生したときに都市部では雨水が河川や下水道に流れ込むことができず、発生する水害もあります。

参考文献
1. 気象庁 HP：知識、解説「台風や集中豪雨から身を守るために」http://www.jma.go.jp/jma/kishou/know/ame_chuui/ame_chuui_p1.html
2. 全国地質調査業協会連合会 HP：地質情報ポータルサイト「日本ってどんな国・豪雨から国土を守る。」https://www.web-gis.jp/Education/edication.html
3. 内閣府が平成 29 年 1 月に一部改定した「避難勧告等に関するガイドライン」改正
www.bousai.go.jp/oukyu/hinankankoku/h28_hinankankoku_guideline/pdf/kaiteigaiyo.pdf

幸徹（技術士　建設・総合技術監理）

カスリーン台風による外水氾濫の範囲
（江戸川区 HP）

洪水ハザードマップの例（広島市 HP）

2．全国地質調査業協会連合会 HP より引用

出される情報・警報

Q20　高潮特別警報・波浪特別警報

高潮や波浪特別警報が発表されたとき、どのように対処すればよいか教えてください？

・「波浪特別警報」とは、台風や猛烈に発達した低気圧等に伴う高波による遭難や沿岸施設に数十年に一度の重大な波浪災害が発生するおそれがあると予想されたときに発表されます。
・「高潮特別警報」とは、台風や猛烈に発達した低気圧等に伴う異常な潮位上昇により、数十年に一度の重大な浸水害が発生するおそれがあると予想されたときに発表されます。
・波浪特別警報や高潮特別警報だけでなく、暴風警報や暴風特別警報が発表された時点で、大阪、名古屋、東京など河口にある都市や海岸付近の低地にお住まいの方は、早目に避難しましょう。
・海岸付近にお住いの方は、自治体の防災マップなどで潮位(標高)に応じた浸水想定区域などの危険な箇所をふだんから確認しておいて下さい。高潮で流入したはん濫水が直撃するおそれのある場所の家屋、あるいは、2階以上の高さにまで浸水すると想定される場所の家屋などでは、特別警報が発表される前に家屋からの立退き避難が必要です。
・自治体から避難勧告等が発令されたときには、速やかに必要な避難行動をとってください。予想される最高の高潮の高さに応じた浸水想定区域の外へ速やかに避難することが基本となります。
・波浪警報や、高潮警報が発表されたら、特別警報が発表されなくても海岸の傍を通っている道路の利用は危険となります。海岸の傍の道路は利用しないようにしましょう。
・台風や猛烈に発達した低気圧の接近が予想された時、「特別警報が発表されない」は「災害が発生しない」ではありません。これまでどおり気象注意報、気象警報、その他の気象情報も活用し、身の回りが危険かも知れないと感じた時には早めの行動をとることが大切です。

高潮特別警報・波浪特別警報が想定される現象

暴風、高潮、波浪特別警報の発表は、本土に接近あるいは上陸したときの中心気圧が930hPa(沖縄地方では910hPa)以下の台風がもたらす現象、あるいは、それに相当する温帯低気圧がもたらす現象を想定しています。高潮特別警報、波浪特別警報の発表は、表に示す日本でのトップクラスの台風が上陸した時の暴風や高潮、波浪(高波)を想定しています。

高波(波浪)災害

台風の中心付近では10mを超える高波になることがあります。また、台風が日本のはるか南海上にある場合でも、台風によって発生した高波が"うねり"となって日本の太平洋沿岸まで伝わってきます。穏やかな天気でも海岸には高波(「土用波」として知られています。)が打ち寄せることがありますので注意が必要です。2004年台風第18号は、暴風域を伴ったまま9月8日朝に北海道の西海上を北上し、この台風による大しけに伴う高波の影響で、写真1に示すように北海道神恵内村では海岸沿いの道路で落橋が発生しました。

高潮災害の例

2004年台風第16号の通過に伴う気圧低下で海面が上昇し、南からの暴風による吹き寄せで豊後水道などから瀬戸内海に大量の海水が送り込まれ、瀬戸内海沿岸各地で高潮が発生しました。潮位の高い季節でかつ大潮の時期にあたり、さらに満潮の時間と重なったこともあり、瀬戸内海沿岸各地の非常に多くの家屋で床上浸水、床下浸水が発生しました。

ふだんからの準備

高潮で命に危険が及ぶ範囲は、高潮の高さによって大きく異なります。ご自宅や務め先が、大阪、名古屋、東京など河口にある都市や海岸付近で低地にある場合、自治体の防災マップなどで浸水想定区域など危険な場所にあるか否かをふだんから確認しておきましょう。高潮発

発生年	台風名	上陸時の中心気圧
1934年	室戸台風	912hPa
1945年	枕崎台風	916hPa
1959年	伊勢湾台風	929hPa
1961年	第2室戸台風	925hPa
1993年	台風13号	930hPa

表　勢力の強い上位5位までの台風[1]

写真1 高波災害の例（落橋）(2)

写真2 高潮災害の例(2)
（平成16年8月30日香川県高松市）

生時に海岸堤防を越えた波浪（高波）や堤防決壊により流入したはん濫水が直撃するおそれのある場所の家屋あるいは2階以上の高さにまで浸水すると想定される場所の家屋などでは、家屋からの立退き避難が必要です。

　高潮が起こるような台風等の接近時には、潮位の上昇よりも先に暴風が吹き始め、屋外への立退き避難が困難となります。高潮警報や高潮特別警報を待つことなく、暴風警報や暴風特別警報が発表されたときに、必要な避難行動を開始することが重要です。なお、暴風警報は、暴風が吹き始める数時間前に、予想される暴風の吹き始めから吹き終わりまでの時間を発表しており、参考にしましょう。また、夕方発表される高潮注意報などに、夜間～翌日早朝までに高潮（特別）警報発表の可能性が高いと記載されている場合には、早めに避難をすることを検討しましょう。浸水域に住まわれている高齢者、障害者、外国人、乳幼児、妊婦等の方は、この時点で避難をしましょう。

特別警報の対象とされる現象の事例

　高潮や波浪特別警報は、2017年12月までで、表に示すように2回発表されています。2014年7月の特別警報では、台風中心気圧の予測が結果として910hPa以下となりませんでしたが、うるま市で浸水害が発生しました。

特別警報が発表された時の対処

　高潮や波浪特別警報が発表されたとき、お住まいの地域は数十年に一度の、これまでに経験したことのないような、重大な高潮や波浪（高波）の危険が差し迫った異常な状況にあります。お住まいの市町村の避難情報に従うなど、適切な行動をとりましょう。特にこの数十年間、大きな災害発生の経験がない地域でも油断は禁物です。身を守るために最善を尽くしましょう。

・海岸には絶対に近づかないようにしましょう。
・慌てずに周囲の状況や、お住まいの市町村から発令されている避難勧告等の情報などを安全な方法で収集しましょう。
・高潮や波浪（高波）など危険度が時間とともに増していく現象では、特別警報よりも前から段階的に発表される気象情報・注意報・警報をしっかり確認し、早め早めの行動をとるようにすることが大切です。
・ご自身の身の安全を確保した上で、身の回りの高齢者、障害者、外国人、乳幼児、妊婦等の方の支援をしましょう。
・ふだんから、高潮や高波が発生した場合の情報収集方法、避難場所や避難方法、家族間での連絡手段、お住まいの市町村からの情報を入手する方法などを十分確認し、高潮や高波の災害に備えてください。

参考資料・引用資料
(1) 気象庁HP、www.data.jma.go.jp/fcd/yoho/typhoon/statistics/ranking/air_pressure.html
(2) 気象庁HP「台風や集中豪雨から身を守るために」http://www.jma.go.jp/jma/kishou/know/ame_chuui/ame_chuui_p1.html
(3) 内閣府HP「特別警報と警報・注意報」 https://www.kantei.go.jp/jp/headline/bousai/keihou.html#c002

大藤明克（技術士　応用理学・建設・総合技術監理／気象予報士）

年月 台風番号	中心気圧	発表区域	浸水被害等
2014年7月 台風8号	沖縄本島接近時 930hPa*	沖縄県本島地方 沖縄県宮古地方	沖縄県うるま市 浸水被害
2016年10月 台風18号	沖縄本島接近時 905hPa	沖縄県本島地方	―

※予測では910hPa以下

表　2017年12月までに発表された高潮特別警報・波浪特別警報

安全強化に向けて

Q21　建築確認と新築住宅

建築確認が正式に下りている新築住宅を購入しようと考えていますが、これで安全と考えてよいでしょうか？

・みなさんが安心・安全に住んでいただくことが出来るように、建築物の敷地や構造、設備、用途などについて最低限の基準が【建築基準法】に定められています。
・このため、建築基準法では建築主が建築物を建てる場合には、事前に特定行政庁の建築主事宛または、民間の指定確認検査機関に確認申請を行い、その建築物が建築基準法に適合しているかの審査を受け、【建築確認済証】の交付を受けなければならないと定められています。
・建物の設計から建築確認、中間検査、完了検査、完成までの流れで行われます。
・【建築確認】とは、建築基準法令や建築基準法関係規定に適合しているかの審査を行い、確認することです。
・ただし、「建築確認済証」が下りていても、建築確認行為自体が、建築物が建築基準法令をはじめとした建築基準関係規定について適合するかどうかを機械的に確認する作業に過ぎないからで有り、「すべて安全」とは言い切れません。
・その理由は、つぎのとおり歴史をたどれば理解できます。
　1．自然災害は、明確に想定できない。過去に大きな災害が有れば、そのあと必ず建築基準が見直されています。自然は、「次に震度7の地震が有るよ」とは言ってくれない。
　2．人が携わる行為であるため、故意、過失は、ある。
建築構造計算偽装問題が平成17年頃にありましたが、故意に鉄筋本数を減らした事件です。
　3．建築基準法は、最低限の基準であること。最高の基準だったら、高額になり誰も購入できない。

建築基準法は、安全性等の確保のため、次ページのとおり、単体規定、集団規定、建築関係法規定があります。これらのうち特に安全性について、チェック項目を記述します。

1．敷地
地盤が、建物に応じた、地盤強度を有しているか、建物を建てるときは地盤調査をして支持層を確認し、適切な基礎の形を決めます。地盤の強さはN値で評価されマンションの支持地盤に適するのはN値30〜50以上の固い地盤とされます。

2．構造
建築基準法は、構造安全性に関する最低限の基準をたくさん規定しています。この最低基準は、一言でいうと「震度5強程度の地震では建物は損傷せず、震度6程度の地震では建物が損傷を受けるのはしかたがないが、倒壊などにより建物内の人間の生命・身体に危険が生じない程度の強度を確保すること」を基準としています。

3．防火・避難
火災による多数の犠牲者や市街地火災の経験を踏まえ規制を強化している。

（次のページの通り）
火災からの人命の保護のため、延焼、火災による倒壊、火災の伝播・拡大、火災の発生の抑制の防止、避難安全の確保、消防・救助活動の円滑化を図るため規定されています。

4．一般構造・建築設備における安全の確保
転倒等の日常災害、設備機器の落下等、設備に起因する火災・感電等、落雷の防止のため、階段の構造、昇降機の構造、建築設備の構造体力、電気、ガス、避雷設備などが、詳細に規定されています。

5．住宅品質
住宅品質確保法に性能規定があります。新築家屋を購入する場合、販売不動産会社から「性能保証書」を受取り、後日10年間、瑕疵があれば、その保証書の記載通り修補してもらえる。
平成21年からは、瑕疵担履行法の規定により、販売会社が法務局、又は、保険会社への供託、保険料により、当該販売会社が万が一倒産しても、その供託金、保険料金から修繕にかかる費用を法務局あるいは保険会社に補填請求し、支払いを求め補填してもらう制度があります。購入者は、瑕疵担保保険に加入した方が良いでしょう。

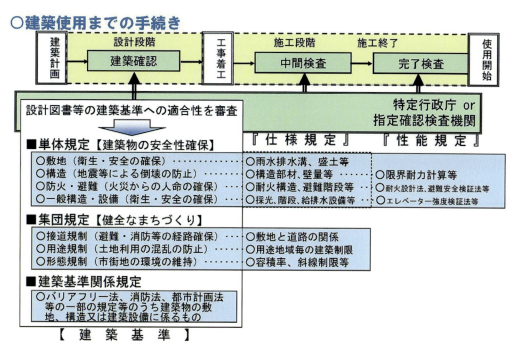

国土交通省参考資料より引用

国土交通省・建築基準法制度概要集より引用

出典
(1) 国土交通省　www.mlit.go.jp/common/001210249.pdf 国土交通省・建築基準法制度概要集
(2) www.mlit.go.jp/common/000134703.pdf　建築関係法の概要.pdf　国交省参考資料より引用編集加工

杉本哲雄（技術士　建設・総合技術監理／一級建築士）

Q22 ブロック塀の安全対策

ブロック塀の点検のチェックポイントと安全対策について教えてください？

・現在、街中にあるブロック塀の中には、1981年に改正された建築基準法施行令の構造基準に合わないものが多くありますが、外観だけでブロック塀の危険性を判別するのは簡単ではありません。
・ブロック塀の点検とチェックポイントは、①傾き・ひび割れの有無、②高さ、③控え壁の有無、④厚み、⑤鉄筋の有無・配置、⑥基礎の有無・根入れ深さの6点です。
・控え壁がなければ、現行の構造基準に合わない危険な壁である可能性が高いといえます。
・危険なブロック塀の安全対策として最も有効なのは造り替えですが、やむを得ず既存のブロック塀を生かす際の改善方法は個別の塀がもつ弱点によって異なります。

1. ブロック塀の点検とチェックポイント

例外はありますが、塀の高さに関わらず控え壁がない場合は、現行の構造基準に合わない危険な壁である可能性が高いので、専門工事業者等に相談の上安全対策に取り掛かってください。

また、控え壁があっても適切に施工されていない可能性もあるので、下記チェックリスト[1]に沿って点検してください。

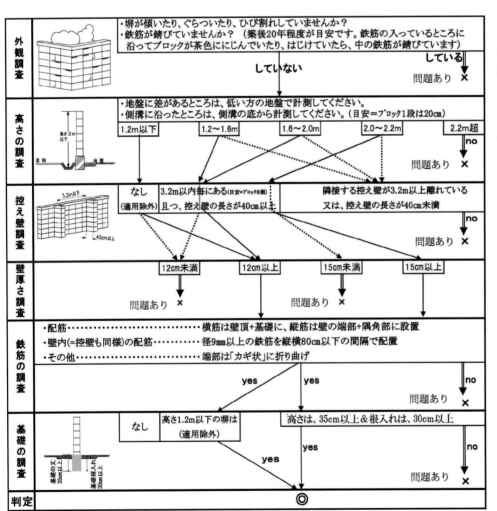

図1 ブロック塀簡易チェックリスト

[チェックリストの見方]
・上段から項目ごとにチェックして、該当する矢印に従い次の項目に進んでください。
・進み方は、→か--▶がある場合、次項目の条件に合う方向に進んでください。

その他の留意点
・地耐力は安全か？
・増し積み構造になっていないか？
・土圧を受ける構造になっていないか？
・擁壁等の上部に設置していないか？

【注】
・調査の際、塀に力を加えないでください。
・鉄筋や基礎の調査には専門工事業者等の協力が必要です。
・1項目でも「問題あり」の場合は、専門工事業者等にご相談ください。

【注】は筆者補足

2. ブロック塀の安全対策

強度が十分でない塀が倒壊し人身等に被害が生じた場合、損害賠償や刑事訴追の可能性があります。そうならないためにも、早めに安全対策を施しましょう。安全を確保するうえで最もよい方法は、生垣や金属製フェンスなどの軽い柵に造り替えることです。すぐには造り替えられない場合でも、次のような方法で当面の安全を確保しましょう。

1) 傾いた塀、ひび割れのある塀などの改善
・傾いた塀やひび割れした塀、また鉄筋がさびている塀、壁の厚さが不足している塀は、改善が困難なので造り替えます。

2) 高すぎる塀の高さの改善
・塀の高さ2mを超える部分のブロックを取り除き、頂部にD13の横筋を入れ、これに縦筋をかぎがけするか、または溶接して頂部をモルタルで覆い、塀の高さ2.2m以下とします。

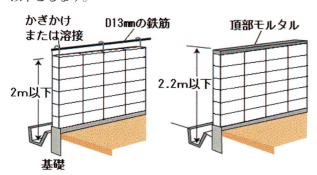

図2　高すぎる塀の高さの改善方法

3) 控え壁がない塀の改善
・控え壁がない塀などは、コンクリートで次のように新しい控え壁を造ります。壁のブロックを一ヵ所分頂部から下部まで取除き、図のように鉄筋を配してコンクリートを打設します。

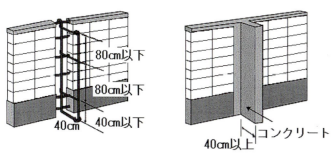

図3　控え壁のない塀の改善方法

4) 鉄筋が正しく入っていない塀の改善—鉄骨補強
・鉄筋が正しく入っていない塀は、造り替えが必要です。とりあえずの補強方法として図のような方法がありますが、鉄部が錆びないようにペンキを塗り替える等の維持管理が重要です。

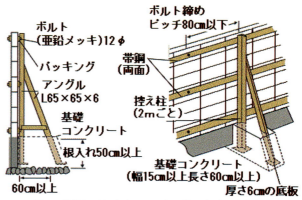

図4　鉄筋が正しく入っていない塀の当面の改善方法

5) 基礎の改善
・基礎がない、または、基礎の根入れが足りない塀は、造り替えます。基礎の根入れが足りない塀のとりあえずの補強として、基礎を図のようにコンクリートで増打ちします。

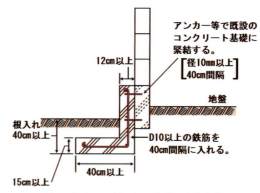

図5　根入れ不足の塀の基礎の改善方法

・石積の上にある塀は、安全な場所に造り替えるか、生垣や金属製フェンスなどの軽い柵に造り替えます。

引用文献
1)「5. ブロック塀／6. 引火性危険物等の簡易チェックリスト」、公益社団法人日本技術士会防災支援委員会
（https://www.engineer.or.jp/c_cmt/bousai/topics/003/attached/attach_3566_6.pdf）

杉本哲雄（技術士　建設・総合技術監理／一級建築士）

小島和彦（技術士　建設・総合技術監理）

Q23　家具類の転倒防止

家具類の固定は、どのようにすればよいか教えてください！

・大きな地震が発生すると、固定していない家具類が凶器となり、部屋中を飛び・移動し・転倒・落下・散乱し命の危険が脅かされます。そのため家具類を固定することが極めて重要です。
しかも倒れるだけでなく、食器棚などは扉が開いて中の食器類が散乱・落下し、冷蔵庫やピアノは移動、テレビや電子レンジが飛ぶといった、日常では考えられない現象が確認されています。
・このため、ドビラが勝手に開かないように普段から開放止め金具を使い、キャスターのついている冷蔵庫やピアノ、事務所の大型コピー機などは車止めで止める。タンス、テレビなどは転倒防止金具やロープで固定しましょう（重量物を止める場合は、壁側の強度に注意しましょう）。
・マンションなどは建物の高さが増すごとに大きな揺れが起きるので、クロゼットなどの備え付け収容を活用し、固定されていない家具類は固定金具を使って壁や柱に取り付けましょう。また柱や壁に直接取り付けることができない場合はポール式・ストッパー金具などで固定しましょう。
・特に高層マンション・ビルでは、長周期地震動の時には"船に乗っているような"と言われるゆっくりとした大きな揺が長い時間続くので、家具類は確実に固定しましょう。

1．家具固定のポイント（基本）
1) 身の安全を守ろう（整理整頓）
・家具の固定を行う前に、家具を減らし集中収納や家具のレイアウトを見直すなど、安全な空間を確保することが必要です。居住空間には、なるべく家具類を置かない場所を作りましょう。
・寝室や高齢者・子どもがいる部屋には、なるべく家具類を置かないようにしましょう。
・出入口、廊下、階段部分など避難通路となる場所には、家具類を置かないようにしましょう。
・家具類を置く場合は、背の低い家具で倒れても身に危険がおよばない置き方をしましょう。
・家具の上にはガラス製品等、落下すると危険な物は置かない、置く場合は固定しましょう。

2) 家具の固定の方法
・家具や壁の状況により、L型金具等やベルト等で柱・壁等に固定しましょう。
・壁に取り付けられない場合は、ポール式器具と、ストッパー式またはマット式器具を組み合わせ、家具が動かないように固定しましょう。
・ネジ類が使えない壁・建物（賃貸住宅や鉄骨系、コンクリート系の建物）もあるので、その場合は、管理事務所等に相談してください。

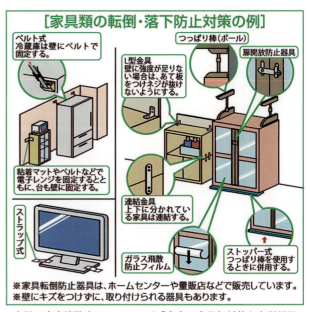

出展：東京消防庁ホームページ「自宅の家具転対策」を引用[1]

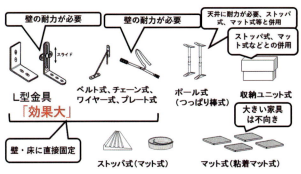

家具の固定に使われる金具類

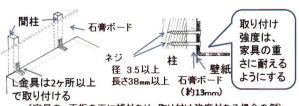

L金具で固定

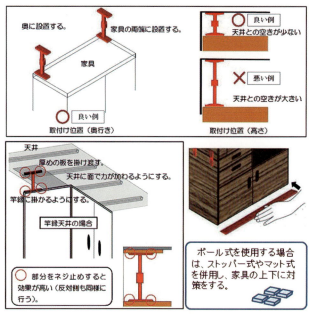

出展：東京消防庁HP「家具類の転倒・落下・移動防止対策ハンドブック」より引用[2]

2. 固定金具で固定しよう
・固定する金具類は市販されているものを利用。
・家具の大きさ（高さ、幅、重さ）や、柱・壁等の強度に合わせ、適切な金具を選定しネジで固定しましょう。

1) L型金具を使って壁に取付け
・家具の固定の原則は、ネジによる取付が原則。
・柱や壁の下地の間柱や胴縁に取り付ける。
・直接取り付けられない場合は、補助板を使って取り付ける。
・L型金具、取付用ネジは、家具の重さに見合う強度が必要です。

2) ポール式・ストッパー式器具を使って取付け
・ポール式器具は、家具天板の両側面の壁際に設置し、天井との間をポール（棒）で突っ張って動かないように取り付けます。
・天井の強度が弱い場合は、天井側に合板（ベニヤ板）などの補助板を使って取り付けます。
・ポール金具だけでなく、家具の底辺前面にストッパー（マット）を敷き、家具が前方に滑らないようにします。

3. 高層ビルでは[3]
・東北地方太平洋沖地震の時、震源から数百km離れた大阪市内の超高層ビルで大きな揺れが発生していま

す[3]。
・大阪府咲洲庁舎では、最上階（52階）で最大1m（片側）を超える揺れが生じました[3]。
・内装材や防火扉などの一部が破損し、エレベータの停止や閉じ込めが見られました。
・しかし机・棚などは、固定されていたので転倒や移動などの被害は認められませんでした。
・もし固定されていない場合は、多くの家具が転倒し、キャスター付きの家具やオフィス機器等が大きく移動することで人的な被害が発生することも懸念されました。
・留め具や突っ張り棒等の家具固定具や移動防止具による家具固定を行うことが大切です。

引用・参考文献
1. 東京消防庁HP「自宅の家具転対策」を引用
   http：//www.tfd.metro.tokyo.jp/hp-bousaika/kaguten/measures_house.html
2. 東京消防庁HP「家具類の転倒・落下・移動防止対策ハンドブック」より引用
   http：//www.tfd.metro.tokyo.jp/hp-bousaika/kaguten/handbook/all.pdf
3. 東北地方太平洋沖地震時における長周期地震動による揺れの実態調査について平成23年11月14日気象庁より引用
   http：//www.data.jma.go.jp/svd/eqev/data/study-panel/tyoshuki_kentokai/kentokai1/siryou1.pdf

西濱靖雄（技術士　電気電子）

Q24　マンション管理組合の備え

マンション管理組合の理事として、大規模な地震が発生した場合に備え、日頃どのようなことを準備しておくべきでしょうか。また、耐震改修の進め方及び注意点は？

日頃どのようなことを準備しておくべきか

マンション管理組合としては、災害発生時に備え、居住者の把握と防災マニュアルの作成、防災訓練の実施、備蓄品の確保等が求められるでしょう。

「火災や震災などの災害から住民の生命、身体、財産を守ることもマンション管理組合の重要な役割の1つです」（マンション管理標準指針コメント45頁参照）。

そして、マンション標準管理規約（以下単に「規約」）では、「マンション及び周辺の…防災並びに居住環境の維持及び向上に関する業務」を行うと規定されており（規約（単棟型）32条12号）、大規模な地震が発生した場合に備え、備蓄品の確保等を行うことは、この「業務」に該当するとされております。そのため、災害発生に備え、あらかじめ管理組合でどのような備蓄品を備えるかを検討し、予算案及び事業計画案を作成し、総会に諮り、これに掛る費用を管理費から支出することも認められます（規約（単棟型）27条11号参照）。

また、管理組合として「災害時用の緊急連絡先名簿」を作成することも重要です。これは、通常の組合員（居住者）名簿とは異なり、災害時に居住者の安否や高齢者・障害者等の災害弱者の把握、救護等のために使用するものです。加えて、自治体によっては、災害時の要援護者への支援に関する条例を制定して、地域での助け合いの取り組みを推進しているところもあります。このような自治体の地域の管理組合では、管理組合を「災害時要援護者」として登録し、担当理事を決め、自治体からの情報収集を行うことも重要と思われます。

また、規約では、理事会の諮問機関として「専門委員会」を設置することができると規定されていますので（規約（単棟型）55条参照）、上記の業務を検討するため、防災に興味がある組合員等の中から、委員を募って「防災委員会」を設置することも考えられます。「防災委員会」では、防災マニュアル案を作成したり、自治体によっては、災害発生時に安全に避難できるよう、想定される被害状況や避難所の位置・経路等を記載したハザードマップを行政が作成・配布している場合もありますので、このような「防災・災害対策に関する情報」を入手して住民に周知したり、住民の防災意識を高めるため、防災訓練を企画したり、近隣の自治会や管理組合と連絡調整したりして、理事会の業務をサポートします。

なお、マンション管理標準指針コメントでは、「大規模な災害はもとより、中規模な震災でもエレベーターが停止し、その状況や復旧見通しがわからないため問題となった事例もあります。エレベーターがマンション生活に不可欠となる高層マンションなどでは特にこうした事態も想定した情報の収集・提供体制の整備の必要性が高いと考えられます。」と記載されております。マンションにおいて、エレベーターは、いわば「公共交通機関」のようなものであり、エレベーターが停止してしまった時は、階段で、昇り降りをしなければならなくなってしまいます。その上、通常の点検などとは異なり、震災のときは、他のマンションやオフィスビルのエレベーターも一斉に停止してしまうため、その復旧までにどの程度の時間がかかるか見通せず、マンションの中高層階部分は、いわば「陸の孤島」状態となってしまいます。そのため、そのような状態となった場合に備え、マンション管理組合として、各組合員に対して、備蓄品の確保等を周知することも必要となります。

加えて、このような災害発生時には、賃借人や組合員と同居する親族なども含めた居住者間の助け合いが必要となりますので、日頃から、マンション管理組合と居住者又は居住者相互間の円滑なコミュニケーションが大切といえます。また、近隣の自治会や管理組合との連携も重要です。そのため、地域コミュニティにも配慮した居住者間のコミュニティ形成も、重要な災害発生時の備えといえます。

耐震改修工事の進め方及び注意点は

耐震改修工事を行う場合には、通常、共用部分の変更を伴うことが多いかと思われます。

この共用部分の変更については、「形状又は効用の著しい変更」は、集会の特別決議により決められ、それ以外の変更は、集会の普通決議により決められるというルールとなっています（建物の区分所有等に関する法律17条1項）。耐震工事についても、「形状又は効用の著しい変更」に該当すれば特別決議が必要であり、他方、「形状又は効用の著しい変更」に該当しなければ普通決議ということとなります。

規約（単棟型）第47条関係コメント⑤イ）では、「耐震改修工事に関し、柱やはりに炭素繊維シートや鉄板を巻き付けて補修する工事や、構造躯体に壁や筋交いなどの耐震部材を設置する工事で基本的構造部分への加工が小さいものは普通決議により実施可能と考えられる。」とされております。

　また、建築物の耐震改修の促進に関する法律25条では、「認定を受けた区分所有建築物（要耐震改修認定建築物）の耐震改修が建物の区分所有等に関する法律第17条第1項に規定する共用部分の変更に該当する場合における同項の規定の適用については、同項中『区分所有者及び議決権の各4分の3以上の多数による集会の決議』とあるのは『集会の決議』とし、同項ただし書の規定は、適用しない」と定められ、要耐震改修認定建築物と認定されれば、耐震改修工事により共用部分を変更する場合に必要な区分所有者及び議決権が、各4分の3以上から「集会の決議」（普通決議）へと緩和されており、合意形成の要件が緩和され、耐震工事が容易になっています。

　耐震改修工事の内容によっては、特定の区分所有者の専有部分の利用を制限するような場合もあり得ます。このような場合には、当該特定の区分所有者の同意を得ることは当然として、利用の制限により発生する損害を補償する必要が生ずる場合もあります。そのため、そのような場合に備え、あらかじめ移転が必要となった場合の移転費用や仮住居費用、営業に支障が出た場合の営業損害などについて、予算計上して、区分所有者全体で負担することも考えられます。

吉田結貴（近畿司法書士会連合会）

第2章 復旧のために

どの役所を頼ればいいか

立命館大学教授 見上崇洋

　市役所、町村役場、県庁、警察、消防、といった平常時の役所もいろんな仕事をしていると思いますが、災害時には災害対策本部が立ち上げられたりします。また、自衛隊の災害派遣もあります。

いろんな役所＝行政機関がある

　災害が起こると、役所にさまざまな依頼や問い合わせをすることが多くなります。通常、まずもっとも身近な市役所(区役所)や町村役場が頭に浮かびます。しかし、災害対応の責務を担う役所には、都道府県庁もあれば、警察や消防などもあります。また、災害時に災害対策本部を設置した、ということがよく言われます。災害対策の「本部」ですから、ここにいけば何でも対応してくれるのかな、と考えるかもしれません。

　というように、災害対応の行政機関は実に多様に存在します。ここでは、こういった行政機関の役割を整理しておきましょう。もっとも罹災直後の段階では、役所を冷静に選択する余裕などないのが通例ですので、その場合には、身近な行きやすいところを頼るしかないことになります。少しだけ落ち着いたら、より適切な役所に相談するようにできればと考えます。

行政機関の権限は、法令で定められている

　役所、行政機関などといいますが、これの権限・責務は法令によって定められています。法律は、基本的に国民代表である国会が決めることなので、ここでやってもいいよと決められている範囲外のことを行政機関が行うと、国民が認めた以外のことを勝手にやっていることになってしまいます。そこで、法律とそれに基づいて定められる政令・省令など（併せて法令と言います）は、具体的に行政機関が行う仕事を定めています。

　一例を挙げると、災害が起こると、避難勧告とか避難指示（災害対策基本法60条の市町村長の避難の指示等）が出されます。また避難所が設置され、炊き出しなどの救助活動が行われ、さらに仮設住宅が提供されたりします（災害救助法4条）。

市町村の責務と都道府県による補完という基本構造

　行政の仕事の内容に則して法律が作られていますので、多種多様な法律があります。基本は、災害対策基本法（1961年制定）です。この法律では、災害に対応する市町村の役割について、第五条で、災害において、住民の生命、身体及び財産を災害から保護するための責務を有するのは、市町村だとしています。これに対して、都道府県については、第四条に、都道府県は、住民の生命、身体及び財産を災害から保護するため、地域に係る防災に関する計画を作成し、実施するとともに、その区域内の市町村及び指定地方公共機関が処理する防災に関する事務又は業務の実施を助け、かつ、その総合調整を行う責務を有するとしています。

　ここで定められているのは、災害については市町村も都道府県も責務を持つが、市町村が住民に対して直接の責務をもつこと、都道府県は市町村の業務の補助と調整する業務を行うという市町村の防災業務責任と都道府県の補完責務という構造です。

災害救助法の責任主体は都道府県

　ところが、もう一つ基本的な法律があります。第二次大戦後すぐ策定された災害救助法（1947年）では、第一条「この法律は、災害に際して、国が地方公共団体、日本赤十字社その他の団体及び国民の協力の下に、応急的に、必要な救助を行い、被災者の保護と社会の秩序の保全を図ることを目的とする。」とし、第二条で「この法律による救助（以下「救助」という。）は、都道府県知事が、……当該災害により被害を受け、現に救助を必要とする者に対して、これを行う。」と定めているように、災害救助の主たる責任行政体を、都道府県知事としています。

　この災害救助法では、第四条で、救助の種類として災害発生直後にすぐ必要とされるものが列挙されています。災害時によくみられる避難所及び応急仮設住宅の供与、炊き出しその他による食品の給与及び飲料水の供給、被服、寝具その他生活必需品の給与又は貸与、医療及び助産、被災者の救出、被災した住宅の応急修理、生業に必要な資金、器具又は資料の給与又は貸与、学用品の給与、埋葬、といったものです。

　いわば、発災直後から緊急に必要とされるものはここ

に定められているので、被災者＝住民との関係では都道府県が主たる役割を担うものとされています。そのため、災害対策基本法が市町村を災害対策主体とした想定と異なるようにみえます。これは、災害救助法が第二次大戦後すぐ制定され、必ずしもその力量が安定的に考えられなかった市町村ではなく、一定の財政的背景等を持つと考えられた都道府県を責任主体としたことなどが理由だと考えられます。災害対策基本法は、伊勢湾台風（1959年）の大被害を契機にして、災害対策などを包括的に大きく整理したものであり、地方自治が定着したものと考えて市町村が原則的責任主体、都道府県を広域的・補完・調整機関と位置づけたのです。

こういったことから、被災者＝住民からみると、災害対策の責任行政主体が異なっており、どこに何を要請していいか判然としないことが起こります。これに、消防や警察、さらに災害対策本部とか自衛隊の災害出動とかが絡んで、住民はどこに何を要請できるか混乱することがないとはいえない、という問題が生じるのです。

災害対策本部

このような平常時の行政組織に加えて、災害の規模が大きくなると災害対策本部が設置されることがあります。非常に大きな災害の場合、政府（国）に非常災害対策本部が国務大臣を長として設置され（災対法24条）、東日本大震災の際には緊急災害対策本部が内閣総理大臣を長として設置されました（災対法28条の2）。

災害対策基本法は、平常時から災害に備えるため中央・都道府県・市町村それぞれの防災会議を置くこととし、それによって国・都道府県・市町村の各段階の防災計画をつくることとしています。発生した災害規模に応じてこの計画に定める各段階の災害対策本部がつくられることとなります（災対法23条、23条の2）。地方の災対本部は、知事・市町村長を本部長とします。

これらは、国の政府や自治体の役所内に設置され、災害時における災害関連事項に集中化・特化した総合指令塔的な役所機能と言い換えることができます。警察や消防との関連でもこの災害対策本部に情報や権限が集中され、いわば、災害時には住民から見た役所は、災害に関してはこの災害対策本部に集約的に表れることになります。災害対策本部が設置されるに至っていない災害の場合には、通常の役所が対応することになります。

消防・警察・自衛隊

消防署とか消防組合などの消防組織がありますが、これらは市町村の機関で、消防庁長官・知事などの上級機関の管理には服さないのですが、勧告・指導等はできることとされます（消組36）。

消防は、もともと防災を責務とする機関で、消防組織法1条は、消防の任務として、「消防は、その施設及び人員を活用して、国民の生命、身体及び財産を火災から保護するとともに、水火災又は地震等の災害を防除し、及びこれらの災害による被害を軽減するほか、災害等による傷病者の搬送を適切に行うことを任務とする。」と定め、水火災に対応するものとしています。水防本部が自治体に置かれますが、これは通例、消防本部に置かれます。消防については、市町村消防の相互応援などが定められています。

警察は本来、災害対策の行政組織ではありませんが、災害時には人命救助や安全維持など警察がもともと対応すべき事案が多くなるので、現実には災害時での役割は大きいものとなります。都道府県警察の相互協力や他の警察への援助要求などが定められています。

災害派遣の要請によって、自衛隊の出動もよくみられます（自衛隊法83条以下）。派遣要請できる者は、都道府県知事に加えて、海上保安庁長官、管区海上保安本部長、空港事務所長です。知事の派遣要請は、市町村長、警察署長などから派遣要請の要求があった場合と、知事が自らの判断でできます。市町村長が通信の途絶などにより知事に要請できないときは、指定部隊等の長に通知することもできます。また、天災地変その他の災害に際し、その事態に照らし特に緊急を要し、各機関からの要請を待ついとまがないと認められるときは、要請を待たないで、自衛隊が自主的に部隊等を派遣することも認められています。自衛隊の災害派遣における活動は、必要とされるものを行うことができ、実際にも災害救助法で定める救助よりも広範な内容が行われています。

各行政機関連携・情報共有と防災計画の役割

このように、災害時においては非常の多くの行政機関が活動することになります。現実には、災害救助法の具体的な項目が都道府県知事の業務とされ、災対法での一般的な体制が主として市町村の責務とされ、また複数の行政機関が活動することから、現場での指揮命令・支援物資の配布等で混乱が生じることがありえます。こういった点については、国・自治体の各段階でつくられる防災計画であらかじめ詳細に定めておくことになり、県庁、市役所や役場が窓口になりますが、それでも混乱が生じやすく、発災後の情報共有・活動についての指揮命令等を計画段階で綿密に定めておくことと、現場での指揮差配のあり方が重要になります。

避難所の改善と関連死

神戸大学名誉教授　塩崎賢明

災害で助かったあとの、間接死に注意

阪神・淡路大震災以降、多くの震災・災害が続いていますが、東日本大震災は1.8万人以上の犠牲者を出す未曽有の大災害となりました。

しかし、同時に注目しなければならないのは、地震・津波の危険が去ったあとに亡くなった関連死が3592人（直接死の20％）にも上っていることです。このうち、福島県に限ってみると、関連死は直接死の1.2倍です。

熊本地震では、直接死は55人（直後の水害による死者を含む）ですが、関連死は212人で、直接死の4倍近い数字です。

表—1　直接死と関連死

	直接死（A）	関連死（B）	B/A　％
阪神・淡路大震災	5,505	932	16.9
東日本大震災	18,434	3,592	19.5
内、福島県	1,810	2,202	121.7
内、その他	16,624	1,390	8.4
熊本地震	55	212	385.5

注）直接死には行方不明を含む
　東日本大震災大震災の直接死は2018年3月現在。警察庁。
　熊本地震被害は、朝日新聞（2018.4.14）による

ここにあげた関連死は、弔慰金法にもとづいて弔慰金などが支給されるものと行政が認定した死者で、これ以外に災害後に亡くなった間接死として、孤独死や自殺などもあります。阪神・淡路大震災では、地震後の22年間における孤独死は1259人に上っています。

災害の被害（特に人的被害）を最小限に減らすことは至上命題で、そのためには事前の予防や緊急対応が重要なことは言うまでもありませんが、同時に、災害が去った後にも、多くの犠牲者が出ること、その割合が増加していることに注意を向け、その被害をなくさなければなりません。こうした間接死は、自然の脅威そのものによるのではなく、救われたはずの命であり、いわば人災というべきものです。

災害後の間接被害を防ぐには、まず避難所の環境改善

関連死がなぜこのように多発するのか。内閣府のまとめによると、その原因に強く関係しているのは、避難所等における生活の肉体・精神的疲労であり、また避難所等への移動中の疲労です。つまり、避難所やそこでの生活が関連死に強く関係しているのです。

実際、災害のたびに報じられる避難所の様子を見れば、そこでの生活が非人間的なものであることは、一目瞭然です。睡眠・食事・排泄・入浴といったもっとも基本的で不可欠な行為がまともに行えない状況がそこにはあるのです。避難所は法律上災害発生から7日間の短期的な施設とされていますが、実際には何カ月にも及ぶことが少なくありません。東日本大震災の被災者が暮らした埼玉県騎西高校の避難所は実に3年間存続しました。長期に及ぶ避難所生活は頑強な人でも健康を害することは明らかですが、もともと病気を抱えた人や高齢者、障害者、妊婦などにとっては耐え難いものです。

にもかかわらず、多くの災害現場では、こうした避難所の状態に我慢したまま、何日も何週間も過ごすことが普通になっています。しかし、これは大変危険なことで、避難所を設置・運営する側（行政など）も被災者の側も、その改善を追求しなければなりません。

避難所での雑魚寝、おにぎりやパン、カップ麺などの食事、使いにくく清潔とはいえない仮設トイレといった状況は、被災者の身体に悪影響を及ぼすことは明白です。

第1に、まず雑魚寝をやめることが重要です。狭いスペースでプライバシーもなく、雑魚寝状態に置かれることによって、いわゆるエコノミークラス症候群の発生率が高まることが明らかになっています。そしてその血栓がほかの病気の発症率を高めることも知られています。

また雑魚寝によって床から舞い上がる埃を吸うことになり、呼吸器疾患を招きます。雑魚寝は高齢者や弱者にとって寝起きの負担が大きく、活動不足を招きます。

こうした問題を改善するためには、1人当たり3.3m^2のスペースを確保し（国際的水準）、簡易ベッド（段ボールベッド）などを導入すべきです。段ボールベッドは保温性に優れ、一定程度プライバシーの確保もでき、起き上がりが容易になるため、エコノミークラス症候群の防止にも有益です。しかし、これまでのところ、多くの被災地の避難所ではその導入に消極的です。理由は、前例がないとか、扱い方がわからないとか、不公平になりかねないといったことですが、何れも合理性のない話です。平時から行政側はベッドの導入を一般施策として想定し

震災関連死の原因（複数選択）

	病院の機能停止による治療遅れ	病院の機能停止による既往症の増悪	交通事情等による治療の遅れ	避難所等への移動中の肉体・精神的疲労	避難所等における生活の肉体・精神的疲労	地震・津波のストレス	原発事故のストレス	救助・救護活動等の激務	その他	不明	合計（母数1263人）
岩手県・宮城県	39	97	13	21	205	112	1	1	110	65	
福島県	51	186	4	380	433	38	33		105	56	
合計	90	283	17	401	638	150	34	1	215	121	
該当割合	7.1	22.4	1.3	31.7	50.5	11.9	2.7	0.1	17.0	9.6	1263

（備考）市町村の資料を基に、復興庁において、原因と考えられるものを複数選択。
（出典）復興庁「東日本大震災における震災関連死に関する報告（案）」、H24.8.21

ておくべきで、また被災者はベッドを要求するべきです。

第2に、トイレ問題の解決です。熊本地震では発災後6時間以内に73％の人がトイレに行きたいと感じたといいます。平時であれ災害時であれ、生理的要求にかわりはありません。ところが、阪神・淡路大震災では兵庫県内の9割以上にあたる125万世帯で断水し、水洗トイレが使用できなくなりました。東日本大震災では避難所に3日以内に仮設トイレが行きわたった自治体は34％でした。仮設トイレが設置されたところでも、トイレが暗い、男女共用、和式便器しかなく使いづらいなどの理由でトイレの利用を控え、水分をとらなくなり、体調を崩す、エコノミークラス症候群を引き起こすなどの事態につながります。使いやすい快適なトイレを確保することは命に係わる重要な問題です。イタリアの避難所では、シャワーとセットになった快適なトイレユニットがベッド・毛布などと一緒に真っ先に被災地に届けられます。

第3に、食事の改善が重要です。おにぎりやパンなど炭水化物に偏った冷たい食事は栄養的にも、食事の楽しみという点でもよくないことは明らかです。災害救助法は食費の基準を一人1日1140円以内としており、これ自身十分な額とはいえませんが、実際にはおにぎり1個といった状態も存在しています。

欧米諸国では、平時の普通のメニューを温かい状態で提供し、テーブルで食べるというのが常識です。イタリアの避難所では、1980年代から、サラダやハム、ソーセージ、肉、パン、パスタ、スープ、ワインなどが出されています。日本では、炊き出しおにぎりは関東大震災以来行われ、最近でも22年前の阪神・淡路大震災以来ほとんど進歩がありません。

問題解決のために

こうした避難所・避難生活の問題について、国も全く関知しないわけではなく、内閣府は「避難所における生活環境の確保にむけた取組指針」を策定し、ガイドライ

段ボールベッド（大阪北部地震　撮影：水谷嘉浩）

イタリアの避難所の食事（撮影：塩崎）

ンを示しています。そこでは、「人がどれだけ人間らしい生活や自分らしい生活を送ることができているか」が重要であり、避難所の「質の向上」が決して「贅沢」といったものではないことを強調しています。また、寝床の改善、トイレ環境、食事についても具体的な項目をチェックリストに掲げています。

しかし、ごく最近の災害現場でも、こうしたことがきちんと実現しているかと言えば、決してそうはいえません。多くの場合、災害は発生した自治体では「はじめての事なので」といった戸惑いがあり、事前の準備もできていないため、どこでも同じ状況が繰り返されているの

です。また、被災者の側も、災害だから仕方ないといった意識で、現状に甘んじている面があります。

　日本の避難所は、先進国とはいえないきわめて非人間的な状況であることを、市町村も被災者自身も認識し、改善を求めていくことが急務です。

（参考文献）
別冊『地域保健』「いのちと健康を守る避難所づくりに活かす18の視点」（東京法規出版、2018年）

「孤独死」防止のために

追手門学院大学准教授　田中正人

1. なぜ未だ公式な「孤独死」の定義はないのでしょうか？

　統一的な理解・説明が可能な「孤独死」問題という問題は存在しないからです。「孤独死」は、たとえば貧困問題、介護問題、老齢単身化問題、認知症問題、社会的排除問題のひとつの結果として現れるにすぎません。結果だけをみれば同じであっても、その結末に至るプロセスは異なります。重なり合うのは、当人の死の瞬間に誰も立ち会っていなかった、というその1点にすぎません。その1点をもって、その人の人生のいったい何が見えるでしょうか。

　たしかに、死後の状況には共通点があります。遺体の処置や遺品の整理、その引き取り手や近隣への影響などの問題は、「孤独死」の発生プロセスを問いません。ですが、これらの問題はすでに「孤独死」者本人とは直接的にはほとんど関係がありません。むろん無視はできませんが、少なくとも当人の生命・生活からは独立した問題です。発生現場となった住宅の所有者・管理者や近隣の居住者にとって、そういった事後の問題が主要な関心事となるのは理解できます。しかしながら、社会的政策課題としての「孤独死」問題の本質は別のところにあるように思えます。その最も正鵠を射た指摘は、「『孤独な死』ではなく『孤独な生』の問題である」というものでしょう（神戸弁護士会『阪神・淡路大震災と応急仮設住宅——調査報告と提言』1997）。

　厚労省は定義づけによる「支援の隙間」を懸念しますが、生じるのは単なる隙間ではなく、致命的な誤謬にほかなりません。定義は不在なのではなく、不可能なのだと考えるべきではないでしょうか。「孤独な生」の原因もまたさまざまです。その多様性を一括し、死の局面という結果のみに焦点化したところで何も解決できません。まず必要なのは、死の局面に至る前段のプロセスに注目すること、すなわち貧困、介護、認知症など、「孤独死」の起点となった問題に立ち返ることです。被災地の「孤独死」の起点、もちろんそれは「被災」です。

2. では、被災地の「孤独死」とは何でしょうか？

　被災地の「孤独死」は、たとえば一人暮らし高齢者の浴室などでの事故死や突然死とはまったく異なるプロセスをたどります。もっとも、被災地の「孤独死」もまた、統一的に語るのは困難です。しかし仮設住宅や災害公営住宅で生じた「孤独死」には、固有の特徴を見出すことができそうです。そこには少なくとも5つのフェーズがあると考えられます。第1はもちろん「被災」のフェーズです。そこで被災者は多かれ少なかれ、自らの人的・物的な生活資源を失います。第2に「孤立」です。その背景にあるのは、徹底的な生活資源の喪失のもとでの、断続的な居住地の移動と生活空間の劇的な変化です。第3に、孤立の「固定化」です。生活資源を回復する道筋の喪失は、しばしばアルコール依存とセルフネグレクトを引き起こしてきました。第4に「死亡」、第5に「発見」のフェーズです。「死亡」と「発見」のあいだには、時に数週間から数ヶ月を超えるタイムラグが生じます。なぜなら、孤立の「固定化」の時点において、もはやその生存を知る人はほとんどいないからです。

　「死亡」とは「生命活動の不可逆的停止」と言われます。だとするならば、孤立の「固定化」とは「生存活動の不可逆的停止」であり、その「固定化」に向かい始めた「孤立」とは、「社会生活の不可逆的停止」と言えます。社会関係の再生が放棄されたこの時点こそ、本来越えてはならないポイント・オブ・ノー・リターンなのではないでしょうか。注視すべきは「死亡」の直前ではなく、「社会生活の不可逆的停止」の手前です。

　被災地の「孤独死」の死因は、その多くがアルコール

の過剰摂取による肝疾患と言われます。つまり病死です。ですが治療の放棄を含め、「生きる」ことの拒絶がもたらした死は、デュルケームの定義にならうならば「自死」といって差し支えありません。

3. 高齢者の見守りを強化すれば「孤独死」を防ぐことはできるでしょうか？

被災地の「孤独死」は高齢者問題ではありません。仮設住宅における「孤独死」者のうち、65歳未満の割合は阪神・淡路大震災で5割、東日本大震災で4割に及んでいます。しかも若年層ほど発見までの経過時間が長く、つまり、より深刻な「孤独な生」にあったと考えられます。むろん、高齢者の見守りが不要だとは思いません。ですが、明らかに問題の中心は、失業や未婚、アルコール依存といったリスクを抱えた非高齢層です。

高齢者の見守りを強化すれば、高齢者の「孤独死」を防ぐことはできるかもしれません。一方、「生きる」ことを拒絶した人びとの孤立を止めることは困難です。第1に、彼らの多くは高齢者ではないからです。第2に、より重要なのは、彼らはもともと孤立し、見守りを必要としていた人びとでもないからです。問うべきは、なぜ見守りを必要とするような、孤立した境遇を生み出してしまったのかということであって、孤立を放置した上で、いかに見守りを強化するかではありません。

4. 被災者の孤立はなぜ起きたのでしょうか？

孤立とは、社会的な接触機会が完全に失われた境遇と言えるでしょう。社会的接触は、つぎのような多層の重なりとして記述できます（図1）。第1に、特定の相手との外出や仕事など、特定の目的のもとに行われる〈協同行為〉があります。第2に、会合や行事など必ずしも相手を特定しないけれど、複数の集まりでなりたつ〈共同行為〉、第3には、偶発的な出会いにもとづく挨拶や立ち話などの〈会話行為〉があります。さらに、こうした明示的な相互行為によらない、よりささやかな接触が存在します。たとえば、「玄関前を人が通るのが見える」「決まった場所で常に誰かと出会う」といった〈視線・動線の交差〉、「家の中にいても隣のようすが伺える」「名前は知らないが住んでいる人の顔は分かる」といった〈気配・存在の知覚〉が、それぞれ第4、第5の層としてあると考えられます。

これらの各層は截然と分離しているのではなく、相互に重なり、境界は曖昧さを含んでいます。ただ、上の頂点に近づくほど関係性は濃密かつ限定的であり、下層にはより偶発的に生じる淡いほのかな関係性が広がってい

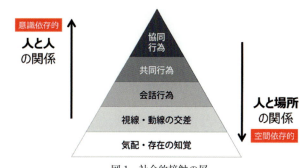

図1　社会的接触の層
（出所）田中正人（2018）「災害復興過程におけるコミュニティ維持の条件とその意味」追手門学院大学北摂総合研究所所報 Vol.2, pp.59-73

ます。上層は、関係を取り結ぼうとする相互の意識に依存する「人と人の関係」であり、下層は空間に依存する「人と場所の関係」と言えるでしょう。「孤独死」とは、図1の三角形の頂点が限界まで下方へと推移してきたプロセスとしてみることができます。

災害は時に仕事を奪います。それまでの生活行動は途絶え、上層にある「人と人の関係」は失われます。家族や知人さえも失くした場合には、三角形の頂点は大きく下がると考えられます。もっとも、被災前の時点から「人と人の関係」が希薄であった人びと、たとえば就業状態の不安定な未婚の中高年単身層などは存在したはずです。ですが彼らは、先ほども述べたように、必ずしも完全に孤立していたわけではないと思います。なぜなら、たとえ「人と人の関係」は希薄であったとしても、その下層に「人と場所の関係」があったからです。復興過程がリセットしてきたのは、まさにこの「人と場所の関係」にほかなりません。居住地の断続的な移動と生活空間の劇的な変化が、〈視線・動線の交差〉や〈気配・存在の知覚〉といった偶発的な接触機会から、彼らを遠ざけてきたのだと考えられます。

よく知られるとおり、阪神・淡路大震災の仮設住宅の多くは、被災地から離れた郊外や臨海部に立地し、どこの団地に入居するかは「抽選」によって決定されました。災害公営住宅の多くは、従前の住まいと対照的な大規模・高層建築であり、どこの団地に入居するかはふたたび「抽選」によって決定されました。ここで私たちはつい、人間関係がばらばらになったことを問題にします。それが問題ではないと言うつもりはありません。たしかに復興過程は親密な人間関係を疵つけました。ただ、もともと親密な人間関係を持たなかった人はめずらしくありませんし、もともと親密な人間関係を持っていた人どうしのつながりが、そう容易く切れるとは思えません。ほんとうに強調すべきなのは、一人ひとりの生活基盤が常に不安定な状態にあったということではないでしょ

か。そのことによって、より不確かな社会関係に支えられてきた人びととの、そのわずかな関係性が途切れ、再生する回路が閉ざされた。この点にこそ、圧倒的な不条理があるはずです。

5. どうすればいいのでしょうか？

生活空間のデザインは、人的な接触行為に影響を及ぼします。その影響は、視線の交差や気配の知覚といった偶発性に基づく接触に限られます。けれども、そのような偶発的接触こそが生活資源を喪失した人びとにとっては決定的に重要なセーフティネットとなっています。

偶発的接触を保障していたのはどのような空間だったのでしょうか。少なくとも「集会所」ではないはずです。なぜならそこは、交流しようとする互いの意識に依存した「人と人の関係」を育む場であるからです。必要なのは「人と場所の関係」の再生です。「孤独死」者の被災前の生活空間にはその手がかりが残されています。たとえば、狭隘な路地を挟んで軒を連ねる低層の木造住宅群、隣保が共有する家々の隙間や屋外階段、それらに向けられた縁側など、いわばプライベートが相互浸透して生み出された"パブリック"な空間です。そのような空間をデザインする技術が求められています。

孤立のリスクを抱えた人びとが「社会生活の不可逆的停止」に陥るリスクを退けるのは、人間関係再生の支援ではなく、生活空間のデザインなのではないか──、この仮説は、十分に検証に値すると私は思っています。

障害者と災害

立命館大学授業担当講師　**前田萌**

避難の際に障害者が抱える問題と、私達が知っておくべき・備えておくべきことは？

1. 障害者が被災したら

災害時は誰もが自分の生命・身体の安全を確保することで精一杯です。ところが、平時から身体の不自由やコミュニケーション手段の不足等により制約を受けがちな人々にとって、自分の力だけで避難することは容易ではありません。

2011年の東日本大震災では、東北3県のうち宮城県で、全体の死亡率に対して、障害者（障害者手帳を持つ人）の死亡率が2倍を超えたというデータがあります（2012年5月現在、障害者手帳交付者・県民全体の死亡率は、福島県：0.4%・0.5%、岩手県：3.5%・2.8%、宮城県：2.6%・1.1%。出典：参考文献① p.41, NHK ETV「福祉ネットワーク」及び「ハートネットTV」取材班の調べによる）。

宮城県で障害者の死亡率が高くなった理由の1つとして、平時の居住福祉政策が進んでおり、他の2県に比べて多くの身体障害者が、施設ではなく地域社会の中で生活していたことが指摘されています（参考文献①）。今後求められるのは、障害者やその家族、地域の人々、行政それぞれの立場から、平時に培われてきた地域でのつながりを非常時の対応にもつないでいくための取り組みです。

2. 障害者に関する災害時支援制度

災害時の障害者支援制度は、障害者制度全般の展開と、過去の数多くの災害の教訓を糧に少しずつ整備されてきました。しかし、災害現場ではなお課題が報告されています。

2-1. 避難支援

2013年6月の災害対策基本法の一部改正によって、市町村には、高齢者、障害者、乳幼児等、災害発生時の避難等に特に支援を要する人の名簿（避難行動要支援者名簿、以下、要支援者名簿という）の作成が義務付けられました。

市町村は、災害が発生、または発生するおそれがある場合に、避難を支援する人々・組織に必要な範囲で要支援者名簿を提供できます。しかし、最近の災害の事例から明らかになったのは、この名簿を実際に地域で活用するための事前対応の重要性でした。

市町村長は、本人の同意があるか条例の規定がある場合、地域防災計画に定めるところにより、平時から避難を支援する地域の人々・組織に対して名簿情報を提供することができます。NHKが南海トラフ地震防災対策推進地域と首都直下地震緊急対策区域内の自治体に実施したアンケートによると、主な事前共有相手は民生委員でした（回答自治体の68%）。他方、自治会や自主防災組織は半数以下、平時から障害者との関わりの深い社会福

社協議会、地域包括支援センター、相談支援事務所はさらに低い割合にとどまっています（参考文献③）。背景にはプライバシー保護の問題があるといわれています。また、作成された名簿も、人手不足で頻繁な調査が難しく、2年に1回の障害者手帳の更新に合わせて名簿を更新している場合、最新状況を反映できていないという課題もあります。

2018年6月18日に起きた大阪北部地震では、災害救助法が適用された13市町のうち、地震から3日後時点で名簿を用いて安否確認を実施したのは8市町にとどまりました（朝日新聞2018年6月22日）。このうち茨木市では、平時から消防機関、民生委員・児童委員、警察、社会福祉協議会に要支援者名簿上の障害者手帳・療育手帳を保持する人等の情報を提供しており、発災直後から民生委員や福祉サービス事業者が安否確認を進めました。そして、震災3日目には、市の職員を含めた関係機関間の会議でその結果を共有できていたそうです。他方、事前に名簿の使用方針を定めていなかったり、要支援者の同意を得る作業が進んでいなかったりして、発災時に活用することができなかった市もありました。市の職員が避難所を巡回したり、独自の名簿を基に安否確認を行った自治体もありましたが、発災時の混乱や職員の業務量の増加を考えると対応が遅れざるをえないでしょう。

要支援者の安否確認・避難への配慮という目的を果たすには、発災時にはじめて要支援者名簿を共有するのではなく、平時から非常時の対応を具体的に準備したり、関係機関で連携体制を作っておくことが必要です。

2-2. 避難生活支援

現在、市町村には、障害者や高齢者など避難生活で特別な配慮を必要とする人たちが避難するための「福祉避難所」の指定・整備が求められています。福祉避難所の指定基準としては、障害者らの円滑な利用を確保するための措置が講じられていること、災害発生時に相談・助言を受け付ける体制が整っていること、滞在用の居室が可能な限り確保されること、があります（災害対策基本法施行令第20条の6第5号、災害対策基本法施行規則第1条の9）。

現状、福祉避難所の設置・発災時の開設は市町村の判断に委ねられていますが、上記のような基準を満たしている施設は不十分だといわれています。熊本地震では、熊本市で福祉避難所とされていた176施設のうち、対応する人手や設備の不足により実際に開設できたのは34施設、利用者も104人にとどまりました。そのため、「申込みが殺到して混乱を招く」と、市民に対して福祉避難所の場所が明らかにされず、要支援者がその存在を知ることができなかったという課題も生じました（毎日新聞2016年4月25日）。

現在、福祉避難所はあくまでも二次避難所として位置づけられています。被災障害者は、まず一般の避難所に避難し、行政職員が本人の状況を確認し、必要があれば福祉避難所に避難することになります。しかし、一般の避難所について、障害者が避難してきた時の職員の対応・配置や配慮スペースの確保を決めている自治体は一部にとどまっています（参考文献③）。

また、障害者や家族の中には、他の避難者への遠慮や設備上の問題で避難所での滞在を諦める人たちもいます。例えば、避難所にスロープやトイレの設備がない（肢体不自由）、狭い避難所では人を踏みつけたりする心配があり移動し辛い（視覚障害）、集団での生活が困難である（知的・発達障害）など、ただでさえ快適とは言い難い避難生活で、より厳しい状況に置かれがちです（参考文献②）。

避難所は、身の安全の確保だけでなく、情報収集の拠点としても機能しています。避難所には、食事や物資の提供、仮設住宅等の入居、地域の被災・復旧状況などの重要な情報が集積しています。しかし、障害を想定した情報保障（手話、筆談、放送など）の手段を準備している自治体は少ないのが現状です（参考文献③）。

普段から障害当事者団体の集まりに参加したり福祉サービスを受けたりして関係機関との関わりがあれば、これらを通じた情報収集も考えられますが、そうでない人にとっては、避難所での障害特性に合ったコミュニケーション手段を通じた情報提供は特に重要です。団体・事務所側も平時にやり取りがない人については十分に把握できていないので、情報や支援を届けることが難しいからです。

2013年に制定された障害者差別解消法は、障害者が感じる「社会的障壁」を排除するための「合理的配慮」の提供を行政等に求めています。これを受けて各地の自治体では、平時・非常時の様々な場面での合理的配慮の提供、障害特性に応じたコミュニケーション手段の確保などを定めた条例の制定が進んでいます。先にあげたような避難するための事前準備や避難所の設備・環境の確保は行政等に求められる合理的配慮になるでしょう。要支援者名簿の作成や福祉避難所の指定にとどまることなく、非常時に活用することを想定して、関係者間での情報共有の仕方、様々な障害特性を想定した避難所での有効な支援手段を準備することが望まれます。

3. 誰も排除しない・当事者が考える防災

現在、障害福祉の分野では「インクルージョン（誰も排除されない）」という考え方が提唱されています。障害者の避難を支援する人々や避難所の運営管理者はもちろん、ボランティアとして被災者支援にあたる人も、障害の性質によって様々な配慮を必要としている人がいることを想定し、筆談具を持ち込んだり、その場で別のコミュニケーション手段を実践してみたりといった対応を思いつけるようになることが重要です。

最後に、障害を持つ人たちからの言葉を紹介します。「私たち抜きに私たちのことを決めないで(Nothing about us without us)」——この言葉は、障害者権利条約の作成過程でも使われました。2016年1月時点では、地域防災計画を立てる委員の中に障害者がいると答えた自治体は8％でした（参考文献③）。地域では様々な災害への備えがされていますが、例えば自治会が平時から障害者の存在に気づき、地域の防災訓練に障害者が加わることができれば、それぞれの障害特性に合った避難支援の仕方やコミュニケーション手段を確認することができるだけでなく、その人自身が地域防災に貢献できる可能性も開けるでしょう。

こうしたことは、障害者だけでなく被災者（被災者になる可能性のある人）全員に同様に当てはまります。「普通」の人を想定した防災計画では、個々人の社会的状況に即した避難生活を実現することは難しいことが過去の災害からも明らかです。一方では、多くの人に必要な設備をより充実させつつ、細やかな対応を想定した防災計画づくりとその実践訓練が地域に必要とされるでしょう。

参考文献
① 立木茂雄『災害と復興の社会学』（萌書房、2016年）
② 「障害者と防災」に関する当事者アンケート（日本障害フォーラム・NHKが2015年12月～2016年2月に避難時に支援を必要とする在宅障害者・高齢者を対象に実施）https：//www.nhk.or.jp/heart-net/topics/19/anq_touji.html（最終アクセス日 2018/06/30）
③ 「災害と障害者」に関する自治体アンケート（NHKが2015年12月～2016年1月にかけて南海トラフ地震防災対策推進地域と首都直下地震緊急対策区域に指定されている市区町村を対象に実施）https：//www.nhk.or.jp/heart-net/topics/19/anq_jichitai.html（最終アクセス日 2018/06/30）

堤防の破壊

他自治体から支援の作業中

常総水害（撮影：斎藤浩）

仮設住宅建設中（長岡市）

道路の陥没と寸断（旧山古志村）

中越地震（撮影：斎藤浩）

Q25 宅地が動く

地震で、家屋が地盤ごと動いたように感じます。そのようなことは起こり得るのでしょうか？

・起こり得ます。ひとつは、液状化に伴う地盤の「側方流動」です。大地震時の液状化現象は、1964年の新潟地震で広く知られるようになりました。液状化対策を事前に行っておけば起きにくくなるのですが、木造2階建て住宅では、地盤の液状化対策は義務ではなく、施主と設計者が対策を行うかどうかを決めることができます。地震が少なく液状化被害が多くない時には、液状化対策されない戸建住宅が多数ありました。

・もうひとつは、造成地の谷埋め盛り土が地すべり的な動きをする現象です。「滑動崩落（かつどうほうらく）」現象と命名されました。1995年の阪神・淡路大震災で、阪神間に存在する200箇所あまりの谷埋め盛り土のうち、約半数の箇所でこの現象が起きました。2006年に宅地造成等規制法が改正され、宅地耐震化推進事業が創設されています。

1. 液状化による側方流動

・18,000年前くらいに最後の氷期が終わり、間氷期（相対的に暖かい時期）になりました。いまよりも100m以上低かった海面が上昇し、山から供給された土砂を堆積し、沖積平野を形成しました。この地盤は締りが緩く、大地震があると「液状化」といって、土が液体のような振る舞いをします。1964年の新潟地震で液状化が多数発生したので、今では良く知られた現象です。埋立地は人間が人工的につくったものですが、同じような現象を起こします。

・液体のようになった土は、横に広がろうとします。これが側方流動です。文字通り地盤が側方に流れて動きます。

・本来そのような地盤には、液状化対策をした上で建築物を立てればよいのですが、木造2階建ての建物では、液状化対策の義務はなく、施主と建築士が相談の上、対策をしないという選択肢もあります。

・対策をしなくても良いのは、液状化は平坦な低地部で発生することが多く、被害が宅地の敷地内かその周辺の狭い範囲に限られ、他人に迷惑をかける可能性が小さいからです。

・家を建てた多くの人が記憶に残っていないと思いますが、そういう手続の上で、対策をしない選択をしている場合があります。

2. 谷埋め盛り土の滑動崩落

・谷埋め盛り土は、凸凹した丘陵地を造成し平坦化する過程で、凹地を盛り土で埋めたところです。

・1995年の阪神・淡路大震災のときに、阪神間で100箇所以上の盛り土でこの現象が発生しました。

・その後、2004年新潟県中越地震、2007年新潟県中越沖地震、2011年東日本大震災、2016年熊本地震などで同様の現象が発生しています。

・大規模造成地は高度経済成長以降に数多く造られました。その時は地震の静穏期だったのですが、阪神・淡路大震災以降、地震の活動期に入り、眠っていた危険性が顕在化したのです。

・2006年に宅地造成等規制法が改正され「宅地耐震化推進事業」が創設されました。そのとき、国交省によりこの現象は「滑動崩落（かつどうほうらく）」と命名されました。

・滑動崩落で起きる現象は次のようなものです。（1）盛土の底面付近にある地下水と締りの緩い盛り土地盤に大地震の震動が作用することにより、一種の液状化が起き摩擦抵抗力が失われます。（2）僅かな傾斜角でも盛り土底面の抵抗力がなくなると盛り土全体が家を載せたまま移動します。（3）地表に亀裂ができると、そこから地下水や噴砂が地表に噴出し、水圧が消散されて停止します。

液状化現象

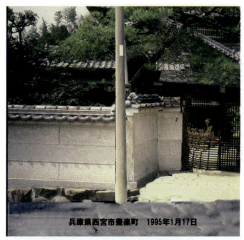

兵庫県西宮市豊楽町　1995年1月17日

仁川百合野町の滑動崩落（34名死亡）

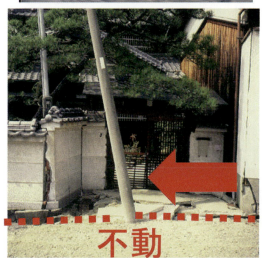

滑動崩落現象の実例
上は地震前、下は地震後。電柱は地山側にあったので
動かず、家や塀を含む宅地全体が左に3m程度動いた

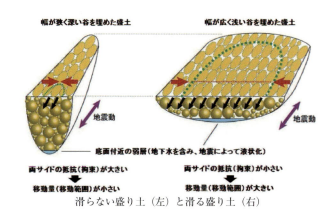

滑らない盛り土（左）と滑る盛り土（右）

・崖地に近いところにある谷埋め盛り土が滑動崩落すると、その土が斜面下方の家屋に襲いかかることになります。阪神・淡路大震災の西宮市仁川百合野町で起きた滑動崩落では、下流側の家を押し潰し、34名の命が失われました。

・滑動崩落の危険性は、盛り土の横断形状でわかります。液状化しない側部の抵抗力の割合が高ければ滑らず、その逆だと滑ります。

・災害の原因者と被害者が明確であれば、損害賠償請求等で問題解決できますが、盛り土の所有者が多い場合には加害者が不明確です。このため改正された宅地造成等規制法では、盛り土に危険性があると判定されたら「造成宅地防災区域」に指定され、複数の所有者は共同で対策の義務を負うことになりました。目的は、盛り土の下に住む人達を守るためです。盛り土の上に住む人達を守るためではありません。

参考文献
釜井俊孝・守隨治雄『斜面防災都市』理工図書、2002
釜井俊孝『埋もれた都の防災学　都市と地盤災害の2000年』
　京都大学学術出版会、2016

　　太田英将（技術士　応用理学・建設・森林・総合技術監理）

Q 26　地盤の亀裂

地震で、自宅の地盤や近くの道路等に亀裂（地割れ）が入っています。このまま放っておいて大丈夫でしょうか？

- 大丈夫な場合と、大丈夫でない場合があります。一般論として、亀裂の規模が大きければ放置できません。また、傾斜地に亀裂が発生していれば、雨水の侵入などにより地盤強度が低下し崩壊に至る恐れがあります。
- 平坦地にあって、亀裂の規模が小さければ、しばらく放置していても大きな被害は発生しないことが多いです。ただし、毎日の変化は観察しておいたほうが良いと思います。
- 共通事項として、亀裂に雨水が侵入しないように、シート等で遮水処置をしておいてください。
- 安易に判断せず、専門家に依頼して調査をすることをお勧めします。依頼方法がわからなければ、都道府県の土木事務所などに問い合わせてみるか、地盤品質判定士協議会や日本技術士会などに問い合わせてみてください。

1. 放置できない危険な亀裂

1) 規模の大きな亀裂
- 平坦地にあっても規模の大きな亀裂は、地盤が大きく破壊されており、地中に空洞ができていたり、埋設管が破断していたりする恐れがありますので、放置できません。

2) 傾斜地の亀裂
- 傾斜地にある亀裂は、地すべりに発展する恐れがあるので放置できません。
- 場合によっては亀裂が開くのを計測機器を用いて観測することが必要です。基準以上（通常 2～4mm／時）以上の変位量があると警報が鳴る仕組みが必要な場合もあります。
- 亀裂の変位計測には、伸縮計という装置を使うと精密に計測できます。

2. 少し放置しても大丈夫な亀裂

1) 平坦で規模の小さな亀裂
- 地震の揺れで剛な構造物と、軟質な土とでは挙動が異なります。この挙動の違いによって、それが接する付近では数多くの小さな亀裂ができますが、多くの場合進行性を伴いませんので、少し放置しても大丈夫です。ただし、可能であればシートを掛けたり、亀裂をモルタル等で充填して、地表水や雨水が亀裂から侵入しないようにしておくことが望ましいのは言うまでもありません。

2) 大地震がなければ進行しない亀裂
- 珍しい例ですが、地震の波が軟弱地盤を揺らし、その波形が固定されてしまった変状などは、同様の地震動がなければ変動しませんので、放置していても変状は進行しません。もっとも車の通行等に支障があれば、早急に対処する必要があります。

放置できない亀裂の例（2004年新潟県中越地震）　　傾斜地の亀裂を計器で変位観測している例（2011年東日本大震災）

規模の小さな亀裂

地震の波形が残された変状（2007年新潟県中越沖地震）

平坦地の亀裂をシートで遮水した例

簡易なビニールシートで遮水した例（2011年東日本大震災）

3. 亀裂への侵入防止
・地表水や雨水が亀裂から地中に浸透すると、土の強度が低下します。また地中侵食が起きると、地中に空洞ができ地表陥没の原因になります。
・亀裂が生じたら、それが緊急性をもつかどうかとは関係なく、可能であれば亀裂に水が入らないような処置をしてください。

4. 専門家への相談窓口
・地盤のことは専門家でない人にはとてもむずかしい問題です。専門家に相談されることをお勧めします。
・相談窓口としては身近な都道府県の土木事務所にまず行かれたら良いと思います。
・民間の専門家に依頼されるように言われたら、例えば日本技術士会や地盤品質判定士協議会に相談してみてください。お近くの技術者を紹介してくれると思います。

参考文献
日本技術士会 HP　https://www.engineer.or.jp/
地盤品質判定士協議会 HP　https://jiban-jage.jp/

　　　太田英将（技術士　応用理学・建設・森林・総合技術監理）

Q27 崖地・斜面・河岸

(1) 地震で自宅裏の崖地（急傾斜地）の擁壁が動いています。危なくないでしょうか、教えてください。（自分が被害を受ける場合！）
(2) 斜面の上に住んでいますが、土地に亀裂が入っており、斜面の下に家屋があります。いつ崩れるかもしれません。どのようにしたらよいでしょうか？（他人に被害を与える場合！）
(3) 地震で、河川の河岸が崩壊し侵食されています。どのようにしたらよいでしょうか？

- いずれも地盤の専門家が適切な調査を行わなければ結論が出せない問題です。まずは、最寄りの土木事務所等に相談してください。
- (1) に関して；その擁壁が急傾斜地崩壊防止対策として施工されたものであれば、都道府県の砂防課に早急に相談してください。その擁壁の施工前に、地質調査や設計が行われているはずですので、対処方法がわかると思います。そういう資料がなく、誰がつくった構造物かわからないときには、地盤問題の専門家に調査を依頼してください。
- (2) に関して；斜面下の住民の命の危険がありますので、消防署・警察や都道府県の砂防課などに早急に相談してください。またその亀裂に雨水等が流れ込むようであれば、シートを掛けるなどして雨水等の侵入を防いでください。
- (3) に関して；河川の管理は、国または都道府県が行いますので、河川管理者（一級河川は国土交通省、二級河川は都道府県の河川課など）に連絡してください。侵食により河川の水が住宅地側に流れ込むような緊急性があれば、避難誘導も必要になりますので、消防署や警察に早急に連絡してください。

1. 崖崩れ対策の擁壁に関するもの

1) 公的な事業の場合
- 急傾斜地崩壊防止対策事業は、法律に基づく公的な事業です。多くの場合、落石防護柵がついたコンクリート擁壁工が施工されています。
  都道府県によっては、銘板に事業名や施工年度が書かれている場合もあると思います。
- このような事業は、公共事業で実施されるもので、測量・地質調査・設計が事前に行われています。
- どのような危険性や地盤状況で、どのような検討が行われたのかは、その時の資料を調べなければわかりません。事業を実施した都道府県等の土木事務所に問い合わせてください。

2) 私的な工事の場合
- 私的な工事で造った擁壁の場合には、調査設計資料が無い場合が多いと思います。変状が大きい場合には、都道府県等の土木事務所に相談してください。
- 被害の程度がそれほど大きくない場合であれば、土木の専門家に調査依頼をしてください
- 宅地の被害に関する技術者としては、「地盤品質判定士」があります。地盤品質判定士協議会に相談してみても良いと思います。
- 地盤品質判定士は、地震等によって発生した住宅や宅地の被害を教訓として、地盤工学会・日本建築学会・全国地質調査業協会連合会、その他の団体が、宅地問題を扱うために2013年に発足させた資格制度です。

急傾斜地崩壊防止事業で施工された擁壁例

私的工事の擁壁の被災例

シート等で止水処置をした事例

・日本技術士会も建設部門を含め21の技術部門の専門家が揃っていますので、相談窓口になることができます。

3) 亀裂の応急処置
・大地震が原因で斜面の上の土地に亀裂が生じた場合、その後の余震や大雨で崩壊する危険性があります。多くの場合、雨の水が亀裂に侵入して崩れることが多いので、ブルーシート等で止水し、亀裂に水が入らないようにしてください。
・地盤の問題は専門家でも難しいことがあるので、人的被害を発生する恐れのある場合には、消防署・警察や都道府県の砂防課等に早急に相談してください。

2．河川に関するもの
・河川は公共に利用されるもので、管理は管理についての権限を持ち、その義務を負う河川管理者が行います。
・具体的には、一級河川については国土交通省、二級河川については都道府県知事、準用河川については市町村等が行うと河川法に定められています。
・したがって、河川に異常を発見した際には、最寄りの河川管理者に連絡してください。緊急性が高い場合には、消防や警察に連絡してください。通報先が良くわからない場合には、市町村役場に連絡すれば対処してくれるはずです。

参考文献
地盤品質判定士HP　https://jiban-jage.jp/
日本技術士会HP　https://www.engineer.or.jp/

太田英将（技術士　応用理学・建設・森林・総合技術監理）

水害で河川護岸が損傷した事例

Q28 地震で家が傾いた

地震で土地が陥没し家が傾きました。土地や家の復旧はどのような方法があり、どのように対応をすればよいでしょうか？

- 土地が陥没（沈下）して家が傾くのは「不同沈下」が原因です。不同沈下したら、水平に戻す沈下修正工事が必要になります。
- 水平に戻す沈下修正工法には様々な種類のものがあります。近年の地震災害の増加に伴い、新工法もたくさん出てきています。工事費も工法によって異なります。
- どの工法が適しているかは、不同沈下の原因を特定し、それに適したものにするのが望ましいです。工法には一長一短ありますし、工事の信頼性も幅が広いと思いますので、専門家のセカンドオピニオンを受けられることを強くお勧めします。

1. 陥没（沈下）原因を知る

1) 地盤調査は必須
- 家の基礎から傾いていれば、宅地（土地）が変動した可能性が高いです。
- 家を復旧する前に、宅地（土地）の問題を把握する必要があります。専門家に依頼して地盤調査を行い、その結果適切な補強を行ってから家屋の復旧をする手順で進めてください。
- 専門家としては、地質調査会社や地盤系の建設コンサルタント、あるいは地盤品質判定士、技術士、建築士などです。
- 地盤調査をしないと、適切な沈下修正工法を選択せず、再度同じ被害を受ける可能性があります。

2) セカンドオピニオンを求める
- 地盤調査結果から適切な工法を選択する必要がありますが、地盤調査会社が特定の沈下修正工法のひも付きとなっている場合もありますし、技術レベルにもばらつきがあると思います。沈下修正工法は安価ではありませんので、第三者のセカンドオピニオンを求めることをお勧めします。

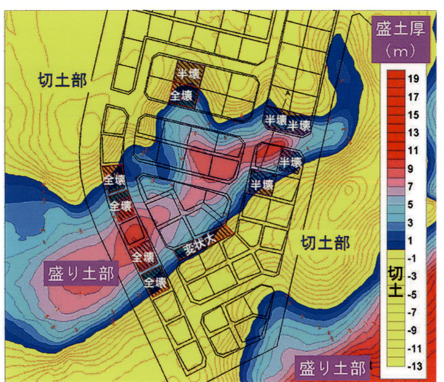

阪神・淡路大震災での盛り土部の被害
被害は切土と盛り土の境界部に集中している。急激に盛土厚が変化する箇所なので、沈下量が盛土厚に比例し、不同沈下が起きる

3) 一般的な不同沈下の原因
・地盤の液状化が起きると、多くの場合不同沈下が発生します。沈下修正工事を選択する際には、液状化対策をしたうえで工事を行うのか、単に水平に戻すだけにするのかを十分考慮の上決定する必要があります。前者は高価になりますが将来の被害を防げます。後者は相対的に安価ですが、同じような地震があれば同様の被害を受けることがあります。
・造成地の谷埋め盛り土が地すべり的変動（滑動崩落と呼ぶ）を起こす場合も不同沈下が起きます。この場合も、滑動崩落対策をしたうえで沈下修正工事をするのか、単に水平に戻すだけかの選択が必要です。
・造成地の盛り土と切土の境界部は、盛り土の厚さが大きく変わり、盛り土厚に比例した沈下が発生します。盛り土厚が最も大きい箇所で、最も大きな沈下量となり、直接基礎の家はそのまま傾きます。

2. 沈下修正対策工法

1) ジャッキアップによる修正
・油圧ジャッキによる沈下修正は最も安価で最もよく用いられる工法です。
・家の基礎から家の土台を引き離して、油圧ジャッキで土台部分から家全体を持ち上げて、水平に修復します。
・土台と基礎の間の隙間を、無収縮モルタルで充填し、水平状態を固定します。
・この工法は1戸当たり100万円程度で可能ですが、地盤が安定し、沈下が収束している場合に用いる工法です。地盤対策をしていないので、同じような地震があれば再沈下する恐れも残っています。

2) 杭を反力にしたジャッキアップによる修正
・地盤中に鋼管を堅固な支持地盤まで打設し、その鋼管を反力に使ってジャッキで建物を持ち上げ水平に修正する工法です。
・安定した地盤が深い場合に用いられる工法で、実績も豊富ですが、工期が長く、工事費も1戸あたり600万円以上と高価になります。

家の土台を基礎から切り離し水平に戻す
隙間を無収縮モルタルで充填

3) 注入工法
・薬液を注入したり、ウレタンを注入したりして、その圧力で家を持ち上げ水平を回復する工法です。
・施工が容易なのが特徴ですが、地盤の沈下対策を行わないので、同じような地震があれば、再び不同沈下が発生する可能性があります。
・工事費は、1戸当たり300万円以上かかります。

4) 建て替えまでの応急措置
・家屋がある状態のままで地盤の補強工事をするのは、工事の手間が増え、高価となります。
・日本の家屋は50年程度で建て替えることが多いので、建て替え時の更地状態の時に地盤補強工事をすることにして、暫定的に水平に戻すだけとする選択もあります。
・家の建て替えや、安心感などを総合的に検討し、専門家のアドバイスや、セカンドオピニオンの情報なども加味して工法決定されたら良いと思います。

参考文献
太田英将「兵庫県南部地震で実証された造成地盤の危険性」
　『日本地すべり学会誌』2004, Vol. 40, No. 5, pp. 84-87

　　　太田英将（技術士　応用理学・建設・森林・総合技術監理）

Q29　建物の全壊、半壊の調査

1次調査（被害認定調査）の結果は「一部損壊」でしたが納得いきません。調査のやり直しを求め、今後再調査に入る予定ですが、評価は上がるのでしょうか？

・評価が上る可能性があります。
・1次調査では外観を調査しています。家屋の構造によっては、外観はあまり被害を受けていないように見えても、中は酷く被害を受けていることがあります。
・再調査は内部を見て評価をすることになりますので、評価結果が変わる可能性があります。
・住家の被害認定調査結果に基づいて「罹災証明書」が公布されますが、この証明の評価が補償額等に影響しますので、納得がいくように再調査を求めたらよいと思います。

1．住家の被害認定調査
1) 被害認定調査結果は罹災証明書に影響
・地震や風水害などの災害で被災した住家は、調査して被害の程度を認定します。
・被害の程度は、一般に「全壊」「大規模半壊」「半壊」及び「半壊に至らない」の4区分で認定が行われます。この罹災証明書で認定された被害の程度は、その後の被災者生活再建支援金の支給や住宅の応急修理などの支援策を受ける際の、支援の程度に影響します。後々まで影響が続きますので、1次調査に納得いかない場合には、詳細調査をお願いし実施してもらうことが賢明です。

サイディング壁は外見で被災程度が不明
右側の家は基礎地盤が壊れ、家全体が傾いているが、亀裂などは見当たらない

被害の程度	全壊	大規模半壊	半壊
損害割合	50%以上	40%以上 50%未満	20%以上 40%未満

・この調査は、被災建築物応急危険度判定とは異なります。このため、応急危険度判定で「危険」と判断されても、被害認定で必ず「全壊」になるわけではありません。

2) 第1次調査と第2次調査
・地震の被害認定調査は、第1次調査、第2次調査の2段階で実施されます。
・第1次調査は、
(1) 目視による外観の損傷状況の把握
(2) 住宅の傾斜の計測
(3) 目視による屋根・外壁・基礎の損傷の把握
です。
・サイディングの壁の家屋などは、外見ではあまり被災していないように見えることがありますが、内部は酷く壊れていることもあります。
・外観に比べ、内部の損傷が甚だしい場合には、第2次調査を申請することができます。
・第2次調査は、被災者の立ち合いの下、住宅内部に立ち入り、内壁・天井・床・柱・建具・設備の損傷の把握を目視で行います。
・地震と風水害の被害認定調査の判定方法には若干の違いがあります。風水害では、第1次調査で浸水の把握を行います。

3) 写真による第2次調査の補足
・大規模災害の場合、被害認定調査の人員が不足しがちで、第2次調査を申請しても、調査までにかなりの日数が必要となる場合があります。
・第2次調査（詳細調査）は内部を見て判定する再調査ですが、被災家屋が多い場合、再調査までの間に時間がかかることがあります。ただ、それまでに家屋の内部の整理・補修や取り壊しができないわけではなく、適切に被害を受けた箇所の写真撮影をしておけば、その写真も

考慮して判定をしてもらえることがあります。念のために写真による判定が可能かどうかについては確認しておいてください。
・被災状況の撮影は、必ず片づけをする前にしてください。被害の正確な把握のために必要なことです。もし写真を撮り忘れてしまったら、修理したことを証明できる請求書などの書類を保管しておいてください。受け付けてくれる場合もあるようです。
・写真撮影は、写真を見て変状の程度を調査員が理解できる必要があります。研修後間もない人でも判定できるようなわかりやすい写真を撮影する必要があります。
・写真撮影は、変状位置が全体の中でどのあたりになるのかわかるように少し遠方からの写真と、変状部をクローズアップした写真の組み合わせで撮影すると、判定する人にわかりやすいものになります。
・ピンボケや物の陰に隠れることがないように、複数枚の写真を撮っておきましょう。
・クローズアップ写真にはスケールを入れて、亀裂幅等がよくわかるようにしておくと、客観的証拠となります。

4) 市町村の判定方法には違いがある
・市町村によって「第1次調査と第2次調査のうち調査結果の重いほうを優先する」ところと、「第2次調査結果を優先する」というところがあります。
・第2次調査結果を優先する市町村では、第1次調査結果より第2次調査結果が軽い場合、被害の程度が軽く判定されてしまう可能性がありますので、自分が住んでいる市町村がどういう判定法を使っているのかを知っておきましょう。

写真撮影の基本は全体と近接の組み合わせ

参考文献
内閣府防災情報のページHP　http://www.bousai.go.jp/taisaku/unyou.html

太田英将（技術士　応用理学・建設・森林・総合技術監理）

Q30 建物の危険度判定

災害時の建物の被害調査には、どのような制度があるのでしょうか。

住居が被災した場合の3つの被災判定について

災害における住宅の被災状況がこのまま住んでも大丈夫な状態か、それとも危険なのかを判断するために住居の被災判定を行う必要があります。

そのための住居の被災判定は大きく次の三つに分けて行われます。

第1段階（発災直後の時期に余震等に対する安全性の調査）：応急危険度判定　行政主導
第2段階（やや混乱の落ち着いた時期に罹災証明書発行のための調査）：住家被害認定調査　行政主導
第3段階（安定時期に被災度の調査および復旧の要否の判定）：被災度区分判定　民間へ依頼

※被災度区分判定及び復旧計画などの作成は任意での調査のため一定の費用がかかります。

被災建築物の応急危険度判定の概要

この判定は阪神・淡路大震災のとき、全国の地方公共団体等の支援を受けて実施されたのが始まりです。大規模な災害が発生すると、人命だけでなく、住宅やその他建築物にも大きな被害が出ます。地震発生後の住宅や建築物は、一見被害がないように見えても、その後の余震で、倒壊や建築部材落下などで危険な状態になっていることが考えられます。このため、市町村では、全国の自治体、各種関連団体などとの連携のもと、災害が発生したらできるだけ早い段階に認定・登録された資格者「被災建築物応急危険度判定士」を現地に派遣し、応急的に住宅やその他建築物が安全に使用できるかどうかの調査を行います。このことを「被災建築物応急危険度判定」と言います。

この調査は基本的には建物の傾きなど（判定基準の詳細は別の項参照）による外見のみで短時間で迅速に調査し、余震等による被災建築物の倒壊、部材の落下等から生じる二次災害を防止し、住民の安全の確保を図るため、危険の程度の判定・表示を行うことです。これは建築物が使用できるか否かを応急的に判定するものなので、後の復旧が出来るかどうかの判定ではありません。後に充分な時間をかけて被害調査が行われた場合には判定結果が異なることもあり得ます。

調査結果は、応急危険度判定では被災した住居を次の「危険」「要注意」「調査済」の3つに分類して、応急危険度判定ステッカー（色紙）を見やすい場所に表示します。

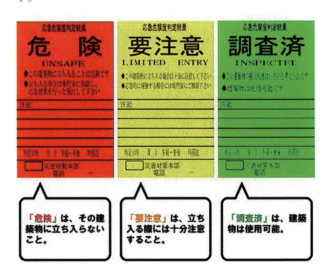

この応急危険度判定で調査済となり、安全性が確認された場合には自分の住居で住むことが出来ますが、危険または要注意になった場合には、応急修理が終わるまでは避難所で生活することになります。この応急危険度判定はあくまで当面の住宅継続使用の安全性を判定するものであり、後述する「住家被害認定調査」による罹災証明書のように、今後の公的資金の援助や税金の免税などの判定とは関係がありません。

※応急危険度判定士とは
応急危険度判定士は、被災地において、地元市区町村長または、都道府県知事の要請により応急危険度判定を行う技術者です。ボランティアとして協力していただける建築技術者を対象に、都道府県知事が講習会等を実施して認定・登録します。

住家被害認定調査の概要

次に、住居の被災判定として、住宅被害認定調査が行われます。災害による家の損壊により、被災者は経済的な損失を受けます。その災害で経済的な損失を負った人に対し、住居の被害具合に応じた「罹災証明書」が発行されます。この罹災証明書に記載される被害の程度を調べる方法が「住家被害認定調査」です。

これは「被災者再建支援法」による国の支援金の他に、被災者向けの減税、義援金の分配、災害保険の請求、仮設住宅への入居判断などを決定する際の判断材料となるため、被災者にとっては何に分類されるのかは重要となります。住家被害認定調査は市町村が主体となって、主に行政職員や専門家よって公平に住家の損害割合を算出し、次のように判定が行われますが、判定内容に不服な場合は再申請をすることもできます。

住家被害認定調査での損壊ランク
「全壊」　　　：損害割合が50％以上
「大規模半壊」：損害割合が40％〜50％
「半壊」　　　：損害割合が20％〜40％
「一部損壊」　：損害割合が0％〜20％
「無被害」　　：損害割合が0％

災害の被害認定基準は難しく、全壊の場合には住家がその居住のための基本機能を喪失し、修復によって元に戻すことが困難と判断される必要があります。半壊の場合には住家がその居住のための基本機能を一部喪失し、損壊は甚だしいが修復すれば元に戻すことができると判断される必要があります。

被災度区分判定の概要

最後に住居の被災判定として行われるのが「被災度区分判定」です。

応急危険度判定は被災直後における住居の安全性を判定するものでしたが、被災度区分判定は被災後数ヶ月経ってから、被災した建築物を対象に、専門家がその建築物の内部に立ち入り、当該建築物の沈下、傾斜および構造躯体などの損傷状況を細かく調査することにより、被災の程度を「倒壊（崩壊）」「大破」「中破」「小破」「軽微」などと区分するとともに、地震動の強さなどを考慮し、復旧の要否とその程度を判定して震災復旧につなげることをいいます。

被災度区分判定は被災した建物を再建するのか、それとも補修で済ませるのかなどの判断材料となります。

被災度区分判定の主な対象としては、応急危険度判定により主として構造躯体の被害が原因で「危険」あるいは「要注意」と判定された建築物、あるいはその他の技術的判断などによりそれらと同程度以上の被害が生じていると判断される建築物が考えられますが、これら以外「調査済」と判定された建築物についても何らかの被害があるのであれば、所有者が引き続き使用するに際し、原則として「被災度区分判定」を実施する必要があります。これは「応急危険度判定」が外観調査を主体とした地震直後における短時間の調査結果に基づいており、後に充分な時間をかけて被害調査が行われた場合には判定結果が異なることが考えられるためです。

住居は生活の基盤となるものであり、被災者が元の生活に戻り安心して生活をしていく上で、重要な要素です。被災した建築物を適切に復旧し継続使用することは、住民が旧来の住宅に住み続けることができる利点のみならず地域コミュニティーの確保につながり、また行政による仮設住宅の建設や廃材処理等の負担軽減にもつながります。

調査・判定の方法など詳細は各種調査・判定の項を参照下さい。

※本記載内容は行政、各種団体ほかネット情報などから引用

松本敏夫（公益社団法人日本建築家協会、建築家）

Q31　建物と宅地の危険度判定

家屋の危険度判定と、宅地の危険度判定が異なりました。どちらを信じたら良いでしょう？

・家屋の危険度判定は「被災建築物応急危険度判定」です。宅地の危険度判定は「被災宅地危険度判定」です。異なる対象の危険性を判定しています。

  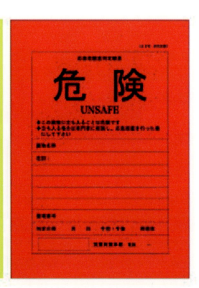

・家屋の危険度判定（被災建築物応急危険度判定）は、家屋に立ち入るのが危険かどうかを判定しており宅地（土地）の危険度を判定してはいません。建物に入ることによる二次被害の防止を目的としています。罹災証明のための調査ではありません。

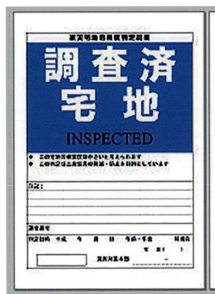  

・宅地の危険度判定（被災宅地危険度判定）は、宅地（土地）の危険度を判定しており家屋に関しては判定していません。宅地に立ち入ることによる二次被害の防止を目的としています。
・ステッカーが良く似ており誤解しやすい面がありますが、宅地の危険度判定のステッカーには「宅地」の文字が入っています。いずれのステッカーにも連絡先が書かれていますので、不明な場合には連絡先に問い合わせてみてください。

被災建築物ステッカー表示例

被災宅地ステッカーの事例

1. 被災建築物応急危険度判定

・被災宅地応急危険度判定は、地震で被災した建築物（家屋）を調査し、その後に発生する余震などによる倒壊の危険性や、外壁・瓦・窓ガラスの落下等の危険性を判定し、ステッカーによってその結果を表示することにより、人命に関わる二次災害を防止することを目的としています。

・判定は、建築の専門家が個々の建物を直接見て回ります。市町村が応急対策の一つとして行うものですが、大規模災害の場合には行政職員だけでは対応が難しいため、民間の建築士等が事前に講習をうけるなどして「応急危険度判定士」として都道府県に登録してます。

・大規模災害の場合には、他県で登録している応急危険度判定士が応援に駆けつけて対応することもあります。平成29年9月末時点で、全国に約11万人の判定士がいます。

・あくまでも地震直後に緊急に行う判定なので、短時間に多くの建物に対して行われます。このため、後日詳細な調査を行った場合には、判定結果が異なる場合があります。

2. 被災宅地危険度判定

・大規模な地震や大雨によって宅地が被災した場合、市町村から要請された被災宅地危険度判定士が危険度判定を実施し、ステッカーによって表示することにより、宅地の立ち入りに際して住民が二次災害を受けるのを防止することを目的としています。

・判定は、一定の資格や経験を持ち、都道府県が実施する宅地判定士養成講習会を終了した「被災宅地危険度判定士」が行います。

・あくまでも二次被害防止の為に行う暫定的な調査ですので、被災者の支援制度を利用する場合に必要となる「罹災証明書」等とは関係ありません。

・建築物と宅地の判定結果が異なることもあります。異なる対象の危険性を判定していますので、2つの判定は直接関係がありません。建築物が安全と判定されていても、宅地が危険と判定されていれば、宅地の地盤や、擁壁、斜面の被害が二次被害を発生する可能性がありますので十分注意してください。

参考文献
日本建築防災協会HP「全国被災建築物応急危険度判定協議会」 http://www.kenchiku-bosai.or.jp/oq-index/
被災宅地危険度判定連絡協議会HP http://www.hisaitakuti.jp/index.html

　　　太田英将（技術士　応用理学・建設・森林・総合技術監理）

Q32 マンションの敷地が液状化

私が住んでいるマンションは、地震によって敷地が液状化し、建物が傾くなどの被害が出ています。マンションの分譲業者や施工した事業者に対して損害賠償請求をすることはできるでしょうか。

1 液状化とは

液状化とは、地震の際に、地下水位の高い砂地盤が振動により液体状になる現象をいいます。これにより、住宅やマンションが沈下したり、傾いたりすることが起こります。

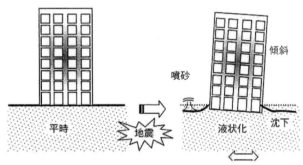

一般社団法人関東地質調査業協会液状化研究会編『絵とき地震による液状化とその対策』（オーム社）より転載

2 液状化の原因

液状化は、海岸や河口付近、埋立地、河川の扇状地など、地表付近の地盤が水分を含んだ状態の砂質土でできた土地で起こるとされています。砂でできた地盤では、通常は砂の粒子が結びついてその間を水が満たして地盤を支えていますが、地震が発生して振動を受けると砂粒同士の結合がなくなり、砂粒は水と分離して泥水のような状態になります。地震後には、泥水の中の砂粒は下に沈み、地下水は砂とともに地表面に噴き出て来ます。地盤の力が弱くなるため、重い建物などは沈下したり、傾いたりすることになるのです。

液状化は、①緩い砂地盤、②地下水の水位が高い、③震度5以上の地震の揺れの3つ要因があるときに起こる可能性が高いといわれています。

3 建築基準法における構造安全について

建築基準法には、地盤の構造安全性に関する規定はありませんが、同法20条は、建物の自重や地震力等の外力に対して安全な構造のものでなければならないと規定しています。具体的には建築基準法施行令38条等に規定されており、また、建築物の基礎に関する構造計算の基準については、国土交通大臣告示に定められています。

4 建造物の液状化対策

液状化の対策は「地盤に対する対策」と、「建造物に対する対策」にわかれます。

まず、「地盤に対する対策」とは、地盤を液状化させないための対策で、①地盤を締めて固める、②地盤を安定材で固める、③井戸を掘って地盤から水を抜くという対策があります。

つぎに、「建造物に対する対策」とは、地盤が液状化しても、建物が倒壊しない機能を保つための対策です。砂質土の下には、硬い岩盤がありますので、硬い岩盤に届く杭を打ち込み、液状化しても倒壊しない建物の強度を保ちます。マンションを建築する場合、建築主は、土地の地質調査を行なう専門業者に依頼して、地盤のボーリング調査を行ないます。地盤が弱い地域では、地盤の硬い岩盤まで杭を打ち込む必要があるとされています。

5 液状化によりマンションが傾くなどの被害が発生した場合の法律問題

(1) 地震によってマンションの敷地が液状化し、建物が傾くなどの被害が発生した場合には、マンションの分譲業者や施工した事業者の法的責任が問題となります。

考えられる法律構成としては
①マンションの分譲業者に対する瑕疵担保責任
②同じく分譲業者に対する債務不履行責任
③マンションを施工した事業者に対する不法行為責任
があります。

(2) まず、①のマンションの売主に対する瑕疵担保責任について考えます。

民法570条の瑕疵担保責任が売主にあると認められるためには、売買の目的物が通常有すべき品質・性能を有しないことが要件とされます。

売主の故意・過失を立証する必要はありません。地震による液状化によりマンションが傾いた場合、このマンションに瑕疵があると認められるためには、将来その地域で発生することが予想される規模の地震に対する耐震性を具備していなかったことを立証する必要があります。

マンションの売主に対する瑕疵担保責任を追及するた

めには、売主に対し、「地盤調査報告書」と「竣工図表（設計図）」の開示を求め、マンションの地盤が液状化しやすい地盤であったか否か、液状化した場合にどのようなマンションの倒壊防止対策を講じていたかを検討する必要があります。液状化の可能性の判断や、建物の液状化による倒壊防止対策の可否については、専門的知識が必要ですから、専門家である建築士に相談する必要性があります。

瑕疵担保責任による損害賠償は、信頼利益が対象とされており、修理のための調査費用などを請求できますが、修理費用や立替費用は請求できないとされています。しかし、瑕疵の程度が大きく、契約の目的が達成できないときは、契約の解除も認められています。売買代金の返還を請求することができます。

(3) つぎに、②のマンションの売主に対する民法415条の債務不履行責任について考えます。

マンションの売主に債務不履行責任を問うためには、マンションが液状化によって、使用することが不可能となったという事実を立証する他に、売主の過失を立証する必要性があります。

マンションの売買においては、一般に、売主は安全に居住することが可能な建物を売買する義務を負うと考えられます。液状化が問題となる地域では、売主は、①建物の地盤が、地震に対してどの程度の強度を有しているかを調査し、②通常予想される地震の揺れに対し、耐震性を有する建物を建築する義務を負うものと考えられます。

売主に対し、債務不履行責任を問うためには、「地盤調査報告書」と「竣工図書（設計図）」を入手し、売主が地盤について調査義務を尽くしたか、耐震性を有する建物の設計・建築を行なったかを検討する必要性があります。この場合も、専門的な判断が必要ですから、建築士に相談する必要性があります。

債務不履行による損害賠償では、土地の修復、建物の修理の請求ができますが、契約の目的を達成できないときは、売買契約を解除して、売買代金の返還を請求することができます。

(4) つぎに、③のマンション施工業者に対する不法行為責任について考えます。

マンションの施工業者に対する民法709条の不法行為責任を追及するには、施工業者の過失を立証する必要があります。

施工業者は、マンションを建築するに際し、土地の地盤を調査し、液状化によって倒壊することのない安全性を具備するマンションを建築する義務があります。施工業者が、この義務に違反してマンションを建築し、地震による液状化でマンションが傾いた場合、施工業者は不法行為による損害賠償義務を負うことになります。

(5) なお、地震による液状化でマンションが傾いたことによる瑕疵担保責任、債務不履行責任、不法行為責任を求めた訴訟は見当たりませんが、一戸建ての分譲住宅については、東京地方裁判所に東日本大震災の液状化による損害賠償請求訴訟が2件提起されています。

東京地方裁判所は、平成26年10月8日と同月31日に原告である分譲住宅の購入者の請求を棄却する判決を言い渡し（判例時報2247号、44ページ）、この判決は、平成28年6月15日に最高裁判所が一審原告らの上告を棄却し、確定しています。

6 国の補助事業

東日本大震災後、国は、地盤の液状化対策について補助事業を開始しています。くわしくは、国土交通省のホームページ等を参照して下さい。

古殿宣敬（弁護士）

Q33　液状化した土地の価格

震災により土地が液状化してしまいました。土地の価格はどのように評価されると予測しますか。地盤改良が済んだあとも、土地の価格は震災前の水準には戻りませんか。

液状化は湾岸地域一帯で発生したものの、地盤の状況や埋立工事の手法等により地域によって被害の程度には差があります。建物建築に際して基礎・土台の施工の質や量によって被害が異なるため、基礎杭が地盤に達する工法を採用するマンション等については、戸建住宅に比べ液状化の被害が比較的少ないようです。

千葉県の湾岸地域（浦安市・習志野市・船橋市・千葉市等）での震災後の取引状況に関する地元精通者意見を聴取した結果によると、震災直後、湾岸地域の戸建住宅については液状化被害の有無による選別が強まっており、液状化の被害のあった物件については、地盤改良等の対策を講じてもほとんど取引が成立しがたいのが実態であったようです。震災後の公的評価としては、平成23年9月20日に千葉県の基準地価（7月1日現在の価格）が発表されました。

浦安市の住宅地では前年比マイナス7.1％（平成22年はマイナス1.9％）の下落です。ただし千葉県用地課によると、浦安市では市域の4分の3以上が液状化被害を受けており、調査予定だった12地点のうち7地点が埋立地にあり「取引が凍結状態のため適切な算定が困難」として、7地点を除外する異例の措置が取られました。

その後の浦安市における住宅地の地価は、震災直後こそ大きく下落したものの、公共インフラ（道路・下水道・上水道・都市ガス等）の復旧・復興事業の進捗や、震災後に減少した人口が平成28年には震災前の水準まで回復したことなどもあって、地価の下落は止まり、現在は概ね上昇に転じています。なお、浦安市の公共インフラに対する復旧・復興の進捗状況の詳細については同市の担当課へ確認することをおすすめします。また、参考として、以下（参考資料①、②）においては浦安市における地価公示価格（住宅地の平均価格）や人口の推移を示しました。

林秀樹（不動産鑑定士）

参考資料①「地価公示価格の推移」

地価公示によれば、浦安市における住宅地の平均価格は以下のように推移しています。

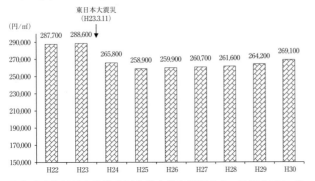

出典「千葉県県土整備部用地課土地取引調査室：地価公示」、各年1月1日時点の価格

参考資料②「人口及び世帯数の推移」

浦安市によれば、同市の人口及び世帯数は以下のように推移しています。

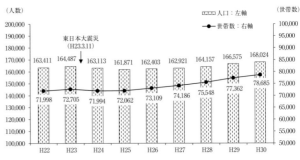

出典「浦安市総務課：住民基本台帳人口（外国人を含む総人口）」、各年1月31日時点の数

Q34 マンションの滅失度合いと評価

地震により分譲マンションが被災しました。以下の点につき、教えて下さい。

1　震災により自己所有の区分所有建物及びその敷地（以下、分譲マンション）が一部損傷しました。修理・修繕をおこなうにあたり注意する点を、専有部分と共用部分とに分けて説明して下さい。

震災により、建物が「滅失」（建物の全部又は一部が確定的に効用を喪失している状態）に至らない程度の損傷を受けた場合には、専有部分については、個々の区分所有者が自ら修理・修繕をおこなうことができます。

一方で、共用部分については、管理組合が修理・修繕をおこなうこととなり、それが重大な変更に当たるときは、原則として、区分所有者の頭数及び議決権の各4分の3以上の多数の集会の議決で決められることになります。

軽微な変更に当たる場合及び変更に当たらない修繕をおこなう場合は集会の普通決議によることとなります。

2　滅失の程度について教えて下さい。

建物の滅失には全部滅失と一部滅失があります。
1. 建物全てが滅失した時（全部滅失）

この場合建物の復旧はできないので、区分所有者間の話し合いによって建替か敷地権の処分をおこなうことになります。
2. 建物の一部が滅失した時（一部滅失）

一部滅失はその規模により以下に細分されます。
① 「小規模滅失」（区分所有法61条1項）

建物の価格の2分の1以下に相当する部分が滅失した時

復旧は集会の普通決議（過半数の賛成）により決定します。

決議反対の区分所有者も復旧費用負担の義務を負います。
② 「大規模滅失」（区分所有法61条5項）

建物の価格の2分の1を超える部分が滅失した時

復旧は集会の特別決議（4分の3以上の賛成）により決定します。

決議反対の区分所有者（不参加者）は、買取指定者（決議賛成者全員の合意で指定した場合）又は復旧に賛成した区分所有者に対して時価による買取請求を主張できます。

3　滅失の程度（2分の1）を判定する具体的な基準や目安があれば教えて下さい。

阪神・淡路大震災時に、㈳日本不動産鑑定協会近畿会（現在は「近畿不動産鑑定士協会連合会」）が取りまとめた成果から、鑑定評価の場合における判定方法の概略を示します。

滅失割合＝1－被災建物価格（※1）／被災前建物価格（※2）

（※1）被災前建物価格から復旧費用を控除し、滅失度に応じた修正をして判定。

（※2）再調達原価に被災時までの経年減価を考慮して判定。

廣嶋琢也（不動産鑑定士）

Q35　災害救助法

仮設住宅の入居や食事の支給を受けるためにどのような法律がありますか。

（1）法律の性格

災害救助法があります。

災害救助法の目的は、被災者の保護と社会秩序維持で、前者が主な目的です。災害対策基本法との関係は、災害対策基本法が一般法（広く適用される法律）、災害救助法が特別法（狭く適用される法律）という関係です。災害救助法の特徴は国の財政負担に関する法律と言うことです。災害救助法の適用が無いと、国はお金を出さないので、救助活動は被災自治体だけでお金を出すことになり、被災者の救助が充分できなくなります。

（2）救助の基準

「救助」は都道府県が、政令で定める程度の災害が発生した場合に行います。どの程度のグレードの救助を行うかについては、「一般基準」と「特別基準」があります。「一般基準」は内閣総理大臣が定める基準に従って都道府県が定める基準です。後記の通り大変グレードの低い基準です。「特別基準」とは「一般基準」では、救助の適切な実施が困難な場合に、都道府県が内閣総理大臣と協議して定められる基準です。「一般基準」は、例えば、①避難所の開設期間／食事は7日以内、②避難所におけるパーテーション・冷暖房の設置はない、③食事の高齢者・病弱者に対する配慮はない、④民間賃貸・空き家の借り上げ住宅はない等です。「特別基準」は、①避難所の開設期間／食事は2ヶ月（更に延長）、②避難所におけるパーテーション・冷暖房の設置、③食事の高齢者・病弱者に対する配慮、④仮設住宅の代わりの民間賃貸・空き家の借り上げ住宅を設置する等です。

（3）「救助」

都道府県またはその委託を受けた市町村が災害救助法による救助を実施します。主に以下の救助があり（4条1項）細目は国の通知等で定めています。①避難所の供与（4条1項1号）原則として学校、公民館、福祉センターなどの公共施設等を提供します。②応急仮設住宅の供与（4条1項1号）災害の発生の日から20日以内に着工して設置されます。供与期間は原則2年で無償ですが延長は可能な場合があります。③炊き出しその他による食品の供与（4条1項2号）避難所に収容された人、住家の被害で炊事ができない人等に供与されます。仮設住宅入居者は自律の準備にあるとして食品の供与はありません。④被服寝具その他生活必需品の供与又は貸与（4条1項3号）日用品（サンダル・傘等）、炊事用品（炊飯器、食器等）、光熱材料（マッチ、プロパンガス等）、介護用品（紙おむつ等）等の提供です。④医療助産（4号）災害で負傷した人だけでなく、災害で医療を受けられなくなった人も対象です。医療保険の対象と同じで、医師の診察、投薬、処置、手術や、鍼灸マッサージ、柔道整復等も含まれます。⑤被災者の救出（4条1項5号）災害によって生命身体が危機にある被災者、生死不明の被災者を捜索し、救出して保護することです。⑥応急修理（4条1項6号）災害を被った住宅の応急修理です。修理費用の支給ではなく業者が修理（現物給付）を行います。費用が58万4000円（平成30年）と少なく、対象が居室・炊事場・便所等日常生活に必要最小限度の部分に限られ、所得制限が課されていることは今後の課題です。⑦学用品の支給（4条1項8号）小中高校生が対象となります。教科書や教材（ワークブック、問題集等）、文房具（一般的な文房具、楽器）、通学用品（体操着、鞄等）等の支給です。⑧遺体の捜索処理（4条1項10号）生存の可能性が無くなった場合は遺体の捜索を行い、また、洗浄、縫合、消毒をします。⑨埋葬（4条1項9号）混乱状態で多数の死者が発生すると一般的な埋葬ができず、応急埋葬を行います。その後、正式な埋葬をするかどうかは遺族が判断することになります。

（4）みなし仮設住宅

前記の通り、仮設住宅の「特別基準」として民間借り上げ住宅があります。建物所有者が貸し主、都道府県が借り主、被災者が都道府県から無償で借りるという三者契約です。賃料、共益費・管理費、火災保険等損害保険料（2年分）、仲介料等が支給されます。みなし仮設住宅のメリットは、①被災者への迅速な住宅の提供、②仮設住宅より安価（240万円（みなし仮設費用）＜約600万円（仮設住宅設置費用））、③品質が一定レベル、④被災者のニーズに対応（通常は、通学・通勤に便利な場所）です。デメリットは、①被災者がバラバラになりコミュニティーの維持が困難、②分散するので自治体や支援団

体のケアが十分できず、③自治体が多数の賃貸借契約の締結手続を負担する、④更新手続が煩瑣・更新拒否の場合の退去等です。

(5) 強制

都道府県は①土木、医療、建築工事、輸送関係者を救助に従事させることが出来(従事命令)(7条1項、3項)、②病院、診療所、旅館を管理し、土地、家屋、物資を使用し、物資の生産、販売、保管、輸送などを業務とする者に、物資の保管を命じ、または物資を収容(強制取得)でき（9条1項)、③②の場合、職員に施設、土地、家屋、物資の所在・保管場所に立ち入り検査させることが出来ます（10条1項)。①～③は強制権であり、違反者は処罰されます（31条)。

(6) 財源

救助実施の費用は被災地の都道府県が支払います（18条1項)。都道府県は費用の財源にあてるために災害救助基金を積み立てなければなりません（22条)。救助の費用が100万円以上になるとき、一定の基準で国が負担します（21条)。避難者を受け入れた被災地以外の都道府県は、費用を被災地の都道府県に求償でき（20条1項)、異常激甚災害の場合は、国が被災地の都道府県の代わりに支払うことが出来ます（20条2項3項)。

(7) 災害救助法の問題点

①国は、災害救助法は、ⅰ平等の原則、ⅱ必要即応の原則、ⅲ現物給付の原則、ⅳ現地救助の原則、ⅴ職権救助の原則で運用されるとします。しかし、法令にこのような原則の規定はありません。またⅰ、ⅳの原則は住民以外や不法滞在者にも実施される点で良いものではありますが、ⅱの原則は「必要最小限の原則」として救助を制限する機能があります。ⅲの原則は後記の問題があり、ⅴの原則は、救助するかどうかが行政の意思により被災者から申立が出来ません。

②災害救助法の条文は34条しかなく、官庁が多数の通知や要綱を策定して運用しており、その全貌はわかりにくく複雑です。通知等による運用は弾力性・柔軟性がある反面恣意的な運用を招きうるものです。

③災害対応は、災害対策基本法が第1次的責任を市町村長に課するのに対し災害救助法は第1次的責任を都道府県知事に課しており一般法と特別法に齟齬が生じています。但し平成30年の災害救助法改正で避難所や仮設住宅設置に関しては都道府県の承諾があれば政令指定都市に権限が移ることになりました。

④災害救助法には、都道府県が必要であると認めたときは、被災者に現金を支給できる旨の明文の規定があります（4条2項）が、国は前記ⅰの「現物給付の原則」なるものが存在するとして、法律の施行以来、明文に違反して現金の支給を実施させていません。

⑤強制には罰則がありますが人権を尊重して任意の行動を期待すべきです。

永井幸寿（弁護士）

Q36 避難所

今回の災害で家が壊れたため、近くの学校に避難することにしました。避難所とはどういう施設ですか。そこでは当面の生活に必要な物資はもらえるのでしょうか。

1 避難所とは

(1) 一般の避難所

避難所は、災害救助法が適用される災害（詳細はQ35をご参照ください）が発生した場合であって、災害のために現に被害を受け、又は受けるおそれがある者で、避難しなければならない者を一時的に受け入れ保護することを目的に、学校、福祉センター、公民館その他既存の建物又は応急仮設等に設置されるものです（災害救助法4条1項1号）。また、このような公共施設等に適当な避難施設がない場合は、必要に応じて、民間の事業所や旅館、ホテル等を借り上げ避難所として活用されることもあります。

(2) 福祉避難所

災害により現に被害を受け、又は受けるおそれのある者のうち、高齢者、障害者、妊産婦、乳幼児、病弱者等避難所において何らかの特別な配慮を必要とする者については、一般の避難所ではなく、福祉サービス等が受けられる福祉避難所も設置されます。

2 避難所の開設期間

(1) 一般基準と特別基準

避難所の開設期間は、避難所が、災害に際し応急的に難を避けるための施設であることから、災害発生の日から最大限7日以内と定められています（一般基準（災害救助法施行令3条1項）。なお、一般基準と特別基準については、Q35もご参照ください）。

しかし、大規模災害で、7日間の期間内では避難所を閉鎖することが困難なときは、都道府県知事は、内閣総理大臣と協議し、この期間を延長することができます（特別基準（同施行令3条2項））。

(2) 各災害の例

阪神・淡路大震災では、ピーク時の平成7年1月23日には、地域の学校や公共施設への避難者が31万人を超えたこともあり、避難所は平成7年1月17日から8月20日まで開設されました。

新潟中越地震でも、平成16年10月23日から12月21日まで、新潟中越沖地震でも平成19年7月16日から8月31日まで、それぞれ設置期間の延長が認められました。

また、平成23年3月11日に発生した東日本大震災では、最後に閉鎖された避難所は、埼玉県加須市の旧騎西高校であり、平成25年12月27日でした。

3 物資の供与等

災害救助法は、炊き出しその他による食品の給与及び飲料水の供給（4条1項2号）や、被服・寝具その他生活必需品の給与又は貸与（同3号）について規定しています。

一般基準では、食品や飲料水の給与・供給については、災害発生の日から7日を限度として、「避難所に避難している者、住家に被害を受け又は災害により現に炊事のできない者」を対象に行われます。

また、同様に、生活必需品の給与又は貸与については、一般基準では、災害発生の日から10日を限度として、「住家が全半壊、全半焼、流失、床上浸水により、生活上必要な被服、寝具、その他生活必需品を喪失又は損傷等により使用することができず、直ちに日常生活を営むのが困難な者」を対象として行われます。生活必需品とは、具体的には、被服（洋服上下、上着、下着、靴下等）、寝具（布団、毛布、タオルケット、枕等）、日用品（タオル、靴、サンダル、傘等）、洗面用具（石けん、歯磨き、タオル、ティッシュ等）、炊事食事用品（炊飯器、鍋、包丁、ガス器具、調理道具、食器、箸等）、光熱材料（マッチ、ライター、プロパンガス等）、介護用品（紙おむつ、ストーマ用装具等）などがあります。もっとも、これらはあくまでも例示であり、避難生活を送る上で必要な生活必需品は給与・貸与の対象となります。

4 課題等

(1) 期間・費用の問題

上述のとおり、一般基準では、避難所の開設期間や食品や飲料水の給与・供給の期間、生活必需品の給与・貸与の期間が非常に短いため、特別基準を活用して柔軟な対応をとることが必要です。

また、一般基準では、避難所設置経費は1人1日320円とされ、食費については1人1日1140円とされるな

平成30年度災害救助基準における費用等の一例

救助の種類	費用の限度額	備考
避難所の設置	（基本額） 避難所設置費 1人1日当たり 　320円 高齢者等の要援護者等を収容する「福祉避難所」を設置した場合、当該地域における通常の実費を支出でき、上記を超える額を加算できる。	1　費用は、避難所の設置、維持及び管理のための賃金職員等雇上費、消耗器材費、建物等の使用謝金、借上費又は購入費、光熱水費、並びに仮設便所等の設置費を含む。 2　避難に当たっての輸送費は別途計上 3　避難所での生活が長期にわたる場合等においては、避難所に避難している者の健康上の配慮等により、ホテル・旅館など宿泊施設を借上げて実施することが可能。
炊き出しその他による食品の給与	1人1人当たり 　1,140円以内	食品給与のための総経費を延給食日数で除した金額が限度額以内であればよい。 （1食は1/3日）
被服、寝具その他生活必需品の給与又は貸与	1　夏期（4月～9月）冬季（10月～3月）の季別は災害発生の日をもって決定する。 2　下記金額の範囲内	1　備蓄物資の価格は年度当初の評価額 2　現物給付に限ること

区分		1人世帯	2人世帯	3人世帯	4人世帯	5人世帯	6人以上1人増すごとに加算
全壊 全焼 流失	夏	18,500	23,800	35,100	42,000	53,200	7,800
	冬	30,600	39,700	55,200	64,500	81,200	11,200
半壊 半焼 床上浸水	夏	6,000	8,100	12,200	14,800	18,700	2,600
	冬	9,800	12,800	18,100	21,500	27,100	3,500

ど（平成30年度災害救助基準）、極めて低廉です。したがって、費用についても特別基準を活用することが必要です。

(2)　現物支給の問題

従来の運用は、現物給付の原則に基づき、現金の支給は不可とされてきました。現金支給を不可とする理由は、災害時には経済が混乱して金銭機能が失われ、逆に金銭が使用可となれば災害救助の必要は消滅するというところにありますが、こうした考えは時代錯誤であり、運用の見直しは急務です。金銭そのものでなくても、金券などを配布すれば（バウチャー制度）、本当に必要な物資は、各被災者が選択して金券と引き換えに入手でき、また、余剰物資の供給も避けられるので合理的です。

この点、災害救助法自体には現物支給が原則とは書いておらず、むしろ、「救助は、都道府県知事が認めた場合には、救助を要するものに対し、金銭を支給してこれを行なうことができる」（第4条2項）と規定されていますので、現金給付による柔軟な対応を取るべきです。

(3)　避難所の生活環境と運営

災害が起き避難所が開設されると、常に、避難所におけるプライバシーの問題や狭さの問題などが起こります。私たちは、概して、「避難所生活は不便があたり前である」と考えがちですが、このような考え方を改めるべきだと思われます。健康で文化的な生活を構築するための快適性を追求し、そこからいかに自立していくかが重要です。

従来から災害と言えば男性の仕事という感覚が根強いですが、日常生活に深く関わっているのは女性であり、女性に避難所運営に積極的に関わってもらうことで、暮らしやすい生活環境につながると思われます。

繁松祐行（弁護士）

Q37 被害と補償

地震により自宅不動産をはじめ事業用の機械などほとんどの財産を失ってしまいました。国や自治体から何らかの補償を受けることができるのでしょうか。

(1) 自然災害の補償はない？

「自然災害の被害に公の補償はあるの？」。驚くことに「ない」が正確な答えになります。もちろん国や自治体がお金を出す仕組みはいろいろあります。しかし、それは「支援」「補助」「保険・共済」等のシステムであって、厳密に言うと「補償」ではありません。そもそも「補償」とは何でしょう？『広辞苑』(第7版)によれば「損害や出費を金銭などでおぎないつぐなうこと。」とあります。法律的には「正当な補償」という言葉が憲法29条3項に出てきます。たとえばダム建設で土地を収用するように法令に基づいて特別な犠牲を被った損害を補填することが「補償」です。国が国民にお金を出すのは、この「損失補償」のほか、「損害賠償」(国が公害を引き起こした加害者として責任を取るケース)と「社会保障」(生活保護など)の3つしかなく、それ以外に支払う理由がないというのが古くからの国の財政当局の考え方です。

阪神・淡路大震災の25万棟もの住宅被害に対し、政府は「日本は私有財産制度。個人の財産は個人の責任の下で維持するのが建前だ。」として公的補償を拒絶しました。被災者への金銭支出は「補償」「賠償」「保障」のどれにも当てはまらないという理屈を強調したのです。しかし、天災による被災者を救済することは国家の根幹をなす責務です。これまで数々の大災害のたびに被災者らが声をあげ、少しずつ不条理の壁を突き崩してきました。そして、形の上では「補償」に当たらなくとも、見舞金、支援金、補助金、保険金、共済金といった名目で、実質的な補償を勝ち取って、現在の仕組みができています。

(2) 被災者生活再建支援金

被災者生活再建支援法は平成10年5月の施行当時は、100万円が支援の上限で、住宅再建には使用禁止でした。私有財産の形成に公費は使えないというのが理由です。

しかし、平成12年の鳥取県西部地震で県が住宅復興補助金制度を取り入れたのをきっかけに、むしろ住宅の公益性や、復興まちづくり・コミュニティの公共性が直視すべきとの世論が高まり、現在の制度に法改正されました。

支援金は2種類あり、被害程度に応じた「基礎支援金」と、住宅再建方法に応じた「加算支援金」です。東日本大震災や熊本地震でも、被災者の基本的な支援の制度として機能しています。もっとも、これらは補償ではなく「見舞金」という位置付けです。問題点もたくさんあります。①半壊以下が対象外、②地盤が対象外、③支援金が少額、④非居住建物に適用がない、⑤全壊戸数の少ない自治体が適用外(同一災害同一支援の原則に反する)など。早急な見直しが必要です。

■住宅の被害程度に応じて支給する支援金(基礎支援金)

	住宅の被害程度	
	全壊等	大規模半壊
支給額	100万円	50万円

■住宅の再建方法に応じて支給する支援金(加算支援金)

	住宅の再建方法		
	建設・購入	補修	賃借(公営住宅を除く)
支給額	200万円	100万円	50万円

※一旦住宅を賃借した後、自ら居住する住宅を建設・購入(又は補修)する場合は、合計で200(又は100)万円。

(図) 内閣府『被災者支援に関する各種制度の概要』(平成29年11月1日現在) より引用

(3) 応急修理制度(災害救助法)

災害救助法には、応急修理の制度があります。修理限度額は57万4000円(平成29年度基準)で、これを市町村が補修業者に直接支払う仕組みです。ただし、この制度は、応急修理をしたら避難所に行かなくて済む世帯を想定しているため、対象が極めて限定的です。避難所が決定的に不足する都市型災害で活用が期待されますが、応急修理をしたら仮設住宅に入居できないという不合理な運用もあり、このままでは使えません。また、社会保障でもないのに資力要件を課しているのも不合理です。

(4) 利子補給制度

東日本大震災では、防災集団移転促進事業やがけ地近接等危険住宅移転事業など、一定のケースでは、住宅再建のために組むローンの利子相当額を補助する、いわゆる利子補給制度がありました。補助金と言っても、上限708万円の一括前払いが受けられる制度なのでたいへん役に立ちました。ただし、全ての災害で使えるものでは

ありません。恒久的な仕組みにすることが望まれます。

(5) 自治体の住宅再建の補助制度

国の制度に限界があるため、これまで被災自治体が独自の制度を構築してきました。その制度は自治体によっても様々で、ここで一つひとつ紹介することはできませんが（住宅再建については、内閣府の「平成30年度都道府県独自の被災者生活再建支援制度」等をご参照下さい）、主な類型を5つに整理してみます。

1つ目は、国の支援金の積み増し（増額）です。たとえば、生活再建支援金を受け取る世帯に、さらに100万円を補助するなど。2つ目は、適用要件の緩和です。たとえば、支援法の対象外となる半壊世帯に独自の支援金を出すなど。3つ目は、地域の産業等の推進を理由とするものです。たとえば、県産材を使用した場合補助金を支出するなど。4つ目は、地域の復旧・復興・防災等の政策実現のために支出をするものです。たとえば、道路整備やブロック塀除去の補助などさまざまです。5つ目は、復興基金という別会計を組織化し（※民間団体として設立すべきです。）支出するものです。たとえば、団体の活動資金や、宗教的施設の再建など、法律上支出しにくいものへの援助がその一例です。

いずれもたいへん有用ですが、ほとんどが補助金の形式ですし、他地域の制度が次の別地域に承継されないという難点があります。

(6) 創意工夫と自主性

ほかに保険制度・共済制度を活用したものがあります。平時の「労災補償」も、システムは保険です。農業共済制度が定着していますが、これは農作物が自然災害で被害を受けた場合に、収入保障をする保険です。共済制度も同様で、たとえば兵庫県では全壊の場合は最大600万円が支給される住宅再建共済制度が普及しています。一方、商工業者に対する補償制度は、たとえ重要な機械等を失っても、公的補償がほとんどありません。唯一、業者が協働で再建に取り組むことを条件に支出される「グループ補助金」が活用されています。あとは融資制度がほとんどです。

これら制度に共通するのは、「補償」がないことから出発しつつも、さまざまな「知恵」を活用して、創意工夫しながら制度を作り出していることです。「自助・公助・共助」というと自助努力が強調されがちですが、「公助」を求め続け、仕組みを創り出していく自主性が重要だということです。

津久井進（弁護士）

Q38　り災証明書

1　り災証明書とは何ですか。

地震や水害など災害に遭い自宅が壊れてしまうと、被災者は経済的な損失を被ってしまいます。災害で経済的に損失を被った人には、いくつかの基準を満たすことで、家を修繕したり、建て替えるための費用の一部の給付や税金などを減免してもらう支援を受けることができます。

ただ、その支援は全ての被災者に一律で行われるわけではなく、被害の程度に比例するものになります。そのため、被災者ごとに被害の程度を証明するものがり災証明書です。り災証明書は、地震、津波、豪雨など各種の災害に遭った際、被災者の方々が様々な支援措置を受ける際の疎明資料として幅広く活用されています。

市町村長は、当該市町村の地域に係る災害が発生した場合において、当該災害の被災者から申請があったときは、遅滞なく、住家の被害その他当該市町村長が定める種類の被害の状況を調査し、り災証明書（災害による被害の程度を証明する書面）を交付しなければならないとされています（災害対策基本法第90条の2）。

被災者からの申請に基づき、市町村による被害状況の調査が実施されることになっており、損害割合が「50％以上」と判定された場合その被害の程度は「全壊」とされ、以下「40％以上50％未満」の場合は「大規模半壊」、「20％以上40％未満」の場合は「半壊」、「20％未満」の場合は「一部損壊」とそれぞれ判定される仕組みとなっています。

この判定基準については内閣府が「災害に係る住家の被害認定基準運用指針」を公表しています。災害の被害認定基準は大きく分けて2種類の数値基準が設けられており、損壊基準判定では、住家の損壊した部分の床面積に占める損壊割合が基準になっています。また損害基準判定では住家の主要な構成要素の経済的被害の住家全体に占める損害割合が基準になっています。全壊の場合には「住家が居住のための基本機能を喪失し、修復によって元に戻すことが困難」と判断される必要があります。半壊の場合には「住家が居住のための基本機能を一部喪失し、損壊は甚だしいが修復すれば元に戻すことができる」と判断される必要があります。

2　震災で家が倒壊しました。り災証明書を発行してもらいたいのですが、どうすればいいのでしょうか。

3　震災でケガをして入院しています。り災証明書の申請手続きを自分でできないのですが、どうすればいいのでしょうか。

り災証明書の発行を希望する場合は、被害を受けた家屋が所在する市町村役場で申請を行わなければなりません。この申請は当該家屋の所有者または居住者が行うことになりますが、ケガや病気などで自身が市町村役場に出向くことができないような場合であっても、申請者の配偶者あるいは同居の親族であれば、申請者に代って申請することができます。また委任状があれば第三者であっても代理して申請することができます。2016年の熊本地震や2018年の大阪府北部地震などの際には、第三者である行政書士が被災地において被災者の方から個別に委任を受ける形で、り災証明書の交付支援を行ったこともあります。

発行申請をされる際の注意点としては、家屋の損壊状況を被災した直後（片付けや清掃などをする前）の時点で写真に撮り、詳細に記録として残しておくようにします。特に家屋の全景、損壊箇所のクローズアップ、複数の違った角度からの構図など、被害状況が詳しくわかるよう、できるだけ多くの写真を撮るように心がけておくと良いと思われます。

申請を受けた市町村は、住家被害認定調査（個別に被害状況を調査する）を行います。この調査は前出の運用指針を基にした調査方法によって、市町村の職員や委嘱を受けた調査員などが行います。調査員は建物を外観目視によって被害の程度を判定します。家屋に傾きがある場合は、その傾きの程度も測定します。もしこの建物被害認定に不服がある場合には、第二段階として建物内部も含めた詳細な調査を行います。

現地調査を終えた後、数日から数週間かけて市町村において損害割合と被害の程度が判定され、その割合や程度に応じた内容のり災証明書が発行されることとなります。

なお、罹災証明書の申請には期限が設けられることがあります。具体的には市町村によっても異なりますが、短い場合だと罹災してから1ヶ月などの期限を設定する

ところもあれば、長いところで6ヶ月程度の期限を設ける場合もあります。いずれにしても、できるだけ早めに手続きをする必要があります。

4　り災証明書と被災（り災届出）証明書は、どう違うのでしょうか。

り災証明書とよく似た呼び名の証明書として、被災（り災届出）証明書というものがあります。り災証明書は住居の損害やその被害の程度を証明するのに対して、被災（り災届出）証明書は、その人が災害による被害を受けたという事実そのものを証明するための証明書です。車や家財などの動産が災害による被害を受けた場合には、り災証明書ではなく被災（り災届出）証明書によって被害を証明することができる点で、それぞれに大きな違いがあります。

また被災（り災届出）証明書では、り災証明書と異なり被害の程度の認定はしません。被災（り災届出）証明書は、被害を受けたかどうかだけを証明するものであり、どの程度の被害を受けたかどうかは問題とはなりません。これに対してり災証明書では、被害を受けたことだけではなくその被害の程度が重要な要素となります。

被災（り災届出）証明書は市町村によって判断基準は異なっており、家財道具が破損していれば発行されるというケースもあったりして、まちまちとなっています。また市町村の中には被災（り災届出）証明書が存在しないところもあります。そのような市町村ではり災証明書が被災（り災届出）証明書の役割を兼ねていることもあります。

5　り災証明書は、どんなときに役に立ちますか。

例えば、被災者生活再建支援金や日本赤十字をはじめとする各種団体からの義援金などの給付を受けたり、住宅金融支援機構などから被災者向けの融資を受けたり、税金・社会保険料・公共料金の減免や猶予の措置を受けたり、応急仮設住宅への入居や住宅の応急修理を受けたり、あるいは損害保険会社への地震保険金の請求に使われるなど、被災した際に受ける様々な公的／民間支援の受給に役立つことが多くあります。

6　り災証明書を紛失してしまいました。再発行はしてもらえますか。

り災証明書は、多くの支援を受ける際などに必要となることからも、紛失に限らず提出先が複数あるなどの理由でも再発行を請求することができます。

再発行を受けるためには、官公署発行の顔写真付きの身分証明書（運転免許証、パスポートなど。なお顔写真の無い身分証明書すなわち健康保険証、納税通知書、年金手帳、福祉手帳などの場合は2点）が必要です。申請者本人、申請者の配偶者、同居の親族もしくは2親等以内の親族（以下「同居親族等」という。）以外の方が申請する場合は、委任状が必要です。

なお、父（母）などの名義でり災証明書の発行を受けている場合、これを子や孫の名義に変更することはできません。また再発行に当たっては、初めに発行した日にちで再発行することになり、再発行日への変更はできません。また、申請者が既に死亡している場合、故人の同居親族等の方が代理で故人名義での再発行の申請手続きを行うこととなります。

松村康弘（兵庫県行政書士会）

Q39　災害と相続

震災で父が亡くなりました。私には、母と2人の弟がいます。父の遺言書はありません。父の財産は、誰にどのような割合で相続されますか。父が借金をしていた場合、私たちが支払わなければいけませんか。

法定相続分に従うと、母親が1/2、あなたと2人の弟が1/6（1/2×1/3）ずつ相続することになります。相続人全員の話合いで、法定相続分と異なる分割方法を取り決めることもできます。

また、相続では、不動産や預貯金などのプラスの財産だけでなく、借金などのマイナスの財産も引き継がれることになります。マイナスの財産のほうが多い場合は、相続放棄の申述をすることで、相続財産を引き継がないようにすることも可能です。

1　相続人

だれが相続人になるかは、民法で決まっています（民法887条～890条）。

まず、被相続人（亡くなった方）の配偶者は、常に相続人となります。配偶者以外の人は、表1の順序で配偶者と一緒に相続人になります。

相続人を確定するためには、被相続人の出生から死亡までの戸籍を取り寄せて調査する必要があります。

2　遺産の範囲

被相続人の財産としては、不動産、預貯金、自動車、証券、保険、債務など様々なものが考えられ、それぞれの所在や数量などを調査する必要があります。

預金について、東日本大震災の際は、全国銀行協会において、被災して亡くなった方の銀行口座が分からない場合に、照会できる制度が設けられました。また、預金者の親族が預金の払出しを求めた場合に、一定の要件のもと払出しに応じるなど柔軟な対応をとった銀行もありました。次の災害でも、同様の措置が取られる可能性はありますので、取引先と思われる金融機関に問い合わせるといいでしょう。

3　法定相続分

各相続人がどれだけの遺産を相続するかについて、民法は表1のとおり定めており、この割合を「法定相続分」といいます（民法900条）。

相続人全員の合意により、法定相続分と異なる相続割合を取り決めることも可能です。

また、遺贈や生前贈与があったり、生前の被相続人の財産の維持、増加に寄与した相続人がいるなど法定相続分で分けると不平等になる場合には、その特別の事情を考慮して相続分を算定する「特別受益」（民法903条）、「寄与分」（民法904条の2）という制度もあります。

4　単純承認、相続放棄、限定承認

被相続人の死亡によって相続が開始した場合、相続人は①単純承認、②相続放棄、③限定承認のいずれかを選択できます。なお、具体的な手続きや費用、申述書の書式や記載例は、裁判所ホームページに掲載されています。

裁判所HP「相続に関する審判」

http://www.courts.go.jp/saiban/syurui_kazi/kazi_02_5/index.html

〈表1〉

順位	相続人	法定相続分
①第1順位	子 ※子には、実子のほか養子や婚姻外で生まれた子（非嫡出子）を含む。 ※子が先に死亡している場合は孫（代襲相続）、孫も先に死亡している場合は曾孫（再代襲）が相続人となる。	配偶者1/2：子1/2 ※子供が複数いる場合は、1/2を子供の数で等分する。
②第2順位	直系尊属（親や祖父母など） ※父母が先に死亡している場合は祖父母、祖父母も先に死亡している場合は曾祖父母が相続人になる。	配偶者2/3：直系尊属1/3
③第3順位	兄弟姉妹 ※兄弟姉妹が死亡している場合は甥姪が相続人となる（代襲相続）。再代襲はなし。	配偶者3/4：兄弟姉妹1/4

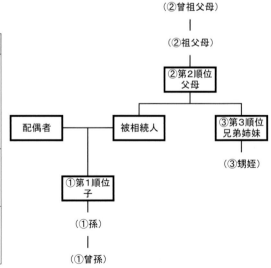

(1) 単純承認

相続人が被相続人の土地の所有権等の権利や借金等の義務をすべて受け継ぐことを「単純承認」といいます。以下のことを行うと、単純承認したものとみなされ、相続放棄、限定承認ができなくなりますから、注意が必要です（民法921条）。

①相続財産の全部または一部の処分
　…なお、相続人が被相続人の預貯金から常識の範囲内で葬儀費用を支出する行為は、「相続財産の処分」には該当しないと考えられています。

②相続人が法定の期間内に限定承認または相続放棄をしなかったとき

③相続人が相続財産の全部または一部を隠匿し、ひそかにこれを消費し、または悪意でこれを相続財産の目録に記載しなかったとき

(2) 相続放棄

相続人は、相続開始の時から、被相続人の財産に属した一切の権利義務を承継します（民法896条）。したがって、被相続人が借金を抱えていた場合には、相続人は、これらのマイナスの財産も引き継ぐことになります。

マイナスの財産が多い場合など、相続を望まない相続人は、「相続放棄」を選択できます。相続放棄をした人は、その相続について、はじめから相続人でなかったものとみなされます（民法939条）。

なお、保険契約者と被保険者が被相続人、受取人が相続人である生命保険金は、受取人に固有の生命保険金を受け取る権利があるため、相続放棄をした場合でも受け取ることができます。また、災害弔慰金についても、遺族に支給されるものですから、相続放棄をした場合でも受け取れるものと思われます。

相続放棄をするためには、家庭裁判所にその旨を申述する必要があります（民法938条）。相続人は、自己のために相続の開始があったことを知った時から3か月以内に、家庭裁判所に対して、相続放棄の申述をしなければいけません（民法915条1項）。この期間を「熟慮期間」といいます。相続人は、家庭裁判所に申し立ててこの期間を伸長してもらうことができます。

東日本大震災と熊本地震の際には、法令により、特定の被災地域に住所があった方で、一定の時期以降に自己のために相続の開始があったことを知った相続人について、熟慮期間が延長されました。次の災害時も、同様の法令によって熟慮期間が延長される可能性があります。

(3) 限定承認

被相続人のマイナスの財産がどの程度あるか不明であり、プラスの財産が残る可能性もある場合は、相続人が相続によって得たプラスの財産の限度でのみ、被相続人のマイナスの財産を受け継ぐという手続きを選択できます（民法922条）。これを「限定承認」といいます。

単独でできる相続放棄と異なり、限定承認は相続人全員が共同してのみ行うことができます（民法923条）。熟慮期間の制限や東日本大震災と熊本地震の際に法令で特定被災地域の相続人の熟慮期間が延長されたことについては、相続放棄と同じです。

眞並万里江（弁護士）

Q40 震災死と相続登記

災害により不動産を所有していた父が死亡してしまいました。相続人に名義変更をするにはどうしたらよいでしょうか。

(1) 相続登記について

土地や建物の所有者が亡くなった場合、その名義の変更をするには法務局に登記申請を行う必要があります。法律上定められた相続分で相続するということも可能ですし、遺産である不動産の取得方法を協議（話し合い）や調停、裁判によって決め、その遺産分割方法に従って登記するということも可能です。

(2) 必要書類

一般的な相続に関する登記に必要となる書類は以下のとおりです。

① 法律上定められた相続分で相続する場合
- 亡くなられた方の出生から死亡までの経過が分かる戸籍謄本又は除籍謄本
- 相続人全員の戸籍謄抄本（亡くなった日以後の証明日のものが必要です。）
- 亡くなられた方の住民票の除票又は戸籍の附票
- 相続人全員の住民票
- 固定資産評価証明書

② 遺産分割協議によって相続する場合
- 亡くなられた方の出生から死亡までの経過が分かる戸籍謄本又は除籍謄本
- 相続人全員の戸籍謄抄本（亡くなった日以後の証明日のものが必要です。）
- 亡くなられた方の住民票の除票又は戸籍の附票
- 不動産を相続することになった相続人の住民票
- 遺産分割協議書（各相続人が実印を押印します。）
- 相続人全員の印鑑証明書
- 固定資産評価証明書

③ 遺言によって相続人に相続される場合
- 遺言書（自筆証書・秘密証書による場合は家庭裁判所での検認手続きが必要です。）
- 亡くなられた方の死亡の事実が分かる戸籍謄本又は除籍謄本
- 亡くなられた方の住民票の除票又は戸籍の附票
- 不動産を取得する方の戸籍謄抄本（亡くなった日以後の証明日のものが必要です。）
- 不動産を取得する方の住民票
- 固定資産評価証明書

なお、あくまでこれらは一般的な書類であって、その他に書類が必要になる場合があります。

また、平成29年5月から、法務局に戸籍・除籍謄本等一式を提出し、併せて相続関係を一覧に表した図（法定相続情報一覧図）を出せば、登記官がその一覧図に認証文を付した写しを無料で交付するという法定相続情報証明制度が始まっており、この制度を利用することによって、相続登記に必要な上記の書類の一部や関係各所に戸籍謄本等を何度も提出する手間が軽減できます。

(3) 登記名義が本来の所有者ではない場合

不動産の登記名義が本来の所有者と一致せず、既に亡くなっているというケースは多く存在しています。なぜそのような事態が存在するのかというと、不動産の名義変更が法律上の義務ではないという点にあります。加えて、不動産の名義を変更することに費用を要するため、仕方なく放置しているということもあるでしょう。

それでは、そのような場合にどういった手続きが必要となるかですが、一般的には、相続人全員（相続人のうち亡くなっている方がいればその相続人を含む）で遺産分割協議を行い、不動産を相続する者を決めます。

相続登記を放置している期間が長くなればなるほど当事者の数が多くなり、遺産分割協議ができないケースがあります。このような事態を避けるためにも、亡くなった方が不動産を所有している場合には早急に相続登記を行うことが望ましいでしょう。

大規模災害の復興過程において、相続登記が未了である土地の存在がその足枷となっている現実を受け、現在その解決のために相続登記を義務化することが検討されています。また、法務局において権利関係を正確に把握するための調査を行うことや、管理ができない土地を放棄する仕組みの検討もされています。これらの施策によって、いわゆる所有者不明土地問題が直ちに解決するということはないかもしれませんが、正確な権利関係が登記に反映されているということは国民の利益となり、また国家の財産ともなり得るという視点に立った政策が望まれます。

石神健吾（近畿司法書士会連合会）

住宅の崩壊

高速道路の倒壊

多発した火災

ビルの倒壊

給水を待つ列

港の破壊

阪神・淡路大震災 (写真提供：神戸市)

Q41 同時死亡の推定

震災で夫と夫の父が亡くなりました。死亡の先後は分かりません。夫の母は震災前に亡くなっており、夫には妹が一人います。夫の父の財産は誰が相続することになりますか。

1 民法32条の2の同時死亡の推定とは

複数人の亡くなった方々の間で、いずれの人が後に亡くなったかわからない場合の取り扱いについては、民法32条の2が、「数人の者が死亡した場合において、そのうちの一人が他の者の死亡後になお生存していたことが明らかでないときは、これらの者は、同時に死亡したものと推定する。」と規定しています。

そのため、ご相談のケースのように、死亡の先後がわからない夫と夫の父親については、同時に亡くなったと推定されます。

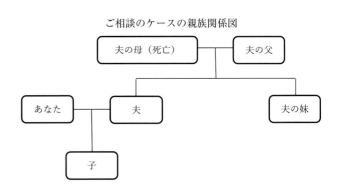

ご相談のケースの親族関係図

2 同時死亡の場合の相続について

相続は、死亡によって開始すると規定されています(民法882条)。

そのため、ご相談のケースのように、被相続人と相続人が同時に死亡した場合には、被相続人が死亡した時点で既に相続人も亡くなっていますから、両名の間においては、相続が発生しないことになります。

したがって、本件のケースにおいては、夫の父親と夫との間では、相続が生じないことになり、夫の父親の財産を夫が相続することも、夫の財産を夫の父親が相続することも起こりません。

これは、夫の父親が夫に財産を相続させるという遺言を残していたとしても、同じです。同時に亡くなっているため、相続は発生せず、また、「遺贈」という法律行為も、遺言者の死亡以前に受遺者が死亡したときは、その効力を生じないとされていることから(民法994条1項)、同時死亡の場合には遺贈の効力が生じないからです。

3 本件のケースの場合はどうなるか

本件のケースにおいて、誰にどれだけの相続分が生じるかを具体的にみてみましょう。

配偶者と被相続人の子が相続人となるケースが多いですが、被相続人に子がいない場合は、子の代わりに被相続人の直系尊属が相続人となり、被相続人に直系尊属がいない場合は、その代わりに被相続人の兄弟姉妹が相続人となります。そして、相続人が子の場合は、配偶者と子にそれぞれ2分の1ずつ相続分があり、相続人が直系尊属の場合は、配偶者に3分の2、直系尊属に3分の1の相続分があります。相続人が兄弟姉妹の場合は、配偶者に4分の3、兄弟姉妹に4分の1の相続分があります。配偶者がいない場合は、子、直系尊属、兄弟姉妹のいずれかに、全ての相続分が認められることになります。

そこで、あなたと夫の間にお子様がいらっしゃらない場合は、夫の父親の財産は、すべて夫の妹が相続することになります。

お子様がいらっしゃる場合には、代襲相続が生じますので(民法887条2項)、夫が相続するはずであった夫の父親の財産について、お子様が相続することになります。よって、夫の父親の財産の2分の1を夫の妹が、2分の1をお子様が相続することになります。お子様が複数いらっしゃる場合には、2分の1をさらに頭数で割った分をそれぞれのお子様が相続することになります。たとえば、3人お子様がいらっしゃるのであれば、6分の1ずつをお子様がそれぞれ相続します。

なお、夫が亡くなった時点で、お子様がまだ生まれていない場合でも、胎児は、相続については、既に生まれたものとみなされるので(民法886条1項)、出生した時点で、相続権を得ることになります。

夫の財産の相続がどうなるかについてですが、お子様がいらっしゃらない場合は、あなたが4分の3、妹が4分の1相続することになり、お子様がいらっしゃる場合は、妹に相続は生じず、あなたが2分の1、お子様が2分の1を相続し、お子様が複数の場合は、2分の1をさらに頭数で割った分をそれぞれのお子様が相続することになります。

4　別々の場所で亡くなっている場合

この同時死亡の推定の規定は、別々の場所で亡くなった場合でも適用されると考えられます。たとえば、夫の父親は自宅で亡くなり、夫は職場で亡くなったという場合でも、どちらが先に死亡したのかがわからないのであれば、適用されると考えられます。

5　同時死亡の推定は覆すことが可能

この規定は、誰が後に亡くなったかが明らかでない場合には、同時に死亡したと推定するものですから、どちらが後に亡くなったかを明らかにすることができれば、その推定は覆ります。

どちらが後に亡くなったかを証明する要素としては、それぞれが亡くなった際の状況や、年齢、性別、体力差、遺体の状態による法医学的推定、遺体発見場所、時計の止まった時刻等が考えられます。

もっとも、単に、年齢が若いから夫は父親より長く生き延びたであろうということでは、同時死亡の推定は覆りません。さまざまな事情を考慮した上で、裁判官が、夫の方が後に亡くなったであろうという心証を抱いたときに、はじめて、同時死亡の推定は覆ります。

後日、死亡の後先が明らかになった場合には、相続回復請求をする必要があると考えられます。その場合、相続回復の請求権は、相続権を侵害された事実を知った時から5年間行使しないときや、相続開始の時から20年を経過したときは、消滅時効にかかるので（民法884条）、注意が必要です。

6　同時死亡の推定が覆った場合どうなるか

もし、死亡時期について、夫の方が後で亡くなったということを証明することができた場合には、先に亡くなった父親の財産を、夫と夫の妹が2分の1ずつ相続し、その後、夫が亡くなったことにより、夫の相続人が、夫の財産と父親の財産を相続することになります。

お子様がいらっしゃらない場合は、夫が相続した父親の財産を含む夫の財産について、あなたが4分の3、妹が4分の1相続することになります。

お子様がいらっしゃる場合は、夫の死亡については、妹に相続は発生せず、夫が相続した父親の財産を含む夫の財産の2分の1をあなたが相続して、2分の1をお子様が相続します（お子様が複数の場合は按分してそれぞれが相続する。）。

逆に、父親の方が後に亡くなったことが証明された場合、お子様がいらっしゃらない場合は、夫の財産について父親に相続が発生するので、夫の財産の3分の1を夫の父親が相続し、3分の2をあなたが相続して、夫の父親の死亡により、夫の父親が相続した夫の財産を含む夫の父親の財産を妹が全て相続します。

お子様がいらっしゃる場合は、夫の財産をあなたが2分の1、お子様が2分の1（複数の場合は按分）相続し、その後の夫の父親の死亡により、夫の父親の財産を妹が2分の1、お子様が2分の1（複数の場合は按分）相続することになります。

松森美穂（弁護士）

Q42 両親が同時に死亡した場合の相続税の課税

震災により両親を同時に亡くしました。相続人は、私と妹の二人です。両親の遺産は表のとおりですが、相続税の申告は必要でしょうか。また、相続税の申告が必要であればどのようにすればよいのでしょうか。

なお、父の生命保険金は、父が契約者（保険料負担者）及び被保険者となり、受取人を母としていたものです。

区　分	父の遺産	母の遺産
不動産	5,000万円	―
有価証券	2,000万円	500万円
預貯金	3,000万円	500万円
生命保険金	5,000万円	―
その他	1,000万円	―
合計	16,000万円	1,000万円

　相続や遺贈によって取得した各人の正味の遺産額（遺産総額から債務や葬式費用を差し引いた額）の合計額が遺産に係る基礎控除額を超える場合、その取得した人は、相続税の申告をする必要があります。

　そこで、債務控除を考慮しないところで相続税の申告の必要性等について検討したところ、次のとおりとなります。

1　お父様を被相続人とする相続税の申告

　生命保険金の受取人は、あなたと妹さんの二人となり、生命保険金に係る非課税限度額は1,000万円となりますので、正味の遺産総額は15,000万円となります。

　そして、遺産に係る基礎控除額は4,200万円（3,000万円＋600万円×2人）となり、正味の遺産総額は基礎控除額を上回ることとなりますので、あなたと妹さんは相続税の申告が必要となります。

　また、相続税の申告と納税は、お父さんが亡くなられたことを知った日の翌日から10か月以内にする必要があり、その申告書の提出先は、お父様が亡くなられた時におけるお父様の住所地を所轄する税務署となります。

2　お母様を被相続人とする相続税の申告

　正味の遺産総額は1,000万円であり、遺産に係る基礎控除額4,200万円（3,000万円＋600万円×2人）を上回りませんので、相続税の申告は必要ありません。

解説

1　民法第32条の2は、「数人の者が死亡した場合において、そのうちの一人が他の者の死亡後になお生存していたことが明らかでないときは、これらの者は、同時に死亡したものと推定する。」と規定しています。つまり、数人が死亡した場合において、その死亡の前後が明らかでないときは、同時に死亡したものと推定され、死亡の前後を区別せず、死亡者相互の相続は認められないことになります。ただし、例えば、親と子が同時に死亡した場合で孫がある場合は、親子相互の相続は認められないものの、孫の代襲相続は認められます。

　なお、この民法の規定は、同一の危難である場合だけでなく、異なる場所で別々の危難により死亡した場合も適用され、また、一方の死亡時刻が明らかであっても、他方の死亡時刻が不明で、死亡の前後が定まらない場合も適用されます。

　したがって、お父さんとお母さんは同時に死亡したものと推定される以上、お父さんはお母さんの相続人とはならず、また、お母さんはお父さんの相続人とはならないことから、ご両親の相続人はあなたと妹さんの二人となります。

2　生命保険の契約者は、保険契約において、被保険者でない第三者を保険金受取人として指定することができ（保険法2条5号）、その受取人が死亡したときには、その者に代わる受取人の再指定をすることができます（保険法43条）。そして、その受取人が死亡したのに契約者が受取人の再指定をしないままに死亡したときは、その受取人の相続人が受取人となります（保険法46条）。

　保険法46条の趣旨からしますと、受取人の相続人とは、保険金受取人として指定された者の法定相続人又は順次の法定相続人であって、被保険者の死亡の時に生存する者をいいます。従いまして、受取人の死亡時点で生存していない者は法定相続人になる余地はないので、契約者＝被保険者と受取人が同時に死亡した場合にもそのことに変更はありません（最高裁平成21年6月2日第三小法廷判決も同趣旨）。

また、「法定相続人又は順次の法定相続人」が複数いる場合の各人の権利の割合は、民法第427条の規定により平等の割合となります。

　そうしますと、あなたと妹さんは、お母さんの相続人ですから、保険金の受取人となり、その権利の割合は平等となります。

3　以上のことから、お父様を被相続人とする相続税については、お父さんの遺産である不動産、有価証券、預貯金及びその他の合計額11,000万円と生命保険金5,000万円から生命保険金に係る非課税限度額1,000万円を差し引いた4,000万円の合計額は15,000万円となり、基礎控除額を上回ることから、申告をする必要があり、その相続税の総額は1,840万円となります。ただし、お母様を被相続人とする相続税については、お母様の遺産は1,000万円であり、基礎控除額以下ですので、申告をする必要はありません。

4　ところで、同時死亡の推定は、年齢・体力・死体発見場所・法医学的推定などを判断材料とする反対立証により覆すことができます。

　そこで、仮に、お父さんが先に亡くなっていたとした場合、お父さんの相続人は三人で、遺産に係る基礎控除額は4,800万円（3,000万円＋600万円×3）、生命保険金に係る非課税限度額は1,500万円（500万円×3）となります。なお、お母さんの相続人は二人で、遺産に係る基礎控除額は4,200万円となります。

　そして、相続税額は、次のとおりとなります。

区　分	お父さんを被相続人とする相続税	お母さんを被相続人とする相続税
お母さんは生命保険金以外のお父さんの遺産を取得しないとした場合	約1,096万円	180万円
お母さんが生命保険金を含めてお父さんの遺産の半分を取得するとした場合	747.5万円	620万円

　いずれにしても、同時死亡と推定された場合に比して、相続税額は著しく安くなります。そこで、同時死亡の推定がされるような場合であっても、相続税法の適用に当たっては、一定の条件（例えば、両方の相続人が同じである）を満たすことにより、納税者が有利となるような選択（事例の場合は、お父様が先に亡くなったとする選択）をすることができるとする改正が望まれます。

　また、仮に、あなたと妹様がお母様の相続人ではなく（お父様とお母様が再婚され、あなたと妹様とお母様とは養子縁組をしていない場合）、お母様のご兄弟がいらっしゃる場合、生命保険金5,000万円については、あなたと妹様は取得することができず、お母様のご兄弟が取得することになり、相続税法上はお父様から遺贈により取得したものとみなされます。

　このような場合、相続税法の改正だけでは、不十分であると考えられますので、民法や商法等の改正も望まれます。

寺岡直樹（税理士）

Q43　災害と相続税の特例

1. 小規模宅地等についての相続税の課税価格の計算の特例

被相続人等の事業の用に供されていた施設が災害により損害を受けたため相続税の申告期限においてその事業が休業中である場合には、被相続人の親族によりその事業の再開のための準備が進められていると認められるときに限り、その施設の敷地は、その申告期限においても被相続人の親族の事業の用に供されているものとして取り扱います。

したがって、事業の継続要件以外の他の要件のすべてを満たしている場合この適用を受けることができます。また、特定居住用宅地等、特定同族会社事業用宅地等及び貸付事業用宅地等の居住又は事業の継続要件の判定についても上記に準じて取り扱うことになります。（措置法通達69の4-17）

2. 特定土地等の特定非常災害の発生直後の価額

平成29年度税制改正により、災害発生日前に相続若しくは贈与により取得した特定土地等（※）で相続税の申告期限がその災害発生日以後に到来するときにおいて、特定土地等及び特定株式等に係る相続税の課税価格の計算の特例（措置法69条の6）を受けることができる場合、相続税の課税価格に算入すべき価額は時価によらず「特定非常災害の発生直後の価額」によることができます。ただし、この「特定非常災害の発生直後の価額」は特定土地等の状況が特定非常災害の発生直後も引き続き相続等により取得した時の現況にあったものとみなして当該土地等を評価した価額とされておりますから、特定土地等の評価の基準となる地目や評価単位、借地権等の権利関係、土地の形状などについては、相続等により取得した時の現況によることになります。

なお、別途国税局長が不動産鑑定士等の意見を基として特定地域内の一定の地域ごとに特定地域等の特定非常災害の発生直後の価額を算出するための率（調整率）を別途定めている場合には、路線価及び倍率に「調整率」を乗じて計算した金額を基に評価することができます。また、課税時期が特定非常災害発生日の属する年の前年である場合であっても、特定非常災害発生日の属する年分の路線価及び倍率に調整率を乗じたものを基に評価することになります。よって倍率方式により特定土地等を評価する場合の固定資産税評価額についても特定非常災害発生日の属する年分の評価額を用いることになります。

※特定地域（特定非常災害により被災者生活再建支援法第3条第1項の規定の適用を受ける地域、この規定の適用がない場合には、その特定非常災害により相当な損害を受けた地域として財務大臣が指定する地域）内にある土地又は土地の上に存する権利をいいます。

3. 相続税の農地等に係る納税猶予

相続税の納税猶予の特例の適用を受けている農地等について下記の①から③に該当する場合は、災害のためやむを得ず一時的に農業の用に供することができなくなったと認められるため、引き続きその農地等は農業の用に供しているものとして特例の適用が継続されるため猶予税額を納付する必要はありません。

①津波により一時的に利用できなくなった場合
②被災地の道路建設のための資材置場として一時的に県へ貸し付けた場合
③被災者用の仮設住宅用の敷地として一時的に市へ貸し付けた場合

4. 災害減免法による減免

次の①又は②のいずれかに該当するときは相続税が軽減されます。

①相続税の課税価格の計算の基礎となった財産の価額（債務控除後の価額）のうちに被害を受けた部分の価額（保険金、損害賠償金等により補てんされた金額を除く）の占める割合が10分の1以上であること。

②相続税の課税価格の計算の基礎となった動産等の価額のうちに動産等について被害を受けた部分の価額（保険金、損害賠償金等により補てんされた金額を除く）の占める割合が10分の1以上であること。

〈法定申告期限前に災害があった場合〉

法定申告期限前に災害があった場合は、相続等により取得した財産の価額から被害を受けた部分で保険金、損害賠償金等で補てんされなかった部分の価額を控除して課税価格を計算することになります。

この適用を受けるには相続税の申告書に被害の状況や被害額等を記載し、原則として申告期限内に提出しなければなりません。

〈法定申告期限後に災害があった場合〉

法定申告期限後に災害があった場合は、災害のあった日以後に納付すべき相続税額で課税価格の計算の基礎となった財産の価額のうち被害を受けた部分で保険金、損害賠償金等で補てんされなかった部分の価額に対応する金額が免除されます。ただし、災害のあった日以後に納付すべき相続税額には、延滞税等の附帯税や災害のあった日現在において滞納中の税額は含まれません。この免除を受けようとする場合は、被害の状況や被害額等を記載した申請書を災害の止んだ日から2カ月以内に納税地の所轄税務署長に提出しなければなりません。

※特定非常災害に係る特例と災害免除法との関係は特定非常災害に基因する経済的な損失による評価損に配慮したのが特例であり、物理的な損失を対象に減免措置が講じられているのが災害免除法であるから特例土地等についてはその損失の内容に応じて両方が適用される場合もある。

5．申告などの期限の延長、納税の猶予

災害等により申告・納付などをその期限までにできないときは、その理由の止んだ日から2カ月の範囲でその期限を延長することができます。

1、地域指定

災害による被害が広い地域に及ぶ場合は、国税庁長官が延長する地域と期日を定めて告示するので、その告示に期日までに申告・納付すればよいことになります。

2、対象者指定

国税庁が運用するシステムが期限間際に使用不能であるなどによりシステムを利用して申告・納付などをすることができない方が多数にのぼると認められる場合は、国税庁長官が延長する対象者の範囲と期日を定めて告示するので、その告示の期日までに申告・納付すればよいことになります。

3、個別指定

所轄税務署長に申告・納付などの期限の延長を申請し、その承認を受けることにより延長することができます。申告等の期限延長申請は、期限が経過した後でも行うことができます。

災害等により財産に相当の損失を受けたときは、所轄税務署長に申請することにより納税の猶予を受けることができます。

1、損失を受けた日に納期限が到来していない税額

損失を受けた日以後1年以内に納付すべき国税＝納期限から1年以内

※災害が止んだ日から2カ月以内に申請する必要があります。

2、既に納期限の到来している国税

一時に納付することができないと認められる国税＝原則として1年以内

大野秀朋（税理士）

Q44 遺言をめぐる問題

震災で死亡した母の遺言書が見つかりました。遺言書には、全財産を兄に相続させると書いてありました。私は母の財産を一切相続できないのでしょうか。

第1 遺言の方式

遺言書が発見された場合、当該遺言書が有効に成立したものかどうかを確定させることが必要です。遺言書の種類によって多少扱いが異なるため、まずは当該遺言書がいかなる形式によって作成されたものであるか確認することが必要となります。

遺言には、自筆証書遺言、公正証書遺言、秘密証書遺言の三種類があります。

自筆証書遺言は、遺言者が遺言書の全文、日付及び氏名を自署し、押印する方法によって作成されるものです。

この自筆証書遺言は、法律上、「遺言者が、その全文、日付及び氏名を自書し、これに印を押さなければならない。」(民法968条)とされています。すなわち、一部でも他人によって代筆されたもの、パソコンやワープロで作成されたもの、日付がないもの(何年何月吉日等の記載も含む)、押印のないものなどは無効になります。ですので、自筆証書遺言が発見されたら、まずは必要な記載が全てされているか確認する必要があります。

公正証書遺言は、証人2人以上の立ち会いのもと、公証人が遺言者の口述を筆記して作成します。

秘密証書遺言は、遺言者が遺言書に署名・押印して封筒に入れ、同じ印で封印し、公証人、証人2人以上の前で自分の遺言書であることを申し述べるなどして、公証人が証人とともに署名・押印する方法によって作成されます。

このうち、公正証書遺言は、公証人役場において、法律的にも検討が加えられた上で作成されるものであるため、無効となる場合は限定的ですが、自筆証書遺言、秘密証書遺言は、所定の形式を整えていないことによって無効となることが多々あります。

ただ、確認の方法については注意が必要です。

自筆証書遺言及び秘密証書遺言については、「遺言書の保管者は、相続の開始を知った後、遅滞なく、これを家庭裁判所に提出して検認を請求しなければなら」ず(民法1004条1項)、「封印のある遺言書は、家庭裁判所において相続人又はその代理人の立会いがなければ、開封することができない。」(同条3項)とされています。

したがって、自筆証書遺言又は秘密証書遺言が発見された場合、家庭裁判所に検認の申立てを行う必要があり、封印されている遺言書の場合は、検認手続まで開封してはいけません。

第2 遺言書が見つからない場合

なお、本問は遺言が発見された場合ですが、ここで、亡くなられた方が生前遺言書を作成したと述べていたもののこれが見つからない場合に、遺言書の有無を調べる手がかりについて触れておきます。

自筆証書遺言・秘密証書遺言であれば、当該遺言者が保管しているはずですので、まずはご自宅を調べることが基本となります。また、銀行の貸し金庫や信託銀行、作成に携わった法律事務所などに保管している場合もありますので、心当たりがある場合は、相続人であることを疎明して、尋ねてみるのがよいでしょう。

公正証書遺言の場合、公証役場に保管されています。公証人役場では、昭和64年1月1日以降、全公証人役場で作成された公正証書遺言の情報をデータベース化しています。

ですので、公証人役場に赴き「公正証書遺言検索システム」を利用して、遺言の有無を確認することができます。

第3 遺言書が汚損していた場合

1 公正証書遺言の場合

次に、発見された遺言書が破損または汚損していた場合について説明します。

まず、自宅から公正証書遺言の謄本が発見され、当該謄本が破損または汚損していた場合には、何ら心配することはありません。公正証書遺言の原本は公証役場に保管されており、謄本の再発行を依頼することにより、内容を確認することができますし、破損または汚損により遺言の効力が失われることにはなりません。

2 自筆証書遺言・秘密証書遺言の場合

破損していた自筆証書遺言・秘密証書遺言が発見された場合、当該遺言書が、内容を読み取ることが困難な程度にビリビリに破かれて欠けている部分もあるとすると、もはや遺言書として効力を認めることはできないでしょう。

これは、汚損していた場合も同様です。

一方、汚損・破損が、その内容を読み取ることができる程度であった場合には、遺言書の効力が認められる余地があります。民法上、「遺言者が故意に遺言書を破棄したときは…遺言を撤回したものとみなす」（民法1024条）との規定があるため、この場合、「遺言者」による「故意」の破棄か否かが問題となります。

例えば、新しい遺言書を作成したため古い遺言書の文言に斜線を入れた、相続させる予定の相続人と仲違いしたため、相続させる気がなくなり破った等の場合、遺言者が故意に破棄したといえるでしょう。

他方で、他の書類と勘違いして誤って破棄してしまった場合、遺言者以外の人によって破られた場合などは、遺言者が故意に破棄したとはいえません。

とはいえ、遺言書の効力が問題となるときには遺言者が既に死亡しており、遺言者が破棄したのか、また破棄したとしても、故意なのか、過失なのか確認することができませんから、立証が困難というのが現実でしょう。

第4 民法改正による自筆証書遺言取扱の変更

1 先に見たように、自筆証書遺言は、公正証書遺言に比べ、全文を自著しなければならず、また、遺言者自身の保管では、紛失・汚損のリスクが常につきまとうという問題ありました。

しかし、高齢化の進展が著しい現在の日本では、相続を円滑にならしめる遺言書の重要性が高まっているところ、現行の自筆証書遺言制度のままでは、遺言書の効力に疑義が生じることがままあり、相続時における紛争を予防することが十分にできないという問題がありました。

2 そこで、平成30年7月6日、民法の相続分野の一部が改正され（同月13日公布）、自筆証書遺言についても、取扱が変わることとなりました。

まず、これまで全文の自著が要求されていましたが、改正民法では、遺言のうち、財産目録については、別紙として添付する場合に自著の要件が緩和され、全ページに署名押印すれば、パソコン・ワープロでの作成が認められるようになりました（改正民法968条2項）。

また、法務局における遺言書の保管等に関する法律が制定され、遺言者が申請することにより、法務局が自筆証書遺言を保管する制度が新設されました。

法務局では、申請を認めた遺言書を、磁気ディスク等で保存するため、紛失・汚損のリスクが公正証書遺言と同程度までなくなることとなりました。また、法務局に保管された遺言書については、検認手続も不要とされています。

自著要件の緩和に関する改正については、平成31年1月13日施行とされ、同日以後に作成する遺言書について適用されます。法務省による遺言書保管制度は平成30年7月13日の公布日から2年以内に施行される予定です。

第5 遺言書の有効性を争う方法

遺言書が発見されたものの、当該遺言書が所定の様式を満たしていない、遺言者の意思に基づくものではない、遺言当時に遺言する能力を欠いていた等の理由でその有効性を争う場合、裁判手続によって遺言の無効を主張することになります。遺言無効確認は調停前置主義（家事事件手続法257条）ですので、まずは他の相続人を相手方として遺言無効確認調停を提起することとなります。

調停はあくまでも話し合いの場ですので、相続人全員の合意に至らず、調停が不成立となる場合もあります。その場合は、遺言無効確認訴訟を提起し、訴訟の中で決着をつけることとなります。

第6 遺留分減殺請求

遺言が有効とされた場合、または、有効であることを前提とする場合、本問では、全財産を兄に相続させるという遺言であるため、遺言書の通り相続するとなると、相談者は相続財産を取得することができません。

ただし、本問のように遺言書によって本来相続人であるはずの子が不平等に扱われる場合、遺留分減殺請求権という権利を使うことができます。

自己の相続分が侵害された場合、遺留分減殺請求権を行使すると、原則として、本来もらえるはずだった相続分の2分の1をもらえることになります。

例えば、本問において、相続人が相談者とお兄さんだけとし、被相続人の財産が金1000万円あったとします。この場合、遺言書がなければ、金500万円ずつ相続することになっていたのですから、相談者は金250万円の遺留分減殺請求を行使することができます。

なお、遺留分減殺請求権は、相続の開始を知ったときから1年、または、相続開始のときから10年行使しないと時効によって消滅してしまうので注意が必要です。

また、上記例では簡単な事例を説明しましたが、遺留分の算定は、事案によっては複雑となりうるものです。自己の遺留分を知りたい場合は、まずは専門家に相談にすることをお勧めします。

田崎俊彦（弁護士）

Q45 保険金等にかかる税金と申告

災害により保険金を受け取りました、税金はかかりますか。また申告は必要ですか。
Ⅰ生命保険金　Ⅱ損害保険金　Ⅲ個人（事業者以外・事業者）、法人

Ⅰ. 生命保険金

生命保険契約は、被保険者の死亡により受取人が死亡保険金を受け取る保険契約が一般的ですが、医療保険やがん保険のように病気やケガによる入院や通院のときに保険金を受け取ることができる生命保険や個人年金保険や学資保険のように将来の積み立てをする貯蓄目的の生命保険などがあります。また、満期保険金を一時金又は年金で受け取ることができる貯蓄性の高いものもあります。受け取った生命保険金は、次の1～4のとおり、相続税や贈与税の課税対象となるもの、所得税の課税対象となり一時所得や雑所得として確定申告が必要なもの、非課税となるものがあります。

1. 死亡保険金

災害、事故や病気などで被保険者が死亡し、保険金受取人が死亡保険金を受け取った場合には、保険料負担者が誰であるかにより、次の例のとおり相続税、贈与税、所得税のいずれかの課税対象になります。一般的には、保険契約者が保険料を負担するのが通常ですが、税金の計算では、誰が保険料を負担したかが重要になります。

（例1）夫（被保険者）、夫（保険料負担者）、妻（保険金受取人）

妻が受け取った死亡保険金は、夫を被相続人（亡くなられた人）とする相続税の課税対象となります。

（例2）夫（被保険者）、子（保険料負担者）、妻（保険金受取人）

妻が受け取った死亡保険金は、子を贈与者とし、妻が贈与税の課税対象となります。

（例3）夫（被保険者）、妻（保険料負担者）、妻（保険受取人）

妻が受け取った死亡保険金は、妻本人が保険料を負担しているので、所得税（一時所得）の課税対象となります。

2. 医療保険やがん保険などの保険金や給付金

死亡を給付事由とする契約以外に、入院、通院、手術、要介護状態になった場合またはがんと診断された場合などに保険金や給付金を受け取ることができる生命保険契約があります。所得税は「身体の障害に基因して支払を受けるもの」は非課税とされています（所得税法施行令30条1号）ので、これらの保険金や給付金は非課税となり、課税対象となりません。ただし、確定申告の際に「医療費控除」の適用を受ける場合に、これらの保険金や給付金は、「支払った医療費の総額」から控除することになります。

3. 満期保険金や解約返戻金

災害に直接関係はありませんが、満期保険金を受け取った場合または中途解約して解約返戻金を受け取った場合には、保険料負担者が誰であるかにより、所得税、贈与税のいずれかの課税対象となります。一般的には、保険契約者が保険料を負担するのが通常ですが、税金の計算では、誰が保険料を負担したかが重要になります。

（例1）夫（被保険者）、夫（保険料負担者）、夫（保険金受取人）

夫が受け取った満期保険金又は解約返戻金は、夫本人が保険料を負担しているので、夫の所得税（一時所得）の課税対象となります。

（例2）夫（被保険者）、夫（保険料負担者）、妻（保険金受取人）

妻が受け取った満期保険金又は解約返戻金は、夫を贈与者とし、妻が贈与税の課税対象となります。

満期保険金を一時金ではなく、年金で受け取ることができる契約があります。この場合には（例1）の夫の所得税は、一時所得ではなく雑所得となります。

4. 生命保険の配当金

災害には直接関係がありませんが、契約期間中に受け取る生命保険契約の配当金は、支払保険料から控除し課税対象とされませんが、満期保険金又は解約返戻金と一諸に受け取る配当金は、満期保険金又は解約返戻金に含めて所得税（一時所得）の課税対象となります。また、相続税、贈与税が課税されるような場合には、配当金は保険金に含めることにより課税対象となります。

Ⅱ. 損害保険金

損害保険は、火災保険、地震保険や自動車保険などのように、災害や偶然な事故により生じた損害を補償する

のが目的です。次の１のとおり、原則非課税となっています。ただし次の２のとおり、個人事業主については、個人事業の損害について支払を受ける損害保険金は所得税の課税対象となります。

1. 非課税とされる損害保険金
　身体の傷害に基因して支払を受ける損害保険金や資産の損害に基因して支払を受ける損害保険金は、所得税の非課税となっています。

2. 個人事業主が受ける損害保険金
　(1) 収入金額に代わる性質を有するもの
　　①たな卸資産等につき損失を受けたことにより受け取る損害保険金は、事業所得等の収入金額とされます。
　　②その業務の全部又は一部の休止、転換又は廃止等により収益の補償として受け取る補償金その他これに類するものは、事業所得等の収入金額とされます。
　(2) 事業所得等の必要経費に算入する金額を補てんするための損害保険金
　　事業所得等の必要経費に算入する金額を補てんするための損害保険金は、事業所得等の収入金額とされます。
　(3) 業務用固定資産等の損失
　　業務用固定資産等の損失額は、損害保険金により補てんされる部分を除いた金額が事業所得等の必要経費に算入されます。

Ⅲ．法人が受け取る損害保険金に対する課税について

　法人が受け取る損害保険金は、収入となり法人税の課税対象となります。固定資産の災害等による滅失により支払を受けた損害保険金をもとに、代替資産を一定期間内に取得した場合には、「保険差益の圧縮記帳」の特例があります。

Ⅳ．相続税について

1. 相続税の申告
　相続税は、被相続人（亡くなられた人）の遺産の総額（＝財産－債務）が基礎控除額を超える場合には、相続税の申告書を提出しなければなりません。相続税の申告書の提出期限は、相続の開始があったことを知った日の翌日から10か月以内です。
　基礎控除額＝3,000万円＋600万円×法定相続人の数

2. 死亡保険金の非課税金額
　被相続人の死亡により相続人が死亡保険金を受け取った場合には、非課税限度額があります。非課税金額控除後の死亡保険金は、１の遺産の総額に含めて計算し、遺産の総額が基礎控除額を超えれば、相続税の申告が必要になります。
　非課税限度額＝500万円×法定相続人の数

Ⅴ．贈与税について

1. 贈与税の申告
　贈与税は、受贈者（贈与を受けた人）がその年１月１日～12月31日の間に基礎控除額（110万円）を超える財産の贈与を受けた場合には、贈与税の申告書を提出しなければなりません。贈与税の申告書の提出期限は、その年の翌年の２月１日～３月15日までです。

2. 生命保険金の贈与税
　死亡保険金を受け取り、保険料負担者が被相続人や保険金受取人以外である場合には、その保険金が基礎控除額（110万円）を超えれば、贈与税の申告が必要となります。贈与税は、相続税や所得税と比べ税率が高いため注意が必要です。

Ⅵ．所得税について

1. 所得税の申告
　所得税では、給与所得者の場合「年末調整」によって所得税が精算されますので、改めて．申告する必要はありませんが、主たる給与以外の所得の合計が20万円を超える場合には所得税の申告書の提出義務があります。所得税の申告書の提出期限は、その年の翌年の２月16日～３月15日までです。

2. 所得税の一時所得の計算
　所得税は所得の種類に応じて、所得金額の計算が異なります。保険金を受け取り、保険料負担者が保険金受取人である場合には一時所得となります。
　一時所得の金額＝〔保険金等の収入金額－負担した保険料の合計－特別控除額（50万円）〕×２分の１

3. 所得税の雑所得の計算
　生命保険を年金方式で受け取った場合には雑所得となります。
　雑所得の金額＝その年に払を受ける年金額－その年金額に対応する保険料の合計

濱西敏郎（税理士）

Q46　死亡した被災者の不動産の把握

災害で親兄弟がなくなり、相続したいが、どのような不動産を所有していたのか把握していない。どのように調べればよいですか。

　災害や事故などで突然、親類が亡くなってしまった。予期せぬ事が起きてしまった時の為に前もって相続財産の状況を話し合っておくべきでしたが、生前の内には聞き出しにくい内容の事ではありますので、突然に亡くなられた時に何処にどんな土地を所有していたか分からず困ってしまう場合があります。相続財産を全て把握しないと相続人の中で遺産分割協議や相続税の申告手続きに支障を来します。遺産の分割協議が確定したのちに、把握できていなかった相続財産が見つかると、また新たに遺産分割の手続きをやり直さないといけません。相続財産の対象になる不動産を探す方法は大きく分けると下記のとおりです。

・周囲の人に聞いて探す。
・被相続人の家の中から権利書等の書類を探す。

　不明な不動産を探す方法として、故人が生前親しくしていた兄弟・親類・友人が所有している不動産の情報を知っている場合があります。故人の生まれ育った故郷の山林を所有したりしていないか親類等に確認してみましょう。また故人が会社経営や個人事業主をされていた場合は顧問契約をされていた、弁護士・税理士・会計士・社会保険労務士等に聞いてみましょう。故人の財産の状況を一番把握している人達かもしれません。

　2つ目の探すポイントは故人の家の中です。金庫の中等に土地や家屋の権利証（登記識別情報）がないか探してみましょう。また土地や建物を所有していて、その不動産が固定資産税の課税対象になっている場合は毎年4月頃に所在地の市町村の役所から固定資産税の納税通知書が送られてきます。納税通知書には土地や建物の所在地が記入されていますので不動産の場所を確認する事が出来ます。あと土地の筆界確認書や測量図面が出てきましたら大切な資料なので保管しておきましょう。建物に関しても建築確認済証等が出てきましたら保管しておきましょう。これらの資料は売買の時に必要であったり、建物は建築確認申請を届けていて現地に建物も現存しているが、未登記の場合があったりします。建築確認済証は未登記の建物を登記する際に必要な書類となります。

　家の中の資料を探しましたら次に市町村の役所に行きましょう。固定資産税は市町村民税ですので、同じ市町村内の不動産の情報しか管理していませんので、不動産があるかもしれない全ての役所に行く必要があります。納税通知書を見つけられていて不動産の所在地が分かっていれば良いのですが、親類等に聞いた情報でおぼろげな場所しか分からない場合は何か所も役所を回る必要が出て来て大変ですが、ひとつずつ調べて回りましょう。

　役所に行く前に故人の相続人である事を役所の固定資産税課の窓口で証明する必要があるので、被相続人の出生から死亡までの戸籍謄本、死亡時の住民票の除票、相続人の現在戸籍謄本、相続人の住民票を用意しておきましょう。被相続人の本籍地が出生から死亡まで同じ市町村であった場合はひとつの役所で取得が出来ますが、他の市町村に本籍地が移動している場合は移動先の市町村の役所で戸籍謄本を取得する必要があるので注意して下さい。戸籍謄本の窓口で相続に必要なので故人の「出生から死亡まで戸籍謄本を取りたい」と言えば窓口の人が対応してくれます。

　戸籍謄本の準備が出来ましたら市町村役所の固定資産税課に行き、「名寄帳」（固定資産明細書、固定資産税課税台帳写しなど役所によって名称が違います）を取り寄せて下さい。この名寄帳は一人の所有者が、その市町村内に所有している不動産を1枚の台帳に記載したものです（あくまでその市町村に所有している不動産しか確認できませんので、他の市町村でも取り寄せる必要があるかもしれません）。名寄帳を取りましたら次は固定資産税評価証明書も取り寄せて下さい。この証明書には市町村が固定資産税を算出する為にその不動産の評価額が記載されています。相続登記で所有権移転手続きをする際には必要ですので、取得しておきましょう。

　市町村での書類の取得が終わりましたら、次は法務局に行きましょう。法務局では不動産登記の窓口に向かいます。ここで取得出来る資料は土地と建物の登記簿謄本（登記事項証明書）、地図（公図）、地積測量図、建物図面です。現在では全国の法務局がコンピュータ化されてオンラインで繋がっていますので、どこの法務局でも全国の登記簿や図面が取得出来ます（ただしコンピュータ化される前の和紙の公図や紙ベースの閉鎖された登記簿はその不動産の所在地を管轄している法務局でないと取得出来ません）。登記簿には土地であれば地目や面積、分筆合筆などの経緯、建物であれば種類や構造、床面積、

新築や増築等の年月日の経緯が記載され、所有権移転の沿革も分かります。それと登記簿謄本を取得する際には共同担保目録の記載も必要と請求しましょう。共同担保目録とは不動産に抵当権や根抵当権が設定されていて他の土地や建物も担保設定がされている場合に担保設定がされている全ての不動産が表示されているので、故人の家や市町村の役所では見落としていた不動産が出てくるかもしれません。登記簿の請求用紙に共同担保目録の記載要と記入する場所がありますので、分からない時は窓口の人に尋ねれば記入方法を教えてくれます。地図（公図）と地積測量図、建物図面の請求用紙は別紙ですので、それぞれの請求用紙に記入し請求して下さい（地積測量図と建物図面は請求しても法務局に備付が無く法務局には図面が存在しない場合もあります）。公図や地積測量図、建物図面を見ても不動産の場所が、もうひとつよく分からない場合は法務局にブルーマップという地図が置いてありますので閲覧してみましょう。ブルーマップは住宅地図に地番を記載したものです。都心部の住宅街では住居表示が実施されて地番と住所は違う場合があります。また山林や都心部でも公図の精度が悪く公図では不動産の位置の特定が難しい場合はブルーマップを見れば判明する場合があります。ただし法務局でのブルーマップは閲覧のみでコピー等は出来ませんので、ご注意下さい。

以上の証明書や図面で取ると法務局の公印がついた証明書で発行されますが、法務局に行かなくても郵送でも請求は出来ますし、自宅のパソコンでもインターネットで登記情報サービスというサイトからクレジットカードで取る事もできます。ただしインターネットで取得した証明書は法務局の公印は押していませんので公文書ではないので役所の提出用には使用出来ない場合がありますのでご注意下さい。

役所と法務局の資料調査が終われば、現地に足を運び不動産を自分の目で確認してみましょう。現地についたら公図や図面と照らし合わせて、おおよその形や大きさがあっているか、境界付近の構造物(コンクリートブロック・塀・石積・側溝等の状況)を見てみましょう。また図面に境界標の記載がある場合は図面に記載されている境界標と同じ杭（コンクリート杭・金属プレート・金属鋲・プラスチック杭等）が残っているか確認してみましょう。現地に境界標がなかったり境界標の種類が地積測量図に記載されているものと違ったり、地積測量図に境界標の記載が元々ない場合、地積測量図の備付が法務局に無い場合や塀や壁等の構造物を見ても境界がよく分からない場合は、土地を測量してみると登記簿の面積と違う可能性があります。その時は一度、土地家屋調査士に相談してみて下さい。その際には測量が必要な状況であるかの判断材料になりますので、お手持ちの資料は全て持参して土地家屋調査士事務所を訪ねて下さい。

和田慶太（兵庫県土地家屋調査士会）

Q47 行方不明者の財産管理、相続

津波で父が行方不明になりました。父の財産について、相続は開始しますか。また、親戚Aも行方不明となり、親戚BがAの財産を管理しています。BがAの財産を使い込みそうで心配なのですが、当面の間どのようにAの財産を管理すればいいですか。

津波などの災害で身内が行方不明となった場合でも、相続は、当然には開始しません。失踪宣告や認定死亡といった所定の手続きをとることではじめて死亡したものとみなされて、相続が開始することになります。

また、親戚Aの財産を当面管理する方法として、家庭裁判所に、不在者財産管理人の選任を申し立てることが考えられます。

このQでは、行方不明者に関する法律上の制度を概観していきましょう。

1 行方不明——民法上の制度

まず、民法上の制度としては、「失踪宣告」（民法30～32条）があります。一定の要件のもとに、行方不明者を法律上死亡したものとみなして、財産関係や身分関係に死亡の効果を発生させる制度です。

失踪宣告には、「普通失踪」と「危難失踪」の2種類があります。

普通失踪は、行方不明者の生死が7年間明らかでないときに、利害関係人の請求により、家庭裁判所が失踪を宣告する制度です（民法30条1項）。

しかし、地震や津波、戦争や海難事故など特別の危難があったときには、7年の経過は必要なく、危難が去った後1年が経過すれば、家庭裁判所は、利害関係人の請求により、失踪の宣告をすることができます（民法30条2項）。これを危難失踪といいます。

ここでいう「利害関係人」とは、単なる知人、友人ではなく、失踪宣告により権利を得たり、義務を免れたりする、法律上の利害関係を有する人をいいます。たとえば、配偶者、法定相続人、親権者、不在者財産管理人などが利害関係人にあたるとされています。

失踪宣告の申立ての具体的な手続きや費用、書式やその記入例は、裁判所のホームページに掲載されていますから、ご自身でも手続きが可能です。

失踪宣告を受けた人は、津波などの危難が去った時に死亡したものとみなされます。すなわち、失踪宣告を受けた人について相続が開始しますし、その配偶者は、婚姻関係が解消するため、再婚できるようになります。

2 行方不明——戸籍法上の制度

次に、戸籍法上の制度をみていきましょう。

人が死亡した場合、通常は、死亡届を提出します。そして、死亡届には、正確を期すため、原則として、医師の死亡診断書や死体検案書を添付する必要があります（戸籍法86条2項）。

しかし、津波などの災害により遺体が見つからない場合は、医師に死亡診断書等を作成してもらうことができません。

こういった場合に、戸籍法は2つの制度を設けています。

(1) 認定死亡（戸籍法89条）

「認定死亡」とは、震災、水難、火災などの事変で死亡した蓋然性が極めて高いけれども、遺体が発見されず死亡が確認できない場合に、取調べをした役所（海上保安庁、警察署長など）が、死亡地の市町村長に死亡報告をし、これによって本人の戸籍簿に死亡の記載を行う制

＜行方不明になった方を死亡したものとみなす制度＞

制度		概要	根拠法
失踪宣告	普通失踪	7年間生死不明の場合。利害関係人の請求による。	民法30条1項
	危難失踪	災害等の危難に遭遇した人の生死が、危難が去った後1年間不明の場合。利害関係人の請求による。	民法30条2項
死亡届		死亡届に添付する死亡診断書等が取得できない場合、代わりに「死亡の事実を証すべき書面」を添付。	戸籍法86条
認定死亡		官公署が、災害等で死亡確実と判断し、死亡地の市町村長に死亡を報告した場合。	戸籍法89条

度です（戸籍法89条）。

行方不明者は、戸籍記載の日に死亡したものとして、相続が開始しますし、その配偶者は、再婚できるようになります。

(2) 死亡の事実を証すべき書面による代替（戸籍法86条3項）

また、やむを得ない事由で死亡診断書や死体検案書を取得できない場合、「死亡の事実を証すべき書面」を代わりに添付して、死亡届を提出することができます（戸籍法86条3項）。「死亡の事実を証すべき書面」は、人が死亡したことを認定するに足りる資料であることが必要です。

東日本大震災では、平成23年6月7日に法務省の通達が出され、この戸籍法86条3項の制度が簡易化されました。

この通達は、死亡届に添付する「死亡の事実を証すべき書面」として、以下の①～⑤を挙げたうえで、①が最低限必要で、②～⑤も可能な限り用意することとしています。
①届出人の申述書（チェック方式で記入できる簡単な様式あり）
②死亡したと考えられる方の被災の状況を現認した人、被災直前の状況を目撃した人等の申述書（チェック方式で記入できる簡単な様式あり）
③死亡したと考えられる方が東日本大震災の発生時に被災地域にいたことを強く推測させる客観的資料（在勤を証明する資料、在学を証明する資料等）
④死亡したと考えられる方の行方が判明していない旨の公的機関の証明書又は報告書
⑤その他参考となる書面（新聞等の報道資料、僧侶等の葬儀執行証明書等）

次の災害時に同様の措置が採られるかは不明ですが、前例として参考になると思います。

3　行方不明者の財産管理
(1) 不在者財産管理人

行方不明となった親戚Aが財産を管理する人を置かなかった場合、利害関係人は、家庭裁判所に対して、「不在者財産管理人」の選任を申し立てることができます（民法25条1項）。なお、行方不明者に親権者や後見人がいる場合は、この人たちが財産管理権を有しますから（民法824条、859条）、不在者財産管理人は選任されません。

「利害関係人」とは、単なる知人、友人ではなく、推定相続人や債権者など不在者の財産管理に法律上の利害関係を有する人をいいます。

申立ての具体的な手続きや費用、申立書の書式や記入例は、裁判所のホームページに掲載されています。

また、親戚Bが財産管理人に選任されていた場合であっても、親戚Aが生死不明となった場合には、利害関係人は、家庭裁判所に対して、財産管理人の改任を申し立てたり、財産管理人に財産目録の作成を命じてもらったりすることができます。

(2) 事務管理

最後に、あなたが法律上の義務なく、行方不明者の財産の管理を始めた場合について考えていきましょう。

法律上の義務なく他人の事務を管理した場合、民法は、これを一定要件の下に違法とせず、管理者が支出した行方不明者にとって有益な費用の償還請求などを認めています。これを「事務管理」といいます。管理者は、最も行方不明者の利益に適合する方法によって、また、行方不明者の意思を推知できるときはそれに従って、事務管理をしなければいけません（民法697条）。また、管理者は、不在者財産管理人などが代わって管理できるようになるまでの間、管理行為を継続する必要があります（民法700条本文）。ただし、事務管理の継続が行方不明者の意思に反し、又は、行方不明者に不利なことが明らかなときは、管理継続義務はありません（民法700条但書）。

なお、管理者が行方不明者の財産に損害を発生させてしまった場合でも、津波による行方不明者の財産の管理であれば、「緊急事務管理」として、管理者は、悪意又は重大な過失がなければ、損害賠償責任を免れる可能性が高いと考えられます（民法698条）。

眞並万里江（弁護士）

Q48 隣地の擁壁の倒壊

地震により、隣地の擁壁が崩れ、私の家の敷地に倒れ込んできました。どうすればいいのでしょうか。また、隣地の屋根瓦の一部が飛んできて、我が家のブロック塀を壊してしまいました。業者にブロック塀の修理を頼みましたが、その費用を隣の家の人に払ってもらえるのでしょうか。

第1 敷地に倒れ込んできた擁壁

1 妨害排除請求

本問では、隣家から擁壁が倒れ込んできたことによって、相談者の土地に対する支配が妨げられています。したがって、相談者は、隣家・擁壁の所有者に対し、所有権に基づく妨害排除請求権として、擁壁の撤去を求めることが考えられます。

仮に、隣家所有者が相談者からの請求に応じない場合、相談者は、後述する工作物責任（民法717条）に基づく損害賠償請求として、隣家占有者ないし所有者に対し、通常生ずべき損害（例えば、崩れた擁壁を保管したり、隣家へ返還するのに要した費用、自宅敷地を使用できないことによって生じた損害）を請求することができます。

2 自らの負担で擁壁を撤去する場合

自ら擁壁を撤去する場合に注意を要するのは、自宅に倒れ込んできた擁壁を隣家所有者に無断で廃棄すると、擁壁に対する隣家所有者の所有権を侵害したとして、不法行為責任を追及されるおそれがあることです。

現行法は、緊急性等が認められない限り、訴訟手続によらない侵害状態の除去を禁じており、このように自ら擁壁を撤去することは、不法行為に該当する可能性があります（この原則を「自力救済禁止の原則」といいます。）。

本件の場合、倒れた擁壁に財産的価値があることは考え難く、隣家所有者に損害が発生したといえるのは極めて例外的な場合だけでしょうが、隣家所有者とのトラブルを未然に防ぐためにも、撤去を考える際には、隣家所有者に事前に連絡し、十分な協議を行うことが望ましいでしょう。

また、擁壁が倒れ込んだことにより、自宅の建物等が非常に危険な状態となっているような場合、緊急避難行為（民法720条）として、訴訟手続によらずに自ら撤去しても、損害賠償責任を問われない場合もあります。この場合、当該撤去行為は「義務なく他人のために事務の管理を始めた」（民法697条）事務管理に該当するものと考えられます。

事務管理の場合、事務管理者は善管注意義務を負いますから、撤去するにあたっては擁壁以外の財産が混在していないか等を確認し、発見されればできる限り保管等を行うことや、事前に隣家所有者に撤去を求めることや、撤去に応じない場合には相談者自ら撤去すること及びその日時を書面で通告するなどしておくことが望ましいでしょう。

3 自治体費用負担の特例

大規模災害などの場合に自治体が公費で瓦礫の撤去を行う場合があります（災害救助法4条1項10号、同施行令2条2号）。自宅へ流入してきた土砂・瓦礫について、いかなる場合に撤去してもらえるかについては、対象物・条件が法律上規定されています。

阪神・淡路大震災においても、東日本大震災においても、自治体による公費負担での瓦礫の撤去が行われています。

隣家との紛争を避けるためにも、まずは自治体の費用負担で瓦礫等を撤去してもらえるか、自治体に確認することが望ましいでしょう。

第2 破壊されたブロック塀の補修費用

1 損害賠償請求

次に、隣家より屋根瓦が飛んできて自宅のブロック塀が破損し、補修費用がかかったという点ですが、すでに塀が修復されており、相談者の土地に対する支配への侵害状態はすでに終了していますから、この場合、所有権に基づく妨害排除請求ではなく、不法行為に基づく損害賠償請求として補修費用を請求するという問題となります。

2 工作物責任

(1) 具体的には、相談者は、工作物責任（民法717条）による損害賠償請求を行うことになります。工作物責任は、土地の工作物の設置又は保存に瑕疵があることによって他人に損害が生じたときは、原則として、工作物の占有者が当該損害を賠償する責任を負い、占有者が損害の発生の防止に必要な注意を立証した場合、所有者が損害賠償責任を負うというものです。

設置・保存の「瑕疵」については請求者が立証責任を

負いますが、第一次的な責任者である占有者が責任を逃れるためには工作物の設置又は保存について「無過失」の立証をしなければならず、仮に、占有者が無過失の立証に成功したとしても、第二次的な責任者である所有者が、過失の有無に関係なく最終的には責任を負うことになります。

本問の屋根瓦は、建物の一部として、土地の工作物にあたります。

また、設置・保存の「瑕疵」とは、当該工作物がその種類に応じて、通常備えるべき安全性を欠いていることをいい、その構造、施工方法、地盤、地質状況、管理状況等を総合して、建築当時、通常発生が予想される危険に耐えうるだけの安全性をいいます。

本問においても、隣家建物及び屋根瓦の構造が、建築当時の建築基準法等の要件を満たしていたかどうか、またその後の管理状況に問題がなかったかが「瑕疵」の有無の重要な考慮要素になります。

(2) 仙台地方裁判所昭和56年5月8日判決

この裁判例は、地震によりコンクリートブロック塀が倒壊し、下敷きになった人がなくなったという事例であり、遺族が工作物責任に基づき損害賠償請求を行ったという事案です。

上記事例において、倒壊したブロック塀が築造された昭和44年当時、ブロック塀に対する法規制はありませんでしたが、その後の昭和45年12月に建築基準法施行令にコンクリートブロック塀に対する高さ、幅、鉄筋の間隔など塀の構造基準が定められました。

裁判例のブロック塀はその基準に適合していませんでしたが、判例は、「設置当時瑕疵がなかった建築物につきその後何らの異常がない場合にも新たな法規による基準に適合すべくこれが補修ないし改造をすることは必ずしも一般に期待できないところである」と述べ、結論において、設置・管理の瑕疵にあたらないとしました。

しかし、阪神・淡路大震災をはじめ多くの災害において、現行の建築基準法の基準に適合しないコンクリートブロック塀の危険性が、被災地や専門家から何度も指摘され、社会において広く認識されるに至った現在においても、上記裁判例が妥当すると言えるかには疑問があるところです。

平成30年大阪北部地震においても、建築基準法に合致しないコンクリートブロック塀が倒壊し、登校中の小学生が下敷きになり亡くなるという痛ましい事件がありました。設置者であった高槻市は、危険を見過ごした行政の責任を認め、有識者でつくる事故調査委員会を発足させました。

(3) 因果関係及び損害の範囲

裁判例では、「瑕疵があることによって他人に損害を生じたとき」といえるか、すなわち、工作物の設置・保存の瑕疵と損害との因果関係が多く争われます。

具体的には、当該瑕疵がない工作物であったとしても同様の被害が生じていたであろう程度の巨大な災害が発生した場合、「瑕疵がなければ損害が発生しない」とはいえませんから、瑕疵と損害との間に因果関係は認められません。

また、裁判例の中には、瑕疵と損害との因果関係を認めながらも、自然力との競合により被害が生じたことを理由に、賠償額を減額するものが多数あります（神戸地方裁判所平成11年9月20日判決、名古屋地方裁判所昭和48年3月30日判決等）。

自然力との競合により賠償が減額することについて批判する学説もあり、どのような場合に減額が認められるかについては、今後の裁判例の集積が待たれるところです。

田崎俊彦（弁護士）

Q49　全壊した隣家による被害

地震で隣家が全壊となり、今にも崩れそうです。我が家と隣家は、1メートルしか離れておらず、隣家が崩れると我が家も被害を受けそうです。何とかできないのでしょうか。

第1　自力救済の禁止

本問では、隣家が倒壊し相談者の家に被害を及ぼしそうな状況ですので、隣地に立ち入るなどして隣家の補強をし、場合によっては取り壊す必要がありそうです。

しかし、相談者が隣地所有者に無断で隣地に立ち入った場合、住居侵入罪（刑法130条）に該当する可能性がありますし、無断で隣家を取り壊した場合、建造物損壊罪（刑法260条前段）に該当する可能性もあります。

また、無断で隣家を取り壊した場合、民事上も、隣人所有の建物に被害を与えたとして、建物所有権侵害に基づく損害賠償請求がなされる可能性があります。

以上の刑事上の責任、民事上の責任は、緊急事態であれば、緊急避難（刑法37条1項、民法720条）として免責される可能性がありますが、自力救済禁止の原則とされる現行法下では、原則として、違法なものと考えられます。

ですので、隣家所有者に何ら相談することなく、隣地へ侵入したり、地震で崩れそうな隣家の補強や取り壊しについては、隣家建物の状況、相談者の自宅が被害を受ける蓋然性等を検討し、慎重に判断するべきです。

原則としては、以下の第2で述べる通り、訴訟等の法的手続により侵害のおそれを除去することとなります。ただ、以下の手続きを尽くしたが相手方が応じてくれない、または、手続きを待っていたのでは隣家の倒壊により自宅が甚大な被害を受けるおそれがある等の事情がある場合には、相手方に事前に連絡の上、隣家の倒壊を防止するための補強など必要最小限度の措置を講じることで、緊急避難として許されることもあるでしょう。

その場合、Q48で述べたとおり、事務管理（民法697条）として、善管注意義務を負いますので、隣家の取り扱いについては慎重に行わなければなりません。できれば、危険を除去する前の隣家建物の状況を撮影するなど証拠化し、かつ、取壊しの範囲や取壊し方法を検討した過程なども写真に残した上で、書面化しておくことが望ましいでしょう。

ただ、繰り返しになりますが、慎重な判断が要求されるため、可能であれば、専門家への相談をすることが望ましいといえます。

第2　妨害予防請求権の行使の可否

土地・建物の所有者は、他人の物により、自己の所有権の行使を妨げられるおそれがある場合、妨害の予防措置を講じるよう求めることが考えられます。これを妨害予防請求権といいます。

土地の所有権侵害の危険があった事例ですが、判例は、「当該危険が不可抗力に起因する場合、または被害者自らが容認すべき義務を負う場合以外は、当該危険が自己の行為に基づくか否か、また、過失の有無を問わず、侵害の危険を防止する義務を負う」としています（大審院昭和12年11月19日）。

この判例は、隣地同士の境界面の危険を、隣地所有者の一方が他方に対し除去するよう請求した事案です。上記の通り判例は、結論として、当該危険が「不可抗力」に起因する場合、所有権に基づく妨害予防請求権の行使を否定しています。

その根拠は、隣地同士には連続性があり、境界面の危険を除去することによって隣地所有者双方が利益を受けることから、不可抗力の場合、一方のみが危険を除去する義務を負うとすると不公正な結論となることにあると考えられます。

しかし、建物の隣家は、土地の隣地と異なり連続性がないことからすると、上記判例の趣旨が妥当するかについては疑問があるところです。

また、建物が倒壊するなどによって隣地に被害が生じた場合、工作物責任（民法717条）によって、建物占有者ないし所有者は責任を負わなければなりませんから、事前の妨害予防請求権を認めたとしても、不公正な結論にはならないとも考えられます。

したがって、本件のように建物の危険の場合、不可抗力を問題とすることなく、所有権に基づく妨害予防請求が認められる余地があるでしょう。

第3　妨害予防請求権の行使方法

妨害予防請求権を行使する場合、侵害を受けるおそれがある者は、危険の原因となっている物の所有者に対し、隣家が倒壊しないための必要な措置を講ずることを求め、所有権に基づく妨害予防請求訴訟を提起することになります。

ただ、相手方が応訴してきた場合、訴訟手続には半年〜1年程度の時間を要するのが通常ですので、その間、侵害の危険を放置することになりかねません。

そこで、隣家所有者に対する妨害予防請求権を被保全権利として、隣家の補強等、侵害の危険除去に必要な措置を求める仮処分の申立を行うことが考えられます。仮処分の審理は数週間程度で終結することが多いため、迅速な危険の除去が可能となります。

ただし、仮処分はあくまで本案訴訟において結論が出るまでの間、仮の救済を図るものであるため、申立人が本案で敗訴した場合のリスクに備えるため、申立人において担保を立てなければなりません。

担保の額は事案にもよりますが、通常、数十万円〜となるでしょう。

なお、建物の補強などの仮処分が出されたにもかかわらず、隣家所有者が必要な措置を講じない場合には、授権決定の申立てを行い、裁判所より授権決定が出されれば、自ら危険の除去に必要な措置を講ずることができます。

第4　費用負担の問題

判例や学説に争いがありますが、一般的に、妨害予防請求権は、相手方に対して侵害の危険の除去を請求できるものであり、その費用負担は、相手方においてなされるものと考えられています、

ただし、裁判例では、妨害予防請求権の行使にあたっては、相隣関係の規定（民法223条、226条、229条、232条）を類推適用し、相隣地所有者が共同の費用をもって予防措置を講ずべきものであって、妨害予防請求は認められないとした判例があります（東京高判昭和58年3月17日、同旨に東京高判昭和51年4月28日）。

これらの判例も、隣地間で土地崩落が問題となった事例であり、土地崩落の危険が隣地同士共通に発生する性質があること、予防措置を講じることが相隣地両地にとって等しく利益になる上、多大な費用を要することから、妨害予防請求を認めて一方のみの負担とすることが著しく公平に反する結論となることを理由としています。

ただし、本問のように、連続した隣地間ではなく、隣地同士の上の別個の建物の問題であり、かつ、建物倒壊の危険が隣家と相談者の自宅とで共通に発生する性質ではないような場合、上記判例の射程が本問まで及ぶかどうかについては疑問があります。

田崎俊彦（弁護士）

Q50　境界の調査

災害により被災した家、田畑を再建したいが、土地の境界など何も知らない。どのように調べればよいですか。

まず、土地の境界を確認するには

法務局で登記事項証明、地図（公図・字限図）そして、地積測量図の有無を調査します。先代がいつ、どのようにして所有されたのか、土地の境界は、隣接地と立ち会った可能性の有無、地積測量図の有無、地積測量図がある場合は、作成年月日も大切です。

土地が先代の名義である場合はQ53、境界の確定が出来ていない土地の場合はQ67、そして、被災前の土地の境界を測量した資料がある土地の境界に関してはQ51も参考にしてください。そして、地域の特性に詳しい地元の土地家屋調査士にご相談ください。

従前のままの位置に家を再建したいときと、別の田畑（土地）を利用したいときに分けて考えましょう。

従前の位置に家を再建したい。このときに気を付けること

まず、「罹災証明書」の発行を申請し、被害の状況認定を受けます。罹災証明書は、各市区町村が、災害の被害に遭われた方の申請によって、お住まいの家屋の被害状況の調査を行い、その被害状況に応じて「全壊」「大規模半壊」「半壊」等を認定し、これを証明するものです。

全壊	損壊が甚だしく、補修により再使用することが困難なもの
大規模半壊	半壊し、柱等の補修を含む大規模な補修を行わなければ当該住宅に居住することが困難なもの
半壊	損壊が甚だしいが、補修すれば元通りに再使用できる程度のもの

内閣府の『被害認定に関するQ&A』より

各種支援を受けるためにも必要となることが多いので、できるだけ早く申請をした方が良いでしょう。

家を被災建物とは別の場所に再建する場合は

①住宅を再建したい土地の境界を確認する。
②地域地区の確認：都市計画区域内の土地をその利用目的によって区分し、建築物などに対するルールを決め、土地の合理的な利用を図るために、用途地域などの地域地区を指定しています。また、準都市計画区域については、用途地域などの地域地区のうち一部の地域地区について指定します。
③用途地域における建て方のルール：用途地域が指定されている地域においては、建築物の用途の制限とあわせて、敷地面積に対する建築面積（建坪）の割合（建蔽率）、土地の面積と建物の床の面積の比率（容積率）や道路の幅に見あった建物の高さなど、建築物の建て方のルールが定められています。これによって、土地利用に応じた環境の確保が図られるようになっています。
④再建したい土地が農地の場合：農地転用の許可基準の弾力化（農用地区域内の農地であっても復興のため必要かつ適当であり、被災地の農業の健全な発展に支障がない場合は転用可能）が図られており農業委員会での調査が必要です。

用語を次に解説します。

1．登記記録（登記簿）

不動産登記法によって、登記所（法務局）に備え付けられている記録で、不動産の現況（宅地、畑などの地目、土地の面積、建物の床面積など）とともに、不動産に関する権利関係（誰が所有権者か、抵当権の有無など）を公示しています。登記事項証明書は、登記記録に記録された事項の全部又は一部を証明した書面のことです。

2．登記所備付地図

不動産登記法第14条第1項の規定によって登記所に備え付けることとされている地図で、精度の高い調査・結果に基づいて作成されているものです。精度が高い地図ですが、備付けが完了していない地域が多くあります。

3．地図に準ずる図面

精度の高い登記所（法務局）備付地図（法第14条第1項）が備え付けられるまでの間、これに代わって登記所に備え付けることとされている図面で、土地の位置、形状及び地番を表示しているものです。これらの図面の大部分は、明治時代に作成された旧土地台帳附属図面（いわゆる公図・字限図）で、昭和25年以降に税務署から登記所に移管されたものです。

4. 地積測量図

土地の分筆の登記などの際に提出される図面で、各筆の土地の所在、地番、方位、形状、隣地の地番、地積の求積方法、境界標などを表示しています。

5. 登記所（法務局）はいつから？

最初は「治安裁判所」であり、明治20年2月が始まりです。旧登記法（明治19年法律第1号）3条は、登記事務は治安裁判所（治安裁判所が遠隔の地方においては、郡区役所その他司法大臣の指定する所）で取り扱うこととされていました。旧不動産登記法（明治32年法律第24号）制定当初は、登記事務は、区裁判所又はその出張所が、管轄登記所として取り扱っていました。しかし、戦後、司法と行政との分離の結果、登記事務は司法事務局が取扱うこととなり、組織変更により後に法務局等が取扱うこととなりました。（法務局及び地方法務局の設置に伴う関係法律の整理等に関する法律（昭和24年法律第137号）登記所は「登記法」という法律で用いられている呼称であり、「○○法務局○○支局」は行政組織上における行政機関の名称として使用されております。どちらも同じ間違いではありません。

6. 罹災証明書

市町村長は、当該市町村の地域に係る災害が発生した場合において、当該災害の被災者から申請があったときは、遅滞なく、住家の被害その他当該市町村長が定める種類の被害の状況を調査し、罹災証明書（災害による被害の程度を証明する書面）を交付しなければならない（災害対策基本法第90条の2）。罹災証明書は、各種被災者支援策の適用の判断材料として幅広く活用されている。

※各種被災者支援策
　給付：被災者生活再建支援金、義援金等
　融資：(独)住宅金融支援機構融資、災害援護資金等
　減免・猶予：税、保険料、公共料金等
　現物支給：災害救助法に基づく応急仮設住宅、住宅の応急修理

ここに注意！

土地の地番と所番地が違う場合があるので、市役所で所番地は、何番の土地になるのか教えて貰う必要があります。

中井富子（兵庫県土地家屋調査士会）

Q51　境界の調査における震災前の資料

震災前の土地の境界を測量した資料があるが、これからも利用できますか。

資料の種類や作成年度などにもよりますが、それらの資料に基づいて、現地の確認作業や復元作業に利用することができるものも多くあります。確認作業や復元作業を行なった結果、間口や奥行の寸法（辺長）や土地の面積（地積）が、それらの資料と合致していたり、法令で定められた差異（誤差）内であれば、地積測量図の作成や登記手続きに利用することもできます。確認作業や復元作業を行なった結果、土地の形状やブロック塀・既設境界標識の位置関係などそれらの資料と相違している場合には、ただちに利用することはできませんが、原因の究明や復元作業に必要となる場合もあり、震災前の状態を把握する貴重な資料となりますので、紛失などしないように、大事に保管しておいてください。震災前の資料があれば、隣接土地所有者との立会や確認に際し、震災前の記憶が少しでも戻りお互いに理解もしやすく、紛争を防ぐことにもなるからです。

上記回答の実例

震災前の資料に基づいて、境界の確認作業を行なった結果、既設境界標識と一緒にブロック塀などの構築物も破損や移動している部分が多くありましたので、できるだけ影響の少ない箇所を探し、そこを起点として順次、確認作業を行なうことになりました。幸い利用した資料には座標データの記載があり、現地の既設境界標識にも移動などはなく、無事に残っているものが数点ありましたので、移動や紛失した境界点も復元作業によって、震災前の状態を再現・確認することができました。

後日、復元作業を行なった境界点について新たに境界標識を設置するため、隣接土地所有者も交えて、確認立会を行ないました。周囲の状況が変わっていることもあり、仕方がないことかもしれませんが、こちらの説明する境界と隣接土地所有者の思っていた境界の位置に大きな違いがあり、境界紛争の寸前まで発展してしまいました。しかし、境界の目印だったブロック塀はなくなってしまっていたのですが、そのブロック塀の基礎が残っていたことが幸いし、基礎をブロック塀に見立てた場合に震災前の資料と一致していることが分かり、隣接土地所有者の方も理解することができ、無事に境界確認を行なうことができたという案件でした。

長年住み慣れた土地であっても、いざ震災が起こって、境界が分からなくなった場合、現地の状況が変わってしまえば、その土地の所有者でも、思い違いをしてしまうこともあるのです。

資料の種類など

筆界確認書・官民境界明示図・換地図・実測図・丈量図・区画整理資料、図面の名称は色々になりますが、土地の境界線に関する資料というのは、ひと際、重要な資料であり、法務局への登記申請にも利用できる資料となります。

確認済証・建築確認図面・工事用図面など、土地の境界に関する資料ではなく、その他の目的で作成された資料であっても、当時の状況を確認するのに利用できたり、境界線を推測する事ができたりと、不明になった境界を蘇らすための重要な資料になることには変わりありません。

法令で定められる誤差

測量した寸法や面積には、誤差というものが含まれているのですが、これら誤差の許容範囲は国土調査法や不動産登記法などによって定められています。

おおまかには、その土地が属する地域によって区分し、その地域区分によって、誤差の範囲が定められています。地域区分は、市街地地域、農耕・村落地域、山林・原野地域の3つに区分されており、市街地地域が最も誤差の許容範囲が少なく（甲二）、次いで、農耕・村落地域（乙一）、山林・原野地域（乙三）となっています。

区画整理や地籍調査事業、国土調査や土地改良事業などが行なわれた地域については、別に区分されていたり、許容範囲も個別に定められている場合もあります。

その土地の間口や奥行といった辺長に対する許容誤差、面積（地積）に対する許容誤差、境界標識があった位置に対する許容誤差と、許容誤差についても多くの種類があり、又、基とする資料や利用方法によっても違いが出てきます。

地域などの区分、許容誤差の種類、資料や利用方法といった、様々な組み合わせから導かれる許容誤差の範囲であるか否かを判断することになりますので、土地家屋

国土調査法施行令別表第五（法第二十一条関係）＝誤差の早見表

精度区分	筆界点の位置誤差		筆界点間の図上距離又は計算距離と直接測定による距離との差異の公差	地積測定の公差
	平均二乗誤差	公差		
甲一	2cm	6cm	$0.020m+0.003\sqrt{Sm}+a$ mm	$(0.025+0.0034\sqrt{F})\sqrt{F}$ m2
甲二	7cm	20cm	$0.04m+0.01\sqrt{Sm}+a$ mm	$(0.05+0.014\sqrt{F})\sqrt{F}$ m2
甲三	15cm	45cm	$0.08m+0.02\sqrt{Sm}+a$ mm	$(0.10+0.024\sqrt{F})\sqrt{F}$ m2
乙一	25cm	75cm	$0.13m+0.04\sqrt{Sm}+a$ mm	$(0.10+0.044\sqrt{F})\sqrt{F}$ m2
乙二	50cm	150cm	$0.25m+0.07\sqrt{Sm}+a$ mm	$(0.25+0.074\sqrt{F})\sqrt{F}$ m2
乙三	100cm	300cm	$0.50m+0.14\sqrt{Sm}+a$ mm	$(0.50+0.144\sqrt{F})\sqrt{F}$ m2

備考
一　精度区分とは、誤差の限度の区分をいい、その適用の基準は、国土交通大臣が定める。
二　筆界点の位置誤差とは、当該筆界点のこれを決定した与点に対する位置誤差をいう。
三　Sは、筆界点間の距離をメートル単位で示した数とする。
四　aは、図解法を用いる場合において、図解作業の級が、A級であるときは〇・二に、その他であるときは〇・三に当該地籍図の縮尺の分母の数を乗じて得た数とする。図解作業のA級とは、図解法による与点のプロットの誤差が〇・一ミリメートル以内である級をいう。
五　Fは、一筆地の地積を平方メートル単位で示した数とする。
六　mはメートル、cmはセンチメートル、mmはミリメートル、m2は平方メートルの略字とする。

参考資料：日本加除出版㈱『新版 Q&A 表示に関する登記の実務』第3巻

調査士といった専門家へご相談いただければと思います。

大石太郎（兵庫県土地家屋調査士会）

Q52 地図混乱地域の境界

災害前から、自分の土地は地図混乱地域と呼ばれ、土地の境界や所有権があいまいな土地に住んでいます。今後どのように再建すればよいでしょうか。

「地図混乱地域」に指定された地区では、住宅再建等の資金融資などが受けられません。被災した土地または建物を再建するには、地図混乱地域を解消する必要があります。地図混乱地域を解消するためには、その地域を管轄する法務局、市区町村の協力が必要となります。さらにその地域の土地所有者の集団和解の手続きを要する場合が多く、容易に行えるものではありません。自主再建する際、土地の境界が不明確な場合や権利関係が複雑な場合が多くあるため、個人で解消するには、相当の時間、労力、費用を要するでしょう。関係省庁、管轄する法務局、土地家屋調査士に相談してください。

地図混乱地域とは

地図混乱地域とは、日本の一定の地域において不動産登記事項証明書や法務局が備え付けている地図に記載されている内容と、実際の土地の位置や形状が相違している地域をいいます。「地図混乱」は必要に応じて公図混乱地域、字図混乱地域と表記されます。具体的には、登記記録のある者と実際に使用している者が別人で、両者に何の関連もないため、その土地の地権者が誰なのか分からない地権者不明土地。登記記録のある地番が、具体的にどの場所に存在するか分からない不存在地。同じ土地に複数の登記記録が重複して存在し、どの記録が正しいか分からない重複登記というものが挙げられます。

地図が混乱した理由

自己都合による土地の取引
所有者が自分たちの都合で、土地の交換や、形状を変更したが登記手続きを行わなかった。

自然災害
地震や洪水などの自然災害により土地の地形が変わった後、土地所有者がそのまま専有し登記手続きを行わなかった。

土地改良事業、区画整理事業の中断
土地改良事業又は区画整理事業が諸事情により途中で中断し、土地の形状が変更されたが適切な登記手続きがなされなかった場合。

乱開発による造成地区
高度経済成長期になされた宅地造成など、都市計画法などの規制がないときに、本来の土地の境界を無視して乱開発を行い、これらを売却し、権利関係が複雑になった。

所有者に及ぼす影響

土地の売買、土地を担保とする融資が困難である。

同じ土地に複数の登記記録がある場合、地権者の権利紛争の原因となる。

地域内の境界、所有権が不明確のため、道路水道の整備も行われないことが考えられます。

地図混乱地域解消の手法

地方税法に基づく地図訂正
土地の分筆、合筆等の登記申請手続きにより現況に合うように地図を訂正する。筆数が多く、権利関係が複雑となっていることを考えると測量費用、登記費用など多額の費用が発生し、地元負担が大きくなる。

集団和解方式による地図訂正
集団和解方式により現状に合わせて地図を訂正する。関係者全員が合意することを要し、和解補償金が必要となる場合もある。測量費用、登記費用など多額の費用が発生し、地元負担が大きくなる。

国土調査法による地籍調査
関係者全員の合意により、現況に合わせて地図を作成する。合意の前提として集団和により和解補償金が必要な場合もある。事業主体は、市区町村となるため、地元負担は、少なくてすむ。

土地区画整理法による換地処分
地元で区画整理組合を設立し、組合が事業主体となり地図を整備する手法のため、事業にかかる費用を含め地元の負担が大きくなる。

不動産登記法第14条1項地図作成
国の直轄事業であり、管轄する法務局の主導で地図を整備し地図混乱地域を解消する手法。関係者の集団和解が必要である。事業にかかる費用はすべて国の負担である。

以上いずれの手法も、地図混乱地域関係者の同意が必要である。

髙橋雅史（兵庫県土地家屋調査士会）

Q53　境界確定の方法

被災した土地の境界を確認したいが、土地は先代の名義である。また隣接する土地の所有者が行方不明である。どのように土地の境界を確認すればよいですか。

所有者が死亡した土地は相続財産となり、法定相続、遺産分割協議等により土地を承継する相続人を決定したうえで、境の確認を行うことになります。災害等により行方不明となった者については、長期的な権利関係不明状態を避け、法的安定性を確保するため、認定死亡や失踪宣告（特別失踪）の制度が用意されています。

認定死亡とは、死亡の届出（戸籍法第86条・第87条）を行うことなく、官公署の報告により死亡の記録をする戸籍法上の制度です。災害等によって死亡した者がある場合、その取調べをした官公署が死亡地の市区町村長に報告することで、戸籍に死亡が記録されます（戸籍法第89条）。認定死亡によって相続も開始することになります。

特別失踪とは、災害時のように危難に遭遇した者の生死が、危難が去った時から１年間が経過しても明らかでない場合、家庭裁判所は利害関係人の請求により失踪を宣告することができます（民法第30条第2項）。

失踪宣告がされた場合、行方不明者は危難の去った時に死亡したものとみなす効果が生じます（民法第31条）。

これら２つの制度を利用せず、行方不明の状況が継続している者について財産管理を要するとき、利害関係人は家庭裁判所に対して不在者財産管理人選任の申立てをすることができます（民法第25条第1項）。

上記制度の利用により特定された所有者等と境界の確認を行うことになります。

なお、既設境界標については災害によりずれが生じている場合であっても、保存に努めてください。土地の境界を特定する上で非常に役に立ちます。

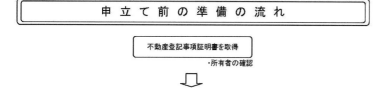

参考資料）
裁判所「失踪宣告」
http://www.courts.go.jp/saiban/syurui_kazi/kazi_06_06/index.html
裁判所「不在者財産管理人選任」
http://www.courts.go.jp/saiban/syurui_kazi/kazi_06_05/index.html
裁判所「震災復興事業における財産管理制度の利用に関するQ&A」
http://www.courts.go.jp/sinsai/index.html
法務省「災害復旧における境界標識の保存について」
http://www.moj.go.jp/hisho/kouhou/saigai0008.html
http://www.moj.go.jp/MINJI/minji05_00254.html
日本土地家屋調査士会連合会「相談Q&A」
http://www.chosashi.or.jp/faq/index.html

引用資料）
裁判所「震災復興事業における財産管理制度の利用に関するQ&A」
http://www.courts.go.jp/fukushima/vcms_lf/20130911.pdf

藤本栄造（兵庫県土地家屋調査士会）

Q54 水没海没土地の境界

災害で自分の土地が浸食され、河川の一部又は海の中に沈んでしまった。この部分の土地の所有権を主張できますか。また土地の境界線は、どのようになりますか。

状況により回答が異なりますが、自身の土地の一部又は全部が、流水面・海水面下となった場合には、その部分については土地の所有権は主張できません。そして、土地の境界線は変更されたものとなり、一部が水没・海没した場合には地積変更登記を、全部が水没・海没した場合には、土地滅失登記を申請しなければなりません。

参考）地目又は地積について変更があったときは、表題部所有者又は所有権の登記名義人はその変更があった日から1月以内に、当該地目又は地積に関する変更の登記を申請しなければならない。（不動産登記法37条）

参考）土地が滅失したときは、表題部所有者又は所有権の登記名義人は、その滅失の日から一月以内に当該土地の滅失の登記を申請しなければならない。（同42条）

どちらの登記も申請義務が課せられていますのでご注意ください。

参考）第三十六条、第三十七条第一項若しくは第二項、第四十二条、第四十七条第一項（第四十九条第二項において準用する場合を含む。）、第四十九条第一項、第三項若しくは第四項、第五十一条第一項から第四項まで、第五十七条又は第五十八条第六項若しくは第七項の規定による申請をすべき義務がある者がその申請を怠ったときは、十万円以下の過料に処する。（同164条）

そして、陸地と水面の境の判断ですが、春分・秋分時の満潮位や流水面の高水位を判断基準とされています。

参考）海面に臨接する土地の境界に関する法令は存しないが、陸地と公有水面との境界は、潮の干満の差の水面にあっては、春分、秋分における満潮位を、その他の流水面にあっては高水位を標準として定める。（昭和31.11.10民甲第2612号民事局長代理回答）

参考）海は、社会通念上、海水の表面が最高高潮面に達した時の水際線をもって陸地から区別されている。（最判昭61・12・16判時1221・3）

自身の土地の一部が、流水面・海水面下になった場合には、その年月日を登記原因日として土地地積変更登記を申請しなければなりません。また、自身の土地の全部が、流水面・海水面下になった場合には、その年月日を登記原因日、海水面下となった場合には海没、河川の流水下となった場合には流失を登記原因として土地滅失登記を申請しなければなりません。

そして、水没・海没が一時的な場合であり、事実的支配が可能な場合、元の状態に復元可能な場合には、水没・海没した部分についても所有権を主張することは可能であり、この場合には、境界が変わる事はありません。

参考）海没の例であれば、「海面下に没した経緯が台風、地震などの天災等により堤防が決壊して海水が流入した場合で、その状態が締め切れば流入した海水が排除でき、元の状態に復元できる一時的なものであれば土地が滅失したことにはならない」とされています。（昭和36・11・9民事甲第2801号民事局長回答）

参考）最高裁では、「私有の陸地が自然現象により海没した場合についても、当該海没地の所有権が当然に消滅する旨の立法は現行法上存しないから、当該海没地は、人による支配利用が可能でありかつ他の海面と区別しての認識が可能である限り、所有権の客体たる土地としての性格を失わないものと解するのが相当である。」と判示しています。（最判昭61・12・16判時1221・3）

したがって、設問の自身の土地の一部が一時的に浸食され水没・海没された場合には、元の状態に復元可能な場合や人による事実的支配が可能でありかつ経済的価値を有するのであれば私人の所有権は失われないと考えます。また、設問の土地が河川区域内の土地である旨の登記がなされている土地については、河川管理者が当該土地所有者に代わって一部水没・海没した場合には、表題部変更登記を、全部水没した場合には、土地滅失登記を嘱託しなければなりません。

参考）土地の全部又は一部が前項第1号の河川区域内又は、同項第2号の高規格堤防特別区域内、同項3号の樹林帯区域内、同項第4号の特定樹林帯区域内若しくは、同項第5号の河川立体区域内の土地となったときは、河川管理者は、遅滞なくその旨の登記を登記所に嘱託しなければならない。（不動産登記法43条2項）

河川区域内の土地であるかの判断は、表題部の右側の「原因及びその日付」に河川区域内の土地である旨の記載がされますので、全部事項証明書中表題部（土地の表示）右側の原因及びその日付欄をご確認ください。

現地の状況等により判断が分かれますので、お近くの土地家屋調査士又は兵庫県土地家屋調査士会にお問い合わせください。

福浦真介（兵庫県土地家屋調査士会）

Q55 水没海没土地の所有権

災害により土地の全部又は一部が水没した場合、その土地はどうなるのでしょう。

　自然災害によって、今まで存在していた土地が海面や河川の下に沈んでしまうことが考えられます。実際に、東日本大震災時には国土地理院の調査によって太平洋沿岸地域で地盤沈下が確認されています。

　土地が海面下等に沈んでしまった場合に、その経緯が津波等の自然災害によるものであって、かつ、その状態が一時的なものであるときは、その土地に対する所有権は消滅しません（昭和36年11月9日民甲2801号局長回答）。しかし、土地が海面下等に沈んだ状態が一定期間継続し、もはや「一時的」とは言えなくなった場合には、所有権が消滅するとも考えられるため、そのような状態が長く放置されるといった事態はできる限り避けるべきです。

　まず、津波等によって土地が海面下等の公有水面（河川、海、湖、沼その他の公共の用に供する水流又は水面で国の所有に属するものをいう、公有水面埋立法1条1項）下にあるか否かについてどう判断されるのでしょう。裁判所は「海は、社会通念上、海水の表面が最高高潮面に達した時の水際線をもって陸地から区別されている。」と判断しており（最判昭61.12.16最高裁判所民事判例集40巻7号1236頁）、つまり、海水の満潮時の表面が年間を通じて最高になったときの水平線をもって海と陸地が区分されると考えられています。また、登記実務上の先例によれば、陸地と公有水面との境界は「潮の干満の差のある水面にあっては、春分、秋分における満潮位を、その他の水流水面にあっては高水位を標準として定める。」とされています（昭和31年11月10日民事甲第2612号法務省民事局長事務代理回答）。

　次に、海面下等に沈んだ土地に対して、従来存在していた所有権が引き続き及ぶのかについて、「私有の陸地が自然現象により海没した場合についても、当該海没地の所有権が当然に消滅する旨の立法は現行法上存しないから、当該海没地は、人による支配利用が可能でありかつ他の海面と区別しての認識が可能である限り、所有権の客体たる土地としての性格を失わないものと解するのが相当である。」と前述の判決にあります。ということは、海面下等に沈んだ土地について、再び所有していた者が陸地として利用することができる可能性がある場合には、一時的に海面下等に沈んだだけと判断できようかと思います。しかし、今後の利用の可能性がなくなり、また他の海面と区別することができなくなった場合には、海面下等に沈んだ土地について、従来存在していた所有権が消滅すると判断される可能性があります。

　では次に、土地が海面下等に沈んで、その所有権が消滅してしまった場合、どのような登記が必要なのでしょうか。

　不動産登記法第37条第1項には「地目又は地積について変更があったときは、表題部所有者又は所有権の登記名義人は、その変更があった日から一月以内に、当該地目又は地積に関する変更の登記を申請しなければならない。」、同じく第42条には「土地が滅失したときは、表題部所有者又は所有権の登記名義人は、その滅失の日から一月以内に、当該土地の滅失の登記を申請しなければならない。」と定められています。ただ、これらの規定は、あくまで上で述べたように、土地が海面下等に一時的ではなく沈んでしまったと判断される場合に必要な手続きで、大規模な災害が発生したときに、これらの登記手続きをすぐに行わなければならないといったケースはあまりないと思われます。

　いずれにしても、従来所有していた土地が消滅してしまうということは非常に大きな損害が発生することになるため、一時的ではなく海面下に沈んでしまった、つまり所有権が消滅したと判断するための要件は厳しく判断されるべきかと考えます。

石神健吾（近畿司法書士会連合会）

Q56　被害と雑損控除

自然災害（地震、水害、津波など）で、自宅が壊れ直さないと住めなくなりました。自宅の修繕代やブロック塀が倒れその除去のための費用が多額になりそうです。このような費用は国や県市が出してくれるのですか？　出してくれないのなら、税金が安くなるのですか？　雑損控除について教えてください。

1. 自然災害での個人の自宅、家財などの損失額を国や県市が負担してくれることはなく、自助努力による再建が前提です。
2. 所得税確定申告の所得控除の1つに「雑損控除」がある。
3. 被災を受けた建物、家財、車、災害関連支出などの損失額を計算する。
4. 被災を受けた損失額と被災者の所得金額によって雑損控除額を計算する。
5. 被災を受けた年分の申告を翌年3月15日または国税局が指定した日までに確定申告することで税金は安くなる。
6. 引ききれない雑損控除額は3年間または5年間繰り越すことができる。
7. 住民税は所得税確定申告と連動しており、別途する必要はない。

雑損控除

個人の場合は、雑損控除という方法で税金は安くなる。次の算式で計算した金額を雑損控除としてその年の所得金額から控除することで税金は安くなる。この損失額をその年で控除しきれない場合は、翌年以降3年間（東日本大震災は5年間）繰り越すことができる。

①災害盗難横領による損失額－その年の合計所得金額×10%
②災害関連支出の金額－5万円
　上記①、②のうちいずれか多い金額

注．保険金、損害賠償金などで補填される額を損失額から控除する。
注．被災者生活再建支援法に基づく被災者生活再建支援金は控除しない。
注．合計所得金額とは、総所得金額＋分離課税の譲渡所得の金額＋分離課税の上場株式の配当所得の金額＋一般株式等の譲渡所得の金額＋上場株式等の譲渡所得の金額＋先物取引の譲渡所得の金額＋山林所得の金額＋退職所得の金額の合計額をいう。

損失額の計算方法の選択

上記の損失額の計算は、実際の額で計算する場合と合理的な計算方法で簡易に計算（後記）する場合とがあり、いずれか有利な方で計算することができる。但し、一部損壊の場合は合理的な計算方法を選択できない。

災害の範囲

ここでいう災害の範囲は、震災、風水害、火災、冷害、雪害、干害、落雷、噴火その他の自然現象の異変による災害及び鉱害、火薬類の爆発その他の人為による異常な災害並びに害虫、害獣その他の生物による異常な災害を言う。（所得税法第2条第1項第27号、所得税法施行令第9条）

損失額の範囲

住宅、家財（家電製品、台所用品、衣類、生活用品等）の損失額（災害が起こる直前の時価から直後の時価を控除した額）のほか次のような災害関連支出も含める。

災害関連支出（所得税法第72条第1項第1号、所得税法施行令第106条）
①住宅家財等を取り壊した費用、除去のための支出、その他これらに付随する支出
②災害のやんだ日の翌日から1年（東日本大震災は3年）以内にした次のような支出
　・災害で生じた土砂その他の障害物の除去のための支出
　・住宅家財等の原状回復のための支出
　・住宅家財等の損壊や価値の減少を防止するための支出
③住宅などの被害の拡大を防止するため緊急に必要な措置を講ずるための支出

対象とならない資産

①棚卸資産
②不動産所得、事業所得、山林所得の用に供される固定資産、繰延資産（これらはそれぞれの所得金額の計算上必要経費として把握されるため対象とならない）
③山林

④生活に通常必要でない資産（競走馬、趣味保養の目的の別荘、1個・1組が30万円を超える宝石、貴金属、書画、骨とう品等、ゴルフ会員権、リゾート会員権）

同居の親族の取扱い

納税者（a）と生活を一緒にする配偶者や子、孫、両親などで所得金額が基礎控除額（38万円）以下の場合は、納税者と一緒に雑損失の額を計算する。

基礎控除額を超える所得のある親族（b）は、別個に雑損控除の申告をする。この場合、納税者（a）と親族（b）の共有建物などの損失額がある場合は、共有持分で按分して損失額を各々に配分する。

判断日

「生計を一緒にしている」とか「親族の年齢」は災害の始まった日において判断する。

損失額の合理的な計算方法

損失額を算出することは実務上非常に困難な場合が多いため、「損失額の合理的な計算方法」（以下「合理的な計算」という。）として住宅、家財、自動車について簡易な計算方法を災害の都度、国税庁課税部長から各国税局長へ指示を出している。

住宅　損失額＝（取得価額－減価償却額）×被害割合
　　　取得価額が不明な場合は、別表1で1m²当たりの工事費用単価（建築統計年報に基づき国税庁が計算）に床面積を乗じ取得価額を算出する。
　　　減価償却額＝取得価額×0.9×償却率×経過年数

家財　家族構成に応じ次の別表2で計算した額

自動車　生活に通常必要な車について損失額を計算できる。
　　　損失額＝（取得価額－減価償却額）×被害割合
　　　減価償却額の計算は、上記住宅の方法と同じ。
　　　普通自動車　耐用年数9年、償却率0.111
　　　軽自動車　　耐用年数6年、償却率0.166

被災者の視点

①雑損控除の繰越控除できる年数は大規模災害の指定を受けた場合のみ5年間（東日本大震災）である。熊本地震は指定を受けなかったため所得税法に規定する3年である。被災後の被災者の所得がなかなか回復しないことを考えると災害の規模に関係なく5年間とするべきである。

②災害関連支出の年数は、災害のやんだ日から1年であり、大規模災害等の場合に限り3年となっている。災害により社会が混乱し、撤去等をしてくれる業者の不足もあり、原則3年に延ばすべきである。

③住宅の取得価額の算出に当たり、工事費用単価に乗ずる床面積は、マンションの販売時パンフレットによる占有面積（壁芯面積）と専用使用権のベランダ面積を含めるべきである。不動産登記法上一戸建て建物は壁芯面積で登記され、マンションの区分所有建物の専有部分は内法面積で登記されており、一戸建てとマンションとで均衡を失している。

④配偶者控除、扶養控除、生命保険料控除等の所得控除を所得の金額から控除する際に雑損控除の順番を現在の最初に控除する順番から最後にするべきである。最後にすることで雑損控除をより3年または5年間に有効に繰越控除でき被災者救済に繋がる。

⑤合理的な計算方法は、一部損壊の場合は適用できないとされている。一部損壊の被災者も半壊の被災者もいずれも被災者である。被災者であるということにおいて何ら変わることがない。一部損壊の被災者も合理的な計算方法を使えるようにしてほしい。

橋本恭典（税理士）

別表1　地域別・構造別の工事費用表（1m²当たり）

単位：千円

	木造	鉄骨鉄筋コンクリート造	鉄筋コンクリート造	鉄骨造
千葉	164	187	184	195
東京	174	227	220	238
神奈川	166	237	204	229
山梨	170	—	212	193
全国平均	159	193	182	200

（注）1. 該当する地域の工事費用が全国平均を下回る場合または値が存在しない場合のその地域の工事費用については、全国平均の工事費用として差し支えありません。2. このほかの都道府県については、最寄りの税務署にお問い合わせください。

別表2

世帯主の年齢	夫　婦	独　身
〜29歳	500万円	300万円
30歳〜39歳	800万円	
40歳〜49歳	1,100万円	
50歳〜	1,150万円	

（注）大人（18歳以上）1名につき130万円、子供1名につき80万円加算

Q57 災害減免法（扱い）と雑損控除

自然災害で被災を受けたときに雑損控除以外に災害減免法による税金を安くする方法があると聞きました。災害減免法について教えてください。また、申告時に雑損控除と災害減免法の適用に有利不利があるのでしょうか？

1. 一定の条件を満たせば災害減免法を適用でき、所得税、住民税（都道府県民税、市町村民税）が減免される。
2. 所得税は雑損控除か災害減免法かいずれかの選択適用になる。
3. 災害減免法（扱い）は1年限りの減免です。
4. 住民税は自治体の条例によって異なるが、災害減免扱い後に雑損控除を適用できる場合がある。
5. 雑損控除と災害減免法の選択の判断要素は、合計所得金額、自宅所有の有無、家族構成、雑損失額の多寡などである。

災害減免法と所得税

次の3つの条件に該当すれば所得金額に応じて免除又は減額される。
①当該年分の合計所得金額が1,000万円以下である。
②災害による損害額が住宅又は家財の2分の1以上である。
③雑損控除の適用を受けない。

この制度は1年限りの適用であり、繰越控除制度はない。

減免額

合計所得金額が500万円以下は所得税の全額免除
500万円超750万円以下は所得税の2分の1を減額
750万円超1,000万円以下は所得税の4分の1を減額

災害減免扱いと住民税

所得税と同様に住民税については各自治体の条例による災害減免扱いができる。自治体によっては雑損控除の選択ないし併用による税額軽減ができる。

所得税と住民税の選択方法

震災特例法施行に伴い、所得税と住民税の取扱が異なったため、選択方法により住民税の損得が生じる。

住民税の減免額

前年中の合計所得金額	減免割合	
	被害の程度が30％以上50％未満	損害の程度が50％以上
300万円以下	5分の4軽減	全額免除
300万円超500万円以下	2分の1軽減	
500万円超750万円以下	4分の1軽減	2分の1軽減
750万円超1,000万円以下	8分の1軽減	4分の1軽減

（上記表は阪神・淡路大震災時の神戸市条例に基づく災害減免制度である。東日本大震災時の仙台市において、合計所得金額が1,000万円以下で、住宅や家財に2割以上の損害を受けた場合は減免措置がなされたようである。ただし住宅は半壊以上が目安、これ以上の詳細は不明である。）

雑損控除と災害減免法（扱い）の選択の要素

①当該年分の合計所得金額が1,000万円以下
合計所得金額が1,000万円以下の場合は災害減免法（扱い）が有利な場合が多い。1,000万円超の場合は雑損控除しか適用できない。

②当該年分の合計所得金額が1,000万円超
合計所得金額が1,000万円超の場合は、災害減免法（扱い）を適用できないため、雑損控除しかできない。

③建物の所有の有無
建物を所有することで雑損控除の対象となる損失額が大きくなることが予測され、雑損控除を適用する方が有利な場合が多い。

④家族の有無（生計を一にする配偶者その他の親族でその年分の合計所得金額が基礎控除額〈38万円〉以下の者）、家族が多いと損失額が大きくなることが予測されるため雑損控除が有利になる。

⑤所得税はいずれか選択
住民税は災害減免扱いと雑損控除の併用可能とする自治体があるが、所得税はいずれかの選択適用しかできない。

所得税の手続きと住民税の手続き

地方税法317条の3によると、「所得税確定申告書が提出された日に住民税申告書が提出されたものとみなす。ただし、同日前に住民税申告書が提出された場合は

この限りでない。」と規定されている。つまり23年度(災害翌年度)住民税で雑損控除の適用をしない旨の申告書を提出する場合や、平成24年度（災害翌々年度）住民税申告書で雑損控除の適用を受ける場合は所得税確定申告書の提出日前に住民税申告書を提出しなければならないこととなっており、次のような手続きになる。

① 所得税で22年分（災害年分）に災害減免法を選択した場合、住民税申告書を提出することなく23年度（災害翌年度）住民税は災害減免扱いになる。24年度住民税は雑損控除の申告書を提出する。
② 所得税で22年分（災害年分）に雑損控除を選択した場合、このままでは23年度（災害翌年度）住民税は災害減免扱いではなく雑損控除を選択したことになる。
③ 所得税で22年分（災害年分）に雑損控除を選択した場合、23年度（災害翌年度）住民税申告書で災害減免法を選択する場合は、所得税申告書提出日前に住民税申告書を提出する。24年度（災害翌々年度）住民税は雑損控除の申告書を提出する。

上記の説明を下記に表示する。

この手続きの取り扱いは、平成7年1月17日の阪神・淡路大震災の神戸市条例によるものである。仙台市のホームページによれば、「現行の減免制度とは別に東日本大震災に対応した災害減免制度を検討しており、平成23年6月末までにその内容及び手続き等を決定する予定である。」と掲載されている。所得税法だけでなく地方税法も注視することをお願いしたい。

雑損控除・災害減免法の有利、不利

原則は雑損控除を適用するが、次のような場合は災害減免法を検討する方が良い。
① 合計所得金額が500万円以下
② 独身者で損失額が多く見込めない
③ 住宅が持ち家でない
④ 職場が被災を受け翌年以降に従来の所得を見込めない

被災者の視点

① 地方税法の災害減免扱いの条例を納税者が目にすることがないため、取扱いが分かりにくい。手続きが所得税と異なるため手続き誤りで不利になることがある。さらに近隣自治体によって取り扱いが異なることも予想されるため、各自治体は速やかに被災者に対し情報の提供をお願いしたい。
② 地方自治体は災害の都度、災害減免扱いの基準、金額手続きなど、被災者支援策を策定するため、被災者にとって非常にわかりづらい。
③ 大阪府北部地震でブロック塀倒壊の危険性が散見され、ブロック塀の撤去を促すための費用を補助する制度を導入する自治体が現れた。自治体の広報紙を注視する必要がある。
④ 平成30年7月豪雨で住宅被災を受けた被災者のうち、国の被災者生活再建支援金の対象とならない被災者に対し、自治体によっては独自で支援金を支給する自治体が現れた。この自治体義援金について、被災者生活再建支援金と同様に雑損控除するときの雑損失から控除しなくてもよい扱いになっている。喜ばしいことである。

なお、兵庫県は支給金の例として全壊150万円、大規模半壊75万円、半壊25万円、一部損壊と床上浸水（損害額10%以上）15万円を支給すると発表している。国からの被災者生活再建制度対象から外れた被災者を救済するために多くの自治体が追従してくれることを望む。

橋本恭典（税理士）

	所得税法	地　方　税　法			
前年分		災害年度（※）災免扱い			
災害年分 翌年3月15日申告	災害年分	災害翌年度			
	雑損控除			
	災害減免法 雑損控除 雑損控除		災免扱い		
				雑損控除	
					災免扱い
翌年分	雑損繰越	雑損繰越	雑損控除	雑損繰越	雑損控除
翌々年分	雑損繰越	雑損繰越	雑損繰越	雑損繰越	雑損繰越

※災害の発生月によっては、前年度の住民税を災害減免扱いにすることがある。

Q58 被災後の土地価格と動向

土地価格は震災前と比べてどうなると予測されますか。また、取引がなくても、土地の評価は可能ですか。

被災地域の土地については、当面の間、正常な不動産市場が機能しないだろうと思われます。仮に取引があっても、土地については、地盤が下がったとか、地割れが発生しているなどの個別の事情が影響しており、一般的な相場や価格水準は見出しにくい状況にあります。取引事例のないところでの評価の方法としては、震災前の土地価格を基準に、いわゆる震災減価修正をおこなう方法が考えられます。なじみにくい言葉ですが、震災減価は水道、ガス、下水、道路、駅、取引市場などのインフラが復旧するまでの修正であり、復旧までの期間はその土地を十分に利用・活用できないマイナスの価値が発生しているため、そのマイナスの価値を現在価値に割り引いて控除するという考え方です。つまり、利用できない期間に対して減価修正をおこなう方法です。インフラが復旧するまでの期間に発生している事象は、土地の利用・活用にマイナスの要素として働くことがほとんどですから、震災前の土地価格よりも低い評価となることが見込まれます。しかし、土地は永続的に使用可能な資産であるという観点からは、長期的な視野で考える必要があるといえ、売買等は被災地域の復興関連の特別法が出そろってから判断するのがよいと思います。なお、都道府県が7月1日を基準日とした地価調査を平成23年9月に発表しています。これは震災後の時点を基準にした初の地価動向調査です。新聞報道等によれば次のとおりです。下落率は平成22年7月1日から平成23年7月1日までの率です。

岩手、宮城両県は県全体では前年並みでしたが、沿岸部では大きく下落しました。原発事故が収束していない福島県は下落幅が急拡大しました。

岩手県の沿岸部では、前年までの調査地点のうち建物や周辺施設が津波で流された23地点が調査不能となりました。12地点は選定替えを行い調査しましたが、11地点は休止しました。浸水地域で調査できたのは大船渡市の2地点のみでした。取引事例が少ないため、震災で損なわれた価値を地点ごとに査定した「震災減価率」を震災前の取引事例に加味して価格を決めました。住宅地の内、下落率トップは陸前高田市のマイナス16.0%でした（※）。

宮城県では震災の影響で25地点が休止しました。住宅地の下落率上位10地点には、東松島、石巻、気仙沼などの浸水域にある調査地点が並んでいます。下落率トップは東松島市小野中央のマイナス13.6%でした。

福島県は、福島第1原発事故による警戒区域と計画的避難区域、緊急時避難準備区域は、土地の利用価値を正しく評価できる環境にはないとして、12市町村50地点を対象から外しました。津波浸水域にある調査地点では、工業地の相馬市光陽2丁目がマイナス6.0%。住宅地のいわき市永崎大平がマイナス12.6%でした。

また、参考として、以下においては陸前高田市における地価調査の住宅地に係る平均変動率の推移を示しました。

（※）参考資料「都道府県地価調査：陸前高田市の対前年平均変動率（％）の推移」

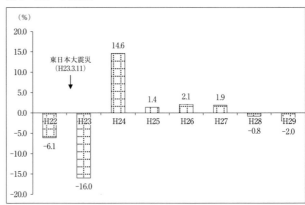

出典：一般財団法人土地情報センター「都道府県地価調査：都道府県市区町村別・用途別」平均価格・対前年平均変動率表

林秀樹（不動産鑑定士）

Q59　被災後の不動産価格

公表された公的な地価に関して、以下の点につき、教えて下さい。

1　3月下旬に公表された地価公示の価格には、災害の影響が加味されていますか。

地価公示は、国土交通省が毎年1回、全国の定められた地点について、地価を公表する制度です。評価の基準日は1月1日時点ですので、災害の発生が1月2日以降であれば、原則として、地価公示の価格には災害の影響が加味されていません。

災害の影響については、7月1日時点を基準とした地価調査及び翌年1月1日時点を基準とした地価公示の価格動向により、把握することが可能となります。

ただし、甚大な被害を受けた地域で、地価動向の把握が困難な場合には、地価公示及び地価調査を一時的に休止することがあります。なお、その場合でも、地価が0になった訳ではなく、取引市場が正常な状態に向かう過程で、公表の復活がなされるものと予測されます。

2　9月下旬に公表された地価調査の価格には、災害の影響が加味されていますか。

地価調査は、都道府県が毎年1回、各都道府県内の定められた地点について、地価を公表する制度です。評価の基準日は7月1日時点ですので、災害の発生が7月2日以降であれば、原則として、地価調査の価格には災害の影響が加味されていません。

災害の影響については、翌年1月1日時点を基準とした地価公示及び翌年7月1日時点を基準とした地価調査の価格動向により、把握することが可能となります。

ただし、甚大な被害を受けた地域で、地価動向の把握が困難な場合には、地価調査及び地価公示を一時的に休止することがあります。なお、その場合でも、地価が0になった訳ではなく、取引市場が正常な状態に向かう過程で、公表の復活がなされるものと予測されます。

3　7月初旬に公表された路線価には、災害の影響が加味されていますか。

路線価は、相続税（贈与税）の算定基準となる財産を評価する際に用いられるもので、毎年1回、国税庁が路線毎に標準的な土地単価を公表しています。評価の基準日は1月1日時点ですので、災害の発生が1月2日以降であれば、原則として、路線価には災害の影響が加味されていません。ただし、納税者の負担を軽減する措置として、調整率が設定される場合があります。

4　路線価の調整率とは、どういうものですか。

相続（贈与）時点の時価により財産を評価することが原則ですが、特例により調整率が設定された場合には、災害発生年度の路線価にその率を乗じて計算することができます。

調整率は、災害の状況に応じて、地域毎、地目毎にその減価割合が設定されます。阪神・淡路大震災の際は最低値で0.75、東日本大震災の際（原発事故の影響した地域を除く）は最低値で0.20でした。原発事故による警戒区域、計画的避難区域、緊急時避難準備区域に指定された地域については、調整率を定めることが困難として0とされました。

ただし、この調整率は相続（贈与）税を課するための基礎となる財産を評価するにあたり、納税者の負担を軽減する措置として認められた課税上の修正率であり、必ずしも実際の地価や土地の利用価値が、調整率と同じだけ下落したことを示すものではないことに留意する必要があります。

櫻井美津夫（不動産鑑定士）

Q60 被災住宅の売却と税金

災害で被害を受けた自宅を住むのに不安があるので不動産業者へ売却しました。税金はかかりますか。

自宅（土地・建物）を売却された場合に税金がかかるか否かは、下記の計算によってプラス、すなわち『所得』が生じるかどうかによります。

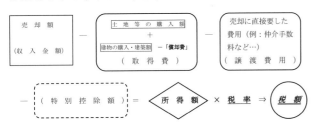

上記の通り、収入した金額から控除される金額を差し引いた結果によりますが、控除される金額につきましては、それぞれに注意点があります。

取得費

取得費とは、自宅購入時の土地取得価額と、建物取得価額から「償却費（購入・または建築時から売却時までに価値の減少、いわゆる"目減り分"）」を差し引いた金額が取得費となります。また、災害により建物に半壊等といった被害が生じた場合には、建物の被災直後の"時価"が、被災直前の時価より下落し、更に「未償却残高（取得価額から償却費を引いた額）」より下落したときには、"被災直後の時価"が、譲渡する建物の取得費となります。

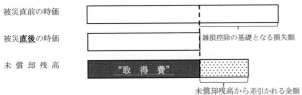

譲渡費用

代表的なものとしては ・仲介手数料 ・測量費・売却の際に支払った登記費用等 ・貸家の場合の立退料 ・売却の為に行った建物の取壊し費用やその建物の未償却残高…などが代表的なもので、その譲渡に直接要したものが対象となります（「固定資産税」や「不動産の維持管理のための費用」は対象外）。また上記のうち、取り壊しに要した費用については災害等により建物に大きな損が生じ、取り壊して売却するという場合には、未償却残高も含めた取り壊し費用を譲渡費用として収入金額から差し引くことに代えて、災害関連費用として『雑損控除』の対象として所得控除とすることも可能ですので、いずれか有利な方を選択して申告することになります。

特別控除額

特別控除額とは、売却した事情や資産の種類等を考慮し、譲渡所得から特別に控除される特例で、その種類は複数ありますが、自宅を不動産業者に売却するという場合に適用され得るものとして、「居住用財産の3,000万円の特別控除」（措法35）が代表的な特例です。この特例は、譲渡者自身が居住していた建物、およびその敷地としていた土地を譲渡した場合に3,000万円まで控除できるというものですが、特に災害により損害を受け、住み続けることが困難になった住宅を譲渡する際には下記の条件があります。

○住宅に居住できなくなった場合もしくは建物が滅失した場合

居住しなくなった日から3年を経過する年の12月31日までに譲渡（※なお、東日本大震災により滅失した場合には、上記の3年から7年に期限が延長されていました。また、滅失には至らない場合であっても、通常の修繕によっては原状回復が困難な損壊も特例対象とされていました）

○建物を取り壊し敷地のみで譲渡する場合（下記の全てを満たすもの）

①取壊しの日から1年以内に譲渡契約を締結、かつ、居住の用に供さなくなった日以後3年を経過する日の属する年の12月31日までに譲渡 ②その敷地の所有期間が取壊された日の属する年の1月1日の時点で10年を超える ③取壊した日から譲渡契約日まで貸し付けていない

以上の点が主なポイントですが、その他にも譲渡した相手が親族等である場合には特例が適用されないといった点や、他の特例との重複適用不可等といった一定の条件等がありますので留意が必要です。

その他の主な特例についてはQ61を参照ください。

税率

土地建物等を売却した場合には、他の所得とは区分さ

れて課税される「分離課税」という方式が採られており、その譲渡資産の所有期間によって「長期譲渡」と「短期譲渡」に区分され、更にそれぞれの譲渡の内容によって税率が区分されています

〈長期譲渡の場合〉

譲渡した年の1月1日の時点で所有期間が5年を超える場合は"長期譲渡"とされ、下記の税率が適用されます。

『一般所得』…土地建物等の譲渡による所得で、下記の所得以外のもの
　⇒15％（別途、5％の住民税が課されます）

『特定所得』…優良住宅地の造成等のために土地等を譲渡した所得
⇒
- 所得のうち 2,000 万円以下部分…10％（別途 4％の住民税）
- 〃　　　　 2,000 万円超の部分…15％（別途 5％の住民税）

『軽課所得』…居住用の建物・土地で、譲渡した年の1月1日の時点で10年を超える所有期間の譲渡
⇒
- 所得のうち 6,000 万円以下部分　…10％（別途 4％の住民税）
- 〃　　　　 6,000 万円超の部分…15％（別途 5％の住民税）

〈短期譲渡の場合〉

所有期間が5年以下の譲渡をいい、上記の長期譲渡に比べて税率が高くなります。

『一般所得』…土地建物等の譲渡による所得で『軽課所得（国等への譲渡）』以外のもの
　⇒30％（別途、9％ 住民税）

甲斐裕二（税理士）

Q61 被災住宅の買換えと税金

被災地の土地建物を譲渡・買換えした場合の税務申告について教えてください。

災害により被害を受けた土地建物等を売却した際の譲渡所得の計算には種々の課税の特例が設けられています。主なものとして下記の特例措置があります。

特別控除関係

(1) 居住用財産の3,000万円の特別控除（措法35：Q60を参照）

(2) 収用等により資産を譲渡した場合の5,000万円の特別控除（措法33の4）

通常は土地収用法などの特定の法律の規定によって土地建物等を公共事業施工者からの買取申出により譲渡し、補償金等や代替資産を取得した場合に適用されますが、災害の際には次の「土地等」が次に定める「事業」の用に供するために地方公共団体・独立行政法人都市再生機構（土地開発公社を含む）に買い取られた場合にも適用されます。

①土地等：被災市街地復興推進地域において施行する減価補償金を交付すべきこととなる被災市街地復興土地区画整理事業の施行区域内にある土地等

事　業：公共施設の整備改善に関する事業

②土地等：住宅被災市町村の区域において施行する第二種市街地再開発事業の施行区域内にある土地等

事　業：第二種市街地再開発事業

(3) 特定住宅地造成事業等のために土地等を譲渡した場合の1,500万円の特別控除（措法34の2）

特定住宅地造成事業等のために土地等が買い取られた場合の特例（建物の譲渡には適用されません）ですが、「被災市街地復興推進地域内にある土地等」については下記の場合に適用があります。

①被災市街地復興特別措置法の買取の申出に基づき都道府県知事等に買い取られる場合

②被災市街地復興土地区画整理事業に係る換地処分によりその事業の換地計画に定められた公営住宅等の用地に供するための保留地の対価の額に対応する土地等の部分の譲渡があった場合

買換・交換の特例関係

(1) 特定の居住用財産の買換え・交換の特例（措法36の2）

平成5年4月1日から平成31年12月31日までの間に、所有期間が10年を超え、居住期間が10年以上の一定の条件を満たした土地建物等を譲渡して、その譲渡の日の属する年の前年1月1日からその譲渡の日の属する年の翌年12月31日までの内（「取得期限」といいます）に一定の土地建物等を買換えた場合には、譲渡収入金額が買替資産の取得価額以下である場合は課税されず（課税の繰延べ）、取得価額以上である場合は、その超える金額についてのみ課税されるという特例です。特に災害の場合には下記の条件があります。

〔譲渡土地建物の条件〕

○避難等で居住しなくなった場合は、居住しなくなった日から同日以後3年を経過する日の属する年の12月31日までの間に譲渡したもの。

○建物が災害により滅失し、敷地のみを譲渡する場合は、その災害のあった日から同日以後3年を経過する日の属する年の12月31日までの間に譲渡したもので、譲渡した年の1月1日において所有期間が10年を超えるもの

（※なお、東日本大震災により滅失した場合には、上記の譲渡期間3年から7年に期限延長がされました。また、滅失には至らない場合であっても、通常の修繕によっては原状回復が困難な損壊も特例適用の対象となっておりました）

〔「取得期限」の条件〕

特定非常災害として指定された非常災害に基因するやむを得ない事情により、買換資産を取得期限内に取得することが困難となり、所轄税務署長の承認を受けた場合には、その取得期限を、取得期限の属する年の翌々年の12月31日に延長が可能です。

(2) 特定の事業用資産の買換え・交換の特例（措法37）

既成市街地等内にある所有期間10年超の事業用の土地建物等を譲渡し、既成市街地等外の地域で事業用土地建物等や機械装置を、その譲渡した年の前年中から譲渡した年の翌年中に取得（「取得指定期間」といいます）

した場合や、市街化区域や既成市街地等内の農地等を譲渡し、市街化区域や既成市街地等外の地域で特定の資産等を取得した場合に、譲渡収入のうち一定の割合の金額について課税が繰延べられます。特に特定非常災害として指定された非常災害時の取得指定期間については下記の通りです。

○上記災害に基因するやむを得ない事情により、その買替資産の取得指定期間内に取得をすることが困難となり、所轄税務署長の承認を受けた場合には、当初取得指定期間の末日から2年以内の日で所轄税務署長が認定した日まで延長が可能。

(3) 収用等の場合の買換えの特例（措法33）

前述の「収用等の特別控除」と同じく、収用等により土地建物等を譲渡し、その補償金等の全部で代替資産を取得・または補償金の代わりに同種の資産を取得した場合には課税されず、また補償金の一部で代替資産を取得した場合には、補償金の残額のみに課税がされるという特例ですが。これについても、災害の際には、前述の5,000万円の特別控除と同様の特別措置（地方公共団体または独立行政法人都市再生機構への一定の譲渡）が設けられています。この収用等の買換えについても、代替資産の取得指定期間（収用等のあった日以後2年を経過した日までの期間）の条件が設けられていますが、特定非常災害に基因するやむを得ない事情により、特定指定期間内に代替資産を取得することが困難となり、所轄税務署長の承認を受けた場合には、当初の取得指定期間の末日から2年以内の日で所轄税務署長が認定した日まで延長が可能となります。

(4) 居住用財産の買換等の場合の譲渡損失の損益通算・繰越控除の特例（措法41の5）

分離課税の土地建物等の譲渡により生じた損失については、他の所得から控除（損益通算）は認められていませんが、所有期間が5年を超える居住用財産の譲渡で一定の要件を満たす場合に、一定の要件を満たす居住用財産を取得して、かつ住宅借入金等を有する場合には、その譲渡所得の計算上生じた譲渡損失については他の所得との損益通算が認められ、また、損益通算をしてもなお控除しきれない金額があるときは、一定の要件を満たすことで翌年以後に繰越すことが可能です。ただし、買替資産の取得期限については原則として、譲渡の日の属する年の前年1月1日から譲渡の日の属する年の翌年12月31日までと定められていますが、特定非常災害に基因するやむを得ない事情により、上記の取得期限までに取得することが困難となり、所轄税務署長の承認を受けた場合には、取得期限を当初の取得期限の属する年の翌々年12月31日まで延長が認められています。

甲斐裕二（税理士）

Q62 被災と贈与税

贈与を受けた人が被災した場合の贈与税の特別な取扱いについて教えてください。

災害により損害を受けた人に係る贈与税については、課税価格の減額、課税価格の計算の特例、贈与税の免除、各種特例の適用要件の緩和、申告期限の延長などの措置が講じられています。

1 災害により損害を受けた者に係る贈与税については、「災害被害者に対する租税の減免、徴収猶予等に関する法律」（以下「災害減免法」といいます。）により、贈与税の課税価格の減額や贈与税の免除の措置が講じられています。

また、平成29年度税制改正により「特定土地等及び特定株式等に係る贈与税の課税価格の計算の特例」（以下「課税価格の計算の特例」といいます。）及び「贈与税の申告書の提出期限の特例」（以下「提出期限の特例」といいます。）が創設され、震災特例として常設されました。

さらに、「直系尊属から住宅取得等資金の贈与を受けた場合の贈与税の非課税」及び「特定の贈与者から住宅取得等資金の贈与を受けた場合の相続時精算課税の特例」（以下、あわせて「住宅取得等資金の贈与税の特例」といいます。）についても、所定の措置が講じられています。

2 上記のそれぞれの規定における取扱いは、次のとおりです。

なお、上記以外にも非上場株式等についての贈与税の納税猶予及び免除の特例の適用を受けている場合の災害等に関する税制上の措置も講じられていますが、今回は解説を省略します。

(1) 災害減免法
 イ 申告期限前に被害を受けた場合
  贈与税の申告期限前に被害を受けた場合には、贈与税の課税価格に算入する価額は、次により計算した金額とすることができます。
  受贈財産の価額－被害を受けた部分の価額＝贈与税の課税価格に算入する価額
 ロ 申告期限後に被害を受けた場合
  贈与税の申告期限後被害を受けた場合には、被害のあった日以後に納付すべき贈与税のうち、次の算式により計算した税額が免除されます。

$$\text{被害のあった日以後に納付すべき贈与税額} \times \frac{\text{被害を受けた部分の価額}}{\text{課税価格の計算の基礎となった財産の価額}} = \text{免除される贈与税額}$$

(2) 課税価格の計算の特例
 イ 特定非常災害発生日前に贈与を受けた財産
  特定非常災害発生日の属する年の1月1日から特定非常災害発生日の前日までの間に贈与により取得した財産で特定非常災害発生日において所有していたもののうちに、特定土地等又は特定株式等がある場合のそれらの財産の贈与税の課税価格に算入すべき価額は、相続税法第22条の規定にかかわらず、特定非常災害の発生直後の価額として政令で定めるものの金額とすることができます。

  なお、特定土地等については、損害の内容に応じて、この特例と災害減免法の減免措置の両方が適用される場合もあります。

 ロ 特定非常災害発生日後に贈与を受けた財産
 (イ) 特定地域内にある土地等
  特定非常災害発生日以後同日の属する年の12月31日までの間に贈与により取得した特定地域内にある土地等の価額は、特定非常災害の発生直後の価額に準じて評価することができるとされています。

  なお、特定非常災害以外の災害の発生日以後同日の属する年の12月31日までの間に贈与により取得した特定非常災害以外の災害により被災した土地等の価額については、課税時期の現況に応じ評価基本通達の定めるところにより評価します。
 (注) 被災した家屋、構築物の評価についても所要の措置が講じられています。

 (ロ) 特定地域内に保有する資産の割合が高い法人の株式等
  特定地域内に保有する資産の割合が高い法人の株式等についても、課税時期が特定非常災害発生日から同日の属する事業年度の末日までの間にあるときは、特定非常災害の発生直後の価額に準じて評価することができるとされています。

(3) 提出期限の特例

　特定非常災害発生日の属する年の1月1日から12月31日までの間に贈与により取得した個人で課税価格の計算の特例の適用を受けることができるものが提出すべき申告書の提出期限が特定日の前日以前である場合には、提出期限は特定日とするとされています。

　この「特定日」とは、特定非常災害に係る国税通則法第11条の規定により延長された申告に係る期限と特定非常災害発生日の翌日から10月を経過する日とのいずれか遅い日をいいます。

(4) 住宅取得等資金の贈与税の特例

　イ　住宅用家屋の新築等をし、翌年3月15日後遅滞なく居住の用に供することが確実であると見込まれることにより、特例の適用を受けた場合において、その家屋が災害により滅失（通常の修繕によっては原状回復が困難な損壊を含みます。）したため、居住することができなくなったときには、居住要件が免除されます。

　ロ　住宅用家屋の新築等をし、翌年3月15日後遅滞なく居住の用に供することが確実であると見込まれることにより、特例の適用を受けた場合において、災害に基因するやむを得ない事情により、贈与を受けた翌年の12月31日までに居住することができなかったときには、居住期限が1年延長されます。

　ハ　贈与を受けた金銭を住宅用の家屋の新築等の対価に充てて、贈与を受けた翌年3月15日までに新築等した場合において、その家屋が災害により滅失（通常の修繕によっては原状回復が困難な損壊を含みます。）したことにより、同日までに居住することができなくなったときには、居住要件が免除されます。

　ニ　住宅用家屋の新築をする場合において、災害に基因するやむを得ない事情により、贈与を受けた年の翌年3月15日までに新築等ができなかったときには、取得期限と居住期限が1年延長されます。

（注1）上記の「災害」とは、次のとおりです。

① 災害減免法にいう「災害」とは、震災、風水害、落雷、火災その他これらに類する災害をいいます。

② 課税価格の計算の特例及び提出期限の特例にいう「特定非常災害」とは、著しく異常かつ激甚な非常災害であって、当該非常災害の被害者の行政上の権利利益の保全等を図ること等が特に必要と認められるものが発生した場合に指定されるものをいい、これまでに、「阪神・淡路大震災」、「平成16年新潟県中越地震」、「東日本大震災」及び「平成28年熊本地震」が指定されています。

③ 非課税の特例及び相続時精算課税選択の特例にいう「災害」とは、震災、風水害、火災、冷害、雪害、干害、噴火その他の自然現象の異変による災害及び鉱害、火薬類の爆発その他の人為による異常な災害並びに害虫、害獣その他の生物による異常な災害をいいます。

（注2）「特定地域」とは、特定非常災害により被災者生活再建支援法第3条第1項の規定の適用を受ける地域（同項の規定の適用がない場合には、その特定非常災害により相当な損害を受けた地域として財務大臣が指定する地域）をいいます。

（注3）「特定土地等」とは、特定非常災害発生日の属する年の1月1日から特定非常災害発生日の前日までの間に贈与により取得した土地等で、特定非常災害発生日において所有していたもののうち、その取得の時において、特定地域内にあった土地等

（注4）「特定株式等」とは、特定非常災害発生日の属する年の1月1日から特定非常災害発生日の前日までの間に贈与により取得した株式等で、特定非常災害発生日において所有していたもののうち、その取得の時において、特定地域内にあった動産及び不動産等の価額が保有資産の合計額の10分の3以上である法人の株式等（上場株式等一定のものを除きます。）をいいます。

寺岡直樹（税理士）

Q63 災害時地価と固定資産税

土地の固定資産税に関して、以下の点につき、教えて下さい。

1 震災により大きな被害を受け、周辺の建物が殆ど滅失した地域にあります。固定資産税を支払わねばなりませんか。また土地の評価額はどのようになりますか。

課税の基礎となる評価額は3年に一度、見直されます（評価替といいます）。その時期が来るまで、評価額は基本的に変更がありません（毎年度、時点修正という作業をおこない、経済情勢等を反映させた下落修正はおこなわれます）。

ただし、地方税法367条では、天災その他特別の事情がある場合において、市町村長は課税を減免することができる、と規定されています。

市町村長は、甚大な被害を受けた地域を、課税免除区域として指定します。その区域内の土地や家屋に固定資産税は課せられません。課税免除区域は市町村のホームページ等で確認することができます。なお、復興状況に応じて見直され、課税対象区域となる場合がありますので、留意が必要です。

課税免除地域に指定されない場合も条例等による減免の制度があります。損害の程度により減免の割合が異なります。減免については、申請書が必要な場合と必要でない場合があります。また、納期限の延長や徴収猶予等が認められる場合があります。納税通知書が届いた際に疑問がある場合は、市町村の税務課等に問い合わせると良いでしょう。

なお、土地の被災状況は評価替の際に反映されます。市町村が現況主義に基づき地目認定をおこない、評価することになります。土地に利用できない部分があり、それを評価額に反映する方法としては、地目認定を宅地から雑種地等に変更する方法や画地の要因に所要の補正をおこなう方法が考えられます。これらは市町村がおこなう作業ですので、評価替の際に台帳の閲覧や納税通知書により評価額を確認し、市町村の税務課等で説明を求めるとよいでしょう。

2 震災前は住宅の敷地であり、住宅用地の課税標準の特例をうけていましたが、震災により建物が大きく損傷したので取り壊しました。現在は更地ですが、今後の固定資産税額はどうなりますか。

住宅用地の特例は、原則、賦課期日（1月1日）において、住宅の敷地として利用されているものに適用があります。ただし、地方税法349条の3の3により、災害により住宅が滅失又は損壊により取壊された場合には、住宅用地とみなす規定があります。住宅が再建されなくても、災害発生後2年度分は住宅用地の特例が継続されます（申請が必要な場合があるので注意して下さい）。

さらに、甚大な災害の場合には、長期間（東日本大震災では10年）にわたり当該敷地を住宅用地とみなす特例措置が講じられることがあります。この場合、災害発生後、定められた期間は住宅が再建されなくても住宅用地の特例が適用されます。なお、更地であっても、駐車場などに利用されている場合には、特例の適用を受けられない場合がありますので、留意が必要です。また、住宅以外の用途の建物が建築された場合には、特例措置の期間であっても、原則に戻り、住宅用地の特例は適用されません。

櫻井美津夫（不動産鑑定士）

Q64　被災建物の取り壊しと固定資産税

被災した建物を取り壊した場合の固定資産税の取り扱いについて、教えてください。

　固定資産である建物が被災した場合、市町村の条例で一定の減免が適用となるかをお住いの市町村にお尋ねください。なお、減免申請手続きは提出期限があるため、注意が必要です。

　建物を取り壊した直後の1月1日現在、建物が存在していないため当然次の年度に建物に対する固定資産税は課税されませんが、その敷地は非住宅用地として、住宅用地の特例(注1)が適用されなくなるため、税額増加の可能性があることにもご留意ください。

1. 被災した建物の固定資産税・都市計画税の減免

　被災した建物の固定資産税等の減免は、地方税法第367条にある「市町村長は、天災……がある場合において固定資産税の減免を必要と認める者、……に限り、当該市町村の条例の定めるところにより、固定資産税を減免することができる。」を根拠に手続きを行います。これは、賦課期日現在（1月1日）の現況で課税した固定資産が、1月2日以降、天災等により毀損したことに着目して、「年度当初に課した税額を条例によって市町村長の判断で減免することができる」ことを定めたものです。

　平素の火災や水害など天災等を罹災した固定資産は、地方税法で定める（附則）東日本大震災の特例の適用とは異なり、賦課期日の現況における一般則の適用となります。

　例えば、住宅の固定資産税を、条例に基づき平成29年11月1日に火災で毀損した割合に則して減額した後、同住宅を同年12月1日に取り壊し更地となった敷地については、平成29年1月1日の現況が適用されているため平成29年度は、引き続き住宅用地の特例が適用されます。しかし、平成30年1月1日現在、同土地に住宅が存しない場合は、"（更地の）宅地"と判断されるため、平成30年度は住宅用地の特例は適用されません。

2. 東日本大震災の特例(注2)との相違点

　あくまでも東日本大震災は、平素に起こりうる「天災等」とは異なる「未曾有の大災害であり、被害が甚大かつ広域であること」を考慮し、短期間の復旧・復興に着手し難い状況を鑑みた地方税法上の特例措置として講じられたものです。

　したがって、表面的な現象は同様であっても、その背景・性格が異なるものとご理解ください。

注1．住宅用地の特例

　小規模住宅用地※（固定資産税　価格の1/6、都市計画税　価格の1/3）

　一般住宅用地（固定資産税　価格の1/3、都市計画税　価格の2/3）

※住宅用地のうち住戸1戸あたり200m²までの部分

注2．東日本大震災の特例

　以下の特例措置は、被災住宅用地と特例土地の申告が行われ、市町村により滅失・損壊が調査により確認されたものについて適用されます。

(1) 被災住宅用地の特例

　東日本大震災により滅失・損壊した住宅の敷地（被災住宅用地）については、平成24年度分から平成33年度分まで当該敷地を住宅用地とみなして、住宅用地の特例が適用されます。

(2) 被災代替住宅用地、代替住宅の特例

①被災代替住宅用地

　被災住宅用地の所有者等が当該被災住宅用地の代替土地を平成33年3月31日までに取得した場合、当該代替土地のうち、被災住宅用地相当分について、取得後3年度分、当該土地を住宅用地とみなし、住宅用地の特例が適用されます。

②被災代替住宅

　被災家屋の所有者等が、当該被災家屋に代わる家屋を、平成33年3月31日までに取得などした場合には、固定資産税等税額のうち被災家屋の床面積相当分に、4年度分2分の1、その後2年度分3分の1を減額する特例が適用されます。

浜口祐介（税理士）

Q65　被災建物倒壊と登記

災害により、登記された建物が倒壊したが、どのように手続きすればよいですか。

建物の滅失の登記をする必要があります。

建物の滅失とは、取り壊し、焼失、倒壊、荒廃等によって建物の全部が、物理的に消滅した場合及び建物の主要部分が焼失、取り壊された結果、残存部分だけでは建物として機能を果たさない状態になったことをいう。

そして、建物が滅失したときは、表題部に記載された所有者又は所有権の登記名義人は、その日から1カ月以内に建物の滅失の登記を申請しなければならないとされている。この建物の滅失とは、1個の建物として登記されている建物の全部又は大部分が取り壊され、焼失し又は倒壊する等によって、社会通念上、建物として効用を有しない状態になることである。

また、建物の一部が焼失したり倒壊したりしても、その主要な部分が残存していて、修復することにより容易に建物としての効用を果たし得る状況にあるときは、建物の一部滅失として建物の表題変更（床面積の減少）の登記の申請をすることになる。

建物滅失登記はあくまで「主たる建物」の滅失があった場合に必要となるもので、「附属建物」が滅失した場合にも建物滅失登記ではなく、建物表題変更登記が必要となる。

台風や竜巻等の災害によって屋根が吹き飛ばされ、壊れた場合でも、修復する事が可能と見込まれたときは、その時点で直ちに滅失の登記の申請をする必要はなく、建物の一部が滅失した場合において、残存部分の状況のみによって建物としての要件が具備しているか否を判断して決すべきでなく、当該建物の修復の見込みの事情などを考慮して、社会通念上妥当とされる判断をすべきである。

既登記建物について、残存部分が存するものについて、全部滅失として登記を抹消することについては、特に慎重に取り扱うことが要請されており、災害により建物の一部が焼失又は倒壊した場合、屋根、中心となる柱、外壁など建物の主要な構成部分が存在しているかどうか、残存部分を修復し容易に建物として利用できる状態にすることが可能かどうか等を総合的に社会通念に基づいて判断することになる。

滅失登記が完了すると申請建物の登記記録を閉鎖し、建物が滅失しているという事実を公示する事となる。

建物が区分建物であっても建物の滅失に対する基本的な考え方は非区分建物と同様であり、区分建物に属する一棟の建物の全部が同時に滅失した場合の滅失の登記申請は、区分建物の所有者の一人から一棟の建物の滅失登記を申請するのみで良い。なお、区分建物の1つについてのみ滅失の登記をするときは、その属する一棟の建物について登記されている事項（床面積等）に変更が生じるが、この変更の登記は残存する他の区分建物の表題部の所有者又は所有権の登記名義人の申請によって行わなければなりません。

倒壊・流出等した建物の職権滅失登記

建物が滅失したときは、原則として、所有者が建物の滅失の登記を申請しなければならないとされている。（不動産登記法第57条）しかし、震災により極めて多数の建物が倒壊・流出等しており、滅失登記の申請を所有者に任せることは現実的ではないと考えられた。

そこで、被災者の登記申請の負担を軽減し、被災地の復興を促進するため、阪神・淡路大震災や東日本大震災等によって倒壊・流出等した建物について、所有者の申請によらずに、登記官が調査を行って建物の状況を確認した上で、不動産登記法第28条に基づき職権で滅失登記を行うこととされた例もある。

被相続人名義の建物の滅失登記

被相続人名義の建物の滅失登記については被相続人が死亡する前に建物が滅失した場合又は死亡後に滅失した場合であっても、相続人の一人から申請することが出来る。

建物所有者不明又は協力を得られない場合の建物の滅失登記

取り壊した建物の所有者が不明、滅失登記に協力してくれない等、既に取り壊した他人名義の建物の登記簿が残っていることがある。

例えば、土地を借りていた人が、建物を取り壊して、地主へ土地を返したものの、建物の滅失登記はしないままだった場合などで、登記名義人が滅失登記を申請してくれればよいが、登記に協力してくれなかったり、すで

に行方が分からなかったりする場合もある。取り壊した建物の滅失登記をせずに、建物の登記が残ったままだとその土地を売却したり、金融機関から融資を受けて担保権を設定したりする際の支障となってしまうので、このような場合は、利害関係人から建物滅失申出を行い、職権で登記官に建物滅失登記をしてもらうことができます。

この申出があると、登記官はその滅失登記をすべき建物の所有者に郵便で通知を出して建物の滅失登記をするように促します。この通知が所有者の不在により登記官に返送されると、登記官は現地を調査して建物が間違いなく滅失していることを確認して滅失登記を行います。

登記上の利害関係を有する第三者があるとき（抵当権等）

滅失した建物について登記上の利害関係を有する第三者があるとき（抵当権等）の取扱いについて、建物が滅失したことは、権利の客体である建物そのものが物理的に存在しなくなるのであるから、その物の上に存在する権利（抵当権）も当然に存在し得ないことになる。

したがって建物の滅失の登記申請書には、当該建物の抵当権者の承諾書は、原則として添付することを要しないと考えられます。

ただし、実務においては、当該建物の滅失を証する資料の一部として、登記上の利害関係を有する第三者の承諾書提出を求める場合もあります。

未登記建物が滅失したとき

法務局で登記されていない建物のことを、未登記建物といいます。本来、建物は登記しなければならないのですが、未登記のまま、解体して取り壊した場合は建物の登記自体がされていないので、建物の滅失登記を申請する必要はありません。

しかし、長期にわたり未登記状態が続いた建物でも自治体（市区町村）が調査を行って課税しています。未登記建物の場合、登記がされていないので所有者は明確にはなっていませんが、所有者と判断した人に自治体（市区町村）は納税通知書を送付し、固定資産税を徴収しています。

そのため未登記にもかかわらず、納税通知書が来ているがゆえに、登記がされていると誤解してしまうこともあります。解体する建物が未登記だった場合、家屋滅失届出書という書類を建物のある自治体ごとに違いますが資産税課や税務課など、税金にかかわる課に提出すれば課税について処理してもらえます。

鈴木雅博（兵庫県土地家屋調査士会）

Q66　被災建物増改築と登記

被災した建物に増改築を行なうつもりです。登記してある建物ですが、どのような手続きが必要ですか？

建物表題部の登記内容に変更があったときは、建物の所有者（表題部所有者又は所有権登記名義人）は、当該変更があった日から1カ月以内に、建物の表題変更登記を申請しなければなりません。（不動産登記法第51条）

建物表題部の登記内容とは、建物の所在・建物の種類、構造及び床面積・附属建物に関する事項などがあります。これらに変更が生じる場合として、一般的なのがリフォームや増築工事などですが、災害などにより建物の一部が倒壊した場合などもこれに該当します。

①1階、又は2階を広くした場合・狭くした場合→床面積の変更
②平家建だった建物に、2階部分を増築した場合→構造及び床面積の変更
③事務所をリフォームして住居へと変更した場合→種類の変更
④屋根をかわらぶきからスレートぶきにした場合→構造の変更
⑤母屋の横に物置や車庫・はなれを建築した場合→附属建物の追加
⑥災害などによって、建物の一部が倒壊した場合→床面積の変更

上記のように、生じた変更について表題変更登記を行ないますが、1つの工事で複数の内容に変更を生じた場合には、それらを一緒に申請します。②がその例ですが、他の例として、1階を広くした際、空き地として所有地していた、お隣の土地にまたがって工事を行なったときなどで、この場合は、床面積及び所在地番の変更を一緒に行ないます。

㋐建物の登記記録の調査
㋑どこに申請するのか？
㋒誰から申請するのか？
㋓必要となる書類等は？
㋔注意しないといけないことは？

まずは、㋐建物の登記記録の調査です。旧来の登記簿である登記事項証明書及び建物図面を法務局で取得します。最寄りの法務局で取得することが可能ですが、建物の所在や家屋番号といった、取得に必要な事項がわからない場合は、その建物の所在を管轄する法務局で確認しなければなりません。所在や家屋番号は、権利証や固定資産評価証明書、固定資産税納税通知書にも記載されていますので、これらから確認することもできます。また、昭和40年以前に建築された建物については、建物図面は取得できない可能性があります。

次に、㋑どこに申請するのか？　です。登記申請は、その建物の所在を管轄する法務局へ申請しなければなりませんが、郵送により申請することも可能です。法務局の管轄については、いずれかの法務局へ電話で照会することができますし、インターネットで確認をすることもできます。

次は、㋒誰から申請するのか？　です。登記申請は、その建物の所有者（表題部所有者又は所有権登記名義人）から行ないます。所有者に相続が発生している場合は、相続人であることを証明する書面を添付して、相続人（そのうちの一人からでも可）から申請することができます。

次に、㋓必要となる書類等は？　です。これは、変更を生じた内容によっても変わりますが、必ず必要となるのが、表題変更登記申請書です。こちらの様式や記載例は、法務局のホームページからダウンロードすることもできますし、法務局の窓口で相談に応じてもらうこともできます。（事前予約が必要です。）

その他の必要書類ですが、事務所から住居への種類の変更や、屋根のふき替えによる構造の変更などについては、自身でも容易に準備できる現況写真など、変更を証明するものが必要書類となります。しかし、増改築による所在の変更、床面積の変更、附属建物の追加などについては、建物図面や各階平面図といった図面が必要となります。元となる図面などがある場合には、自身で作成することも可能ですが、建物や、必要に応じてはその土地についての調査・測量が必要になる場合もあります。また、床面積が増加する変更に関しては、増加した部分の所有権を証明する書類といったものが必要書類となります。変更する内容によって必要となる書類が多岐にわたりますので、このような場合は、法務局へ相談するか、土地家屋調査士へ相談することをお勧めいたします。

最後に、㋔注意しないといけないことは？　です。表題変更登記には、不動産登記法第136条で申請義務が課せられており、その申請を怠った者には10万円以下の過料に処されることがあります。また、固定資産税との

関わりについてですが、床面積が増加したにも関わらず表題変更登記を行なわなかった場合でも、役所の調査により、固定資産税を増税されることがあるのに対し、床面積が減少した場合は、届出をしない限り減税されることはありません。不要な税金を支払わなくてはならないことにもなりかねませんので、速やかに表題変更登記を行なうことをお勧めいたします。

　次に注意しないといけないことは、所有権に関するものです。例えば、お父さんの所有する平家建100m²の建物Aに、息子さんが費用を出して、2階部分50m²の建物Bを増築した場合などです。1階と2階が物理的・構造的、且つ、利用に際しても別の建物である場合を除いて（この場合は別途、区分建物の登記手続きとなります）いわゆる、増築のみの場合は所有権について考えておかなければなりません。1階部分はお父さんの所有権、2階部分は息子さんの所有権の状況となるのですが、1つの建物のある部分についてのみ、この場合の2階部分についてのみ、息子さんの所有権を登記することはできません。表題変更登記を行なった後、お父さんと息子さんの共有名義へ変更する手続きも必要となってきます。手続きの簡略化を図って、お父さんの名義で表題変更登記を行なったりしてしまうと、相続が発生した際、息子さんが費用を出して増築したにも関わらず、その部分についても相続税が科せられたりと、不慮の事態を招きかねません。ですので、このような場合は、表題変更登記と合わせて、所有権に関する登記についても、専門の司法書士へ相談することをお勧めいたします。

　取り引きされる不動産の物理的な状況を正確に登記記録として公示することが、不動産取引の円滑性と安全性に繋がりますので、建物の表題部に変更が生じた場合には、速やかに表題変更登記を行なうようにしてください。また、その際、所有権についても注意を払わないといけないことを念頭に、各相談に応じていただければと思います。

樋口敦仁（兵庫県土地家屋調査士会）

Q67　境界不明土地の売買

境界確定出来ていない土地を売買したいが、注意すべきことは何かありますか。

日常の生活の中で自分の土地の境界線を意識しながら暮らす事は少ないと思います。地面に目に見えるように境界線が描かれている訳でもないですし、境界のもめ事でも起こらない限り、境界を気にする場面は少ないと思われます。境界が確定していない土地でも売買する事は可能です。境界確定しないまま売却を希望し境界が未確定でも構わないので購入したいという買主が見つかれば売却は可能です。

しかし現実は土地を売買する場面ではやはり境界線は重要になってきます。すごく人気があるエリアであれば境界が未確定のまま取引がされる事はありますが、その場合は境界が未確定である事を理由に買主は土地の売却価格の値引きを求めてくる可能性があります。

みなさんが日常生活の中で、何か物を買う時は数を確認する、もしくは量を確認して買い物をされると思います。卵であれば何個入りのパックを買うのか、水を買うのであれば何リットル入りのペットボトルを買うのか、その数や量に対して売る側が金額を提示して、その提示額を納得すれば購入を決定しています。不動産の取引も同じです。購入を検討している土地の面積（量）に対して売り主が提示している金額に納得が出来れば購入を申し込みます。

さてその土地の面積（量）ですが、面積は土地の範囲（境界線）が決定して初めて面積が確定されます。土地の売買において境界確定測量を行わない場合は登記簿の面積を基準にして売買価格を決定し契約をします。これを公簿売買といいます。境界確定測量を行った場合は確定された境界から地積を計算し実測の面積で売買価格を計算します。これを実測売買といいます。

しかし皆さんは登記簿に地積が載っているから面積は確定されているのではないか？　なぜ測量する必要があるのかと思われるかもしれません。

ではそもそも境界が確定している土地とはどのような状態の土地の事をいうのでしょう。それは法務局の資料を確認すれば推察する事が出来ます。法務局には登記簿以外にも図面等の資料が備付されています。以前はその土地の管轄法務局に足を運ばないと図面等の資料は取れませんでしたが、今はオンラインで各法務局が繋がっていますので最寄りの法務局で全国の図面が取れますし、法務局に行かなくてもインターネットで取ることも出来ます。いずれかの方法で公図と地積測量図を取りましょう。

まず公図は大きく分けて2種類あります。「地図（法14条1項地図）」と書かれたものと「地図に準ずる図面」と書かれたものです。法14条1項地図と書かれたものは公共基準点等を基にして土地区画整理事業や法務局の地図作成事業等で測量した結果を地図に表わした図面で精度の高い図面であります。法14条1項地図の備付がある土地であれば現地に境界標が現存していて区画整理の換地図等の資料に表示されている辺長と合っていれば登記されている地積と差異は少ないと思いますので境界確定測量までは行わなくて良いと思われます。それに対して地図に準ずる図面とは土地台帳附属地図で明治6年から14年までの間に行われた地租改正事業により作られた改租図をベースに作った地押調図、更正図、字限図等が主であります。地図に準ずる図面は土地の区画や面積を正確には反映しておらず、土地の位置関係も現地と符合しない場合があります。あくまで土地の大まかな位置や形状を表すものであって地図に準ずる図面をもって土地の面積や境界を判断できるものではありません。14条1項地図が作成されている土地ですと面積測量を再度行っても地積の差はあまり大きくないと思われますが地図に準ずる図面しかない土地は確定測量を行った場合、登記されている地積と大きく変わるケースも珍しくないです。

次に地積測量図ですが、法務局に土地表題登記、土地地積更正登記、土地分筆登記を申請する際に提出される図面です。全ての土地に地積測量図の備付があるわけではなく、法務局に登記はされていて地積も登記簿に記載されていても地積測量図の備付が無い土地もあります。法務局で地積測量図が取得出来ましたら。地積測量図の作成年月日を確認しましょう。作成年月日によって地積測量図の精度も違ってくるからです。

不動産登記法の改正により地積測量図の記載内容も変化しています。まず昭和30年代から昭和53年頃作成の地積測量図ですが、昭和35年の不動産登記法の改正により、表題登記・地積更正登記の際に地積測量図の添付が義務付けられました。しかしこの年代の地積測量図は

境界標や引照点の記載が無い図面が多く、筆界の現地での復元性は低い。また公図等の図面上に分筆線を引くスケールで距離を読込み三斜計算した図面や境界立会をせずに作成された図面も多いです。次に昭和53年頃から平成5年頃の地積測量図ですが、昭和52年10月に行われた不動産登記法施工細則の改定で既設および新設した境界標を表記するようになりましたが、引照点の記載までは義務ではなかったので筆界点の現地への復元性はまだ少し足りなかった。その後、平成5年の不動産登記法改正で引照点と筆界点の座標値の記載が必要となったので地積測量図による筆界点の復元性が大きく向上しました。

平成17年3月以降の地積測量図については街区基準点がある地域では街区基準点を使用した地積測量図が作成されるようになり、分筆登記に関しては原則残地分筆が出来なくなりました。街区基準点とは人口集中地域に実施された土地再生街区基本調査により設置された基準点で、世界測地系の座標値での測量ができるので復元性の高い測量ができます。

法務局においては地積更正登記により提出された地積測量図、昭和54年5月1日以降に提出された分筆登記の分筆地、昭和62年3月1日以降に提出された分筆登記の分筆地及び辺長記載のある残地の地積測量図の備付がある土地については境界標の現存の有無や辺長が公差内で合致している事等の条件はありますが、新たに筆界確認書を添付せずに地積更正登記が申請出来ますので、（新しい地積測量図の提出は必要です）新たに境界確定測量を行わなくても売買できる可能性があります。

しかし、法務局に地積更正登記の地積測量図の備付がない土地や地積測量図の備付があっても昭和54年5月1日より以前に作成された地積測量図しかない土地は確定測量を行って面積を測量しなおした場合、登記されている地積と違う場合があるので買主は境界確定測量を売主に求めてくる場合があります。

法務局に地積測量図の備付がなくても過去に測量した図面がないか探してみましょう。図面があれば図面や表紙のタイトルを確認して下さい。境界確定図・筆界確認書・境界確認書・道路境界明示図・官民境界協定図という言葉があり、隣接地所有者の署名・捺印や市長印がある図面であれば、その隣接地との筆界は確定しています。全ての隣接地との確定測量図が揃っていれば、その土地は境界確定された土地と言えます。この場合、確定された地積が登記の地積と違っていても境界確定図が揃っているので、法務局に地積更正登記を申請する事が出来ますので登記簿の地積を正しい地積に書き換える事が出来ます。

さて冒頭の話に戻りますが境界確定していない土地でも売買する事は出来ます。しかし境界が確定していないと確認出来ない問題がひとつあります。それは越境物の問題です。越境とは文字通り境界線を越える事を言います。昨今は土地の売買において越境物の有無を問われるケースがほとんどです。越境物はコンクリートブロックのように境界線の上にある地上の構築物はもとより建物の屋根等の空中の構築物や地中の配管や基礎等の目に見えない構築物まで問われる場合があります。

越境は自分の所有物が隣の土地に越境している場合と隣の土地の所有者の構築物が自分の土地に越境してきている場合の2つケースがあるわけですが、越境しているか否かは境界線が確定して初めて判断できるからです。境界が確定していて越境物がある場合はその問題を解決しなければ売買に支障をきたすわけですが、簡単に撤去できる物であれば解決は早いですが、簡単に動かす事が出来ないような越境物の場合は将来撤去の覚書を交わすのが一般的です。

いずれにしても土地の測量や境界問題は専門家の知識・技術が必要になります。売却したい土地や購入したい土地が境界確定をしている土地なのか、していない土地なのか。過去に測量した経緯はあるが再度測量が必要な土地なのか、土地・建物の登記、測量の専門職である土地家屋調査士に相談される事をおすすめ致します。

和田慶太（兵庫県土地家屋調査士会）

住
い
の
破
壊

Q68　地震による土地の移動と境界

地震による地滑りや地割れなどで、ブロック塀などが移動した。土地の境界の位置はどのようになりますか。

土地の境界については、判例で境界とは、異筆の土地の間の境界であって、客観的に固有するものというべく、「当事者の合意によって変更処分しえない」（最判昭和31年12月28日）、つまり、境界は何があっても動かないものとされてきました。

土地の境界は、地表面に存在する境界標識等により特定されることが多く、この判例に従えば、設問に対する答えは、境界は以前にあった境界標識等の位置となります。

しかしながら、大規模な地震により、設問の様な場合、四角形であった土地が斜めにズレて形状が変わった場合（参考図①）、住宅地の大規模な地滑り等（参考図②）が起こった場合等々、全て同様に境界は動かないものと考えるのかについて、法務省は平成7年の兵庫県南部地震後に以下のように通達を出しています。

> 兵庫県南部地震による土地の水平地殻変動と登記の取り扱いについて（回答）
> 地震による地殻の変動に伴い広範囲にわたって地表面が水平移動した場合には、土地の筆界も相対的に移動したものとして取扱う。なお、局部的な地表面の土砂の移動（崖崩れ等）の場合には、土地の筆界は移動しないものとして取扱う。
> （平成7年3月29日法務省民三第2589号民事局長回答）

したがって、地震により土地の区画の形状が変化した場合（例えば、土地にズレが生じた場合）には、変化した形状にて境界とします。崖崩れなどの土地の局部的な表面上の移動である場合には、境界は移動しないと考えます。

上記通達で地殻の変動によることを問題としているのは、地殻の変動があれば地表面のまとまった移動が生ずる事が想定され、その場合には、筆界（＝境界）の移動を認めることが出来るからです。また、局部的な地表面の土砂の移動（崖崩れ等）については、地殻の変動によらない地表面の土砂の移動の場合は、通常、局部的に発生する現象であり、人為的な復元が可能であると考えられることから、土地の筆界（＝境界）への影響は無いと考えています。

そして、地殻の変動によらない局部的な地表面の土砂の移動であるかどうかは、例えば、崖全体がずり下がった場合、これを局部的移動と考えるのか、また、その上に家屋があるときには、境界の移動があったとした方が妥当であると考えるのか、周辺土地の地表面の移動なども考慮して、総合的に判断しなければならず、局部的移動かどうかの判定は容易ではありません。

また、地殻の変動により地表面の移動又は土地の区画の形状の変化を伴っている場合には、関係土地所有者間で境界の調整をする必要があり、その土地の区画の形状の変化の程度は、地震前の区画の形状と地震後の区画の形状の比較により確認する事になります。（ここでいう関係土地所有者間での境界の調整については、実質的には合理的な合意を尊重するものであって、ごく隣接所有者だけでなく広い範囲で考える必要があります。）

その為には、法務局備付の地図又は地積測量図の調査

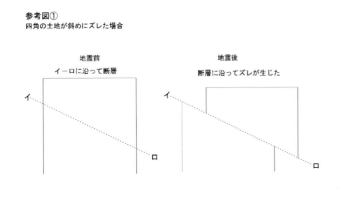

参考図①
四角の土地が斜めにズレた場合

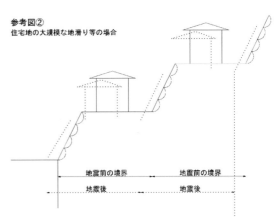

参考図②
住宅地の大規模な地滑り等の場合

引用資料）㈱有斐閣「ジュリスト　1995年11月15日号」http://www.yuhikaku.co.jp/static_files/shinsai/jurist/J1079067.pdf

及び地震後の土地の測量が必要となります。なお、地表面の移動、土地区画の形状の変化が、法務局備付の地図又は地積測量図の法務省が定める誤差の制限内である場合には、境界に変動がないものとされています。

実際、平成7年1月17日の兵庫県南部地震（阪神・淡路大震災）によって「地震によって境界は移動する」ことを、私達は経験することになりました。

「土地が移動した」のは、昭和55年に分譲された、ため池の埋立地でした。当該市が境界の復元を目的に周囲を測量した結果、最大50cmのズレが生じていました。当初、境界は移動しないものと考え、「はみ出している部分は隣接地に提供し、逆の部分は別の隣接地から提供を受ける」という案が示されましたが、境界紛争が起こる可能性があり、多大な経済的負担をかける事から、測量分析の結果と法務局の取扱い等を根拠に協議をし「地震に伴う地殻変動による境界移動」と結論付け、現況構造物を維持した形で再度登記をやり直す事となりました。この実例は、地震以前に正確な測量をした図面が存在したことが大きく影響しました。

地震後に境界を確認する場合は、地震によるその区域の全体の形状の変化を正しく把握したうえで、地震前後の土地の形状が解る資料（測量図面、空中写真等）を調査し、当該土地の測量を行い、地震の影響を総合的に判断し、境界の位置を確認する事が必要となります。

高曽修司（兵庫県土地家屋調査士会）

住いの破壊

Q69 地震による土地の移動の確認

地震により土地が移動しているのか、移動していないのかを把握するためには、どうすればよいですか。

大規模な地震などが発生した場合、地殻の変動とともに土地が移動する場合があります。日本では、測量用人口衛星からの電波を受信し、土地の測量や地殻変動の監視を行うための電子基準点というものが、全国各地に設置されています。この電子基準点で、人口衛星の電波を観測することにより、土地がいくら移動したかが分かります。

また測量の基本となる三角点並びに公共基準点も各地に設置されておりこれらを測量することにより土地の変動がわかります。

土地の移動した大きさなどは、国土交通省国土地理院から発表されます。

地表面の移動による土地の境界の取り扱い

①地表面が水平移動した場合の土地の境界の取り扱いについて

兵庫県南部地震では、阪神間の三角点を測量した結果、三角点が数センチメートル水平移動していることが判明しました。そのため、地震による地殻の変動に伴い広範囲にわたって地表面が水平移動した場合には、土地の筆界も相対的に移動したものとして取り扱うこととなりました。これによると隣り合う数筆の土地が同じだけ移動したときは、移動後の現状が土地の筆界となります。

②局部的な地表面の移動（土砂崩れ等）による土地の境界について

局部的な、土地のひずみ、土砂崩れ、亀裂などの場合は、土地の筆界は、移動しないものとして、取り扱われます。局部的に土地がどれくらい動いているかを把握するためには、その土地を測量する必要があります。測量するためには、震災前の土地の筆界がどのような状況であったかを示す資料が必要となります。測量に必要な資料は、その土地を管轄する法務局に備え付けられている地図及び地積測量図により、土地の筆界を復元することが出来ます。土地の筆界を復元することにより、地表面のひずみにより、自分の土地が隣の土地に入り込む場合、またその逆の場合もあります。このように、土地が複雑に移動している土地の筆界については、実態の法律では、決まったものはありません。そのため土地の関係者間で筆界の調整を図る必要もあります。法務局に備え付けられている地図及び地積測量図は、それが作成された年代、作成方法等により土地の境界を復元することが、困難な場合があります。自分の所有する土地の境界がどのようなものか、今のうちに確認し土地家屋調査士にご相談願います。

地震による土地の移動についての通達

兵庫県南部地震による土地の水平地殻変動と登記の取扱いについて（平成7年3月29日付法務省民3第2589号民事局長回答）

この度建設省国土地理院が阪神間の一・二等三角点について緊急測量を実施した結果、本年一月一七日の兵庫県南部地震により、三角点の水平移動が数センチメートルから数十センチメートル生じていることが判明しました。

ついては、上記地震により水平移動した地表面を測量した地積測量図を添付した登記の申請・嘱託事件等の取扱いについては、基本的には次のような考え方によって処理することとしてよいか、お伺いします。

　　　　記

地震による地殻の変動に伴い広範囲にわたって地表面が水平移動した場合には、土地の筆界も相対的に移動したものとして取り扱う。

なお、局部的な地表面の土砂の移動（崖崩れ等）の場合には、土地の筆界は移動しないものとして取り扱う。

　　　　回答

本月二〇日付け不第一三三号をもって照会のあった標記の件については、貴見のとおりと考えます。

測量の基本となる電子基準点（上）と三角点（下）
電子基準点は約20km間隔で全国1300点の電子基準点が稼働しています。
一等三角点は約40km間隔で全国に約1000点設置。
二等三角点は約8Km間隔で全国に約5000点設置。
三等三角点は約4km間隔で全国に約32000点設置。
四等三角点は約2km間隔で全国に約69000点設置。
写真　国土交通書国土地理院HPより援用。
http://www.gsi.go.jp/KIDS/KIDS09.html

髙橋雅史（兵庫県土地家屋調査士会）

Q70　地震による立木移動と登記

立木を登記していたが、災害により倒木又は地滑りで移動してしまいました。移動してしまった立木が自己のものと主張するには、どのような手続きが必要ですか。

　国土地理院発表や法務省発表（水平移動は民事局発表H7.3.29「兵庫県南部地震による土地の水平地殻変動と登記の取扱いについて」法務省民三第2589号通達）に注目して、地滑りと地震による広範囲な土地の移動等、移動の種類や状態を把握し、移動後の立木が付着する土地の地番や立木の数量に変更があった場合に、変更登記（立木に関する法律第20条）を行います。滅失した場合には、滅失登記を行います。

　土地の所有権とは別に立木のみを譲り受けているときは、二重譲渡の相手方など第三者が利害関係を有するに至った時点で、明認方法（樹木等が誰の所有なのか公示する制度）が継続されていないと所有権を主張できないことがありますので気を付けてください。

立木（りゅうぼく）って何ですか？

　日常的には、ある土地に生育する個々の樹木をいいますが、法律上、特定の樹木に関して立木と定義して特別の扱いをすることがあります。

木が登記できるのですか？

　立木は、立木登記規則（平成17年法務省令第26号）に基づき登記されます。樹木の集団は、所有権の保存の登記をすると、立木として1個の不動産とみなされ、土地と分離して譲渡したり、抵当権の目的としたりすることができます。森林組合との事前協議が必要です。

　法務省登記統計によれば、平成28年で64件253個の登記がありました。

立木登記簿

　立木に関する法律によって、登記所（法務局）に備え付けられている記録です。

　登記記録は、表題部、権利部が登記されます。権利部は、甲区及び乙区に区分し、甲区には所有権に関する登記の登記事項を記録するものとし、乙区には先取特権及び抵当権に関する登記の登記事項が記録されます。

立木図面　次に掲げる事項を記録します。

◎立木の所在する市、区、郡、町、村及び字並びに土地の地番、地目及び地積
◎隣接する土地の地番及び地目並びに所有者の氏名又は名称
◎樹木が一筆の土地の一部に生立するときは、その部分の位置及び、地積並びに当該部分を表示するための名称又は番号があるときは当該名称又は番号並びに他の部分の表示
◎立木の所在する土地又は、土地の部分の境界に道路、河川、湖海、沼池その他境界の目標となるものがあるときは、その名称及び位置
◎隣接する土地又は、土地の部分に生立する樹木の所有者がこれらの土地の所有者と異なるときは、当該樹木の所有者の氏名又は名称
◎立木図面作成の年月日を記録し、申請人が記名するとともに、その作成者が署名し、又は記名押印

明認方法（めいにんほうほう）

　明認方法は、樹木等が誰の所有なのかを公示する制度です。登記と同格の対抗力を有します。明認方法と立木の登記、明認方法相互間では、先にそれを備えたほうが優先されます。

　立木の木の皮を削って所有者の名前を書く、立て札を立てておいたり、樹木の周辺に縄を張り誰の所有なのかを示しておく、等の方法によって公示します。

　慣習上の公示方法であり、対抗要件として認められることを意味しています。ただし、明認方法は継続していなければ対抗要件とはなりません。

対抗要件（たいこうようけん）

　対抗要件とは、すでに当事者間で成立した法律関係・権利関係を当事者以外の（一定の）第三者に対して対抗（主張）するための法律要件。法律関係・権利関係が成立するための法律要件を成立要件といいます。

森林施業計画

　森林施業計画は、森林所有者等が30ha以上の団地的な、まとまりを持った森林について、造林や保育、伐採などの森林の施業に関する5ヶ年間の計画を作成し、市町村長に認定を求めることができる制度です。

中井富子（兵庫県土地家屋調査士会）

Q71　就労中の地震と労災

震災の時の労災保険のことを教えてください。

1　私は会社の従業員として就労中に地震で被災しました。この場合、労災保険から補償を受けることができるのでしょうか？　また、受けられるとしたら、その請求の方法を教えてください。

労働者を1人でも雇っている事業場は、原則として労災保険が当然に適用になっています。そのため、事業主の加入手続きの有無にかかわらず、補償を受けることができます。

労災保険の支給要件には業務起因性（業務が原因となったこと）が必要です。就労中に震災を被災したとしても、天災地変の発生に業務起因性はないので、「震災等の天災地変に遭い受傷した」だけでは、原則として労災の認定はされず、事象ごとに判断されることになります。業務の性質・内容、作業条件・作業環境、事業場施設の状況等から、天災地変に際して災害を被りやすい環境下にあった（地震による建物の倒壊や、津波にのみ込まれるという危険な環境下で仕事をしていたと認められる）場合は、「天災地変に伴う危険性のある業務に就いていたこと」が原因として認められ、労災保険を受給できることがあります。

労災保険から必要な保険給付を受けるためには、被災した労働者本人が申請者となり、請求書に必要事項を記載して、被災した業務災害の内容（被災した日時や作業）、休業した場合は休業期間や賃金等の証明を事業主から受け、療養の内容や労務不能と認められる期間がある場合は、医師等の療養の担当者から証明を受けて、請求（提出）することになります。

大規模災害の場合、事業主や医師等も被災して必要な証明を受けられないことがありますが、証明なしで治療等の必要な給付を受けられる場合があります。（東北地方太平洋沖地震に伴う労災保険給付の請求に係る事務処理について　基労補発0311第9号 H23.3.11）

提出先は、給付内容によって異なります。治療を受ける場合は、療養の給付請求書（様式第5号）を、労働者本人が労災病院や労災指定医療機関（以下「指定医療機関」といいます）に提出することにより、原則として無料で治療を受けることができます（これを「療養の給付」といいます）。その際、健康保険被保険者証のようなものはなく、療養の給付請求書の提出期限は、「速やかに」となっていますので、治療を受ける前に必ず何かを提出しなければならないという事はありません。

やむを得ず指定医療機関以外で治療を受けた場合は、一旦労働者本人が治療費を負担し、後で事業所を所轄する労働基準監督署に請求することにより、負担した費用の全額が支給されます。この療養の費用の支給の他、休業補償給付、障害補償給付、遺族補償給付等については、被災者本人が、直接、事業所を所轄する労働基準監督署に請求書を提出します。これらの書類には、事実を証明する書類（賃金台帳や出勤簿、領収証等）の添付が必要な場合がありますが、震災等の大規模災害の場合、これらも不要とされることもあります。

なお、通常は業務災害で休業した場合、休業初日から3日間は事業主が休業補償を支払うことになっていますが、事業場の廃止または事業主の行方不明等により、これが受けられない場合、一定の要件を満たせば、休業補償特別援護金により、休業補償給付の3日分に相当する額の援護金の補償を受けることができます。請求は、本人が、直接、所轄労働基準監督署へ申請書を提出します。

2　夫が会社で就労中に震災に遭い、会社の指示で避難したのですが、その避難先に津波が来て亡くなりました。労災申請はしましたが、民事上の補償は労災の補償とどのような関係になっているのでしょうか？

民法は第709条で不法行為による損害賠償を、同第715条で使用者等の責任を定めており、事業主は雇用する労働者に対して民事上の責任（安全配慮義務）を負いますので、会社に過失（安全配慮義務違反）があった場合、労災認定とは別に、裁判で会社の責任が問えます。

労働基準法は、労働者が業務上の負傷や死亡した場合等の使用者の補償責任を規定していますが、これは使用者の無過失責任であり、労働者は災害の発生が「業務上であること」を立証すれば、使用者に故意・過失がなくとも補償を請求することができます。この履行確保手段が労災保険の制度ですから、労災保険から補償が受けられたとしても、事業主が民事上の全ての責任を免れた訳ではありません。死亡された方に対して会社が負う民事上の責任（安全配慮義務）に基づいた補償額（死亡したことにより失った、得られるはずだった利益＝遺失利益）

が、労災保険の補償額より多い場合、この差額を会社に請求することが可能になります。また、労災保険の補償範囲は労働契約から得られる利益（賃金）の遺失利益しかなく、精神的苦痛に対する慰謝料という概念がありませんから、遺失利益とは別に、会社の過失の大きさに応じて補償を求めることになります。

ただし、請求者が加害者や保険会社等から、同一事由で損害賠償を受けたときは、その価格の限度で労災保険の給付をしないこととなっているので、遺族補償年金は、支給されるべき合計額がその額に達するまで（最長7年間）支給停止されます。労災保険とは別に、労働者健康安全機構から支給される300万円の遺族特別支給金も労災保険の支給決定と同時に支給されますので、労災の遺族給付の決定を待つことになります。

なお、遺族補償年金の請求時効は5年ですから、注意してください。

3　夫は、会社で仕事中に津波に遭い、行方不明になりました。津波で行方不明になった者の遺族は、遺族年金を請求できますか？

被災者が行方不明の場合、失踪宣告を受けるか、死亡の推定を適用されれば、死亡と同じ扱いになります。家庭裁判所で失踪宣告を受ければ、戸籍上の死亡の届ができますので、後は通常の手続きを執れば大丈夫です。これは、死亡の推定が適用された場合も同様です。東日本大震災により、行方不明となられた方に係る死亡届については、法務省より「東日本大震災により死亡した死体未発見者に係る死亡届の取扱いについて」（H23.6.7　法務省民一第1364号）が発出されており、この通知に基づいて、最低限必要な「届出人の申述書」が添付されていれば、死亡届が受理されることになりました。

「仕事中に津波に遭い、行方不明になりました」ということでしたら、遺族年金は、遺族基礎年金、遺族厚生年金、労災保険の遺族補償年金の3種類の遺族年金の受給が考えられます。それぞれの年金はそれぞれの受給要件を満たすと支給されるのですが、遺族基礎年金、遺族厚生年金と、労災保険の遺族補償年金が併給される場合は、労災保険の遺族補償年金の支給額が、0.80～0.88の調整を受け、減額されて支給されます。

なお、遺族補償については、補償を受ける遺族が受給要件を満たしていない場合、年金ではなく一時金が支給される場合があります。

谷口正樹（特定社会保険労務士）

Q72　被災企業が行う従業員支援

災害で会社が休業に追い込まれました。従業員に対して、会社として行う義務について教えて下さい。

　地震による崩壊、津波による流失、又火災による焼失など、会社が災害によって休業に追い込まれる事が発生した場合、同時に従業員は労働の場を失い賃金を受け取る事ができなくなります。それに対して、会社が行う義務は、2つ考えられます。

　1つは、会社自体が、労働者が失った金員を補償する場合です。

　もう1つは、不就労による賃金の喪失について、行政の制度を利用する為に手続き等の支援を行う場合です。

1) 休業を余儀なくされた従業員に、会社自らが賃金の補償を行う場合とは次のような場合です。
①従業員は自らの意思ではなく、労働を提供する事ができなくなったのであるから、その責任は会社側にあり、それに対して会社（事業主・使用者）は平均賃金の100分の60以上を支払わなくてはならないとするもの。これを休業手当といいます。（労基法第26条）
a 会社側の責任（使用者の責という）には、どのような場合が考えられるか。
・地震による崩壊であれば、例えば、耐震について、度々指摘を受けていたにも拘らず、放置していた場合などが考えられます。
・火災の場合では、法定の防火壁の設置が義務付けられていたにも拘らず放置していた場合などが対象となる可能性があると考えられます。
・また、営業所は被災したが、本社には何の影響もなかったという場合なども支払いが義務付けられる場合があります。
b 休業手当は次のように計算されます。
・1日について、原則として事実のあった日（又は賃金締切日）以前3ヶ月間の総賃金を3個月の総労働日数で割って日額を算出し、その額の100分の60を計算します。（労基法第12条）

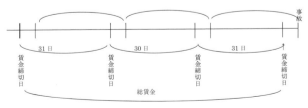

②会社側の責任が問われない場合もあります。

・被害を回避する為の措置を十分にとっていた場合

2) 不就労による賃金の喪失について、行政の制度を利用する為に支援を行う場合とは次のような場合です。
①雇用保険の、基本手当を受給できるようにする場合
a 阪神・淡路大震災時に、雇用保険法の基本手当を受給する為に被災日をもって退職とする手続をとり、会社が離職証明（直前賃金の証明）を発行しました。
・離職の日（被災日）以前2年間に（離職事由により1年間）に被保険者期間（雇用保険に加入しその間に一定日数の賃金を受けていた期間）が通算して12ヶ月以上（離職事由により6ヶ月以上）あることを条件に受給できます。
・原則として直前6ヶ月の賃金を元に基本手当の額を算出します。
b 会社で就労していたにも拘らず、会社が雇用保険に加入していなかった場合は、賃金台帳（賃金明細等）を元に、2年間遡って加入出来る場合があります。
c 会社の被災により賃金台帳等の書類、印鑑などが消失することもあります。
・雇用保険は、行政側に個別の賃金データがありません。この場合、毎年行う社会保険の算定基礎届けなどの厚生労働省データを、利用する事が考えられます。
・印鑑等の消失については、マイナンバー、今後は法人ナンバーによる照会が想定されます。
②被災後の会社の片付け等が原因で怪我等をした場合は、労災保険の手続きに手を貸す事も必要でしょう。
③被災の間に病気や怪我に対して、健康保険から傷病手当金を受給する場合も起こりえます
a 　健康保険協会等に対して、手続きをします。
b 　会社が休業していても、社会保険の被保険者（従業員）として保険料納付により健康保険証は利用でき、又年金の被保険者期間も続いています。

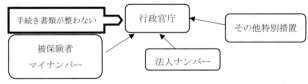

嶺山洋子（特定社会保険労務士）

Q73　震災と雇用

1—①　震災で会社が全壊し、解雇されました。納得がいきませんが、やむを得ないことなのでしょうか。何か対応策はありますか？

1—②　会社は震災の被害を免れ無事でしたが、交通機関の遮断で通勤できません。このような中、雇用主から、「このまま出社できない場合は、辞めてもらう。」と言われました。何か、対応策はありますか？

① 震災を理由にするからといって、無条件に解雇や雇止めが認められるものではありません。厳しい経営環境に置かれている状況下においても、出来る限り雇用の安定に配慮することが望まれます。解雇については、法律で個別に解雇が禁止されている事由（例：業務上の傷病による休業期間及びその後30日間の解雇（労働基準法第19条）等）以外の場合は、労働契約法の規定や裁判例におけるルールに沿って適切に対応する必要があります。また、労働契約や労働協約、就業規則、労使慣行に基づき、解雇を行う場合の手当等の支払いを定めているときは、労働契約等に基づき当該手当の支払い等を行う必要があります。

しかしながら、天災地変その他やむを得ない事由のために事業の継続が不可能となった場合に労働基準監督署の認定を受けたとき等はその限りではないとされています。また、この場合は解雇予告及び解雇予告手当の支払いも不要とされています。今回は、原則として、天災地変その他やむを得ない事由のために事業の継続が不可能となった場合に当たるものと考えられます。個別の事案につきましては、都道府県労働局にご相談下さい。

なお、事業所は全壊しているものの倒産はしていない状況から申しますと、労働者を解雇ではなく休業させる場合には、支援策があります。震災に伴う経済上の理由により休業を余儀なくされた事業所の事業主の方が労働者に休業手当を支払い、雇用の維持を図った場合、雇用調整助成金を利用できます。（表1参照）また、事業所が震災による直接的な被害を受けたことにより、休業を余儀なくされた方は、離職していなくても、雇用保険の失業手当を受給できます。（表2参照）

② 労働契約法第16条では、解雇については、客観的に合理的な理由を欠き、社会通念上相当と認められない場合は、権利の濫用として無効になります。

ご相談者が交通機関の遮断により通勤できないことのみを理由に解雇することは、一般的には相当ではないと考えられます。ただし、最終的には個別の事情を総合的に勘案して判断されます。解雇については一般的には相当ではないと考えられますが、交通機関の遮断は事業主の責ではなく、ご相談者様は年次有給休暇や会社の特別休暇を利用して休む場合を除き、原則として事業主に対して労務を提供する義務があります。欠勤についての理解を得るよう、事業主と十分に話し合い、ご相談者様の不利益を回避する方策を見いだすよう努力することが重要です。（①も参考にして下さい。）

2　震災で会社が全壊し、休業となり賃金が支払われなくなりました。何か対応策はありますか？

労働基準法第26条では、事業主の責に帰すべき事由による休業の場合には、事業主は、休業期間中の休業手当（平均賃金の100分の60以上）を支払わなければならないとされています。ただし、天災事変等の不可抗力の場合は事業主の責に帰すべき事由に当たらず、事業主に休業手当の支払い義務はありません。ただし、事業所が震災による直接的な被害を受けたことにより、休業を余儀なくされた方は、離職していなくても雇用保険の失業手当を受給できます。（表2参照）なお、休業等を実施することにより労働者の雇用の維持を図った事業主に休業手当等の一部を助成する雇用調整助成金という制度があります。（表1参照）雇用保険の失業給付と雇用調整助成金を組み合わせることで、さらに有効な手立てとなります。事業主に提案してみてはいかがでしょうか。

3　今回の震災で会社が倒産しましたが、12月分の給料と1月分の給料がいまだ支給されません。何か対応策はありますか？

労働基準法第24条においては、賃金は、通貨で直接労働者に、その全額を、毎月1回以上、一定の期日を定めて支払わなければならないとされています。既に働いた分の賃金は、当然支払われなければなりません。可能であれば、事業主に連絡をとり、支払いを求めることをお勧めします。

なお、企業倒産により賃金が支払われないまま退職し

た労働者に対して、未払い賃金の一部を独立行政法人労働者健康安全機構が事業主に代わって支払います。対象となる未払い賃金は労働者が退職した日の6ケ月前から立替払請求日の前日までに支払期日が到来している定期賃金と退職手当のうち未払いとなっているものです。

ご相談者様の12月分と1月分給料が、退職した日の6ケ月前から立替払請求日の前日までに支払期日が到来していること、他の諸要件を満たせば立替払いを受けることができます。（表3参照）

4　震災で会社が全壊し、解雇されました。次の職探しをしていますが当地では見つからないので他の府県で探したいのですが、何か支援はありますか？

激甚な災害を受けた地域において就業していて災害により離職を余儀なくされた方などは、職業転換給付金の支給の対象となります。職業転換給付金には広域求職活動費、移転費、訓練手当があります。ハローワークを通じて広域の求職活動を行う場合に、広域求職活動費として、交通費実費と宿泊料が支給されます。また、移転費として、就職または公共職業訓練を受講するために住所を移転する場合に、交通費実費、移転費、着後手当が支給されます。さらに、ハローワークの所長の指示により職業訓練を受講する場合に訓練手当が支給されます。（表4参照）なお、阪神・淡路大震災及び東日本大震災後、復旧・復興にかかわる労働需要が増加する傾向がみられました。当地にとどまり、雇用保険の教育訓練給付等を受けながら、求職活動を行う方法もあります。ご相談者のキャリア設計、ご家族の状況を鑑みてご検討ください。

澁谷昌則（特定社会保険労務士）

表1

制度の名称	雇用調整助成金		
主な支給要件	●最近3か月の生産量、売上高などの生産指標が前年同期と比べて10%以上減少していること。 ●雇用保険被保険者数及び受け入れている派遣労働者数の最近3か月間の月平均値の雇用指標が前年同期と比べ、一定規模以上増加していないこと。		
助成内容と受給できる金額		大企業	中小企業
休業を実施した場合の休業手当または教育訓練を実施した場合の賃金相当額、出向を行った場合の出向元事業主の負担額に対する助成（率） ＊対象労働者あたり、8,205円が上限です。（平成29年8月1日現在）		1/2	2/3
教育訓練を実施した時の加算（額）		1人1日あたり1,200円	
問い合わせ先	都道府県労働局、公共職業安定所		

＊支給限度日数は1年間で100日、3年間で150日

表2

制度の名称	雇用保険の失業等給付
制度の内容	●労働者が失業してその所得の源泉を喪失した場合等に、生活及び雇用の安定並びに就職の促進のために、求職者給付、就職促進給付、教育訓練給付、雇用継続給付を一定の要件を満たした方に支給します。 ●災害により雇用される事業所が休業することになったため、一時的な離職または休業を余儀なくされた方に雇用保険の基本手当を支給する特例措置を実施します。
活用できる方	●災害救助法の適用を受ける市町村に所在する事業所に雇用される方で、事業所が災害を受け、やむを得ず休業することになったため、一時的に離職を余儀なくされ、離職前の事業主に再雇用されることが予定されている方が対象です。 ●激甚災害法第25条の規定が適用された場合に、激甚災害法の適用を受ける地域に所在する事業所に雇用される方で、事業所が災害を受け、やむを得ず休業することになったため、休業を余儀なくされた方が対象です。
問い合わせ先	公共職業安定所

表3

制度の名称	未払賃金立替払制度
制度の内容	●企業倒産により賃金が支払われないまま退職した労働者に対して、未払賃金の一部を、独立行政法人労働者健康安全機構が事業主に代わって支払います。 ●対象となる未払賃金は、労働者が退職した日の6カ月前から立替払請求日の前日までに支払期日が到来している定期賃金と退職手当のうち未払となっているものです（上限有り）。ボーナスは立替払の対象とはなりません。また、未払賃金の総額が2万円未満の場合も対象とはなりません。 ●立替払した場合は、独立行政法人労働者健康福祉機構がその分の賃金債権を代位取得し、本来の支払責任者である使用者に求償します。
活用できる方	●次に掲げる要件を満たしている場合は立替払を受けることができます。 (1) 使用者が、 　1. 労災保険の適用事業に該当する事業を行っていたこと 　2. 1年以上事業活動を行っていたこと 　3. ア．法律上の倒産（破産、特別清算、民事再生、会社更生の場合）をしたこと 　　　イ．事実上の倒産（中小企業が事業活動を停止し、再開する見込みがなく、賃金支払能力がない場合）をしたこと 　　　この場合は、労働基準監督署の認定が必要です。労働基準監督署に認定の申請を行ってください。 (2) 労働者が、倒産について裁判所への申立て等（法律上の倒産の場合）または労働基準監督署への認定申請（事実上の倒産の場合）が行われた日の6カ月前の日から2年の間に退職した者であること
問い合わせ先	●労働基準監督署 ●独立行政法人労働者健康安全機構　未払賃金立替払相談コーナー

表4

制度の名称	職業転換給付金（広域求職活動費、移転費、訓練手当）の支給
制度の内容	●就職が困難な失業者などの再就職の促進を図るため、ハローワークの紹介により広域にわたる求職活動を行う場合や、就職または公共職業訓練を受講するために住所を移転する場合にその費用の一部が支給されます。また、訓練を行っている期間については訓練手当が支給されます。 ［広域求職活動費］ ハローワークを通じて広域の求職活動を行う場合に広域求職活動費（交通費実費、宿泊料）を支給。 ［移転費］ 就職または公共職業訓練を受講するために住所を移転する場合に、移転費（交通費実費、移転費、着後手当）を支給。 ［訓練手当］ ハローワークの所長の指示により職業訓練を受講する場合に訓練手当を支給。 ・基本手当　日額 3,530〜4,310円　　・受講手当　日額 500円（40日を限度） ・通所手当　月額 42,500円まで　　・寄宿手当　月額 10,700円 ※その他、就職が困難な失業者等を作業環境に適応させる職場適応訓練を実施した事業主に対して職場適応訓練費が支給される。
活用できる方	●激甚な災害を受けた地域において就業していて災害により離職を余儀なくされた方など。
問い合わせ先	公共職業安定所または都道府県労働局、都道府県

表1　厚生労働省「雇用調整助成金」パンフレットより抜粋
表2、表3、表4　内閣府「被災者支援に関する各種制度の概要」（平成29年11月1日現在）より抜粋
参考：厚生労働省ホームページ「東日本大震災に伴う労働基準法等に関するQ&A（第3版）」

Q74　被災企業への経済支援

災害で経営が圧迫され従業員の賃金も十分に支払えなくなっています。何か経済的に活用できる制度はあるでしょうか。

　地震による崩壊、津波による流失、又火災による焼失など、災害によって経営が苦しくなり、追い込まれる事態になった場合、雇用を維持し、さらに経営を立て直すため、支援を受ける方法は2つ考えられます。

　1つは、国庫補助の特別措置を利用して、会社が、経営の建て直しや運転資金を無利子で借り入れたり、助成金を受けたりする方法です。

　もう1つは、個人が被災者として、生活再建支援制度を利用する方法です。

1）中小企業等については、激震災害と指定された場合、比較的早い時期に（2週間程度）広報され、国庫補助の嵩上げや信用保証の特例等、特別の財政措置が講じられます。過去の災害では、概ね3週間程度の短期間に集中的に融資が行われています。

①激甚災害特別制度
・無利息の期限付き融資
・阪神淡路大震災の場合は最高1,000万円でした
・その都度、災害のレベル等により国庫補助の特別措置等を政令で指定します

2）事業主個人や労働者が、被災者支援を受ける場合は先ず、その災害が支援制度の対象となるものかどうか適用の可否が検討され、都道府県から国、支援法人、市町村に告示されます。

①被災者生活再建支援制度
・支援の有無

・支援の額は、被害を受けた住宅が持ち家か、賃借か、大規模半壊か、長期避難かにより、100万円～50万円、さらに住宅の再建に関して200万円～50万円の加算支援が予想されます。

②支援金支給手続き手順
・罹災証明書の交付（市町村）
・支援金支給申請（被災世帯）
・市町村で受け付け、都道府県が取りまとめ、支援法人に送付
・被災世帯に支援金の支給（支援法人）
・支援法人から国に補助金申請
・国から支援法人に補助金

嶺山洋子（特定社会保険労務士）

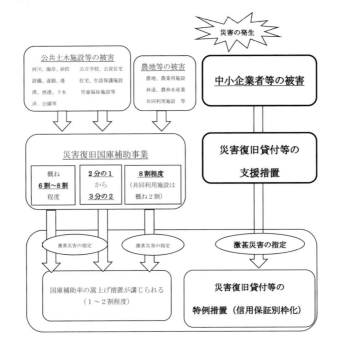

津波で陸に上がったタンカー

黒田小学校で働くボランティア

ビルの倒壊

建物の被災

東日本大震災（撮影：斎藤浩）

職場の破壊、雇用、賃金

Q75　解雇、会社閉鎖などの場合の社会保険や年金

1　雇用保険に加入できる働き方をしていたのですが、会社が雇用保険に加入していませんでした。私にも雇用保険の給付が受けられますか？

雇用される労働者が、「①1週間の所定労働時間が20時間以上であること②31日以上の雇用の見込みがあること」の両要件を満たせば、原則、雇用保険に加入する義務があります。雇用保険は強制加入ですから、当然に雇用保険の適用を受けることになります。しかしながら、零細事業所では、雇用保険の手続きを怠り、保険料を支払っていない場合があります。このような場合、通常ではハローワークに申し出をし、加入要件を満たしていることを証明して、確認という行為を受け雇用保険に加入することができるようになっています。ただし、このように確認の行為を受けるのは大変ハードルが高く、現状では、ハローワークがまずは事業主に連絡をして、正規の手続きをするように促します。

震災のような場合に、このような手順をとらずに、ハローワークでは労働者の申出等で加入日を遡って行うことができます。

阪神大震災の時には、2月21日の予算委員会で、労働省(現厚生労働省)が雇用保険の運用を大幅に緩和し、事業主の証明などがなくても支給することを明らかにしています。

具体的には、事業主の手続きや保険料納付の有無に関わらず、過去2年間働いた実績が証明できれば、給付が受けられます。賃金台帳や名簿がない場合でも、健康保険証や給与明細などで証明し、労働者本人からの支給申請についても認められました。いざとなったら、ハローワークで相談しましょう。

　コラム　街中の電信柱に「雇用保険に入っていなくても給付が受けられる」と書いた紙が多く張られ、ハローワークは大変な人が殺到したことを覚えています。震災後火災で大きな被害を出した神戸市長田区には零細業者が多かったため、加入期間の証明をすることが難しいことも多かったようです。

　今できること：会社が雇用保険の加入届を出してくれているのかを確認してください。加入していないような場合は、手続きを取るように申し出ましょう。また、普段から給料明細や、雇用契約書は大切に保管しましょう。また、震災などの場合持ち出せないことも考えられるので、スマートホンなどで写真をとり、保管することも一つの対策です。

2　家が全焼し、健康保険証が消失してしまいました。会社も全壊で連絡がつきません。病院に行きたいのですがどうすればいいでしょうか？

通常は、健康保険証を再発行する場合、事業所を通じて再発行の手続きを行います。しかし、震災が起こったような場合、健康保険証を消失したり、流されるようなこともあります。また、健康保険証を自宅に置いたまま避難するようなこともあり得ます。

そのため、被災した場合には「氏名・生年月日・事業所名（国保は住所）を病院で申し出れば、保険適用の受診ができます。また、健康保険証の再交付は会社を通じずに行うことができるようになります。災害救助法の適用を受けた地域に住んでおり、被災等をしていれば、一定の期間は窓口で支払う一部負担金を支払う必要がありません。

尚、このような措置が取られる場合は、厚生労働省から健康保険を扱う医療機関に詳しいお知らせが届きますので、医療機関窓口で相談してください。

　コラム　阪神淡路大震災では、医療機関に支払う一部負担金の免除が平成7年2月末までおこなわれることとなっていました。その後、免除の期間は平成7年4月末までと延長されましたが、4月1日からは、「一部負担金等免除認定書」を窓口で提示すれば、免除になる事となりました。この「一部負担金等免除認定書」は事業主を通じて手続きを行うことで、添付書類（り災証明など）を省略することができました。その後、免除期間は平成7年5月末(市町村民税の非課税世帯の方は平成7年12月末日まで)、延長されたのです。

ちょこっと知識　災害救助法と健康保険

災害救助法では、災害を受けた地域を指定し、救助活

動をしますが、その内容の一つに医療があります。医療等は災害救助法と、健康保険法が重複することになります。その場合、災害救助法が優先されます。災害救助法が適用されなくなっても、健康保険を受けて医療を受けることができます。また、治療の為に会社を休んでいる場合には、災害救助法では、給付がありませんが、健康保険から傷病手当金の給付を受けることができます。

3 国民年金の保険料ですが、今回の震災で経済的に支払いが困難です。どうすればいいですか？

国民年金の保険料には、保険料免除制度があります。所得額が低い等の要件に該当している場合は、審査をうけ承認されたら、保険料が免除されます。しかし、免除がされれば、将来受け取る老齢基礎年金の額が少なくなってしまいます。将来のことを考えた場合には、あまり意味の無いような制度にも見えますが、障害年金や遺族年金を受ける場合には、免除期間は保険料を納付した期間と同様に見てくれますので免除の制度は、保険料を未納するよりも断然有利です。また、将来の老齢基礎年金の額も、免除期間は原則保険料を支払った場合の年金額の半分等になりますので、活用したい制度です。

生活が落ち着いて、保険料が払える様になれば10年以内であれば、支払いができます。また、国民年金法では「保険料を納付することが著しく困難である場合として天災その他の以下のような場合は、厚生労働大臣が指定する期間に係る保険料を免除する」とされ、災害などの場合には、免除の理由が以下のような場合にも広げられます。

「申請のあった日の属する年度またはその前年度における震災、風水害、火災その他これらの類する災害により、被保険者の住宅、家財その他の財産につき被害金額が、その価格の概ね2分の1以上である損害をうけたとき。（被害金額は保険金、損害賠償金等により補填された金額を除いて計算します。）」

具体的には、阪神淡路大震災では、住宅の全壊、住宅の半壊、住宅の焼失、家財が損失、その他（例：勤務先が被災して、収入を得ることができなくなった）場合に免除の申請ができました。また、東日本大災害の際には福島第一原子力発電所の事故による、住民避難のための立ち退き又は屋内への退避の指示を受けた地域について、免除の申請ができるようになっていました。

> コラム　国民年金は最低のリスクヘッジですから、保険料を納付することは大切です。もし、保険料が支払えない場合には、お近くの年金事務所で相談することが第1です。

> コラム　国民年金の保険料が免除される場合として、失業による場合があります。また、産前産後の期間は保険料御免除が受けられますが、通常の免除と違い将来の年金額は支払った場合と同じです。災害等で、国民年金保険料が免除申請できる場合は、全額免除が適用されます。
>
> 保険料の支払いは免除されますが、将来の老齢基礎年金の額は、保険料を納めた場合の半分の金額とされます。免除のどの制度よりもお得感はありますが、将来の不安が残ります。
>
> 生活が安定した場合保険料を支払いたいときは、10年以内であれば追納ができます。しかし、追納する場合には、支払うべき保険料の額に加算額が付きます。加算は翌翌年度以降からです。

この表は、平成30年度の額を参考に、概算で計算しています。

松永和美（特定社会保険労務士）

保険料の免除　比較表　保険料を支払った場合と免除の場合　将来の年金額はいくらになるか

	支払う1月分の保険料（円）	1月分支払った保険料で年金額（1年間）はいくら増えるか（円）	40年間全ての期間が比較の保険料を支払ったの場合の額（年額）
保険料を支払った場合（平成30年額で計算）	16,340	約1624	779,300円
全額免除	0	約812	389,650円
4分の1免除	12,260	約1421	681,888円
半額免除	8,160	約1218	584,475円
4分の3免除	4,090	約1015	487,063円
学制の納付特例	0	0	0円
50歳未満納付猶予	0	0	0円

Q76　貸家の倒壊による被害

父より相続した家を所有しているのですが、現在、他人に貸しています。その家が地震で崩れ、借りていた人が亡くなったそうです。このような場合、私が何らかの責任を負うのでしょうか。

1　責任の根拠

民法717条1項は「土地の工作物の設置又は保存に瑕疵があることによって他人に損害を生じたときは、その工作物の占有者は、被害者に対してその損害を賠償する責任を負う。ただし、占有者が損害の発生を防止するのに必要な注意をしたときは、所有者がその損害を賠償しなければならない。」と規定しています。

建物は「土地の工作物」ですから、建物占有者は、建物の瑕疵により人に損害が出た場合、損害賠償責任を負い、占有者に過失がない場合、建物所有者が責任を負います。所有者の責任は、過失がなくても免れることはできません。

2　民法717条1項の要件の検討

(1)　責任を負う主体について

占有者とは工作物を事実上支配する者のことですから、建物の場合、そこで暮らしていた賃借人は、占有者に該当します。

民法717条で第1に責任を負うべきとされる占有者からの所有者に対する工作物責任については、認めない裁判例と認める裁判例がありますが、結局、土地工作物に対する直接具体的な支配を有しており、土地工作物から発生する危険を防止することが可能な者が責任主体として認められる結論になっています。

一般的に建物を支配しているのは貸主と考えられるため、所有者である貸主が民法717条の責任主体から免れることは容易ではありませんが、貸主の居住地が貸家から遠方で、建物の具体的な管理は全て借主に任されていたような場合や借主が無断増改築をしたため倒壊してしまったような場合等には、所有者が危険を防止することが可能な主体とは言えない、占有者に過失がある等として、所有者としての責任主体性が否定される可能性はあります。

(2)　設置又は保存の瑕疵について

「設置又は保存」の「瑕疵」とは、その物が本来備えているべき性状や設備、安全性を欠いていることを言い、建物の倒壊の場合の瑕疵の有無は、建物が建築当時の法令に適合して建てられているかどうかが重要な判断要素となります。

神戸地方裁判所平成11年9月20日判決（判例時報1716号105頁）は、阪神・淡路大震災の際にマンションが倒壊し、賃借人らが負傷・死亡したことについて、賃借人やその遺族らが、建物所有者である賃貸人に対し、安全な建物を賃貸すべき義務の違反及び民法717条の工作物責任に基づいて損害賠償請求をした事案ですが、裁判所は、倒壊建物についてその壁厚や壁量等が設計基準を満たしていなかったことを認め、強度不足を補うために軽量鉄鋼で補強していたとしても、その妥当性に疑問があるとして、建築当時を基準に考えても、建物が通常有すべき安全性を有していなかったと判断しています。

この事案は建築当時において設計基準を満たしていなかったケースですが、建築当時の法令の基準は満たしていたものの、法令改正により現在は法令に適合しない既存不適格建築物が倒壊した場合、その建築物に瑕疵があったと認められるかを判断した近時の裁判例は見受けられません。

古い裁判例では仙台地方裁判所昭和56年5月8日判決（判例時報1007号30頁、判例タイムズ446号48頁）が参考になります。この裁判例は、地震によりブロック塀が倒壊して人が亡くなり、遺族が民法717条に基づき損害賠償請求をした事案です。

倒壊したブロック塀が築造された昭和44年当時はコンクリートブロック塀に対する法的規制がありませんでしたが、その後、コンクリートブロック塀に対する規制が新設されて塀の構造基準が定められており、倒壊したブロック塀はその基準に適合しない点が複数ありました。それでも判決はブロック塀の瑕疵を認めていません。

このことから建築後新たに設けられた法的規制に適合しない場合、そのことをもって、瑕疵があると判断されることはないといえます。

そうすると建築当時の基準に合致していれば、瑕疵はないといえそうですが、この裁判例は、事故当時において、社会的にブロック塀が新たな法令に適合させるべく補修することが求められているようなことはなかったとして、ブロック塀の瑕疵を否定していますから、逆に、社会的に新たな法令に適合するよう補修・改造が期待される状況であれば、既存不適格建築物であっても、現在

の法令に適合させる義務が生じうるとも考えられます。

また、この裁判例の判決文からは、ブロック塀事故当時においても、事故現場付近において震度6の地震が発生することは想定されていなかったことが窺われます。そうすると、現在のように、震度6を超える大地震が各地で発生しており、南海トラフ地震が高い確率で起こると言われている状況においては、たとえば、既存不適格建築物を人に賃貸する場合は、現在の法令に適合させる義務があるなどという判断がなされることも考えられます。

(3) 損害の発生

建物に瑕疵があったとしても、瑕疵と無関係の原因で賃貸人が亡くなった場合、責任は生じません。そうすると、建物に瑕疵はあったが、瑕疵がなかったとしても建物が倒壊するような巨大地震だった場合は、賃借人が死亡したのは、不可抗力であったとして、責任を免れることができるでしょうか。

上述の神戸地方裁判所平成11年9月20日判決では、仮に建築当時の基準に適合していたとしても、当該建物は、地震により倒壊していたと考えられるが、建築当時の基準により通常有すべき安全性を備えていたとすれば、その倒壊の状況は異なったはずだとして、賃借人らの死傷は、建物の瑕疵と想定外の揺れの地震とが、競合して引き起こしたものだと判断していますから、建物に瑕疵がなくても建物が倒壊する程の大きな地震であった場合でも、瑕疵と賃借人の死亡結果との因果関係が完全に否定される可能性は低いでしょう。

もっとも、この裁判例は、自然力との競合により被害が発生したことを根拠に、所有者が負担すべき損害額を実際生じた損害の5割に減額しています。したがって、工作物責任が認められるとしても、自然力との競合として損害額が減額される可能性はあります。しかし、自然力の競合により責任を軽くすることを認めるべきでないという学説もあり、本件のケースにおいても、自然力の競合を理由に損害の減少が認められるとまでは言い切れません。

3 契約上の責任

民法717条は所有者としての責任の規定ですが、あなたは借主に対し貸主としての契約上の責任として、債務不履行責任を負うことも考えられます。もっとも民法717条の責任は無過失責任である一方、債務不履行責任は過失が要件となっているため、民法717条の責任が否定される場合は契約上の責任も否定される帰結が多いでしょう。

賃貸借契約の貸主は、借主に対し、建物を安全に使用・収益をさせる義務を負うと解されるので、建物の瑕疵により建物が損壊し、瑕疵の存在について貸主に過失があれば、通常、貸主の責任が認められます。

一方、無償や、無償に近い低価格の賃料で建物を貸していた場合、貸主と借主間の契約は、賃貸借契約ではなく、使用貸借契約と解され、その場合、貸主は、建物の瑕疵について、その瑕疵を知りながら借主に告げなかった場合を除いて、その責任を負わないとされています。

松森美穂（弁護士）

Q77　借家の滅失と敷金

借りて住んでいたアパートが、地震で大規模半壊と認定され、家主から立退きを求められていますが、立ち退く義務はありますか。また、家主からは、壁の汚れや釘による建物の傷の補修を求められていますが、敷金はどうなりますか。

1　建物の「滅失」について

(1)家主から借りている建物が地震によって「滅失」した場合には、賃貸借の目的物自体が消滅するため、当該建物についての賃貸借契約は終了することとなり、借家人は退去しなければなりません。そこで、どのような場合に建物が「滅失」したと言えるかが問題となります。

(2)この点については、一般的な裁判例では、①建物の物理的な損壊の程度（居住が不可能なほどか否か）、②建物の修復に係る費用（取り壊して新築したほうが修復するよりも経済的に合理的か否か）等を総合的に考慮して判断されています。

本問では、罹災証明書において「大規模半壊」と認定されています。内閣府が定める被害認定基準等によれば、「全壊」とは、「損壊が甚だしく、補修により再使用することが困難なもの」とされる一方、「半壊」とは、「損壊が甚だしいが、補修すれば元通りに再使用できる程度のもの」とされ、「大規模半壊」とは、「半壊し、柱等の補修を含む大規模な補修を行わなければ当該住宅に居住することが困難なもの」とされています。「全壊」と認定された場合には、ほぼ「滅失」に該当すると考えられ、「半壊」の場合にはケースバイケースですが、「大規模半壊」の場合には、損壊の程度も大きく、補修の経済的負担も大きいと考えられますので、上記の①及び②の点を総合的に考慮したうえで、「滅失」と判断される場合も多いと考えられます。

2　建物が滅失した場合の賃貸人の通知義務について

(1)賃借建物が災害によって滅失した場合には、従来は、罹災都市借地借家臨時処理法（以下「罹災法」といいます。）の適用が問題となりました。罹災法は、一定規模の災害が発生した場合に、政令で指定することによって適用されるという仕組みであり、阪神・淡路大震災など、30件以上の震災、風水害、大規模火災等について適用されてきました。

罹災法によれば、滅失した建物の借家人であった者は、土地の所有者等によって罹災後に最初に築造された建物について、完成前に賃借の申出をすることによって、他の者に優先して、相当な借家条件で、当該建物を賃借することができる、と定められており（罹災法14条）、この権利は「優先借家権」と呼ばれていました。

優先借家権は、借家人の保護に資するものではありましたが、阪神・淡路大震災において罹災法が適用された際にも、賃貸人による建物の新築の意欲を削ぎ、結果的に復興を阻害しかねない、という批判がありました。

(2)このような批判を背景に、平成25年に「大規模な災害の被災地における借地借家に関する特別措置法」（以下「被災借地借家法」といいます。）が施行され、罹災法は廃止されました。

被災借地借家法では、一定規模の災害が発生した場合に政令で指定することによって適用されるという仕組みは罹災法と同様ですが、大規模災害によって借家が滅失した場合には、従前の家主が建物を再築して賃貸しようとするときは、従前の借家人のうち所在がわかっている者に対し、その旨を通知しなければならないものとされています（被災借地借家法8条）。罹災法では、従前の借家人に優先借家権を認めていましたが、被災借地借家法では、家主に上記のような通知義務を課すことにより、従前の借家人に対して、家主との間で再築後の建物について新たな借家契約の締結に向けた交渉をする機会を与えることとしたのです。なお、この通知をしなければならないのは、被災借地借家法の適用を定めた政令の施行日から起算して3年間です。

本問でも、建物が滅失したと判断される場合には、被災借地借家法の適用の可能性がありますので、再度同一の場所で居住することを希望する借家人としては、家主に対して転居後の通知先を伝えておき、家主による通知がなされる機会を確保しておく必要があります。

3　賃貸借契約が存続する場合

(1)本問においても、建物が滅失したとは言えない場合には、賃貸借契約が存続することになります。この場合、借家人が居住を継続するためには、賃借建物を修繕する必要があり、民法上は、家主が賃貸物件の使用及び収益に必要な修繕をする義務があります（民法606条1項）。

そして、家主が修繕を行うにあたって一時的な明渡しを借家人に求めてきた場合には、原則として、必要な範囲でその明渡しに応じる必要があります（同条2項）。この場合、明渡しの期間中の賃料は発生しませんが、修繕中の仮住まいの費用等を家主に請求することまではできないと考えられます。

一方、家主が必要な修繕をしない場合には、借家人が必要な修繕を行い、その費用を家主に請求することも可能です（民法608条1項）し、場合によっては、修繕義務を履行しないことを理由とする賃貸借契約の解除、損害賠償請求等も可能です。

⑵建物が滅失に至っていないにもかかわらず、居住の継続の不安や家主の要求等により、借家人が建物を退去することになった場合には、敷金の返還が問題になりえます。

本問では、家主が壁の汚れや釘による傷を主張しています。建物の賃貸借契約においては、通常、借家人は明渡時の原状回復義務を負担していますが、経年変化や通常の使用に伴う損耗（以下「通常損耗」といいます。）による目的物の価値減少分は賃料収入によってカバーされるべきであると考えられており、原則として、経年変化や通常損耗についての原状回復義務はないと考えられています。一方で、借家人の故意・過失による損壊や、通常の使用を超えるような使用による汚れや傷については、借家人が原状回復義務を負うことになります。また、①客観的、合理的な理由が存在すること、②借家人が義務を負うことを認識していること、③借家人が義務負担の意思を表示していること、といった3つの要件を満たす場合には、経年変化や通常損耗についても借家人が原状回復義務を負担することがあります。

本問でも、家主が主張する汚れや傷が経年変化や通常損耗にとどまる場合には、借家人が当該損耗についても原状回復義務を負うことが明確に合意されていない限り、その補修のための費用を敷金から差し引かれる理由はないと考えられます。

4　建物が滅失した場合の敷金の処理について
⑴上記1のとおり、賃借建物が滅失した場合には、賃貸借契約が終了することとなりますが、この場合には、原則として、借家人は家主に対して敷金の返還を請求することができるものと考えられます。

賃貸借契約によっては、災害等の不可抗力によって建物が滅失した場合には敷金を返還しない、という特約が含まれていることがありますが、この特約は、借家人にとって一方的に不利益な特約であることから、裁判例でも無効と判断される傾向にあります。

⑵そして、建物が滅失したことを前提にすれば、建物の取壊しが前提となるため、壁の汚れや釘による傷の補修についても不必要であり、これらの補修費用を敷金から差し引く必要もないと考えられることから、借家人としては、敷金全額の返還を請求できるものと考えます。

名倉大貴（弁護士）

Q78 家主の行方不明・死亡と借家権

震災で家主が行方不明又は死亡してしまった場合、借家人としてはどのように対応すべきでしょうか。

建物の借主は賃貸借契約に基づき、賃料（家賃）を支払う義務があります。一方で貸主である家主は、建物を使用させる義務を負っています。

大規模な災害により、建物の主要な部分が滅失して、もはや建物が滅失してしまったと判断される場合は、賃貸借契約は当然に終了します。この場合には、預けていた敷金は未払い賃料等がない限り返還されるべきで、また、関西地方に特有の敷引特約についても適用することなく敷金を返還すべきでしょう。

では、建物に住み続けることは可能な状態だが、家主が行方不明又は死亡してしまった場合はどうでしょう。この場合、建物が損壊しているわけではありませんので、賃貸借契約は終了することなく継続します。ということは、借主の賃料を支払う義務も存続することになります。借主としては賃料を支払う義務が存続している以上、たとえ家主が行方不明又は死亡してしまっていて、実際に賃料を支払うことができないという事態が生じてしまったとしても、支払いを途絶するとその義務を履行していないという責任を負わなければならない可能性があります。

このような場合は、民法第494条に基づき供託という手続きをとる必要があります。供託をすることができる要件としては、債権者が受領を拒む、受領することができない、弁済者が過失なく債権者を確知することができない場合に限られています。

供託を行うには、債務の履行地（家賃の支払いを行うべき場所）に所在する供託所（法務局・地方法務局またはそれらの支局・出張所）に対して供託者の氏名及び住所、供託の原因たる事実等を記載した供託書その他の必要書類及び供託金を提出（インターネットを利用して供託することも可能）する必要があります。なお、供託金の納入については、直接供託所の窓口で取り扱う供託所と日本銀行又はその代理店に納める供託所とがあります。また、納入の方法については、現金の納付のほかに、電子納付を選択することもできます。

具体的には、借主は、家主の不在や行方不明等により賃料の弁済をすることができないときは、当該賃料について「受領不能」という供託原因により供託をすることで、賃料債務（賃料を支払う義務）を消滅させることができます。また、家主が死亡し相続が開始されたものの、相続人が誰であるか事実上知りえない場合には、「債権者不確知」という供託原因により供託をすることで、賃料債務を消滅させることができます。賃料の支払方法が賃貸借契約によってどのように定められているかによりますが、債権者である家主の住所で賃料を支払うこととされている場合、つまり家主に直接手渡しする場合には、家主の不在、行方不明等の事情があるときに「受領不能」となります。「不在」とは一時的な不在の場合でも差し支えないとされていますので、大規模災害により家主の避難先が分からないといった事情がこれに該当するでしょう。また、家主が借主の住所において取り立てる旨の合意がある場合には、弁済期（支払時期）が到来したにもかかわらず、家主が取立てに来ない場合等が該当します。この場合には、借主は、弁済の準備をしたことを通知してその受領を催告（口頭の提供：現実に家主のもとに賃料を持参することまでは必要ありません。）しなければなりません。

なお、以上のような供託によって自身の賃料を支払うべき義務を履行しなかった場合には、家主から契約の解除を主張される恐れがあります。

詳細については、法務省のHPにも記載があります。
http://www.moj.go.jp/MINJI/minji07.html をご参考にされてはいかがでしょうか。

石神健吾（近畿司法書士会連合会）

なくなった1階

避難所での相談

建物崩壊

剥がれた熊本城

熊本地震（撮影：斎藤浩）

Q79 借家の一部損壊と家賃、解約の可否

借りているアパートの壁や窓ガラスに地震でヒビが入り、かつ、約1か月間電気、ガス、水道が止まって住めませんでしたが、この期間の家賃はどうなりますか。ライフライン復旧後はそのアパートに住んでいますが、家主は、建物の建替えを理由として立退きを求めています。

1 建物の損傷、ライフラインの停止と家賃の減額

(1)本問では、地震の影響でアパートの壁や窓ガラスにヒビが入ったりはしているものの、居住自体が不可能になっているわけではなく、建物の全部が滅失したとは言えない状況です。したがって、アパートについての家主と借家人との間の賃貸借契約は、終了することなく、継続しているものと考えられます。そして、損壊した部分の修繕については、民法606条1項に基づき、原則として家主が修繕義務を負うこととなります。

(2)また、民法611条1項によれば、「賃借物の一部が賃借人の過失によらないで滅失したときは、賃借人は、その滅失した部分の割合に応じて、賃料の減額を請求することができる」とされており、建物の「一部滅失」と判断される場合には、同条項に基づき、借家人は家主に対して家賃の減額を請求できることになります。また、同条2項によれば、賃借建物の一部が滅失し、残存する部分のみでは賃借の目的を達成することができないときは、借家人は、賃貸借契約の解除ができると定められています。

賃借建物の一部が滅失したと言えるためには、少なくとも賃借部分の一部が使用不能となったことが必要となると考えられます。本問のように、アパートの壁に亀裂が入ったり、窓ガラスにヒビが入った、という程度であれば、賃借部分の一部が使用不能になった、とまでは言い難いことが多いと考えられますので、賃借部分の一部が滅失したとして、借家人が家主に対して賃料の減額を請求するのは困難であると考えます。

(3)一方で、本問では、1ヶ月間電気・ガス・水道等のライフラインが停止しており、その期間中借家人はアパートに居住していない、ということですが、借家人としては、この1ヶ月分の家賃の支払を拒めるか、という点が問題となります。

この点に関しては、阪神・淡路大震災によって一定期間ライフラインが停止し、その期間中借家を使用できなかったとして、借家人が既払いの家賃の返還を請求したという事案について、神戸地方裁判所の裁判例があります（神戸地判平成10年9月24日〔判例集未登載〕）。この裁判例では、借家人側の民法611条を適用ないし類推適用して賃料の減額を認めるべきとの主張については、「同条は、賃借物件の一部滅失の場合の賃借人の賃料減額請求（又は解除請求）を定め、滅失部分の原状回復が賃貸人の義務ではないことを前提としており、本件のように賃借物件が何ら滅失しておらず、賃貸人に修繕義務が発生するという場合にまで当然に適用されるとは解し難い」としつつ、「賃貸借契約は、賃料の支払と賃借物件の使用収益とを対価関係とするものであり、賃借物件が滅失に至らなくても、客観的にみてその使用収益が一部ないし全部できなくなったときには、公平の原則により双務契約上の危険負担に関する一般原則である民法536条1項を類推適用して、当該使用不能状態が発生したときから賃料の支払義務を免れると解するのが相当である」と判断されています。すなわち、地震の影響でライフラインが停止されたときは、客観的に見て賃借建物の使用収益が一部ないし全部不可能となる場合があり、その場合には、借家人は、ライフラインが停止している期間の賃料支払義務を一定の範囲で免れると判断したのです。

(4)この判断については、家主は賃貸借契約に基づいて建物を借家人に使用収益させる義務を負ってはいるものの、電気、ガス、水道等のライフラインの供給義務まで負うわけではないことからすれば、ライフラインの停止によって借家人が賃借建物に居住できない期間があったからと言って、そのリスクを家主に負担させることは必ずしも妥当ではないのではないか、という批判も考えられるところです。

上記(3)の裁判例は、地方裁判所の判断でもあり、ライフラインが停止した場合に借家人が確実に賃料の支払義務を免れるとまでは言えませんが、本問のような場合には、借家人としては、この裁判例の考え方に基づいて、家主に対し、ライフラインの停止によってアパートを使用できなかった期間の家賃の支払義務が発生しない、と主張することが考えられます。

2 家主による立退請求について

(1)本問では、地震の後も借家人はアパートには居住できる状態ではあるものの、家主側がアパートを建て替える意向を示して借家人に対して立退きを求めています。この場合、家主としては、借家人に対し、賃貸借契約の更新拒絶（借地借家法26条）又は解約の申入れ（借地借家法27条）を行うものと考えられますが、更新拒絶又は解約申入れの有効性が認められるためには、借地借家法上「正当事由」が必要とされており（借地借家法28条）、本問でも、この「正当事由」が存在するか否かが問題となります。

(2)上記の「正当事由」の有無については、一般に、①建物の使用を必要とする事情（当事者双方の建物の使用の必要性の比較衡量）のほか、②建物の賃貸借に関する従前の経過（賃貸借契約締結の経緯・事情、賃貸借契約の内容、家賃の額、借家の経過期間、更新の有無、当事者間の信頼関係の破壊の有無等）、③建物の利用の状況（借家人にとって必要不可欠の利用か否か等）、④建物の現況（建物の残存耐用年数、建物の損傷の程度、修繕にかかる費用等）、⑤財産的給付（立退料等）といった事情を総合的に考慮して判断することとなります。そして、正当事由の主たる判断要素は、①の「建物の使用を必要とする事情」であり、他の②から⑤の事情は、①の補完的な事情であると考えられています。特に、⑤の財産的給付（立退料等）については、補完的な要素としての性格が強いと考えるのが一般的な裁判例の傾向です。

本問において「正当事由」が認められるか否かについては、特に、家主が検討している建替えの必要性（建物の損壊の程度、建物がどの程度古いもので、耐用年数がどの程度あるのか、建物の修繕にどの程度費用がかかり、建替えの場合とどの程度費用に差があるのか等）、借家人が他の同等の住居を近隣で容易に見つけることができるような状況か否か、といった点を主に考慮したうえで、補完的な事情として、立退料の有無や金額が問題になると考えられます。

(3)以上のとおり、本問において、家主が主張する立退きが認められるか否かは、より具体的な事情を考慮する必要があり、本問に挙げられた事情だけでは一概には判断できませんが、本問のような要求を受けた借家人としては、上記(2)で述べたような事情を十分に家主に確認するとともに、仮に立退きに合意するにしても、立退時の経済的な補償や建替え後のアパートへの入居等について、家主との間で粘り強く交渉する必要があると思われます。

名倉大貴（弁護士）

Q80　貸家の被害と所得申告

災害で貸家が被害を受けました。不動産所得の申告はどのようにしたらよいのでしょうか。

賃貸用の不動産が災害により被害を受けた場合は、その不動産事業が事業規模か事業規模に至らない規模かどうかで、その不動産の損失の取り扱いが異なります。

①不動産等の貸付が事業として行われている場合

災害による損失は不動産所得の金額の計算上必要経費に算入されます。

また、不動産所得が赤字になった場合は、その他の所得と損益通算を行うことができる。損益通算してもなお引ききれない損失（純損失）がある場合は翌年以降3年間繰り越すことができる。また、純損失は前年に繰り戻して、残額は3年間繰り越すことができる。

②不動産等の貸付が事業として行われていない場合
（以下業務規模という）

災害損失は不動産所得の計算上、必要経費に算入するか、雑損控除として所得控除の対象とするかいずれか有利のほうを選択できます。ただし、不動産所得の金額の計算上、必要経費に算入して、不動産所得が赤字になっても①の場合と違って赤字は繰り越せません。

しかるに、業務規模で行っている場合で、不動産所得が赤字の場合は、雑損控除の適用を選択したほうが有利である。雑損控除がその年分で控除しきれない損失がある場合は、翌年以降3年間繰り越すことができる。

上記の事業規模か業務規模かの判定は次の通りです。
1．建物貸付が事業として行われているかどうかの判定

建物の貸付が不動産所得を生ずべき事業として行われているかどうかは、社会通念上事業と称するに至る程度の規模で建物の貸付を行っているかどうかにより判定することになりますが、次に掲げる事実のいずれか一に該当する場合又は賃借料の収入の状況、貸付資産の管理状況等から見てこれらの場合に準じる事情があると認められる場合には、特に反証がないかぎり、事業として行われているものとして取り扱われます。（基本通達26-9）

(1) 貸間、アパート等については、貸与することができる独立した室数がおおむね10以上であること。
(2) 独立家屋の貸付けについては、おおむね5棟以上であること。

2．土地の貸付が事業規模として行われているかどうかの判定

土地の貸付が不動産所得を生ずべき事業として行われているかどうかの判定は、次のように取り扱われる。

(1) 土地の貸付が不動産所得を生ずべき事業として行われているかどうかは、あくまでも社会通念上事業と称するに至る程度の規模で土地の貸付が行なわれているかどうかにより判定する。
(2) その判定が困難な場合は、所得税法基本通達26—9に掲げる建物の貸付の場合の形式基準（これに準ずる事情があると認められる場合を含む）を参考として判定する。

この場合、
1．貸室1室及び貸地1件当たりそれぞれの平均的賃料の比
2．貸室1室及び貸地1件当たりの維持・管理及び債権管理に要する役務提供の程度等を考慮し、地域の実情及びここの実態等に応じ、1室の貸付に相当する土地の貸付件数を、「おおむね5」として判定する。

被災者の視点

不動産等の貸付が事業規模か業務規模かの判定により、税金的にはかなりの有利不利が発生する場合がある。それゆえに、基本通達の5棟10室の規定にかかわらず、被災者の立場を重視して、実質的な判断により判定することが期待される。

大原利弘（税理士）

Q81　借家の被災と家賃等（貸主の立場から）

震災により賃貸住宅が被災しました。貸し主の立場からの質問として、以下の点につき、教えて下さい。

1　賃貸住宅を再建しようと思いますが、需要はあると予測されますか。また、家賃の動向はどうなると予測されますか。

被害の状況にもよりますが、一般に震災等の大災害の直後は、建物が不足し、それに伴って賃貸住宅に対する需要が増えることが予想されます。

東日本大震災では膨大な数の家屋が流失し、あるいは焼失しました。地域によっては、仮設住宅の建設ですら、その需要にとても追いつきません。しかもその需要先は、被災者の方々が居住していた生活圏を越えてまで及ばないという現象がみられるようです。

阪神・淡路大震災のときは、被災の程度が比較的小さかった隣接市街地に対する需要が激増しました。このときは、被災者の生活圏域に替わることができる都市が、その代替機能を果たしたという社会的経済的な背景があったと考えられます。ただし、都市化があまり進んでいない地域が大災害に見舞われた場合、建物を再建しても生活圏域自体が消失しているわけですから、直ちに需要が見込めることは期待し難く、復旧が進むにつれその需要が高まるものと考えられます。震災のダメージが大きすぎる場合には、復旧・復興に時間が掛かる間にそこに住み続けたいと思う人がいなくなることも考えられます。地域の実情や復旧の状況を見極めて判断されると良いでしょう。

ところで、阪神・淡路大震災のときは、家賃も急騰するという状況が認められましたが、その後、急速な復興によって、建物の建設ラッシュが始まりますと、高かった家賃も徐々に落ち着きを見せ、時間の経過とともに、震災前の水準近くまで戻ったようです。

2　従前は木造だった賃貸住宅を鉄筋コンクリート造として再建しました。従前の借り手が引き続いて入居する場合、コストに見合った設定をおこなって、値上げした家賃を提示しても問題ありませんか。

再築建物の入居に際し、被災当時に安い家賃であったという事情が、直接その借り手に優位な条件となるわけではありません。貸し主としては、建物再築にかかる費用、維持管理費、修繕費、公租公課、建築資金の金利などの費用に見合う家賃が見込めないようでは、再築はできないでしょう。

ですから、再築後の家賃は、必然的に以前の家賃より高くなることが予想されます。以前と同じ借り手に、優先して入居してもらおうというのは、貸し主の好意の表れだと理解できます。

3　賃貸住宅を再築しましたが、今後、家賃の増額や減額で争いたくありません。家賃の改定時には、何か目処となる程度でよいので、分かり易い判断方法はないのでしょうか。

貸し主や借り手は、ともに平穏な賃貸借関係が維持されることを望みますが、長年にわたって土地が値下がりを続けている中では、借り手から家賃の減額を求められることもあり得ます。特に、不動産の価値の変動に着目して家賃の減額を求められることが多いようです。あるいは、固定資産税額の増減に着目する場合もあるでしょう。そこで、目安となる簡便法は、以下のとおりです。

家賃には、借り手が本来収受すべき純賃料に加え、賃貸借を維持するための必要な諸経費が含まれると考えられます。この経費には、土地や建物の固定資産税や維持管理費等があります。

貸し主及び借り主が合意できるなら、以下のような計算方法が考えられます。

$$R_1 - T_1 = a$$
$$a \times E_L + T_2 = R_2$$

R_1：現行家賃

T_1：現行家賃が決まったときの公租公課年額

E_L：地価公示価格や建築費等の変動を考慮した率

T_2：現在の公租公課年額

R_2：改定家賃水準

詳細は不動産鑑定士等の専門家に相談されると良いでしょう。

櫻井美津夫（不動産鑑定士）

Q82　借家の被災と家賃等（借主の立場から）

震災により賃貸住宅が被災しましたが、雨風は何とかしのげる状態にあります。借り主の立場からの質問として、以下の点につき、教えて下さい。

1　家賃の減額を求めることができる場合、その額はどのように計算されますか。

家賃の減額を求めることができる場合がどのような場合にあたるかは、まず借り手が建物を使用できないとか、使用に著しい支障がある場合には、家賃全部の支払いを拒むことができると解されますので、このような場合以外、つまり、借家の一部が滅失したような場合には、滅失した部分の割合に応じて家賃の減額請求ができます。あるいは、契約どおりの使用のためには、建物の一部の機能が損なわれたことが原因で、一部支障がある場合には、その割合に応じて家賃の減額請求ができます。減額の判断は、被災した不動産の減価相当額を判定し、それに見合う賃料相当額の減価を考慮する方法が考えられます。被災時（被災していない状態）の不動産の価値及びそのときの家賃との関係を基礎として、被災不動産の価値に見合った賃料相当額に減額できると考えられます。

一方、貸し主が修繕しないことによる損害賠償を請求することや、この損害賠償請求権をもって賃料債務との相殺をすることができます。

2　立退料を求めることができる場合、どのような基準で計算されますか。

通常、不随意に立ち退きを求める場合、裁判では、正当事由があるかどうかが争われるようです。

被災不動産であることを理由として、立ち退きを求めるというのであれば、建物の損壊の程度、修繕にかかる費用と修繕によって伸びる耐用年数、立ち退きによって受ける借り手の不利益、家賃の額、立退料支払の有無とその金額など、様々な要素の総合判断が求められるでしょう。

しかし、借り手としては、生活の本拠を失うことになるのですから、取り壊しが相当だから立ち退きすることになるのかどうか、損壊の程度と修繕にかかる費用、取り壊し後建物を再築するのであれば優先的に入居ができるのか、立退料等の補償を受けられるのか等、様々な点を貸し主と話し合うことが必要です。

立退料の具体的な額は、状況が多岐にわたることが予想されるため、難しいですが、阪神・淡路大震災のときの一例をみれば、次のようです。これは、借家権相当額を参考としたものと考えられます。

立退料の参考額＝LH 円 × a ％ × 調整率
　LH 円 ＝（被災時の想定借地権相当額×借家権割合）
　　　　＋（被災時の建物価額×借家権割合）

a：従前の家賃が周りの水準と較べて高かった場合には低い割合を採用し、安かったという場合にはやや高めの割合を採用します。事案としては 30％ 未満が多数だったようです。

調整率：震災前後の環境、賃貸借の既往及び残存期間、既往の家賃の推移・維持管理の程度、建物の品等のほか、所在位置を含む一切の事情を考慮して判断されるべきだといえますが、一定程度の調整率を判断することになります。

被災時：被災時とは、被災していない時点を意味します。

詳しく試算されたい場合は、地域によって慣習等も異なりますので、不動産鑑定士等の専門家にご相談下さい。

櫻井美津夫（不動産鑑定士）

Q83　災害と借地権価格、地代

借地権に関して、以下の点につき、教えて下さい。

1　借地上に自宅を再築することが合法的にできる前提で、自宅を再建せずに借地権を売却して移転したいと思いますが、借地権の売買は可能ですか。その場合の注意点と、借地権の経済価値について教えて下さい。

　借地権単独の売買は、高度な商業地に見られる程度で、一般的には、借地権付建物、つまり、自宅等とその敷地利用権を一体とした状態で売買するケースが大半です。借地権の譲渡には、地主の承諾が必要となります。その際、地主との話がまとまらない場合は、裁判所で承諾にかわる代諾許可を得ることができます。ただ、現実的には、壊れた建物が付いた敷地利用権の売却は、なかなか買い手がなく、思う価格で売却できないかもしれません。なぜなら、借地人の地位が譲渡される際には、地主から名義変更料を要求され、また、さらに建物を建て替えると条件変更承諾料も合わせて請求されることがあり、その経済的な負担が大きいからです。なお、借地権の経済価値は、一般的には、契約満了時期に向かって、時間と共に縮小し、契約更新が行われると、一時価値が上がり、その後また減少していくと考えられています。

2　震災により借地の一部が崩壊しました。土地の賃貸借契約を解約した場合、自宅を地主に買い取るよう請求することはできますか。

　借地権の存続期間が満了し、契約の更新がないときは、借地権者は、借地権設定者に対し、建物その他借地権者が権原により土地に附属させた物を時価で買い取るよう請求することができると定められています。期間の満了と借地契約の更新がないという2つの条件の下、借地人から地主への建物の買い取り請求が認められる制度です。従って、単に借地契約の当事者間での合意解約の場合には、建物買取請求権は発生しないというのが判例のようです。なお、条件を満たし、建物の買い取りを請求できる場合には、時価を求めることとなりますが、この場合の時価とは、類似建物等の新築時の価格から経年による劣化、利用による損傷等の減価額を控除することにより求めるというのが一般的とされています。

3　震災により建物が無くなりました。再築した場合、地代はどうなりますか。また、当面再築の予定がない場合地代はどうなりますか。

　借地上の建物が滅失しても、原則として借地借家法上の賃料減額事由になりませんので、再築の予定が無くても賃貸借が継続していれば、地代の支払義務は継続します。しかし、時の経過とともに契約当初の事情に変化が生じ、たとえば、租税公課の増減、土地価格の上昇または下落、経済の変動、近傍類似の地代と比較して不相当となったと判断される場合などでは、当事者双方いずれもが地代の増減額請求をすることができると定められています。当事者で地代の変更に合意が得られない場合には、裁判所が関与する民事調停という制度が用意されており、双方の話しがまとまらない場合には、訴訟の申立てをして決着を図ることになります。従って、一概にはいえませんが、これらの条件を満たし、現在の地代が不相当と判断されれば、地代は増額あるいは減額されることになります。なお、再築した建物の用途が従前と異なる場合には、土地に負荷される公租公課の額が変わることがあり（住宅からそれ以外への変更）、地主との間にトラブルが生ずる可能性がありますので、事前に調整することが必要と考えます。

櫻井美津夫（不動産鑑定士）

Q84 支援金、弔慰金と税金

災害を受けたことによって貰ったお金（保険金を除く）には税金がかかりますか？

個人と法人では貰えるお金が違いますし、課税方式も異なりますので両者は別個に説明します。

また個人でも、事業を行っている方と、そうでない方（サラリーマン、年金受給者）とを分けて説明した方が理解しやすい場合についても、それぞれに分けて説明します。

個人の取り扱い
(1) 事業者の方とそうでない方で共通
　①被災者生活再建支援金
　大規模の自然災害被災者に対して支給されます。
　⇒非課税です。阪神・淡路大震災をきっかけに制定されました。
　§：被災者生活再建支援法第21条

　②災害弔慰金・災害障害見舞金
　一定の自然災害の犠牲者家族・一定の自然災害により一定の障害を負った方に対して支給されます。
　⇒非課税です。
　§：災害弔慰金の支給等に関する法律第6条

　③遺族年金
　災害により生計維持者が犠牲になった場合、その親族に支給されます。
　⇒非課税です。
　§：国民年金法第25条、厚生年金保険法第41条2項

　④義援金
　日本赤十字社などが寄附を募って集めた義援金が、被災者に対して支給されます。
　⇒非課税です。

　⑤見舞金
　勤務先や親戚知人などから災害被害に対して頂くことがあるでしょう。
　⇒原則的には非課税です。しかし社会通念上相当と認められない場合には課税されます。

　⑥補助金・助成金・給付金など
　⇒目的や受取り方によって異なります。
　㋐資産の取得等に対する交付
　固定資産（自宅）の取得又は改良に充てるため、国等から交付を受け、交付目的の固定資産（自宅）の取得等一定の条件を満たした場合には、総収入金額に算入しません。適用を受けるためには「国庫補助金等の総収入金額不算入に関する明細書」を確定申告書に添付する必要があります。また、取得した住宅に対して、「住宅借入金等特別控除」の規定を受ける際には、住宅の取得価額から国庫補助金等の金額を控除して計算する必要があります。

　また、災害で損害を受けた資産を除却等するために国等から交付を受け、交付目的に従って資産の除却等の費用に充てたときは総収入金額に算入しません。
　㋑利子補給
　一定の要件を満たす被災者が、自宅の新築等のために金融機関等から融資を受け、当該借入額に係る利子の支払額に対して助成を受けた場合には、その受け取り方によって課税方法が異なります。
　一時金で受け取る場合は「一時所得」となり、簡単に言うと（助成金額−50万円）×1/2が課税されます。つまり、助成金額が50万円以下であれば課税されません。
　利子に対する助成金を複数年間、受給する場合には「雑所得」となり、基本的には課税されることとなります。

　⑦賠償金
　東日本大震災では東京電力HD㈱から支払われています。避難生活等による精神的損害や検査費用、避難・帰宅費用等に対して支払われた賠償金
　⇒非課税です。

(2) 事業者でない方
　①失業給付
　雇用保険に加入していた方が、災害により失業した場合に支給されます。「激甚災害に対処するための特別の財政援助等に関する法律」の規定や「災害救助法」の適用に伴う雇用保険の特別措置によって、事業所の休業に伴う一時的な離職に対しても支給されます。

⇒非課税です。
§：雇用保険法第12条

②労災給付
災害によりケガを負った場合に、業務の性質や内容、作業条件や作業環境、あるいは事業場施設の状況などからいって、災害を被りやすい事情にある場合には、給付されることがあります。
⇒非課税です。
§：労働者災害補償保険法第12の6

③賠償金
東日本大震災では東京電力HD㈱から支払われています。就労不能損害で、給与等の減収部分に対して支払われた賠償金
⇒課税されます（一時所得）

（3）事業者の方（事業に関連してもらう場合）
①補助金・助成金・給付金など
⇒原則的には課税されます。
ただし事業に要する固定資産の取得又は改良に充てるため、国等から交付を受け、交付目的の固定資産の取得等一定の条件を満たした場合には、総収入金額に算入しません。適用を受けるためには「国庫補助金等の総収入金額不算入に関する明細書」を確定申告書に添付する必要があります。そして、当該固定資産の減価償却費を計算する際には、取得価額から国庫補助金等の額を減額してから計算する必要があります。
ただし、特別償却等の適用を受けることが出来る固定資産を取得した場合、補助金を総収入に算入し、特別償却等の適用を受けた方が得な場合もあるでしょう。この場合、補助金等は「一時所得」となります。
災害で損害を受けた資産を除却等するために国等から交付を受け、交付目的に従って資産の除却等の費用に充てたときは総収入金額に算入しません。ただし、費用に充てた金額を事業所得の計算上必要経費に算入した場合には、事業収入に計上する必要があります。

②賠償金
東日本大震災では東京電力HD㈱から支払われています。事業者に対して、営業損害のうちの追加的費用や逸失利益、棚卸資産の価値喪失等へ支払われた賠償金

⇒課税されます

§：総収入金額の意義
事業所得や不動産取得、山林所得といった事業に係る所得や譲渡所得、公的年金等を除く雑所得、一時所得の必要経費を控除する前の収入の合計額

§：一時所得の計算方法
（総収入金額(A)）－（その収入を得るために支出した金額(B)）－（特別控除額）
※特別控除額は50万円（ただし、(A)－(B)＜50万円の場合には(A)－(B)の金額）

§：雑所得（公的年金等を除く）の計算方法
（総収入金額）－（必要経費）←損益通算に制限あり

法人の取り扱い
①国庫補助金等・助成金など
⇒原則的には収益として認識します。交付目的の固定資産の取得等一定の条件を満たした場合には、圧縮記帳をすることにより、課税の繰り延べをすることが出来ます。この適用を受けるためには「国庫補助金、工事負担金及び賦課金で取得した固定資産等の圧縮記帳等の損金算入に関する明細書」を申告書に添付する必要があります。そして、当該固定資産の減価償却費を計算する際には、取得価額から圧縮した額を減額してから計算する必要があります。

②事業関係者などからの見舞金
⇒収益として認識します。

～参考～
東日本大震災以降、グループ補助金(中小企業等グループ施設等復旧整備補助金）が交付されています。この制度はまず、中小企業などが2社以上集まってグループを作り、復興の事業計画を申請します。計画が「地域の復興につながる」と認定されれば、それぞれの中小事業者が、事業を行うのに不可欠な施設・設備の復旧等に要する費用のうち、2分の1または4分の3を国等から支給して貰える制度です。

藤原麻子（税理士）

Q85　災害に係る許認可手続

1　今回の津波被害で有効期間が数年残っていた旅券（パスポート）を紛失しました。早急に再発行を受けたいのですが、どうすればよいのでしょうか？

東日本大震災の際には、一般旅券を紛失又は焼失した被災者に対し、国の手数料を徴収することなく、月を単位とする5年以内の期間であってその満了の日が紛失旅券の有効期間満了の日以前の日であるものを有効期間とする震災特例旅券が発給されました（1回目の申請は平成25年3月31日で終了）。

有効期間5年の震災特例旅券をお持ちの方で、その有効期間満了日が紛失又は焼失した一般旅券の有効期間満了日よりも1カ月以上前である場合には、2回目の震災特例旅券の申請が可能です（ただし有効期間は月単位）。

2　運転免許の更新をしようと思っていた矢先に被災し、今は他県に避難しています。自宅に戻るつもりなので住民票を移していないのですが、更新手続きはできるのですか？

運転免許の更新手続を行うには、住民票等の新住所を証明するものが必要となりますが、避難されている方の場合は家族や親戚、避難先施設の責任者などが記入した「居住証明書」とその証明を行った方の身分を証明するもの（免許証のコピー等）で手続きできます。この場合、免許証の住所は、避難先の住所が記載されます。

3　私たちはボランティアとして活動するため、被災地のボランティアセンターに登録しました。被災地へ向かう際の高速道路の通行料金について支援措置はありますか？

災害が発生した際、その被災した都道府県からの要請に基づいて、最寄りの都道府県又は市町村が申請を受けて「災害派遣等従事車両証明書」を発行しています。被災地での復旧・復興にあたるための物資、人材等を輸送するための車両がこの「災害派遣等従事車両証明書」を提示することで、高速道路等料金の無料措置を受けられます。

災害ボランティア活動の場合は、事前に受け入れ先が発行する「ボランティア証明書」の交付をあらかじめ受けておかないと、最寄りの都道府県又は市町村に対して災害派遣等従事車両証明書の発行申請をすることができません。まずは被災地の受け入れ先から証明書の交付を受けてください。

4　災害により主要道路が通行禁止となっていますが、一定の条件を満たせば規制除外となることを聞きました。どのような条件で、どんな手続きを取ればよいのでしょうか？

大震災等の大規模災害等が発生した場合、車両の通行が禁止されます。ただし、災害応急対策等に従事する車両等は所定の手続きを受けると標章が交付され、その標章を車両に掲示することで規制区間を通行することができます。なお、この標章は大規模災害等が発生し、災害対策基本法等による交通規制が実施された場合に、申請することができます。

規制除外車両は、以下1から6までのいずれかの車両に限定されます。
1　医師・歯科医師、医療機関等が使用する車両
2　医薬品、医療機器、医療用資材等を輸送する車両
3　患者等を搬送する車両
4　建設用重機
5　道路啓開作業車両
6　重機輸送用車両（建設用重機と同一の使用者に限る。）

なお、当該交通規制を実施している都道府県内に使用の本拠を有する車両であることが必要です。

規制除外車両に該当し、所定の要件を満たす車両については、事前に届出をすることができます。事前届出は、規制除外車両に該当する車両についてあらかじめ審査を受けておくことで、災害発生後の混乱した状況でもスムーズに標章の交付を受けることができる制度です。

松村康弘（兵庫県行政書士会）

Q86　埋葬費用援助、瓦礫撤去など

1　津波被害に遭い、通帳やクレジットカードなどを紛失してしまいました。利用停止と再発行の手続きを取りたいのですが、どうすれば良いのでしょうか？

　災害時に銀行通帳やキャッシュカードを紛失した場合、まずは最寄りの金融機関の窓口に出向き、紛失した旨を伝えて再発行の手続きを取ってください。また、その災害の規模が大きい場合などには特例的に、本人確認を柔軟に取り計らってもらえることがあります。東日本大震災の時には多くの銀行において、本人確認ができれば10万円（ゆうちょ銀行は20万円）までの預金引出しに応じました。

　一方、クレジットカードを紛失した場合は、一刻も早くクレジットカード会社の盗難紛失デスクへ連絡して利用停止措置を講じて再発行の手続きを行ってください。

　また両方とも、最寄りの警察署への遺失届を忘れずに出すようにしてください。

2　津波被害で私は家を失うとともに、家族のうち夫と長男の二人を亡くしました。家を失ったり、家族を亡くした場合には弔慰金や支援金のような公的支援を受けることができると聞きましたが、どのようなものでしょうか？

　給付される（返済不要）支援としては、①災害により死亡した方のご遺族に対する「災害弔慰金」、②災害による負傷・疾病で精神や身体に著しい障害が出た場合の「災害障害見舞金」、③災害により居住する住宅が全壊するなど生活基盤に著しい被害を受けた世帯に対する「被災者生活再建支援金」があります。これらの給付は全て申請に基づいて給付されるものですので、お住まいの市町村役場において忘れず手続きを取るようにしてください。

3　災害で死亡した場合、埋葬に必要な費用の給付を受けられると聞いたのですが、どのようなものなのでしょうか？

　死亡原因となった災害について災害救助法が適用された場合、火葬された方のご遺族（ご遺族がいない場合は費用を負担された方）に対して埋火葬に要した経費の給付を受けることができます。なお、生活保護法による葬祭扶助を受け埋火葬を行っている場合は除かれるとともに、ご遺族等により行われた葬儀に係る式典等に関する費用は対象とはなりません。

4　被災したことで、瓦礫を撤去したり、使えなくなった家具など大量のごみを処分しなくてはなりません。どのようにすれば良いのでしょうか？

　災害の発生直後においては、定期のゴミ収集が停止されることがあります。再開までに要する日数は災害の規模によりますが、多くの市町村におけるマニュアルなどでは概ね発災から3日程度を目途に収集を再開するとありますので、それまでは自宅で保管する必要があります。また再開された場合でも、まず可燃ゴミから優先して再開しますので、不燃ゴミや資源ゴミなどについては相当な期間、自宅での保管を余儀なくされるものと思われます。

　また、被災したことにより壊れて修理ができない家財などのいわゆる「片づけゴミ」は、発災後1週間から10日後ほどで市町村が設置する一次仮置場に自らが分別した上で持ち込む必要があります。なお、これらの片づけゴミを勝手に公道上に置いたり放置する行為は、緊急車両等の通行の妨げになったり、積み上げたゴミが崩壊するなどして通行人がケガをする原因となることがありますので、災害時であったとしても慎むようにしてください。

松村康弘（兵庫県行政書士会）

Q87　未登記建物被災と補助金

未登記の建物が被災したが、再建するための補助金等を受けられますか？

被災した建物の再建・修繕のための補助金等を申請する要件として、既登記であるか未登記であるかは問われませんので、未登記建物であっても、再建・修繕のための補助金等を申請することができます。

罹災証明書の発行や補助金等の申請に際して、添付書類として当該建物の登記事項証明書が求められますが、未登記建物の場合は添付することができません。この場合は、固定資産評価証明書や固定資産税納税通知書、固定資産税記載事項証明書などを代替書類として、提出することになります。

固定資産評価証明書や固定資産税納税通知書、固定資産税記載事項証明書などは、自治体の固定資産税を管轄する部署において交付を受けることができます。各自治体によって異なりますが、交付手数料についても減免処置がとられている場合が多いようですので、窓口にて確認するようにしてください。

公的（国・地方自治体）や民間の金融機関等においても同様の取扱いとなっておりますが、受けられる助成や補助については、被災状況等に応じて変わりますので、まずは、罹災証明書を取得し、専門家への相談をお勧めいたします。

また、未登記の建物は、被災した際の補助金等の申請に必要な書類等を取得する際に、余分な手間が必要となるばかりでなく、次のような問題も考えられます。

建物を建築した際は（未登記の建物を取得した場合も含まれます）不動産登記法により登記申請が義務化されておりますが、それを怠った場合、10万円以下の過料に処される可能性があります。（不動産登記法第136条）

登記を行なっていない場合でも、区役所による個別調査によって、固定資産税は課税される事になりますので、登記をしていないからといって、非課税になるような事はありません。

建物が未登記の場合、固定資産税の納付等をもって、それを推測することはできるのですがその建物に対する所有権を第三者に主張することができません。よって、その建物を売却したり、その建物で融資を受けたりすることが、できない場合も考えられます。

このような時は、建物の表題登記を行なわなくてはなりませんが、未登記の状態が長く続いたりしていると、必要な書類等の取得に時間を要し、売却したいのに、融資を受けたいのにすぐに実行できないという恐れがあります。

建築した業者がなくなってしまっている場合、中古で取得した建物で建築した者の連絡先がわからなくなっている場合、数次にわたって相続が発生していて権利者が多数にわたる場合などがあげられます。

また、借地上に建てられた建物の場合、借地契約やその旨の登記がなされていれば良いのですが、そうでない場合などは、未登記であるがために借地権を主張できないといった紛争に発展したというケースもあります。

不動産の物理的な状況が正確に登記され、所有権や抵当権といった諸権利についても登記がなされていることによって、不動産の取り引きが円滑に、且つ、安全に行われることになるのです。不要なトラブル、係争を事前に防ぐ観点からも、未登記建物については、早期に表題登記を行なうようにお勧めいたします。

樋口敦仁（兵庫県土地家屋調査士会）

Q88　災害時の事業融資

事業を営んでいますが災害の被害を受けました、災害時の事業融資について教えてください。

阪神大震災時においては、「税金による個別企業の支援は困難」という見解が過去の慣習やり根強くあり、そのため「復興基金」からの財政支援が中心となっていた。

図表1　災害復旧関連の融資・利子補給の主な流れ

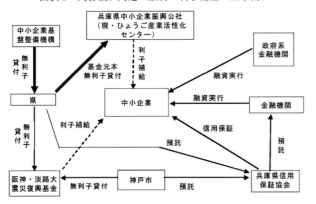

出典：「伝える―阪神・淡路大震災の教訓」p. 133 より。

上記図1からも個人・法人の事業融資支援策としては緊急災害復旧利子補給が復興基金を通じて支援策の一環として行われた。

一方、平常時において「制度融資」はそれぞれの制度に伴う限度額があったが、復興のための資金調達は従来の限度額では不十分とされ、災害復旧貸付限度額（別枠）が設定された。

しかし、特別枠とはいえ返済開始時期及び長期返済と期間優遇はあるものの事業者にとっては借入金には相違ないこと及び返済能力の問題により特別枠の本来の趣旨で活用できることは少なかったように思われるが、むしろ一時の資金繰り悪化を救済する役目は十分果たしたように思われる。保証協会の案内に、「信用保証協会または金融機関による審査の結果、ご希望にそいかねる場合がございますので、あらかじめご了承ください。」注意書きにその趣旨が記載されているものと思われます。

阪神大震災以後においても、個人に対して公的支援として現金給付をすることは困難であり、特別法により対応していくことにならざるを得ない。一方義援金は①被災者の支援を目的として、②人々の自発的意思により、③その配分の対象や内容、方法等について条件や指定を付さず、④受付団体に寄託された寄付金である。（「義援金に関する日本赤十字社の基本的な考え方」より抜粋）

そして、これまでの多くの実績から、義援金は第一次的に公的資金では行いにくい「私的財産への給付」への現金給付の形で行われることが多く、それが被災者への有効な支援策の1つであることは疑う余地がない。

義援金を優先的被災者支援と位置付けるならば、直接的被災者配分以外の①義援金の事務経費負担は如何にすべきか②残余義援金をどのように活用すべきかの二点については今後の問題と考えられる。

阪神・淡路大震災においての余剰分は被災市町村の復興等の事業資金として繰り入れられ復興基金としたが、東日本においては震災遺児・孤児等被災者支援基金積立金等とされ事業資金としての繰り入れは行われていない。

「東日本大震災」においても「災害救助法」を踏まえ「災害復興貸付」により融資条件の弾力的運営、手続きの迅速化、信用保証協会の「別枠信用保証」「信用保証料の軽減措置」などの特例措置を行うことは震災前から制定されていた。また、「激甚災害」の指定が行われると支援措置として金利引き下げを行うこと等の枠組みも準備されていた。そして、「東日本大震災に対処するための特別の財政援助及び助成に関する法律」が制定された後は、直接・間接被害者以外の二次被害者も含めて「東日本大震災復興特別貸付制度」を通じ行われることとなった。

また、創業や企業再建等の枠組みとして「劣後ローン」制度を通じて、特例措置として自己資本が毀損した中小企業者に、資本制を有する長期資金（一括償還型）を新たな制度として創設した。

「熊本地震」においては、条件付きながら「一部損壊」の方を対象に、住宅再建貸付が二重ローンとなる方に対して既存ローンに係る利子相当額（上限50万）の補助を行うようになった。

大規模災害における事業・住宅再建等融資については、今後においても基本的財源の裏付けと法的スキームの両輪が常に求められるが、現状においては返済期間、保証限度枠拡大、金利の軽減等の枠組みでの事業融資・住宅融資であることには変わりないのである。

池田篤史（税理士）

Q89　災害弔慰金の不認定

災害弔慰金の支給等に関する法律や各市の条例に規定されている災害弔慰金につき、申請したが市長によって不認定にされた場合、どのように法的に争えばいいのでしょうか。

日本国憲法は裁判を受ける権利を定めていますので（32条）、なんらかの形で争えることは間違いありません。

第1　弔慰金支給は恩恵か受給権か
1　恩恵か権利か

災害弔慰金の支給等に関する法律（以下「弔慰金法」と言う）をみても、弔慰金法をうけてその施行のために作られている各地の災害弔慰金条例をみても、被災者（遺族）に申請権があるとは書いていません。

国や公共団体が、被災遺族であると認定したら職権で支給するというのが弔慰金法やその条例の規定の仕方です。

しかし、受給権があるとする法解釈が重要です（代表的な論者である阿部泰隆教授の「行政法解釈学Ⅱ」有斐閣、2009年、132頁参照）。

私も随所で表明し、書きもしてきました。別件ですが、私が弁護団の一員として参加してかちとった画期的な判決を基礎にしています。

それは大阪高裁昭和54年7月30日判決（判例時報948号44頁）のことです。支給要綱での給付行政の事例で、法律にも条例にも、受給権ありとは書いていなかったのです。1審の大阪地裁判決は権利性なしと冷たく敗訴させました。弁護団は、室井力名古屋大学教授の援助も得て、理論を構築し、高裁を説得しました。

その結果、高裁はつぎのように言いました。

「申請権が法令の明文によって規定されている場合だけでなく、法令の解釈上、該申請につき、申請をした者が行政庁から何らかの応答を受け得る利益を、法律上保障されている場合をも含むと解すべき」として、第一に行政が法律に従い、その趣旨で要綱を作って施策にしている、第二に行政が議会に諮り予算化している、第三にその施策はパンフなどで住民に周知徹底している、第四に申請書類を行政が作っている、などがあれば、市民は平等にその制度は活用できる、と。

そして「さればもはや、その支給・不支給が被控訴人の…絶対的な自由裁量に委せられて、要綱の定める受給要件を充たす者についても、支給しないこととする恣意的自由を有するものとは到底考えられず、本件要綱に定められた受給要件を充たした者からの受給申請に対しては、これを拒否するにつき合理的な事由の存しない限り、被控訴人は本件要綱の定める給付をなすべき義務が生ずるものと解すべきである」としたのです。

この判決をかちとったときの若い日の感動を、私は災害給付金の相談を受けるたびに思い起こしています。

そのケースと同様、災害弔慰金は権利であって、恩恵ではありません。

裁判所は、違う角度から、形式的な争いには一応決着をつけています。

2　行政処分性

行政訴訟や不服審査で争うためには、その受給決定、認定が行政処分でなければなりません。

行政処分とは、その行為によって、国民の権利義務を形成し、或いはその範囲を確定することが法律上認められている場合ということですので、上述の権利性がなければ行政処分とはならないのです。

多くの災害弔慰金裁判では、被告行政はどの事件でも行政処分ではないと言い続けていますが、阪神淡路大震災時の神戸地方裁判所の判決（神戸地裁判決平成9年9月8日判例地方自治171号86頁）以来、東日本大震災の仙台高裁の判決（仙台高裁判決平成28年1月20日TKC文献番号25506273）まで、判例集で探した限り14件の判決は、さらりと行政処分性を認めています。

なお、神戸地裁判決平成13年4月25日TKC文献番号28061646、控訴審の大阪高裁判決平成14年7月3日判例時報1801号38頁だけは、行政処分の構成を取らず、自立支援金の贈与契約成立という構成をとっています。

第2　争う方法
1　行政不服審査

前述の裁判例を読むと、いわき市、釜石市などの場合、市は、市長の不認定、不支給決定に対して、申請者は異議申立できると教示したようです。

この異議申立が行政不服審査なのですが、行政不服審査法が全面改正され（2017年4月施行）、現在では、異議申立ではなく、審査請求することになります。本問で言いますと、申請を不認定にした行政庁（市町村長）に

対する審査請求です。

審査請求も、不認定の決定が行政処分である必要があります。この点は、すでに述べましたので、行政処分として審査請求します。

審査請求をしても不支給、不認定となった場合は、裁判をすることになります。

2　行政訴訟
(1)　前置なし

行施訴訟を起こすのは、行政不服審査を経なくても原則自由なのですが（行政事件訴訟法8条1項）、法律に審査請求を経由しなければ訴訟ができないと規定している場合はそうしなければならず（現在でも残っている前置の例は、公務員法、生活保護法、電波法等があります）、審査請求前置と言います。

弔慰金の問題は、行政不服審査をしなくても直接行政訴訟を起こすことが可能です。

(2)　取消訴訟

すでに述べた多くの裁判例が取消訴訟の利用を認めていますので、これを起こせばいいと思います。

(3)　義務付け訴訟はどうか、仮の義務付けの申立はどうか

取消訴訟より徹底して、裁判所の判決や決定で支給を義務付ける裁判ですが、ここは慎重に考えるべきと思われます。

まず仮の義務付けの申立は、裁判所が、短期間に、立証も簡易な方法で結論を出すのですが、支給されないことにより「生ずる償うことのできない損害を避けるため緊急の必要があり、かつ、本案について理由があるとみえるとき」（行政事件訴訟法37条の5第1項）という要件がいるのです。

上記判例の事実を検討しても、この要件を充たす案件は見当たりません。

それでは、仮の義務付けの本訴である義務付け訴訟はどうでしょう。勝訴要件は取消訴訟の勝訴要件（次の第3で検討します）と別段の差はありません。第3で述べる点が大丈夫なら、義務付け訴訟の選択もありでしょう。

第3　認定のための詳細な事実を発掘すること

処分性と言う形式要件は認めていますが、取消訴訟で、勝訴させたのは4件だけです。

ポイントは、死亡と災害との因果関係をリアルに裁判所が理解することです。

遺族からすれば、災害がなければ大切な人は亡くならなかったという思いは強いのですから、それをどう組み立てるかですね。

その見本は、勝訴判決に見出されますから、それに学びましょう。

・大阪高裁平成10年4月28日判決裁判所ウエブサイトのケース

地裁は、患者が、震災当時、いつ死亡してもおかしくない状況にあり、震災がなくても数時間ないし数日のうちに死亡していたとしましたが、高裁は、患者は、震災により機器類が停止し、集中治療室が機能していなかったために通常であれば受け得たのと同様の延命治療の措置を受けることができず、これが原因で震災発生の約一時間後という時期に死亡したもので、震災がなければ、その治療の継続により、少なくともその時期には未だ死亡という結果が生じていなかったとしました。

・仙台地裁平成26年12月9日判決裁判所ウエブのケース

患者が嚥下障害となったのは、単に既往の認知症の進行や加齢のみによるものとは考え難く、震災により生活環境及び住環境が著しく悪化し、心身に多大な負担が掛かったことがその大きな要因となった、震災の発生及び嚥下障害、これによる誤嚥性肺炎の発症から死亡に至るまでの一連の経過には、相当な因果関係があると判断しています。

・仙台地裁平成26年12月17日判決裁判所ウエブのケース

被災の1週間後に脳梗塞を発症して急性呼吸不全により死亡した男性につき、その死亡は、震災後の電気等の供給停止、食料、水分の供給量の減少などに伴う生活環境の悪化による肉体的かつ精神的な負荷を原因とするものであり、震災との間に相当因果関係が認められるとしています。

・盛岡地裁平成27年3月13日判決TKC文献番号25506169のケース

たくさんの病気をかかえていても、その延長線上に死がきたのではない、自宅の被災は免れたものの、店舗の流出、義父母が遺体で発見されたこと、借金返済や長女の進学資金などの負担が強いられる中で、店舗再建の見通しはたたず収入を得る道が絶たれたまま数か月が経過していたという事実。これは震災による精神的ストレスが、相応のリスクを内在していた危険因子の悪化を誘発し、疾病を発症させたと裁判所は判断しています。

事実を懸命に発掘しましょう。

斎藤浩（弁護士）

Q90　住宅ローン控除の重複適用

1、災害で住宅ローン控除を受けていた住居に住むことが出来なくなってしまいました。継続して居住していないことにより、①被災した年、②被災の翌年以降、この控除は受けられなくなるのですか。
2、また、この住宅を取り壊し、新たに住宅ローンを組んで新居を取得した場合、従前のローンと新たなローンを重複して控除することは出来ますか。
3、重複しての控除が可能な場合、①その限度額、②適用期間はどうなりますか。

阪神・淡路、東日本及び熊本での震災における取扱いはそれぞれ異なります。
直近の熊本以降では、
1、①受けられます　②受けられることになりました（平成29年度税制改正）
2、原則として、従前分のローン控除は適用出来ません。ただし、被災者生活再建支援法適用者は重複適用が可能です。
3、①それぞれの合計金額（ただし、上限あり）②それぞれの取得から一定年度です。

熊本地震以降の災害に関しては、税法上、震災特例法による特例措置が無いことから、阪神・淡路や東日本では可能であった税務上の救済措置が適用できないという事例が出てきています。これまでの経緯と現状を簡単に整理すると以下の通りです。

Q1①　被災した年度の適用に関しては、阪神・淡路以降一貫して、被災時点まで居住していれば、その年度の住宅ローン控除は受けることが出来ます。
Q1②　住宅ローン控除が適用されるか否かの大原則は、単身赴任等の短期的な例外を除き、継続してそこに住み続けているか否かにあります。阪神・淡路、東日本の時は、災害のため、そこに住みたくても住めなくなった住居者に対しては、控除の継続適用が出来る規定が震災特例法の中に設けられました。しかし、特例法の適用がなかった熊本地震が発生した平成28年当初の税法上の規定は、平常時と同じく原則通りの規定しかなく、被災翌年以降は、そこに住んでいない限りは住宅ローン控除の継続適用を受けることができないとされていました。そこで急遽、平成29年度（熊本地震発生の翌年）税制改正により、これまでの特例法上の規定を、租税特別措置法を改正することにより盛り込み、被災2年目以降も住居の取り壊し後または居住不可能の状態であったとしてもローン控除が継続して受けられるよう改められました。

Q2　いわゆる二重ローンの取り扱いについても、変遷があります。住宅ローン控除は、あくまでも被災後もある一定額以上の所得がある人のみが、その納めるべき税金の一部または全部を減額ないし還付を受けられる制度ですが、阪神・淡路、東日本の時には、特例法における規定により、住宅ローンが二重となった者は、罹災証明書（阪神・淡路時の「被災（者）証明書」を含む）の判定区分に関係なく、重複してローン控除を受けることが出来ました。熊本は、特例法の適用がなかったため、Q1②と同様、平成29年度税制改正によって「被災者生活再建支援法」の適用者のみ例外的に、重複適用（従前居住していた家屋のローン控除も可能）を認めることとしています。

この被災者生活再建支援法は、災害を受けた市町村ごとに全壊世帯数が一定数を越えた場合、その行政単位ごとに適用の有無が判断される上、被災時にその行政単位内に居所があった者のうち、さらに下記条件に当てはまる住宅再建等を行う世帯主に対してのみ、支援金を支給するということを定めた法律です。

1、住宅が「全壊」した世帯
2、住宅が半壊、又は住宅の敷地に被害が生じ、その住宅をやむを得ず解体した世帯
3、災害による危険な状態が継続し、住宅に居住不能な状態が長期間継続している世帯
4、住宅が半壊し、大規模な補修を行わなければ居住することが困難な世帯（大規模半壊世帯）

つまり現行法上、ローン控除の重複適用が認められるのは、被災者生活再建支援法が適用された市町村（熊本地震の場合、熊本県全域及び大分県由布市が該当地域に指定）の区域内に所在する従前家屋を災害により居住の用に供する事ができなくなった者のうち、半壊以上の損害を受けた者に限定されているということに留意する必要があります。一部損壊世帯や、半壊以上でも世帯主が死亡し、被災時にそこに住んでいなかった後継者が住宅を再建したとしても原則的に対象外になるということです。

Q3　住宅ローン控除の適用年数、借入残高に対する控除割合及び上限額は、住宅を取得等し実際に入居した年度により異なります。阪神・淡路が発生した平成7年当時の適用期間は最長6年でしたが、重複適用が認められたとはいえ、上限額に変更はありませんでした。平成23年の東日本の時は現在と同じく適用期間は最大10年間とされていましたが、例えば、平成19、20年度の入居者は10年か15年かを選択出来ることとされていましたので、平成20年に15年を選択した者で、東日本もしくは熊本で被災した上記一定条件にあてはまる者が新たに住居を再建等した場合は、原則的にそれぞれの住宅ローンについて、それぞれの期間、それぞれの控除を重複して適用できることとなっています。

　現行規定上、住宅ローン控除について、さらに注意すべき点を3点ご紹介します。

1、入居予定であった場合は適用不可です。

　住宅を取得したものの実際に入居することなく被災した住宅に対するローンは、控除対象とはなりません。

2、改築等の場合は、罹災証明書の判定が「半壊」以上でないと適用不可です。

　一部損壊の住宅に対し、通常の補修等を行うために借入れを行った場合も金融機関等からローン控除の適用を受ける時に必要となる「住宅取得資金に係る借入金の年末残高等証明書」が交付されますが、この証明書が交付されたからといって、住宅ローン控除が受けられるわけではありません（その改修工事が、高齢者等居住改修工事などに該当する場合を除きます）。

3、従前家屋やその敷地等を賃貸したり譲渡した場合は、その年分から適用不可です。

4、近年、災害税制は数年ごとに大きな改正がされています。熊本以降、全国各地で多発している震災、風水害等は、その規模、面積も被災者の数、割合も異なるため、今後それぞれ違った税制適用が行われる可能性がありますので、最新情報を確認されるよう、ご注意下さい。

　最後に、住宅ローン控除の適用以前に、災害により、従前の住宅ローンの返済そのものが困難となる人も少なくありません。このような人を救済するための制度として、「自然災害による被災者の債務整理に関するガイドライン」があります。この制度は、2015（平成27）年9月2日以降に「災害救助法」が適用された自然災害の影響により、従前の住宅ローンや事業用借入金等の返済が困難となった被災者（個人に限り、法人は対象外です）に対して、一定の要件のもとに、これらの債務の免除や減額が認められます。この制度の特徴としては、債務整理をしたことが個人信用情報（いわゆるブラックリスト）に登録されないので新たな借入を受けることやクレジットカードを作ることができること。個別事情により異なりますが、財産の一部をローンの支払いに充てず、生活や事業の再建資金として残すことができること。原則として保証人への支払請求がされないこと等が挙げられます。この制度の利用にあたっては、弁護士、税理士、公認会計士、不動産鑑定士（「登録支援専門家」といいます）の支援を受けることが可能です。登録支援専門家のアドバイスが必要な場合は、まず、借入残高が最も多い金融機関（メインバンク）に相談し、手続きの着手について同意を得たうえで、弁護士会や税理士会に対し、登録支援専門家による支援を申請して下さい。

根拠法令等
租税特別措置法第41条、同41条の2、同41条の2の2、同41条の3、同41条の3の2
被災者生活再建支援法第3条・災害救助法・平29.8.18付熊局個審第12号ほか2課協同「『所得税基本通達の制定について』の一部改正について」（法令解釈通達）ほか

丸山晃弘（税理士）

Q91　住宅ローンの減免制度

「自然災害による被災者の債務整理に関するガイドライン（被災ローン減免制度）」により債務免除の可能性があると聞きました。(1) 制度の概要、(2) 対象となり得る債務者及び (3) 手続きの流れについて教えて下さい。

1　制度の概要

平成28年4月1日より「自然災害による被災者の債務整理に関するガイドライン」の適用が開始されています。このガイドラインに基づく債務整理は、平成27年9月2日後に災害救助法の適用を受けた自然災害（以下「災害」といいます）の影響を受けた個人の債務者であって、このガイドラインに定める一定の要件を満たした者が対象となります。このガイドラインは、いわゆる「二重ローン問題」（被災者が既存債務の支払に加えて、生活再建等のために新たなローンを組んだ場合に、二重又は多重のローンを負担することになるという問題）を解消して被災者の生活や事業の再建を支援し、ひいては被災地域の復興・再活性化に資することを目的として策定されたものです。

このガイドラインの手続きに従った場合には、破産や民事再生等の法的手続きを経なくても、既存債務の減免や分割弁済の猶予を受けることができ、その場合でも信用情報機関に債務整理をした事実が登録されない（いわゆる「ブラックリスト」に載らない）ので、新たな借り入れ等が行いやすく、被災者の早期の経済的再建に資すると考えられています。また、ガイドラインを利用する場合には登録支援専門家（弁護士、公認会計士、税理士、不動産鑑定士）による支援を無料で受けることができるようになるほか、保証債務の履行が原則免除され、更に一定の財産（預貯金最大500万円、被災者生活再建支援金最大300万円等）を手許に残すこともできます。

2　対象となり得る債務者

このガイドラインに基づく債務整理を申し出ることができる個人の債務者は、以下のすべての要件を満たすことが必要となります。
①災害の影響を受けたことによって、住宅ローンや事業性ローンその他の既存債務を弁済することができないこと又は近い将来において既存債務を弁済することができないことが確実と見込まれること。
②弁済について誠実であり、その財産状況を対象債権者に対して適正に開示していること。
③災害が発生する以前に、対象債権者に対して負っている債務について、期限の利益喪失事由に該当する行為がなかったこと。
④このガイドラインに基づく債務整理を行った場合に、破産手続や民事再生手続と同等額以上の回収を得られる見込みがあるなど、対象債権者にとっても経済的な合理性が期待できること。
⑤債務者が事業の再建・継続を図ろうとする事業者の場合は、その事業に事業価値があり、対象債権者の支援により再建の可能性があること。
⑥反社会的勢力ではなく、そのおそれもないこと。
⑦破産法（平成16年法律第75号）252条第1項（第10号を除く。）に規定される免責不許可事由に相当する事実がないこと。

3　手続きの流れ

このガイドラインに基づく手続きの流れは以下の通りとなります。
①手続着手の申出：最も多額のローンを借りている金融機関等へ、ガイドラインの手続着手を希望することを申し出ます。
②専門家による手続支援を依頼：上記①の金融機関等から手続着手について同意が得られた後、地元弁護士会などを通じて、自然災害被災者債務整理ガイドライン運営機関に対し、登録支援専門家による手続支援を依頼します。
③債務整理（開始）の申出：金融機関等に債務整理を申し出て、申出書のほか財産目録等の必要書類を提出します。なお、債務整理の申出後は債務の返済や督促は一時停止となります。
④「調停条項案」の作成：登録支援専門家の支援を受けながら、金融機関等との協議を通じて、債務整理の内容を盛り込んだ書類（調停条項案）を作成します。
⑤「調停条項案」の提出・説明
⑥特定調停の申立て
⑦調停条項の確定

手続きの詳細は、一般社団法人自然災害被災者債務整理ガイドライン運営機関のHPにおいて公表されていますので、そちらをご参照ください。

林秀樹（不動産鑑定士）

Q92 債務整理と不動産価格

「自然災害による被災者の債務整理に関するガイドライン（被災ローン減免制度）」に基づいて債務整理を行うにあたり、(1)どのような場合に不動産の公正な価額の評価が必要となりますか、また(2)その評価について教えて下さい。

1 どのような場合に不動産の公正な価額の評価が必要となりますか。

対象債務者は、このガイドラインに基づいて債務整理のための調停条項案を作成する際に財産の評定を行う必要があります。この財産の評定は、主として破産の場合の回収見込みを評定し、調停条項案による弁済との比較をするために行われるものであり、原則として、債務整理の申出時点における対象債務者の財産（破産手続において自由財産とされるものを除く。）について、当該財産を処分するものとして評価することとされています。そしてこの財産に不動産が含まれる場合には、当該不動産の公正な価額について、不動産鑑定士（登録支援専門家）に評価を求められます。

対象債務者は、財産を処分・換価しない代わりに、公正な価額に相当する額を弁済することによりその財産（不動産）を手許に残すこと（引続き所有）ができ、この場合に公正な価額の評価を求められる場合があります。

2 不動産の公正な価額の評価について

不動産の公正な価額の評価にあたっては、適切な基準日を設定して、それを処分するものとして評価することとなります。処分するものとしての価格とは、通常の取引市場において成立する価格（いわゆる時価）とは異なり、早期売却（直ちに処分・換価すること）を前提としていることから、その分時価に比べて価格が低くなることが一般的といえます。また、早期売却による減価率の査定にあたっては、対象不動産の類型（更地又は自用の建物及びその敷地等）や、対象不動産が所在する地域の状況に応じて適切と判断される減価率を求めることとなりますが、さらに債権者が競売を行った場合との比較を行うことにも留意する必要があります。

なお、民事執行法の規定に従い強制的に実施されることによる競売不動産特有の各種制約については、以下の（a）～（d）に示す通りですが、法的強制によらずにこのガイドラインに基づいて債務整理がなされる本件の場合との比較検討を十分に行って減価率を求めることが必要となります。

(a) 売主の協力が得られないことが常態であること。
(b) 買受希望者は内覧制度によるほかは物件内部の確認が直接できないこと。
(c) 引き渡しを受けるために法定の手続きをとらなければならない場合があること。
(d) 瑕疵担保責任がないこと。

参考 不動産の公正な価額（調査価格）について

被災により建物を取壊し更地化することを例として、不動産の公正な価額（調査価格）を以下の通り求めました。仮に、被災後の土地価格を500万円、早期売却修正を0.70（被災後の土地価格100％－早期売却減価率30％）、建物取壊し撤去費用を100万円としました。

項　目	金　額　等
(1) 被災後の土地価格	500万円
(2) 早期売却修正	0.70（※1）
(3) 早期売却修正後の価格 (1)×(2)	350万円
(4) 建物取壊し撤去費用	100万円（※2）
(5) 不動産の公正な価額：調査価格 (3)－(4)	250万円

（※1）対象不動産の類型や不動産が所在する地域ごとに減価率は様々ですが、本件では早期売却減価率を30％と仮定しました。
（※2）建物等を取壊すことが合理的と判断される場合の取壊し撤去費用は、早期売却による減価の対象とはならないことに留意する必要があります。なお、建物の被災状況や解体申請状況等から建物取壊し撤去費用が、自治体の補助により公費解体される場合には解体撤去費用は0円となります。

林秀樹（不動産鑑定士）

Q93　帳票書類等がない場合の税務申告

個人で事業を営んでおりましたが、今回の災害で帳簿や領収書・請求書等が消失してしまいました。どのように確定申告を行えばいいでしょうか。

この場合は、所得税と課税事業者であれば消費税の申告が必要になります。

それぞれ税目毎に分けて回答します。

①所得税の確定申告

所得税法上、事業所得・不動産所得はその年分の総収入金額から必要経費を差し引いて計算することとなっています。それらの計算は帳簿等に記載された金額によることとされています。

しかし、災害等によりそれらの帳簿等が消失したときは前年度の所得計算の内容（決算書）を参考にするなどして、申告計算をすることとなります。

具体的には、前年比較して収入がどのくらい増減しているか、経費についてはどのくらい増減しているか等の推計により所得計算を行うことになるでしょう。

または、一部残っている帳簿等を参考にして1年分所得を推計することになると思います。

また、前年分以前の申告書等がない場合には、所轄の税務署で閲覧することができます。

その後、その帳簿等により正しい税額等が算出できた場合は、これを基に申告等を訂正することができます。

なお、不動産所得、事業所得または山林所得を生ずべき業務を行う人が、所得税法に定めるところに従って一定の帳簿書類を備え付け、税務署に青色承認申請を行ってその承認を受けた場合は、青色申告書を提出することができ、税務上各種特典を受けることができます。災害により帳簿書類等が消失した場合は一定の帳簿書類の備え付けがない場合でもこの特典を受けることができます。

②消費税の確定申告

事業者が課税仕入れ等の事実を記録した帳簿及び課税仕入れ等の事実を証する請求書等を保存しない場合は、その保存がない課税仕入れ等の税額については、仕入税額控除の適用を受けることはできません。ただし、災害その他やむを得ない事情により、その保存をすることができなかったことをその事業者が証明した場合には、仕入税額控除の適用を受けることができます。

また、特定非常災害（注1）の被災者である事業者がその被害を受けたことによって、被災日（注2）の属する課税期間以後の課税期間について課税事業者となることを選択しようとする（若しくはやめようとする）場合又は簡易課税制度の適用を受けようとする（若しくはやめようとする）場合には、これらの選択をしようとする（又はやめようとする）旨の届出書を指定日（注3）の迄に所轄税務署に提出することにより、その届出書の本来の提出時期にまでに提出したものとみなして、その適用（またはやめる）ことができます。

(注1) 特定非常災害とは、著しく異常かつ激甚な非常災害であって、当該非常災害の被害者の行政上の権利利益の保全等を図ること等が特に必要と認められるものが発生した場合に指定されるものをいう。
(注2) 被災日とは、事業者が特定非常災害により被災事業者となった日をいいます。
(注3) 指定日とは、特定非常災害の状況及び特定非常災害に係る国税通則法第11条の規定による申告に関する期限の延長の状況を勘案して国税庁長官が定める日となります。

右図　国税庁HPより

被災者の視点

帳簿等の喪失した場合の申告等については非常に弾力的に運用されていることは、評価ができものと考える。

しかし、被災者が税金のインセンティブを受けるのは、雑損控除や災害減免法等により本来徴収される税金が減額されるか還付されることによるものである。

それゆえ税金の負担が少ない被災者については、税金の還付等の恩恵を受けることができない。

しかし、消費税はあまねく消費という行為を通じて納税することになるので、被災地域内で課税事業者でなくても消費税の還付申告等をすることにより、消費税に還付ができるような制度が制定されることを期待する。

大原利弘（税理士）

(例1) 課税事業者を選択する場合の具体的な適用事例（租特法86の5①・②）

特定非常災害により、被害を受けた機械装置等を買い換えるため、X2年3月期について課税事業者を選択し、一般課税により申告を行う場合（事業年度が1年の3月末決算法人で、指定日がX2年3月末までに到来する場合）

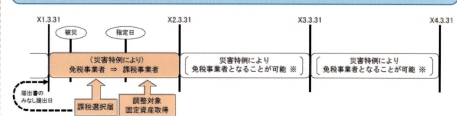

(例2) 課税事業者の選択をやめる場合の具体的な適用事例（租特法86の5②・③）

当初、X2年3月期及びX3年3月期に設備投資等を行うために課税事業者を選択していたが、特定非常災害により、X3年3月期から課税事業者の選択をやめて免税事業者となる場合（事業年度が1年の3月末決算法人で、指定日がX3年3月末までに到来する場合）

(例3) 簡易課税制度の適用をやめる場合の具体的な適用事例（租特法86の5⑨・⑩）

特定非常災害により、資産に相当な損失を受け、緊急な設備投資等を行うため、X3年3月期について簡易課税制度の選択をやめ、一般課税により申告を行う場合（事業年度が1年の3月末決算法人で、指定日がX3年3月末までに到来する場合）

(例4) 簡易課税制度を選択する場合の具体的な適用事例（租特法86の5⑧・⑨・⑩）

特定非常災害により、帳簿書類を亡失したため、X3年3月期について簡易課税制度を選択して申告を行い、X4年3月期について簡易課税制度の選択をやめ、一般課税により申告を行う場合（事業年度が1年の3月末決算法人で、指定日がX4年3月末までに到来する場合）

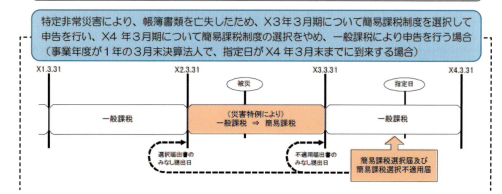

Q94 権利証等の紛失

津波により権利証が流されてしまった、その他重要な書類を紛失した場合はどうなるのでしょうか。

(1) 権利証がなくなった場合

土地や建物には登記制度というものがあり、例えば売買や相続といった原因でその所有権を取得した場合には、法務局に登記を申請し、新たに所有者となった方にはいわゆる権利証が発行されます。この一般に権利証と呼ばれているものは、昔は登記済証という法務局の印鑑が押されたもの、平成17年以降は、法律の改正によって登記識別情報というものが順次発行されるようになっています。権利証は、土地や建物を売るときや銀行等からお金を借りて担保に入れるときに等に、印鑑証明書やその他の書類とともに法務局に提供する必要があります。

では、そのような大切な書類である権利証が津波で流されたり、自然災害により紛失したりしてしまった場合には、権利証を再発行してもらえるのかというと、再発行をしてもらうことはできません。それでは、土地や建物を売ったり、担保に入れたりすることができなくなるのかというと、そうではありません。権利証の提供ができない場合の制度が不動産登記法に定められており、次のような方法によります。

① 事前通知制度（不動産登記法第23条第1項）

この制度は、登記申請を行う際に権利証が提供できない場合、本来権利証を提供すべき者に対し、法務局から「事前通知」という通知を行うことによって、申請された登記の名義人本人であることの確認をするというものです。この「事前通知」とは、権利証を提供すべき登記の名義人の住所地に宛てて、本人限定受取郵便等の方法により、登記の申請があった旨、及びその申請の内容が真実であるときは2週間以内にその旨の申出をすべき旨の通知をし、この通知に対して、2週間以内に申請に間違いがない旨の申出がされることをもって、本人からの申請であることを確認するという方法によります。

しかし、この制度によると、登記を申請して、2週間以内に登記申請が間違いない旨の申出がなされない限り登記は却下されてしまいます。では、不動産の売買を行うときを考えてみます。一般的に不動産の売買を行う場合、売買代金決済の日に、売主は登記に必要な書類を提供し、その書類に問題がないとなれば、書類と引換えに買主は売買代金を支払います。事前通知制度による場合、権利証がありませんので売主に法務局から事前通知がなされますが、売買代金を既に受領した売主に対して、間違いない旨の申出を任せるということでは、万が一申出がなされなかった場合には登記は却下されるということを考えると、代金を支払ってしまった買主としては非常に不安です。そのため、不動産の売買といった場面ではあまり使われることがありません。

② 本人確認情報の提供（不動産登記法第23条第4項）

この制度は、①の事前通知によらずに、司法書士等の登記の申請の代理を行うことができる資格者が、登記申請を行う者が本人であることを確認した旨の書類を提供するというものです。また、同様の書類を公証人に作成してもらうという方法もあります。

この場合、事前若しくは当日に登記申請を行う名義人の確認を司法書士等の資格者が行い、売買代金決済当日には登記申請を行う書類をすべて準備するということができることになり、①に記載した売買代金は支払ったものの登記の完了が売主任せになってしまうという不都合はありません。しかし、司法書士等の資格者に「本人確認情報」の作成を依頼する場合は、別途そのための費用がかかるでしょう。

なお、登記申請には権利証を提供しなければならない場合と、そうでない場合があります。例えば、上で述べている売買や担保設定といった登記には権利証の提供が必要ですが、相続による移転の場合は原則として提供は不要です。提供の要否については司法書士に確認されるのがよいかと思います。

次に、権利証がなくなった場合、それを誰かに悪用されてしまうことはないかという点については、通常、権利証を提供する必要がある登記申請の場合、権利証の他に印鑑証明書等の書類の提供が必要です。実印や印鑑証明書が適切に保管されている場合であれば特段の心配はないといえます。それらの書類等がすべて紛失するということも考えられますが、一般的には登記名義人に成りすまして不正な登記を行うことは困難で、また、そのような登記は無効となります。しかし、その可能性がないとも言い切れないため、不正登記防止申出という制度があります。これは、不正な登記がされることを防止する

ため、申出から3か月以内に不正な登記がされることを防止するための制度で、紛失した権利証を利用される危険があるというような具体的な不安がある場合には、3か月ごとに不正登記防止申出を法務局に行う必要があります。

（2）遺言がなくなった場合

遺言には、自筆証書、公正証書又は秘密証書等の方式がありますが、公証役場で作成した公正証書遺言については、正本・謄本を紛失しても、公証役場に原本がある限り改めて謄本を発行してもらうことができます。保管されている公証役場に確認するか、昭和64年1月1日以降に作成されたものは検索システムにより検索が可能となっているため、お近くの公証役場で確認することができます。

公正証書によらない自筆証書遺言については、従来は、公正証書遺言のような保管のシステムがありませんでしたので、改めて遺言を作成しておく必要があるでしょう。なお、平成30年7月に成立した「法務局における遺言書の保管等に関する法律」により、法務局で自筆証書遺言を保管する制度が開始する予定です。万一過去に作成した自筆証書遺言が後日発見された場合にも、新たな遺言によって古い遺言は撤回されたと考えられるため作成日付が最新のものが有効となります。

（3）戸籍が取得できない場合

戸籍は、正本と副本があり、正本は市役所又は町村役場に備え、副本は、管轄法務局若しくは地方法務局又はその支局がこれを保管する（戸籍法第7条）と定められています。

したがって、災害により市役所が保管している戸籍正本が滅失したとしても、法務局に保管されている副本に基づいて戸籍の再製が可能となっています。

しかし、法務局で保管される戸籍の副本は市役所の滅失した戸籍を復活させるためのものであり、現在、個人の請求により法務局が戸籍の謄本を発行する手続きは存在しません。したがって、市役所の機能回復、戸籍の再製を待って、市役所で戸籍謄本の請求をするしかないものと思われます。

なお、現在市役所・法務局双方が被災し、正本も副本も滅失してしまった場合に備えて、戸籍副本データ管理システムが稼働しており、各役所の電子化されたバックアップデータを使用することにより迅速な戸籍の再製がなされると考えられます。

（4）実印を紛失した場合

印鑑については、再度印鑑を作成・購入し、各市区町村長役場で再度印鑑登録を行う必要があります。実印についても、それのみで悪用されるということは考えにくいですが、他の印鑑登録証や身分証明書等の書類の紛失と同時に実印を紛失した等、悪用の危険がある場合には現在の実印の廃止の届出を早急に行うべきでしょう。

以上、各書類を紛失した又は取得できないとなっても、それ単体では直ちに問題が発生することは少ないと考えられますが、大規模な災害が発生した場合には、重要書類のほとんどが紛失するということも考えられます。そのため、各窓口に確認しながら必要な手続きを進めていくということが求められます。

石神健吾（近畿司法書士会連合会）

Q95　後見人の被災、被後見人預金通帳等の喪失

・成年後見人自身が被災し自分の生活の維持さえ困難となった場合、後見人の辞任を含めどう対処すべきか。
・成年後見人の中で、法定後見人に就任している場合と任意後見人のそれとでは対処の違いがあるのか。
・後見人としては、法定後見人に就任している場合と、任意後見人としての対応をする場合に分かれる。
・法定後見人は、民法844条によると、正当な事由があるときは家庭裁判所の許可を得て辞任することができる。正当事由には、後見人自身の病気や被災により時間的、物理的に被後見人をフォローすることが不可能な場合などが考えられる。このような場合「正当な事由」が認められ、辞任の許可が得られると思われる。家庭裁判所に後見人の辞任の許可の申立を行う場合には、同時に、後任の後見人の選任の申立をする必要があるが、後任の後見人の候補者が見つからなくとも、辞任の許可の申立自体は可能である。この場合、家庭裁判所が後任の後見人を選任してくれることとなる。
・任意後見人（任意後見受任者）は、任意後見契約を解除することにより、その地位を辞することができる。
・任意後見監督人の選任前、すなわち、任意後見契約締結は既にしているが、まだ後見監督人が家庭裁判所により選任されていない為その効力が発生していない場合においては、任意後見受任者はいつでも公証人役場にて、任意後見契約を解除する旨の公正証書を作成してもらい辞任することができる。この場合、任意後見契約の相手方の同意、承諾等は要らない。任意後見受任者がいなくなるため後任後見人が必要な場合、新たに任意後見契約を結ぶか、家庭裁判所に対し法定後見人選任申立をすることとなる。
・任意後見監督人が家庭裁判所により選任された後、すなわち、任意後見契約の効力が発生した後においては、任意後見人は正当な事由がある場合に限り、家庭裁判所に任意後見契約解除の許可をもらって、任意後見人を辞任することができる。任意後見人の辞任により任意後見契約は終了するので、被任意後見人に後見の支援が必要な場合には、改めて後任の後見人を選任する必要があるが、この場合、任意後見人ではなく法定後見人の選任を家庭裁判所に申立てることとなる。

・後見人が管理していた被後見人の預貯金通帳、事件記録、その他関係書類が震災等ですべてなくなった。この場合、後見人としてすることは何か。
・後見申立をした家庭裁判所に対し、預貯金通帳など関係書類がなくなった旨をすみやかに連絡する。当該家庭裁判所には、後見申立の際の書類やその後の後見人からの報告書等、事件記録が保管されており、後見人としてはそれら記録の謄写を求めることができる。
　預金通帳等については、前述の事件記録をもとに関係金融機関に対し、直ちに通帳、定期預金証書、銀行カード等を紛失した旨を申し出て、使用差し止めの手続きをする。そのうえで通帳等の再発行の手続きをすればよい。また、必要に応じて取引明細書等の発行を依頼することができる。健康保険証や介護保険証等は所管する官公署やその他の関係機関に相談する。なお、不動産の権利証は紛失したとしても再発行の制度はないが、売却等の不動産手続は可能であり、専門家である弁護士や司法書士に相談すればよく、不正使用など直ちに心配することはない。
・被後見人の避難生活が長くなり、あるいは避難先の地に正式に転居するような場合には、管轄家庭裁判所を避難先・転居先の家庭裁判所に変更してもらうことを検討したほうが良い。なお、被後見人のみが遠方に避難しており、後見人が被後見人と一緒に避難していない場合には、被後見人の避難先における後見事務を担当する新たな後見人を家庭裁判所に追加選任してもらうことを検討したほうがよい場合がある。新たな後見人候補者を予め用意できなくとも追加選任申立はできる。
・転居届、いわゆる住民票の移動の届は、被後見人の避難先での生活が、短期間であれば必要はないが、保健・福祉制度の利用のために住民票の移動が必要なこともあるので、避難先の自治体と相談すること。
・被後見人の生死、安否が不明の場合、被災地の管轄の警察署、消防署、自治体と連絡を取り情報を収集し、また、被後見人の親戚、隣保の人々からも情報収集することになり、万が一、被後見人の死亡の確定通知を受けた場合、家庭裁判所へ連絡の上、後見終了の事務手続きを始めることとなる。

安田捷（近畿司法書士会連合会）

Q96　成年後見と空き家の活用

私は、後見人に就任しているのですが、被後見人が所有する空き家を管理しているので、これを被災者の受け入れ先として提供することは可能でしょうか。また家庭裁判所の許可は必要でしょうか。

　まず、成年後見人の権限において、成年被後見人が所有する空き家を成年後見人以外の第三者に貸す行為は、成年被後見人の負担（デメリット）と成年後見人の利益（メリット）の関係が、直接結びついているわけではありませんので、成年後見人と成年被後見人とのいわゆる「利益相反行為」には該当しないでしょう。

　次に、家庭裁判所の許可の要否についてですが、成年被後見人が所有する空き家が「居住用不動産」に該当する場合は、家庭裁判所の許可が必要となりますが、「居住用不動産」に該当しなければ、家庭裁判所の許可は必要ありません。

　しかし、仮に家庭裁判所の許可は必要ないといっても、成年被後見人の所有する空き家を貸す行為は、成年被後見人の不利益の上に、成年被後見人本人以外の第三者が利益を受けることになります。成年後見人は、与えられた権限や役割の中で成年被後見人の最善の利益を図る必要があります（成年被後見人ファーストの視点が必要となります）ので、たとえ一時的であっても、成年被後見人にとって不利益となる財産の管理や処分をすることはできないと考えるべきです。

　一方で、平成12年に禁治産・準禁治産制度が廃止され、新たに成年後見制度が創設されたわけですが、前者と後者の違いは、「自己決定権の尊重」に対する考え方の違いに他なりません。

　「居住用不動産」に該当しない場合で、当分の間、成年被後見人が居住の用に供する予定のない、成年被後見人の所有する空き家を、入居者（被災者）に賃料を求めず無償で貸与する「使用貸借」を行うことは、外形的には、成年後見人に与えられた財産管理権の範囲を逸脱しているわけではありません。しかし、その「使用貸借」行為が、成年後見人自身の独断では、成年後見人の行為として適正ではないと考えるべきでしょう。

　成年被後見人自身が大震災の被災者として大変苦労した経験を有しているため、その後、成年後見制度を利用するに至るまで、義援金の提供や被災地ボランティア活動への参加等、積極的に被災地・被災者支援に尽力した等の事情があり、成年被後見人の意思が確認若しくは推認できるであるなら、本問のような「使用貸借」も検討したいところです。ただし、そのような場合にも、そのことにより、成年被後見人の生活が破綻すること等が懸念されるならば、成年後見人が順守すべき成年被後見人の生活状況配慮の義務違反になりますので、やはり適正ではありません。

　現実的には、（成年後見制度の基軸として、「自己決定権の尊重」を据えるのであるならば）、成年後見人が当該法律行為を行う時点で、成年被後見人の残存する意思能力を充分見極め、成年被後見人に関与する親族や関係者と協議を尽くし、関係者相互で共通認識を形成することが重要かと思われます。その上で、成年被後見人の意思を最大限尊重すべく、成年被後見人の所有する空き家を、期限を定めるなどの条件を付して、無償で被災者に提供することに関し、成年後見事件を監督する家庭裁判所に上申・協議するということになろうかと思います。この場合も、成年後見人は被後見人の生活状況に配慮する義務を負っており、被後見人の生活の維持・向上の実現に資する行為以外は適当とは言えないため、本問のような処分は被後見人に不利益が生ずる可能性があり、非常に困難であると思われます。

　なお、入居者から賃料（対価）を得て有償で貸す「賃貸借」の場合（被後見人に一定の利益が生じると考えられる場合）においても、一般的な営利行為として、成年後見人は、成年被後見人の生活、療養看護及び財産の管理に関する事務を行うに当たっては、成年被後見人の意思を尊重し、かつ、その心身の状態及び生活の状況に配慮しつつ、その「賃貸借」契約の妥当性を判断すべきです。

岡田茂（近畿司法書士会連合会）

Q97 成年後見と不動産の処分行為

私は父の後見人をしているのですが、震災で傷んだ父が住む家屋を修復するため、私が銀行から融資を受け、父名義の土地と家屋に抵当権を設定するには家庭裁判所の許可が必要でしょうか。

（1）法定後見の場合

民法第858条には、「成年後見人は、成年被後見人の生活、療養看護及び財産の管理に関する事務を行うに当たっては、成年被後見人の意思を尊重し、かつ、その心身の状態及び生活の状況に配慮しなければならない。」と定められていますので、成年後見人が後見事務を行うには「成年被後見人ファースト」でなければなりません。

父（成年被後見人）名義の土地と家屋があり、震災で父が住む父名義の家屋が傷み、父が安定した生活を営む上では、修復が必要という状況を前提として、成年後見人である「私」が父名義の土地・家屋を担保にして銀行から融資を受け、父名義の家屋を修復することについて「成年被後見人ファースト」の視点を主軸に据えて、「利益相反行為」と「居住用不動産」について検討します。

①「利益相反行為」について

本問での、成年後見人「私」と成年被後見人「父」の利益相反行為とは、父の土地・家屋を担保に入れるという、父にとって負担（デメリット）となる契約と、銀行から融資を受けるという、私にとって利益（メリット）となる契約が該当します。

この場合、私は権限上、私だけで（父の意思を介在させることなく）銀行とこれらの契約を行い得る立場にあります。父の土地・家屋を担保に、子が融資を受けるという事例は、世間一般ではよくある話ですが、どういった点に問題があるのでしょうか。

「私」には、銀行から融資を受ける本来の「私」という立場と、家庭裁判所の後見開始の審判に基づき、「精神上の障害により事理を弁識する能力を欠く常況（例えば、認知症が進行して、意味のある会話が成立しないような状態）」にある父の法定代理人として、父を支援しなければならない「私」という立場が併存していることになります。成年後見人である「私」は、この成年後見事件を監督している家庭裁判所に対し、特別代理人（成年後見以外の「保佐」・「補助」という類型では、「臨時保佐人」・「臨時補助人」となりますが、本問は成年後見事件ですので、「特別代理人」についてのみ補足します。）の選任申立てを行い、特別代理人が成年被後見人の代理人として抵当権設定契約をする必要があります。なお、「特別代理人」は、成年後見人と成年被後見人との間で、利益相反する行為のみの代理人で、それ以外の権限はありません。本問では、父名義の土地・家屋を対象とした父と銀行との抵当権設定の契約行為だけを代理することとなります。

つまり、「私」は、本来的な「私」のみの立場で銀行と融資契約を締結し、選任された特別代理人が、成年被後見人である父の代理人として、銀行と担保権設定契約を行うことになります。

ただし、家庭裁判所の審判により、後見監督人（成年後見以外の「保佐」・「補助」類型では、「保佐監督人」・「補助監督人」）が、成年後見人と同時又は爾後に選任されているときは、後見監督人（「後見監督人」とは、成年後見人を「監督」する立場にある機関で、基本的には、成年被後見人の代理人ではありませんが、成年後見人と成年被後見人とが利益相反する場合は、特別代理人的な立場もあります。）が、成年被後見人の代理人として契約するので、特別代理人を選任する必要はありません。

よって、本問の場合、父の成年後見人をしている「私」が融資を受け、父の代理人として、父名義の土地・家屋に抵当権を設定することは利益相反行為となりますので、この成年後見事件に、「後見監督人」が就任していなければ、家庭裁判所の許可ではなく、家庭裁判所に対して「特別代理人」の選任申立てが必要になります。

②「居住用不動産」について

民法第859条第1項には、「後見人は、被後見人の財産を管理し、かつ、その財産に関する法律行為について被後見人を代表する。」と定められていますので、成年後見人は成年被後見人の財産管理に関し広範な代理権があります。成年被後見人名義の土地・建物の不動産はいうに及ばず、株式・投資信託等の有価証券、自動車・高価な書画骨董に至るまで、成年後見人には、それらの財産管理権限がありますので、土地・建物の不動産を売却することも法律上は可能です。ただし、与えられた広範な財産管理権限を行使する中での制限について、民法第859条の3に「成年後見人は、成年被後見人に代わって、その居住の用に供する建物又はその敷地について、売却、賃貸、賃貸借の解除又は抵当権の設定その他これらに準ずる処分をするには、家庭裁判所の許可を得なければならない。」と定められています。

「居住用不動産」に該当するか否かについては、最終的には家庭裁判所の判断事項となりますが、具体的な要件を、法律で定めているわけではありません。成年被後見人が、購入した夢のマイホームや長年住み慣れた住居「自宅」は、当然「居住用」となりますが、「自宅」以外の、海の見える風光明媚な丘陵地に建つ別荘や、東京都心にある投資用マンションは、「居住用」でないことは明らかといえるでしょう。このように「居住用」ではないのが明らかである不動産を除いては、原則、「居住用不動産」であることを前提に売却等の処分手続きを進めた方が無難です。

抵当権を設定する不動産が被後見人の「居住用不動産」であるにもかかわらず、抵当権の設定について家庭裁判所から「居住用不動産の処分の許可」を受けることなく抵当権設定契約がなされた場合、その契約は当然に無効となります。また、抵当権を設定する予定の不動産が、被後見人の「居住用不動産」でない場合であっても、被後見人の心身の状態や資産の状況によっては、家庭裁判所が抵当権設定契約の締結を不適切と判断する可能性もありますので、被後見人にとって必要なのか、被後見人にとって不利なものとなっていないか等について考慮し、事前に家庭裁判所に相談して下さい。

また、金融実務においては、このような場合の融資の条件として、物件所有者に物上保証（不動産を担保として提供すること）に加えて人的保証（連帯保証人・保証人となること）を要求することが多いですが、成年被後見人に保証債務を負担させることは後見人の行為としては不適切であると考えられます。

以上の点に関し、後見人が被後見人と同居しているか否かが、居住用不動産の処分に関する裁判所の許可の要否に影響することはないですが、許可にあたっての判断には影響があるでしょう。

また、修繕に要する金額を超える融資は行われないのが一般的かと思いますが、仮に修繕に要する費用を超える融資を受けるということであれば、単に後見人の利益を図ると解されるため、原則は認められず、許可申立にあたっては相当の理由が必要でしょう。

（2）任意後見の場合

任意後見人・本人間の利益相反行為については、任意後見監督人が本人を代理するので、任意後見監督人が本人の代理人となって抵当権設定契約を締結することになります。その不動産が「居住用不動産」であっても、事前に家庭裁判所の許可を受ける必要はありませんが、本人の利益を害することのないよう、抵当権設定の可否は慎重に判断をすべきです。本人に保証債務を負担させることは、法定後見の場合と同様に不適切であることに注意を要します。また、任意後見においては与えられた代理権の範囲にも気を付ける必要があります。

岡田茂（近畿司法書士会連合会）

Q98　建物の工事請負契約と倒壊

工務店に建物の建築を発注していましたが、地震で建築途中の建物が倒壊しました。私は、請負代金を支払わなければいけませんか。また、完成が遅延したせいで、現在借りているアパートの賃料が余分にかかりましたが、この賃料を請負人に請求することはできますか。

請負工事の報酬は、特約がない限り工事完成後にしか請求できませんので、建築工事が完成していなければ、請負代金を支払う必要はありません。

また、工事完成の遅延が地震による不可抗力のものであれば、余分にかかったアパートの賃料を請負人に請求することはできません。

1　請負契約の性質と当事者の義務

(1)　請負契約の性質

請負契約は、当事者の一方（請負人）がある仕事を完成させることを約束し、相手方（注文者）がその仕事の結果に対して報酬（請負代金）を与えることを約束する契約です（民法632条）。

請負については、商法・各種の特別法の規定があるほか、民法の規定が約款によって修正されている場合が少なくありません。たとえば、建設請負契約では、民間工事標準請負契約約款、公共工事標準請負契約約款などがあります。

(2)　請負人の仕事完成義務

請負人は、注文者に対して契約で引き受けた「仕事」の「完成」を負担しています。目的物の引渡しを必要とする場合には、約定の時期に完成した物を引き渡すことも、「仕事の完成」に含まれます。

(3)　注文者の報酬支払義務

注文者は、請負人に対して報酬（請負代金）を支払う義務を負います。請負人の報酬債権自体は請負契約の締結と同時に発生すると考えられていますが、報酬の支払時期については別途に考える必要があります。

報酬の支払時期については、請負契約書において、前払い・部分払い（出来高払い）・完成引渡時払いというように3回以上に分割して支払うことにしている場合が多く、このような特約があれば、それに従うことになります。

一方、このような特約がなければ、報酬の支払いは、仕事の目的物の引渡しを要する場合には引渡しとの同時履行、引渡しを要しない場合には後払いとされています（民法633条）。

2　工事完成前の目的物の滅失

質問のケースのように、建築途中に建物が倒壊してしまった場合には、①請負人の再度の履行の問題と②注文者の報酬支払義務の2つが問題となります。

(1)　請負人の再度の履行の問題

ア　請負人の仕事完成義務

請負人は請負契約において仕事の完成を引き受けているため、なお履行することが可能な限り、請負人が増加費用を負担して仕事を完成させなければならず、注文者は、請負人に対し、完成をめざして仕事を続けるように請求することができます。

もっとも、前述の民間工事標準請負契約約款には、「不可抗力による損害」として、「天災その他自然的又は人為的な事象であって、発注者又は受注者のいずれにもその責めを帰することのできない事由（以下「不可抗力」という。）によって、工事の出来形部分、工事仮設物、工事現場に搬入した工事材料、建築設備の機器又は施工用機器について損害が生じたときは、受注者は、事実発

民間工事標準請負契約約款（乙）1枚目

生後速やかにその状況を発注者に通知する。」「前項の損害について、発注者、受注者及び監理者が協議して重大なものと認め、かつ、受注者が善良な管理者としての注意をしたと認められるものは、発注者がこれを負担する。」といった規定がありますので、同約款あるいは同約款と同じ内容の契約書を用いている場合で、当該規定の要件を満たすときには、上記損害は注文者が負担することになります。

また、大災害により、契約時に基礎としていた事情が著しく変更したときには、事情変更の原則により、契約内容についての再交渉請求権（再交渉義務）や報酬増額請求権が認められる余地もあると考えられます。

　イ　注文者に生じた損害—質問のケース

工事完成予定期日には遅れるものの、仕事の完成がなお可能な場合、注文者が余計に負担することになった賃料等の損害（質問のケース）については、債務不履行の一般原則に従って判断することになります。

すなわち、工期の遅延が不可抗力によるものであれば、請負人は注文者に生じた損害を賠償する責任はありませんが、不可抗力によるものでなければ、請負人には賠償責任が発生します。

質問のケースでは、地震による建物の倒壊ということで不可抗力である可能性が高いため、そうであれば、注文者は、余分にかかったアパートの賃料を請負人に請求することはできないということになります。

なお、民間工事標準請負契約約款では、不可抗力のために工期内の完成ができないときは、請負人から、必要な工期の延長を請求できると規定されています。

　ウ　仕事の完成が不可能な場合

請負人の仕事の完成が不可能となった場合は、注文者の履行請求権は消滅し、請負人の仕事完成義務はなくなります。この場合、上記イと同様の条件により、請負人に債務不履行による損害賠償責任の有無が判断されます。

(2)　注文者の報酬支払義務

請負人の仕事の完成が不可能となった場合、注文者の報酬支払義務がどうなるのかが問題となります。

　ア　請負人に帰責事由がある場合

請負人に帰責事由がある場合は、請負人には損害賠償責任が発生します。そして、請負人の損害賠償債務と注文者の報酬支払義務の相殺の問題になります。

　イ　請負人に帰責事由がない場合—質問のケース

質問のケースは、地震により建物が倒壊した場合なので、請負人に帰責事由がない場合だと考えられ、危険負担の問題になります。

この場合、原則として、民法536条1項により、債務者主義が適用され、請負人が危険を負担することになります。したがって、請負人は報酬債権を失い、注文者は報酬支払義務を免れるということになりますので、質問者の方は、請負代金を支払う必要はありません。

繁松祐行（弁護士）

Q99 建物の売買契約と倒壊

建物の売買契約を締結し、売買代金の10％を手付金として支払いましたが、地震で建物が壊れてしまいました。私は売買契約を解除できますか。また、手付金を返還してもらえますか。

売買契約書に特約があればそれに従うことになりますが、特約がない場合は、民法による危険負担の規定が適用されます。

従来の民法の危険負担の規定によれば、建物の売買契約の場合、債権者主義が適用され、買主は代金支払債務を免れないと解されていました。しかし、平成32年（2020年）4月1日から施行される新民法では、危険負担の規定は改正され、債権者主義の規定は削除されました。新民法の規定によれば、買主は、残りの代金支払債務について履行を拒絶できることになります。

また、従来の民法によれば、債務不履行解除のためには売主の帰責事由が必要でしたので、質問のような地震による倒壊のケースでは、買主は債務不履行解除ができませんでした。しかし、新民法では、債務不履行解除の規定も改正され、売主に帰責事由がなくても買主は債務不履行解除ができるようになりました。

新民法による危険負担や債務不履行解除の規定の改正についてご注意ください。

1 特約のある場合

(1) 標準的な売買契約書

全国宅地建物取引業協会連合会の標準的な売買契約書には、質問のような場合について、引渡し前の滅失・毀損として、以下のような特約があります。

①引渡し前に、天災地変等の売主、買主のいずれの責にも帰すことのできない事由によって物件が滅失した場合には、買主は契約を解除できる。

②①項の事由によって物件が毀損したときは、売主は、修復して買主に引き渡すものとする。

③売主は、②項の修復が著しく困難又は過大な費用を要するときは売買契約を解除することができ、買主は、物件の毀損によって契約の目的を達することができないときは同契約を解除できる。

したがって、このような特約のある売買契約書で売買契約をしていた場合には、この規定に基づいて判断することになります。

(2) 質問のケース

質問のケースでは、地震で建物が倒壊したということですので、これが物件が滅失したと言えるほどの状態であれば、買主は、契約を解除して、支払済みの手付金の返還を求めることができます。

また、仮に物件の滅失とまでは言えない場合であっても、建物が倒壊したことにより、居住目的等の売買契約の目的を達成することができないのであれば、上記と同じく、買主は、契約を解除して、支払済みの手付金の返還を求めることができます。

2 特約のない場合

(1) 危険負担の債権者主義（民法534条）

上記1のような特約のない場合は、民法の規定に従って判断することになります。

民法は、危険負担において、原則として債務者主義を採用していますが（民法536条1項）、例外的に債権者主義を採用している場合があります。具体的には、「特定物に関する物権の設定又は移転を双務契約の目的とした場合」について、「その物が債務者の責めに帰することができない事由によって滅失し、又は損傷したとき」は、「債権者の負担に帰する」として債権者主義を採用し、債権者の反対給付債務が存続する旨定めています（民法534条）。

この点、建物の売買契約は、特定物に関する物権の移転を目的とする双務契約に該当すると考えられますので、民法534条により、債権者主義が適用され、地震で建物が倒壊した場合であっても、買主は代金支払債務を負い続けることになります。

したがって、代金支払債務から逃れるためには、買主は、以下に述べる手付放棄等による解除を行わなければなりません。

(2) 手付放棄等による解除

民法557条によれば、買主が売主に手付を交付したときは、当事者の一方が契約の履行に着手するまでは、買主はその手付を放棄して契約の解除をすることができると規定されています。そして、最高裁は、売買における手付は、反対の証拠がない限り、本条所定のいわゆる解約手付と認めるべきであると判断しています（最判昭和29年1月21日）。

したがって、まだ、売主が「契約の履行に着手」していない場合であれば、買主は、手付放棄による解除を行

うことができます。ここで、「契約の履行に着手」とは、「客観的に外部から認識し得るような形で履行行為の一部をなし、または履行の提供のために欠くことのできない前提行為をした」ことを言い（最判昭和40年11月24日）、同最判のケースでは、他人の不動産を売った売主が物権所有者から不動産を調達して自分名義に所有権移転登記をしたことが「履行の着手」にあたると判断されました。

質問のケースで、仮に売主が既に「契約の履行に着手」している場合には、手付放棄による解除はできなくなります。その場合は、売買契約書で定められた違約金（支払済みの手付金を充当する）を支払って、売買契約を解除せざるを得ません。

(3) もっとも、不動産売買においては、代金支払と引渡し・登記が引き換えになっていることが通例で、引渡し・登記のときまで債権者主義をとるべきではないという見解も有力です。この見解によれば、売買代金を支払う義務はないと考え得ることになります。

したがって、売主・買主間で売買契約を合意解約するか、価格の減額によって取引を維持できる場合は、売買代金額について再協議して解決することができます。

3　新民法による危険負担・債務不履行解除
(1) 危険負担

上記2(1)のとおり、これまでの民法は、特定物に関する物権の設定又は移転を目的とする双務契約について債権者主義を採用していました。しかし、債権者主義については、目的物の引渡しも受けず、自己の支配下に置いてもいない債権者に過大なリスクを負わせるものであって不当であるとして、従来から強く批判されてきました。そこで、平成32年（2020年）4月1日から施行される新民法では、債権者主義を定めた規定（旧民法534条）は削除されることになりました。

そして、新民法は、危険負担の効果として履行拒絶権を定めているため（新民法536条1項）、地震で建物が倒壊した場合、買主は、残りの売買代金の支払を拒絶することができます。

(2) 債務不履行解除

また、これまでの民法では、債務不履行について債務者に帰責事由がある場合でなければ債権者は契約の解除をすることができないと解されていました。

しかし、新民法では、債務者に帰責事由がない場合にも、債権者を契約の拘束力から解放するために契約の解除をすることができると定めており、催告解除のほか、「履行の全部又は一部が不能であるとき」や、「履行の一部が不能である場合において、残存する部分のみでは契約をした目的を達することができないとき」には、無催告解除が可能であると規定されています（新民法541〜542条）。契約の解除ができないのは、債権者に帰責事由がある場合のみです（新民法543条）。

したがって、新民法の下では、特約がなく、かつ、地震で建物が倒壊したという売主に帰責事由がない場合であっても、買主は、債務不履行解除を行うことにより、代金支払債務を消滅させることができると考えられます。

繁松祐行（弁護士）

Q100 製作物供給契約

当社（X社）は、A社から納入された部品を組み込んで機械を製造し、それをB社に販売しています。先日の大地震でA社の部品工場が倒壊し、部品が納入されなくなりました。そのため、当社は、機械を製造できず、B社の納期に間に合いません。当社は損害賠償責任を負いますか。

X社には債務不履行状態が発生していると考えられますが、債務不履行に基づく損害賠償責任が生じるためには、X社に帰責事由が必要です。A社から部品の納入がなくX社において機械を製造できないことが、大地震による不可抗力のものであると言えれば、X社には損害賠償責任は発生しないと考えられます。

また、仮に損害賠償責任は発生しないとしても、このような場合に取引機会を喪失しないためにも、会社においては、事前に事業継続計画（BCP）の策定しておくことをお勧めします。

1 製作物供給契約

X社がB社と締結している契約は、いわゆる制作物供給契約にあたると考えられます。製作物供給契約とは、当事者の一方が相手方の注文に応じて、もっぱらあるいは主として自己の所有に属する材料を用いて物を製作して、その物品を供給することを約束し、相手方がこれに対して報酬を支払うことを約束する契約のことを言います。仕事をする者の側が主として材料を提供する点と、製作者が物の製作義務及び製作物を引き渡す義務を負担する点が、この契約の特徴です。

製作物供給契約については、かつては、売買か請負のいずれかに分類することができるという見解も主張されましたが、現在は、請負的側面（物の製作）と売買的側面（物の供給）という二面性を有していることから、混合契約であるという説が有力です。

2 引渡義務の不履行

(1) 債務不履行

X社は、A社から納入された部品を組み込んで機械を製造し、それをB社に販売しているということですから、X社は、A社に対して機械の製造義務及び引渡義務を負っています。ところが、地震でA社の部品工場が倒壊して部品が納入されず、そのため、機械を製造できなくってB社の納期に間に合わないということなので、X社には、債務不履行が発生しています。

したがって、X社がB社に対して損害賠償責任を負うかどうかは、債務不履行の一般原則にしたがって判断することになります。

(2) 債務不履行に基づく損害賠償責任

ア 債務者の帰責事由

債務不履行に基づく損害賠償責任が発生するためには、債務者の帰責事由が必要であると考えられています。

この点、これまでの民法では、履行不能については債務者に帰責事由がない場合には責任を負わない旨が定められていましたが、それ以外の債務不履行については同様の規定がありませんでした（民法415条）。そこで、平成32年（2020年）4月1日から施行される新民法では、履行不能とそれ以外の債務不履行を区別することなく、債務者に帰責事由がない場合には債務者は債務不履行に基づく損害賠償責任を負わない旨の規定が設けられました（新民法415条1項）。

イ 帰責事由の判断枠組

これまでの民法の規定では、債務者の帰責事由の有無がどのような枠組で判断されるのかは明らかでありませんでしたが、裁判実務においては、帰責事由の有無は、問題となった債務にかかる給付の内容や不履行の態様から一律に定まるのではなく、個々の取引関係に即して、契約の性質、契約の目的、契約の締結に至る経緯等の債務の発生原因となった契約に関する諸事情を考慮し、合わせて取引に関して形成された社会通念も勘案して判断されていると考えられています。

そこで、新民法では、このような判断枠組を明確化するため、「契約その他の債務の発生原因及び取引上の社会通念に照らして債務者の責めに帰することができない事由」と文言をより具体的に定めました（新民法415条1項但書）。

ウ 質問のケース

質問のケースでは、大地震でA社の部品工場が倒壊したために部品が納入されなかったとのことですので、不可抗力として、X社には帰責事由がない可能性が高いと考えられます。したがって、X社には直ちには損害賠償責任は発生しないと考えられます。

もっとも、X社が長期間にわたって債務不履行状態を放置し、何らの対応もしなかった場合には、適切な対応をとらなかったことについて帰責事由が認められ、損害

賠償責任が発生する可能性があります。また、長期間債務不履行状態を放置したような場合は、X社としては貴重な取引機会も失うことになるので、注意が必要です。

3　さらに一歩踏み込んで——事業継続計画（BCP）策定の必要性

(1)　はじめに

上述のように仮に本件においてX社に損害賠償責任が発生しないとしても、それで良しとして良いのかは疑問の残るところです。X社が速やかな製作物の供給を行わなければ、B社は別の会社と取引を開始し、X社が取引機会を失う可能性があるからです。

X社としては、事業継続計画（BCP）を策定しておくべきだと考えられます。

(2)　事業継続計画（BCP）とは

事業継続計画（BCP＝Business Continuity Plan）とは、「災害時に特定された重要業務が中断しないこと、また万一事業活動が中断した場合に目標復旧時間内に重要な機能を再開させ、業務中断に伴う顧客取引の競合他社への流出、マーケットシェアの低下、企業評価の低下などから企業を守るための経営戦略」をいうとされています（内閣府ホームページ「防災情報のページ」）。

地震、津波などの自然災害が発生すると、財物への直接の被害や、基幹事業が停止している間の利益を損なうばかりでなく、取引先や顧客を失う大きな原因となり、ひいては事業からの撤退を余儀なくされることになりかねません。とりわけ、現代の日本の経済社会では、最初から最後まで1つの製品を1社のみで製作するというのはまれであり、多くは、1つひとつの部品はそれぞれの部品メーカーが製造し、それら部品を本体製造メーカーが納入を受けて完成品を製造するというシステムがとられているため、取引機会の喪失は会社の命運を左右します。

自然災害が発生したときに、取引先を喪失したり、事業からの撤退を余儀なくされることのないよう、確保が難しくなると思われる材料や部品が想定されているのであれば、備蓄を多めにしておいたり、代替材料・部品の購入ルートを構築しておいたり、OEMとして製造を代替できる他工場との協定を締結したりといったことを考えておくべきと思われます。

(3)　事業継続計画（BCP）の策定項目

事業継続計画（BCP）の策定項目としては、①どのようなリスクを想定するかを特定する、②当該リスクの影響の度合いを事前評価する、③重要業務が受ける被害を想定する、③復旧の阻害要因となる要素を抽出するといったことが挙げられています。

経営者が、自然災害に被災しても業務を継続し、損失リスクを回避すべきであることは、善管注意義務（民法644条、会社法330条）から導かれるものと言われています。

したがって、事業継続及びそのための体制を整備することは経営者の法的な義務と言えるのであり、是非、事業継続計画（BCP）の策定をご検討ください。

繁松祐行（弁護士）

Q 101　リース物件の滅失

リース契約をしていたコピー機が、地震で壊れてしまいました。この場合でも、リース料を払い続けなければいけませんか。

リース物件を使えなくなったのだから、リース料金の支払いも免れる、と考えがちですが、標準的なリース契約書では、地震などの災害でリース物件が滅失した場合、ユーザーは、規定損害金を支払わなければならないと定められています。例外的に、リース会社が加入している動産総合保険に地震拡張特約が付いていた場合に、ユーザーは、支払われた保険金相当額について規定損害金の支払いを免れます。

もっとも、リース会社に規定損害金の支払いの猶予や減額について相談、交渉する余地はあると思います。

1　リース取引とは

(1) ファイナンス・リースとは

日本のリース取引で主流な「ファイナンス・リース」とは、設備機器の導入を必要とする者（ユーザー）が、設備機器の販売業者（サプライヤー）から直接購入する代わりに、リース会社にサプライヤーから設備機器を買い取ってもらったうえで、これを借りて使用し、その見返りとしてリース会社にリース料の支払いをするという一連の取引をいいます。

(2) 契約関係

ファイナンス・リースでは、①リース会社・サプライヤー間のリース物件の売買契約と②リース会社・ユーザー間のリース物件の利用契約という2つの契約が成立しています。

リース契約は、ユーザーがリース物件を利用するという点では、賃貸借契約に類似しています。他方、リース会社がユーザーの設備導入資金を実質的に立て替えて、金融の便宜を供与しているという点では、金銭消費貸借契約に類似しており、金融的性格を有しているといえます。

(3) ファイナンス・リースの特徴

標準的なリース契約書では、リース取引の金融的性格等から、原則として、

①ユーザーは、リース契約を中途解約できないこと
②リース会社は、リース物件の品質や性能の瑕疵（欠陥）について責任を負わないこと
③ユーザーが、リース物件の保守・修繕義務を負うこと（ただし、メンテナンス・リースというリース会社が保守・修繕を行う契約の場合は別です。）
などが定められています。

なお、②リース物件に瑕疵があった場合については、ユーザーは、リース会社のサプライヤーに対する損害賠償請求権を譲り受けるなどして、サプライヤーにその損害の賠償等を求めることができると考えられています。

また、③ユーザーは保守・修繕義務を負うため、通常、サプライヤー等と保守契約を締結して、保守サービスを受けます。

2　リース物件の滅失

では、設問のように、ユーザーの責任でもリース会社の責任でもない地震などの災害によってリース物件が滅失した場合、だれがその危険を負担することになるでしょうか。

(1) 民法上の原則論

まずは、リース契約書の特約がない場合を想定して、民法上の原則論からみていきましょう。この原則論は、通常、リース契約書で変更されているので注意してください。

リース物件が天災地変で滅失した場合、リース会社のリース物件をユーザーに使用収益させる債務は、履行不能となります。地震など契約当事者のいずれの責任でもないことが原因で、一方の債務（ここでは、リース会社

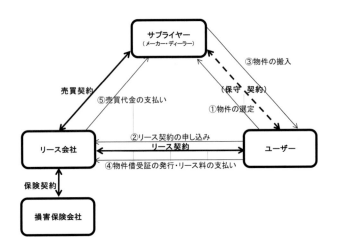

のリース物件を使用収益させる債務）の履行が不可能となった場合に、これに伴って相手の債務（ここでは、ユーザーのリース料支払い債務）も消滅するのかという問題を、「危険負担」といいます。

民法上は、債務者であるリース会社が滅失の危険を負担し、ユーザーはリース料の支払いを免れるのが原則です（民法536条1項）。

(2) リース契約書の特約

(1)の原則論は、通常、リース契約書の規定で修正されています。

標準的なリース契約書では、リース物件の引渡しから返還までに、リース会社・ユーザーいずれの責任でもない天災地変によってリース物件が滅失・棄損した場合、その損害はユーザーが負担し、リース物件が修復不能となったときは、ユーザーはリース会社に規定損害金を支払い、リース契約は終了する、と規定されています。

この特約によると、ユーザーは、地震でリース物件が滅失した場合、リース会社に対して、規定損害金を支払わねばならず、また、滅失部分に応じたリース料の減額、無償での修繕や新たなリース物件の提供なども請求できないことになります。

リース会社の危険負担免責の特約について、判例は、リース契約の金融的性格に加えて、危険負担を考慮してリース料が算定されていないこと、ユーザーの損害をカバーするためにリース物件に動産総合保険が付されていることなどを理由に有効と判断しています。

確かに、標準的なリース契約書では、①リース会社は動産総合保険を付保し、②保険事故が発生してユーザーがリース物件を修復した場合は、リース会社はユーザーに保険金額を支払い、③リース物件が滅失して修復不能となった場合には、ユーザーは、保険金額の限度で規定損害金の支払いを免れることが定められていますから、通常であれば、ユーザーの負担は発生しないか、ごく少額にとどまります。

しかし、一般的な動産総合保険では、地震などに起因する損害は、補填の対象から除外されてしまっています。

したがって、設問のような地震による滅失の場合、ユーザーは、リース会社が、地震拡張特約を付していた例外的な場合のみ、支払われた保険金の限度で、規定損害金の支払いを免れることになります。

もっとも、リース会社が地震拡張特約を付けていないことやユーザーが規定損害金の一括支払義務を負うことが妥当でないといえる事情がある場合には、規定損害金の定めを適用すべきでないと主張しうるという見解もあります。

(3) 対応策

災害に備えるという観点からは、リース契約締結時に、付保内容を確認し、可能であれば、多少割高にはなりますが、風水害、地震などを保険対象とすることが考えられます。

また、設問のように地震によりリース物件が滅失した場合、ユーザーとしては、リース会社に、規定損害金の支払いの猶予や減額などを相談したり、新しいリース物件に関する契約締結の際に合わせて交渉したりすることが考えられます。

経済産業省は、リース会社で組織されているリース事業協会に対して、中小企業から、リースに関する支払猶予や契約期間延長の申込みがあった場合には、柔軟かつ適切な対応をするよう、所属するリース会社に周知徹底することを要請しています。また、熊本地震の際、リース事業協会と日本自動車リース協会連合会は、被災した中小企業等から支払猶予や契約期間延長の申込みがあった場合には、支払条件の変更等について、柔軟かつ適切な対応を講じるとしたうえで、相談窓口等を設置し、被災事業者からの問合せに対応しました。今後の災害においても、こういった相談窓口を利用できると思われます。

〈参考文献〉

齋藤重也ほか共著『リース取引の実務知識』（新日本法規出版、1990年）1-5、130-140、171-174頁

森住祐治『リース取引の実際〈第4版〉』（日本経済新聞社、2009年）24-28、90-91頁

眞並万里江（弁護士）

Q102　震災と許可期限の延長

1　建設業の許可事業者です。許可の有効期限がせまっていますが、震災に遭い更新申請が間に合いそうにありません。どうすればいいでしょうか。

2　在留資格の期限が切れそうですが、震災に遭い更新申請ができません。どうすればいいでしょうか。

被災した原因となった災害が特定非常災害特別措置法に基づく「特定非常災害」に指定された場合、各省庁における措置として「満了日の延長を行う権利利益等の告示」によってその許認可が指定されれば、本来の期限日を経過しても現在受けている許認可は引き続き有効ですので、その延長措置期限日までの間に申請を行ってください。

東日本大震災の際には以下の措置が講じられました。

(1) 許認可等の存続期間（有効期間）の延長

運転免許のような許認可等（平成23年3月11日以後に満了するもの）について、存続期間（有効期間）が最長で平成23年8月31日まで延長されました。

◎満了日が延長される具体的な許認可等、対象地域、延長後の満了日については、それぞれで異なります。

存続期間（有効期間）が延長された許認可等の抜粋

警察庁
○合格証明書の交付を受けてから猟銃の所持の許可を受けるまでの期間の延長
○猟銃又は空気銃の所持の許可の有効期間の延長
○銃砲又は刀剣類の所持の許可の失効までの期間の延長
○射撃教習に係る教習資格認定証の有効期間の延長
○運転仮免許の有効期間の延長
○運転免許試験の合格の効力の延長
○免許証の有効期間の延長
○卒業証明書等の有効期間の延長
○再試験の免除の期間の延長
○高齢者講習を受けてから免許証の更新を受けるまでの期間の延長
○過去の免許期間として評価される期間の延長（二人乗り運転）
○運転免許試験の免除を受けることができる期間の延長
○更新時講習の免除を受けることができる期間の延長
○警備業者に係る認定証の有効期間の延長
○犯罪被害者等給付金の申請期間の延長　など

総務省
○無線局の免許の有効期間の延長
○無線局の再免許の申請期間の延長
○無線局の再登録の申請期間の延長
○電気通信主任技術者資格者証の交付の申請期間の延長
○工事担任者資格者証の交付の申請期間の延長　など

法務省
○在留資格に伴う在留期間の満了日の延長
○外国法事務弁護士となる資格の承認の有効期間の延長　など

厚生労働省
○有料職業紹介事業の許可の有効期間の延長
○飲食店営業等の許可の有効期間の延長
○旅館業の許可を受けた地位の承継の申請期間の延長
○精神障害者保健福祉手帳の有効期間の延長
○毒劇物の製造業、輸入業、販売業の登録の有効期間の延長
○薬局の開設の許可の有効期間の延長
○医薬品、医薬部外品、化粧品又は医療機器の製造販売業の許可の有効期間の延長
○医薬品、医薬部外品、化粧品又は医療機器の製造業の許可の有効期間の延長
○高度管理医療機器又は特定保守管理医療機器の販売業又は賃貸業の許可の有効期間の延長
○医療機器の修理業の許可の有効期間の延長
○医薬品の販売業（配置販売業を除く。）の許可の有効期間の延長
○一般労働者派遣事業の許可の有効期間の延長
○指定居宅サービス事業者の指定の有効期間の延長
○指定地域密着型サービス事業者の指定の有効期間の延長
○指定居宅介護支援事業者の指定の有効期間の延長
○指定介護老人福祉施設の指定の有効期間の延長
○指定介護療養型医療施設の指定の有効期間の延長
○介護支援専門員の登録の有効期間の延長
○介護老人保健施設の許可の有効期間の延長
○衛生検査技師の免許の申請期間の延長

○障害者又は障害児の保護者に対する介護給付費等の支給決定の有効期間の延長　など

農林水産省
○漁業権の存続期間の延長
○指定漁業の許可の有効期間の延長
○普通肥料の生産業者の登録の有効期間の延長
○登録検査機関（農産物検査法に基づくもの）の登録の有効期間の延長
○動物用医薬品の販売業の許可の有効期間の延長
○動物用高度管理医療機器の販売業又は賃貸業の許可の有効期間の延長
○品種登録（種苗法に基づくもの）の登録料の納付期間の延長
○特例老齢農林一時金の請求期間の延長　など

経済産業省
○液化石油ガスの保安業務の認定の有効期間の延長
○登録電気工事業者の登録の有効期間の延長
○ガス消費機器設置工事監督者の資格を有する者に係る必要な講習の修了又は認定の有効期間の延長
○指定定期検査機関（計量法に基づくもの）の指定の有効期間の延長
○認定特定計量証明事業者（計量法に基づくもの）の認定の有効期間の延長
○登録事業者（計量法に基づくもの）の登録の有効期間の延長
○検定証印（計量法に基づくもの）の有効期間の延長
○装置検査証印（計量法に基づくもの）の有効期間の延長　など

国土交通省
○宅地建物取引業の免許の有効期間の延長
○宅地建物取引主任者証の有効期間の延長
○マンション管理業者の登録の有効期間の延長
○管理業務主任者証の有効期間の延長
○建設業許可の有効期間の延長
○経営事項審査の有効期間の延長
○監理技術者資格者証の有効期間の延長
○浄化槽工事業の登録の有効期間の延長
○解体工事業の登録の有効期間の延長
○測量業者の登録の有効期間の延長
○不動産鑑定業者の登録の有効期間の延長
○型式適合部材等製造者の認証の有効期間の延長
○建築士事務所の登録の有効期間の延長
○型式住宅部分等製造者の認証の有効期間の延長
○自動車登録申請時に添付する印鑑証明書の有効期間の延長
○限定自動車検査証の有効期間の延長（自動車検査証の有効期間については、別途、道路運送車両法に基づき延長。）
○保安基準適合証及び適合標章の有効期間の延長
○自動車整備士技能検定の試験免除期間の延長
○旅行業の登録の有効期間の延長
○建設コンサルタントの登録の有効期間の延長
○地質調査業者の登録の有効期間の延長
○補償コンサルタントの登録の有効期間の延長　など

環境省
○一般廃棄物収集運搬業及び一般廃棄物処分業の許可の有効期間の延長
○産業廃棄物収集運搬業及び産業廃棄物処分業の許可の有効期間の延長
○特別管理産業廃棄物収集運搬業及び特別管理産業廃棄物処分業の許可の有効期間の延長
○温泉の掘削の許可の有効期間の延長
○温泉の増掘又は動力装置の許可の有効期間の延長
○動物取扱業者の登録の有効期間の延長
○鳥獣飼養者の登録の有効期間の延長　など

経済産業省・環境省
○第一種特定製品に係る第一種フロン類回収業の登録の有効期間の延長
○フロン類破壊業の許可の有効期間の延長
○使用済自動車の引取業の登録の有効期間の延長
○使用済自動車に係るフロン類回収業の登録の有効期間の延長
○使用済自動車又は解体自動車の解体業の許可の有効期間の延長
○解体自動車の破砕業の許可の有効期間の延長　など

（2）期限内に履行されなかった届出等の義務の一定期間の猶予

　法令に基づく届出等の義務が、本来の期限までに履行できなかった場合であっても、それが特定非常災害によるものであることが認められた場合には、平成23年6月30日までに履行すれば、行政上及び刑事上の責任を問われません。

松村康弘（兵庫県行政書士会）

Q103　廃車等の登録

1　津波で自動車が流されました。どこにあるのか分からないのですが、廃車手続きをするにはどうしたらいいでしょうか。自動車税などはどうなるのでしょうか。

2　震災で自動車が押しつぶされてしまいました。廃車手続きをするにはどうしたらいいでしょうか。ローンが残っているのですが、廃車にできるでしょうか。

3　震災で亡くなった父所有の自動車の手続きは、どうすればいいでしょうか。

通常の永久抹消登録（廃車）手続きの際には、申請書、ナンバープレート2枚、自動車検査証、所有者の印鑑登録証明書、所有者の実印及び罹災証明書を準備する必要があります。しかし、災害に遭ってしまった際にはこれらの書類等を準備することが困難となるケースもあります。

東日本大震災の際においては、これら通常必要な書類等が準備できない場合は、下記のような特例措置が講じられています。

●自動車登録番号、車台番号が分からない

申請者からの情報、納税証明書等により自動車登録番号又は車台番号のいずれかが分かり、自動車を特定できれば、申請書を受理する。

●印鑑登録証明書が取得困難、実印を紛失

次の書面の提出及び提示をもって代える。

①所有者本人からの申請の場合

所有者の署名及び本人確認書面（登録事項等証明書交付請求の際に求める身分証明書：免許証等）

②代理人による申請の場合

所有者が署名した委任状及び所有者の本人確認書面の写し並びに代理人の本人確認書面（登録事項等証明書交付請求の際に求める身分証明書：免許証等）

●原因を証する書面（罹災証明書）の入手が困難

申請人の申立書をもって罹災証明書に代える。

なお、被災地域以外において登録されている自動車に係る申請については、震災時に当該地域に所在していたことが分かる具体的な説明の記載を求める。

なお、所有者の方が震災でお亡くなりになっている場合は、その相続人の方がこれらの手続きを行っていただくことになります。ただし使えなくなった（津波等で行方不明になった）自動車にローン残債がある場合、所有者であるローン会社の同意を得られない限り（そのローンが完済されるまで）は、永久抹消登録手続きを行うことはできませんのでご注意ください。

自動車税（軽自動車については軽自動車税）については通常、管轄する運輸支局等（軽自動車については軽自動車検査協会）で永久抹消登録等の廃車手続を行うと課税されません。なお、使えなくなった（津波等で行方不明になった）自動車にローン残債がある場合であっても、解体等届出など課税停止の申出をすることで課税を止めることができます。

自動車重量税については、自動車リサイクル法に基づいて解体された自動車に限り、自動車検査証の有効期間の残存状況に応じて支払った税金の一部が還付されます。しかし東日本大震災では震災により滅失又は損壊した自動車について、既に納付された自動車重量税のうち、震災発生日である平成23年3月11日から自動車検査証に記載された有効期間の満了する日までの期間に相当する金額を、当該被災自動車の所有者に還付する特例措置が講じられました。

自動車損害賠償責任保険（共済）料は、保険証明書など関係書類が失われていても、罹災届出受理証明書等を取り寄せた上で、保険（共済）会社に解約の手続きをすれば、震災の日に遡って日割りで返還される特例措置が講じられました。

任意の自動車保険についても、東日本大震災により自動車が消失、または使用不能となった契約者については、自動車保険を解約する際、災害発生日から満期までの保険料について返還されることとなっています。また解約する際には、「中断」の手続を取ることで、新たに自動車保険を契約する際に、それまでの等級を継承することができます（最長10年）。

4　被災者ですが、自動車の車検が切れてしまいました。どうすればいいでしょうか。

車検の有効期間が過ぎている自動車は、公道を走行することはできません。しかし東日本大震災にあっては、車検を受けることが困難な方が多いことから、被災地域に使用の本拠を有する自動車については、最大2ヶ月程度伸長する特例措置が講じられました。また、有効期間

伸長の適用を受けた自動車の自動車損害賠償責任保険（共済）の契約期間については、伸長された期間内の継続検査を申請する時までに契約すれば良いこととなりました。

5　津波被害で自動車が減失したので、自動車を買い替えるのですが、何か措置はあるのでしょうか？
《自動車取得税》
　東日本大震災により減失し又は損壊した自動車の代わりの自動車を取得した場合で、以下の要件を満たす場合には、自動車取得税が非課税となります。
《要件》
　①東日本大震災により減失し又は損壊した自動車の所有者であった方
　自動車ローンを完済する前で所有者がローン会社となっている場合には、所有者でなく、「東日本大震災により減失し又は損壊した自動車の使用者であった者」が対象となります。
　②平成23年3月11日から26年3月31日の間に自動車を新たに取得（ローンによる取得を含む）し、その自動車について、都道府県知事から「代替自動車」の認定を受ける
　この制度が適用できるのは、1人（1社）の所有者が所有していた「東日本大震災により減失し又は損壊した自動車」の数までです。また所有者の方がお亡くなりになっている場合には、その所有者の相続人が非課税の対象となります。
《自動車税・軽自動車税》
　東日本大震災により減失し又は損壊した自動車の代わりの自動車を取得した場合、平成23年度から平成25年度までの各年度分の自動車税が非課税となります。
　東日本大震災により減失し又は損壊した自動車・軽自動車の代わりに軽自動車を取得した場合、平成23年度から平成25年度までの各年度分の軽自動車税が非課税となります。
《自動車重量税》
　被災自動車を買い換える場合で、以下の要件を満たす場合には、自動車重量税の免除を受けることができます。
《要件》
　①抹消登録の済んでいる、被災自動車の使用者であった方
　被災した自動車の所有者と使用者が異なる場合には、被災自動車として抹消登録されているか、所有者に確認する必要があります。例えば、自動車ローンを完済する前には、所有者はローン会社となっている場合があります。
　②自動車（二輪車を除く）を新たに取得（ローンによる取得を含む）
　③平成23年3月11日から26年4月30日の間に最初に受ける車検
　この制度が適用できるのは、1人（1社）の使用者が使用していた「被災自動車」の数までです。また、使用者の方がお亡くなりになっている場合には、被災自動車の使用者と生計を一にしていた相続人が免除を受けることができます。

※なお、上記1から5はあくまで東日本大震災の際の措置です。災害に遭われた時は実際に講じられる措置の内容を確認するようにしてください。

6　祖父名義の自動車に乗っていましたが、祖父が震災で亡くなりました。そのまま乗っていてもいいのでしょうか。
　被災したものの自動車自体は使用可能であり、一方で所有者が死亡している場合にあっては、できるだけ速やかに相続手続きを取って自動車の名義を変更されることをお勧めします。

松村康弘（兵庫県行政書士会）

第3章 復興のために

住宅復興政策の全体像

神戸大学教授 平山洋介

災害復興では、被災者は、住む場所の再生を切実に求めています。そのための政策・制度は、どのように発展してきたのでしょうか。

「特異な仕事」から「一連の経験」へ

被災した人たちの人生の立て直しは、住まいの確保からはじまります。住む場所の安定を抜きにして、日常の落ち着きはけっして回復しません。住まいの再生は、生活再建の一環であるだけではなく、その条件としての位置を占めています。

阪神・淡路大震災は1995年に発生し、甚大な住宅被害を生みました。ここでの住宅復興は、参考になる先例が乏しいことから、手探りで進められました。その後、鳥取県西部地震（2000年）、新潟県中越地震（04年）、福岡県西方沖地震（05年）、能登半島地震（07年）などが発生し、そして、東日本大震災が東北太平洋沿岸地域を襲い（11年）、さらに、熊本地震（16年）が起こりました。大災害が珍しいとはいえない時代がすでにはじまっています。

阪神・淡路大震災のときに単発の「特異な仕事」のようであった住宅復興は、いまでは「一連の経験」のなかにあります。過去の経験を参照したうえで被災現場の状況に取り組むというアプローチが必要かつ可能になりました。この文脈のなかで、住宅復興の政策は、どのように発展したのでしょうか。また、どのような課題が残されているのでしょうか。

プレハブ／みなし仮設

阪神・淡路大震災では、仮設住宅を供給する手法は、行政による「プレハブ仮設」の建設にほぼ限られていました。東北の被災地では、これに加え、民営借家のストックを自治体が借り上げ、被災者に供与する「みなし仮設」が増加しました。仮設住宅供給の手法が増えたことは、住宅復興の方法の重要な発展を意味しました。

プレハブ仮設については、大幅な物的改善が必要です。その劣悪さは、応急生活向け住宅は低質でよく、被災者には一時的な耐乏を求めてよいという考え方にもとづいています。しかし、阪神・淡路、東北などの被災地では、狭く、遮音・断熱性能が低い、しだいに劣化するプレハブ仮設に多数の被災者が長期にわたって住まざるをえず、その建築は、生活再建を促すどころか、阻害する結果をまねきました。

恒久住宅を使ったみなし仮設は、高い物的水準、利便性の高い市街地への立地、迅速な供与などの強みを有しています。その一方、分散立地のみなし仮設の入居者は、生活再建のための公的支援を得られるとは限らず、また、個人情報保護のために、NPO・ボランティアグループに住所などが知らされず、その援助対象になかなか含まれません。みなし仮設の入居者に生活再建支援をどのように接続していくのかを検討する必要があります。

住宅ローン／補助

阪神・淡路大震災は、都市地域に発生し、多数の借家人を直撃しました。しかし、それ以降の多数の大災害は、農山漁村に「持ち家被災」をもたらし、その住宅復興では、持ち家再建が課題になりました。住宅再建支援の中心手段は住宅ローンの供給です。しかし、高齢化とデフレーションという人口・経済条件のために、住宅融資が役に立つとは限りません。住宅ローンの制度は、20世紀後半の高成長率の時代に発達し、収入増を見込める若い世帯が利用するという前提で成り立っていました。21世紀の大災害が襲うのは、成長率の下がった超高齢社会です。

このため、持ち家再建支援として、「融資」ではなく、「補助」の必要性が高まりました。被災者生活再建支援法の1998年制定、2004年と07年の改正によって、住宅再建に対する支援金給付が可能になりました。阪神・淡路大震災では、「持ち家被災」向け補助は、ほぼ皆無でした。その経験から、被災者支援の新たな制度を求める市民運動が展開し、同法の創設に結びつきました。この制度の検討途上では、私有財産である持ち家への公的補助の論拠の弱さが指摘されました。しかし、災害時の持ち家再建支援は困窮者を救済し、地域社会・経済の再建を支える点で公共性をもつという主張が粘り強く展開されました。さらに、住宅再建支援のために、自治体レベルでの独自制度が増えました。東日本大震災以前では、

鳥取・宮城・福井・新潟県などが住宅再建を補助する制度を創設しました。この延長線上で、東北の多くの被災自治体は、住宅再建支援の独自施策を展開しました。政府・自治体による住宅再建補助の規模は、十分とはいえず、さらなる制度拡充が求められています。

新築／修復

住宅復興の制度体系では、半壊住宅などの補修に対する支援が不十分です。阪神・淡路大震災では、公費解体の実施によって、補修可能な建築まで除却されたという指摘がありました。東日本大震災では、大量の建築が津波で流されたことから、大量の住宅を新築する必要が大きく、修繕支援の検討が十分ではありませんでした。しかし、修復可能な建築の再利用は、「より迅速、よりローコスト」の復興を支える有力な手段になります。中越地震からの住宅復興では、自治体が生活再建支援法の援助に上積みし、半壊建築を対象に含め、修繕を支援しました。「使える建築は修繕して再利用する」ための制度整備が必要です。

公営住宅／家賃補助

賃貸住宅に関する復興政策の基幹手段は、公営住宅の建設です。その実践では、住宅供給だけではなく、被災者の生活再建を支える環境形成が求められます。とくに重要なのは、被災者の孤立の防止です。阪神地域では、不便な場所に大規模な団地が開発され、そこに高齢の被災者が集中しました。家族のプライバシーを重視する標準設計の住戸に単身高齢者が入居したことから、密閉度の高い"硬い"空間は孤立をまねく装置となりました。復興公営住宅には、ヒューマンスケールの環境デザイン、開放性を高めた"柔らかい"住戸、より豊富な共用空間などが求められます。

阪神・淡路の復興団地では、高齢の入居者を見守る仕組みがありました。団地に集中した高齢者の多くは、いまでは「後期高齢者」です。足腰の弱った住人が過半を占める団地が増え、その見守りはいっそう重要になりました。しかし、見守りに対する政府支援はほとんど存在せず、そのコストは自治体負担になります。このため、見守りの必要性がますます高まるにもかかわらず、それを継続できないという事態が現れています。東北の復興団地においても、高齢の被災者を見守る仕組みが必要になります。その安定した維持のために、自治体の努力に加え、政府支援の拡充が求められます。

一方、既存の民営借家に入居する低所得の被災者に家賃補助を供給する制度の創設が望まれます。日本の低所得者向け住宅施策は、公営住宅という「現物」の建設に限られ、「対人」の家賃補助を備えていません。しかし、災害時の住宅対策では、民営借家のストックに家賃補助を組み合わせれば、迅速な住宅供給が可能になります。さらに、公営住宅に入居できる／できない被災者の不公平は大きく、家賃補助は、これを緩和する効果をもちます。

戻る／移る

阪神・淡路大震災では、住んでいた場所に「戻る」ことが、大半の被災者に共通する願いでした。住宅復興の政策は、地域再建に関連づけられ、「戻る」人たちへの支援を重視しました。しかし、大津波に見舞われ、広範に浸水した東北沿岸地域では、被災者の多くが震災前の場所に復帰できず、移転せざるをえません。ここでは、「戻る」だけではなく、「移る」を支え、生活再建の複数のパターンをつくることが、新たな課題となりました。

東北の多くの被災自治体は、地域内での「移る」に対応するために、防災集団移転促進事業、土地区画整理事業などにもとづく大がかりな土地利用再編に取り組み、高台移転、内陸移転、被災地面の嵩上げなどによって、新たな居住地を創出しようとしてきました。

さらに、東日本大震災を特徴づけたのは、広域の「移る」が多い点でした。原発事故が発生した福島からは、とくに多数の人びとが遠方に避難しました。福島の被災現地を復興に導く方策が検討されています。しかし、その将来は依然として不透明です。一方、遠方に避難した被災者に対する支援は乏しいままです。「戻る」パターンを重視する復興政策の体系に、「移る」人たちに対する助力の重要さという視点を組み込む必要があります。

生活再建のための復興を

大災害の経験が増えるなかで、住宅復興の手段はより豊富になりました。しかし、住宅対策の発展の前提として、大切なのは、復興の目標を被災者の生活再建に置く必要の確認です。それは、「当たり前」のようにみえて、しばしば軽視されます。災害の規模が大きければ大きいほど、被災の「危機」を開発の「機会」と読み替え、大型プロジェクトを推進しようとする力がはたらくためです。

開発型の復興事業は、たいていの場合、被災した人たちの実態をふまえず、そして、それゆえに、合理性を欠きます。神戸の新長田で実施された巨大な再開発は、経済上の成立条件を備えず、20年以上が経過してなお立ち往生し、すでに建ったビルは、多数の空室をかかえた

ままです。東北の多くのエリアでは、地面の嵩上げのために、大型の土地区画整理事業が展開しました。しかし、プロジェクトが過度に大規模で、長い年数を必要とするため、事業完了後に被災者が戻ってくるとは限りません。空地ばかりの盛り土エリアが出現する可能性があります。阪神・淡路から東北、熊本、そして将来に向けて、大災害からの住まいの再生に関し、伝えるべき教訓の中心は、被災者の実態に根ざし、生活再建を目標とすることの必要性と合理性です。この点の確認があってはじめて、住宅再生のための技術のさらなる工夫が役に立ちます。

都市計画コンサルタントの役割

アルパック㈱地域計画建築研究所会長　杉原五郎

　災害復興のまちづくりにおいて、都市計画コンサルタントはどのような役割を果たすべきでしょうか。また、都市計画コンサルタントが動きやすい環境をどのように整えるべきでしょうか。

（1）災害復興まちづくりの経験

　最初に、これまでの災害復興（震災を含む）において、私と会社（アルパック（株）地域計画建築研究所）がどのように係ってきたか、簡単に説明させていただきます。

　1995年1月の阪神・淡路大震災では、震災発生1週間後から、被災した神戸・阪神間の避難所まわりをしました。その経験を踏まえて、翌年9月、阪神・淡路まちづくり支援機構が設立されました。機構は、国や自治体など公的な復興支援が困難な地域を対象に、被災者の生活再建や被災地域の復興まちづくりについて、法制度に係る相談業務や技術支援業務を行いました。

　2011年3月、東日本大震災が勃発して49日後の4月末から5月のはじめ、被災した東北3県（岩手県、宮城県、福島県）を回り、震災と津波、原発放射能問題など被災実態の視察と被災した住民に対する相談活動を行いました。

　2016年4月、熊本大地震で被災した熊本県南阿蘇村の復興まちづくりを、2016年と2017年の2ケ年にわたって支援しました。このほか、2004年の中越地震の現地視察、2014年に紀伊半島を襲った土砂災害後の奈良県十津川村の集落再生に係りました。

（2）都市計画コンサルタントの役割（専門家・コーディネータとして）

　これらの災害復興まちづくりの支援活動を通じて、都市計画コンサルタントは、被災地域の課題解決と復興まちづくりの実務において民間の立場から重要な役割を発揮してきました。

　専門家としては、被災実態の調査・分析、被災自治体の復興まちづくり計画の検討及び作成、復興まちづくり事業の検討及び推進、被災地区住民の生活と暮らしの再建、被災した市街地や集落の再生、住宅や建築物の再建、道路・水道などインフラの復旧・整備など技術的な支援をしています。基礎自治体（市町村）の職員ととともに被災地域に入り、住民との懇談を通して、復興まちづくりの進め方と合意形成について、専門家として助言や提案を行っています。

　同時に、行政内（首長と担当部署、関係課）、住民と行政、住民間の調整を図るなど、「コーディネータ（調整者）」としての役割が求められます。

　いずれも、重要かつ困難な仕事ですが、自治体など行政職員とは異なって、民間の立場で、自由な発想から復興まちづくりを支援していく独自の役割を担っていると言えます。

（3）組織事務所と個人事務所の強み

　都市計画コンサルタントは、被災した地域の多岐にわたる復興まちづくりのさまざまな局面で活躍していますが、大きくは、組織事務所（数十人から数百人規模の会社組織）と個人事務所（一人又は数人規模）という、ふたつの異なったタイプがあります。

　組織事務所は、「いろいろな専門家をそろえている」「会社として多くの経験と実績を持っている」「経営的に安定している」などの強みを有しています。一方、個人事務所は、「フットワークよく動くことができる」「被災した住民に密着したきめ細かな対応が可能である」「被災した住民の視点に立って復興の全体像を示すことができる」といった強みがあります。いずれのタイプの事務所とも、強みと課題、組織としての特徴を持っていますが、震災復興のまちづくりにおいては、それぞれ補完しながら役割発揮していると言えます。

（4）都市計画コンサルタントが活躍しやすい環境を整えるには

こうした民間の都市計画コンサルタントが、復興まちづくりにおいて十分にその力を発揮する上で、何が必要でしょうか。

第1に、震災復興まちづくりの法的位置づけをさらに強化することです。阪神・淡路大震災（1995年）、3.11東日本大震災（2011年）、そして熊本大震災（2016年）では、都市計画コンサルタントは、震災復興まちづくりにおいて重要な役割を発揮しましたが、いずれのケースにおいても、甚大な被害がもたらされ、その結果として国において「激甚災害」指定の法的位置づけがされ、相応の予算措置が講じられました。このことで、多くの都市計画コンサルタントは、しっかりした位置づけと予算のもとで、復興まちづくりに従事することが可能となりました。

今日、災害列島・日本では、台風などによる集中豪雨・河川の氾濫・土砂災害、地震や津波による家屋の倒壊と流出、インフラとライフラインの破壊・寸断など、甚大な被害が頻発しています。こうした現実を踏まえると、自然災害への備え、災害後のすばやい復旧・復興は国民的課題であり、現場で実務を担う都市計画コンサルタント（土木設計や測量等を担う建設コンサルタントを含めて）がさらに活躍しやすい環境を整えていくことは喫緊の社会的要請と言えます。具体的には、都市計画コンサルタントに対する社会的認知の向上、実務内容にふさわしい報酬の確保、就業環境の改善などに力を入れることが求められます。

第2に、上記と関連して、都市計画コンサルタントの人材確保と人材養成を進めていくことです。人材確保・人材養成については、都市計画コンサルタントサイドの自助努力が前提となりますが、国や自治体、業界において、都市計画コンタルタントの社会的役割について認識を高める努力を続けるとともに、担い手を計画的に確保・養成していくことが必要となっています。

第3に、大都市直撃型巨大災害に備えることです。最近発生した大規模な自然災害は、阪神・淡路大震災を除いて地方部で発生しました。今後、首都直下型地震、南海トラフ地震などが確実に起こると予測される中で、大都市直撃型の巨大災害への備えが急がれます。とくに、大都市では、数百万人から数千万人という多くの人々が生活し、業務等に従事するとともに、都市機能・都市システムが複雑に配置されています。このため、巨大災害発生時の情報伝達、鉄道・道路・空港・港湾などインフラの整備と点検、電力・水道・ガスなどのライフラインの確保など、しっかりとした準備と対策が求められます。

大都市直撃型の巨大災害に対しては、都市計画とまちづくりを担う人材を効果的に配置し的確に対応できるように平時から備えていくことが重要です。

復興まちづくり協議会

神戸まちづくり研究所代表　**野崎隆一**

「復興まちづくり協議会」というのは、地域住民が主体となって復興まちづくりを進めるため、地域に関わる人々が集まって協議し、総意をまとめ、将来像に基づく復興の計画や構想について行政に提案する機関のことを指します。

1. 過去にはこんなものが

（1）阪神・淡路大震災では、被災の大きな地域で復興整備事業（再開発、区画整理）が行われました。こうした事業を進めるため対象地域住民の意見を調整し集約する、言い換えれば合意形成を担う住民組織が必要となります。神戸市では、早くから「まちづくり条例」が定められており、住民の合意形成を行い「まちづくり提案」を行う組織として「まちづくり協議会」は、明確に位置付けられていました。復興整備事業の対象となった地域を中心に100を超える協議会が設立されました。その多くは、復興整備事業の完成と同時に解散したり休止したりしましたが、その後、事業のかからない地域でも次々と協議会が生まれ現在も40近い協議会が、まちづくりの活動を続けています。

（2）中越地震では、山間地集落を中心に大きな土砂災害が起こったため、集団移転が大きなテーマとなりました。条例などの位置付けはありませんでしたが、集落ごとの話し合いと合意形成を担う組織として「移転協議会」「集

気仙沼只越地区の会合

気仙沼鹿折地区ワークショップ

落再生協議会」「被災者復興協議会」などが設立され、現在も地域づくりを担っています。
(3) 東日本大震災でも、沿岸の津波被災地を中心に防災機能強化や高台移転を目的に「まちづくり協議会」「移転協議会」「被災者復興協議会」などを名乗った合意形成組織が数多く設立され復興を推進しています。

2. なぜ必要？
その理由は、以下の3点です。
(1) 自治会や町内会など既存の組織は、世話人型の組織で広く意見を聞くなどの合意形成の経験が少ない。動きの早い復興局面で臨機応変な対応ができにくい。
(2) 災害では、被災者が主体となることが欠かせない。行政と協働できる組織が必要。
(3) 復興には、10年、20年の歳月がかかる。短期で交代するのではなく、継続的に関われる組織が必要。

3. どのように始めればいい？
(1) 自治会や町内会など既存の組織の了解のもと、協力関係を作っておくことが必要です。
(2) 会の規約を作り、構成員の名簿を作成しスタートします。
(3) 地域の将来を議論するので、世帯主だけでなく若者や女性、子供の参加が不可欠です。
(4) 他地区の事例を紹介したり、行政との調整をしたりするため、専門家アドバイザーの参加が必要です。
(5) 阪神・淡路の時は、行政に認定され活動助成が行われるまで、自治会の拠出や寄付を集めた地域もありました。自発性が大切です。

4. どのように運営する？
(1) まちづくりに関するあらゆる情報を、正しく、わかりやすく伝えることが大切です。そのためのニュースの発行、自由に話し合える場（サロン）の設置、専門家による個別相談会の開催などが必要です。
(2) 総意をくみ上げるため、アンケート、ワークショップ、検討会議などを行います。
(3) 集めた意見を「まちづくり提案」として行政に提示します。
(4) 年度の節目には、総会を開き活動報告、決算報告、次年度活動方針、予算などについて関係者の承認を得なければなりません。
(5) 運営のためには、事務局の存在が重要です。阪神・淡路では、行政から地域に派遣されたアドバイザーが事務局機能の一部を担いました。中越や東日本では、派遣の仕組みが存在しませんでしたので、大学の研究室や災害支援ボランティアが役割を担うケースもありました。スキルを持った地域の人間が担うのが望ましいです。

5. 協議会をつくる意義は？
(1) 行政や他からの支援に頼るのではなく、被災者が復興の主役となる。
(2) 自分たちで取り組むことが、達成感や地域運営への自信につながっていく。
(3) これまでの「人任せ」「無関心」の中での地域自治から脱却して、民主的な風通しの良い新しいコミュニティのあり方の模索と、地域力の拡大につながる。

Q104　建築制限、被災土地建物の価格、滅失登記

震災の影響を大きく受けた地域に所有する不動産に関して、以下の点につき、教えて下さい。

1　土地に建築制限が課せられている地域があると聞き及びました。その概要について教えて下さい。また制限が課せられた土地の価格はどうなりますか。

　建築基準法84条による被災市街地の建築制限は震災発生日から2ヶ月間となっていますが、特例法により一部延長されています。この制限は公益的な応急仮設建築物や工事仮設建築物以外の建築がほぼ制限される厳しいものですが、期間は短期間に限られています。また、建築基準法39条により地方公共団体が条例で津波等による危険の著しい区域として「災害危険区域」を指定すると、無期限で建築物等の建築等が禁止されます。制限の内容は条例で決められます。これは阪神・淡路大震災のときは無かった制限の仕方です。

　次に、被災市街地復興推進地域に指定されると以下の制限があります。

　被災市街地復興推進地域内では、建物の建築等をおこなう場合は災害に係る応急措置等の一定の行為を除けば都道府県知事の許可が必要となります。その際の許可基準は概ね次の条件を全て満たしたものでなければならないとされています。

　①　自己の居住用又は業務用の建築物であること
　②　階数が2以下で地階がないもの
　③　敷地規模が300m²未満であること
　④　主要構造部が木造、鉄骨造、コンクリートブロック造であること
　⑤　容易に移転し、又は除却することができること

　このような条件から、戸建住宅の利用に適した地域等ではそれ程大きな利用制限にはならないと思われますが、商業ビルの敷地等、高度利用が図られていた地域では、大きな制約となるでしょう。したがって、地域の事情によって、地価に与える影響の有無や大きさは一様ではありません。被災市街地復興推進地域は震災発生日から2年以内と期限が限られています。その間に、土地区画整理、市街地再開発事業等の都市計画が決定されると、都市計画法上の行為制限に移行し、事業の進捗状況等によって土地利用の制約が異なりますのでご注意下さい。詳しくは、行政担当者や専門家にご相談されるとよいでしょう。

2　隣地の所有者が土地を買い取って欲しいと言ってきました。買い取る価格をどのように考えたらよいですか。

　隣りの土地を買うことによって、併合する前の土地価格よりも併合後の土地の価値が高まる場合は、隣りの土地の価格は、他の者が買う一般的な価格よりは高くなることが予想されます。具体的には、あなたの土地が100m²で500万円（1m²あたり5万円）、隣の土地が50m²で150万円（1m²あたり3万円）、併合後の土地が800万円（1m²あたり5万3千円）の価値になるとすれば、800万円−（500万円＋150万円）＝150万円となり、隣の土地を150万＋150万＝300万で買っても採算が取れることになります。これはあなたにとってのみ合理的に説明のつく上限額ですので、この額をもとに話し合うとよいでしょう。また、詳細は不動産鑑定士にお尋ね下さい。

3　建物を取り壊して再建しようと思います。滅失の登記をしないといけないと聞きました。費用は所有者が負担しなければなりませんか。また滅失の登記をしないまま再建した場合、土地や建物の価格は下がりますか。

　建物の所有者は、建物が滅失したら滅失登記の申請をしなければならないとされています（不動産登記法57条）。その費用として数万円かかり、これは申請者の負担となります。もっとも、東日本大震災では、震災で倒壊、流失した建物、公費等で解体した建物については、法務局が職権で調査を行い、法務局の費用で滅失登記をすることになりました（不動産登記法28条）。滅失登記をしないままで再建した場合、新築された建物と、その登記が一致しないことになります。言い方を変えれば、新築された建物は未登記の建物となります。したがって、建物の市場価値に影響がないとは言えません。他方、土地については、もともと建物付土地だったわけですから、新たに建物が建ったとしても、従前の建物の滅失登記をしなかったとしても、直ちには価格に影響はありません。

廣嶋琢也（不動産鑑定士）

Q105　高台移転に係る土地の評価

高台移転に係る土地の評価に関して、以下の点につき、教えて下さい。

1　集落ごと高台に移転するため、国が土地を買い上げる場合、その評価はどのようになされると予測しますか。

　高台に移転する前の土地は、津波による浸水区域であり、将来的には居住に適さない土地と言えます。冷静に考えれば、浸水区域で新たに需要が活発化するとは考えられず、従来の土地価格と比較して、大幅な下落が予測されます。本来的に浸水区域が有していた地域特性が、今回の震災によって顕在化したとみるのが、鑑定評価の立場からの考え方です。問題となるのは、通常の移転をおこなった場合には、土地の売却費用を移転先の土地の購入費に充当することになりますから、移転のために多額に資金が必要となります。移転のために新たに借金をすることは、今後の地元経済の発展等による返済力の増大が見込めない現状において、避けなければならない手段であると言えます。この点の解決なしに高台移転は成立しませんから、高台移転に自治体等の公共公益機関が参加・支援することが一般的となると思いますが、実行可能な方法としては、以下のようなことが考えられます。

　第1は、区画整理の権利変換の方法を採用して、従前地と換地を等面積変換とする方法です。被災者の負担がない一方で、保留地の売却収入と事業費の差額を公共公益機関が負担することになります。

　第2は、浸水区域の土地価格を震災前の価格として評価をおこなう条件をつけて鑑定評価をおこない、震災前の土地価格で買い上げる方法です。この場合、評価条件の設定理由について、合理的な理由付けが必要であり、この点にコンセンサスがないと不当評価等の問題が発生します。

　第3は、移転先の高台地を全て借地とし、低廉な地代を設定するという方法です。この場合、ある一定期間は、浸水した従前地の売却代金を地代の支払いに充てていくことになります。いずれにしても、高台移転をおこなうにあたっては、買い取り時の土地評価に対する明確な方針が必要であると言えます。

2　高台移転にあたり移転元の被災した土地が「防災集団移転促進事業における移転促進区域」に所在する場合における土地の評価について教えて下さい。

　防災集団移転促進事業とは、住民の生命等を災害から保護するため、住民の居住に適当でないと認められる区域内にある住居の集団的移転を促進することを目的として、国が地方公共団体に対し事業費の一部補助を行い、防災のための集団移転の促進を図ることを目的とした事業です。なお、東日本大震災においては同事業に係る事業費の全額が事業施行者に対して交付されることになっており、復興庁の公表資料では、平成29年6月末時点において、東日本大震災の被災地のうち、同事業により計画された333地区のうちの312地区（8,729戸のうちの8,117戸）の移転が既に完了しています。

　同事業の移転促進区域に所在する場合における宅地等の評価は、被災地における一般的な公共事業用地の取得の考え方（契約締結時における正常な取引価格により補償し、その際に規準とすべき被災後の土地の適当な取引事例がない場合には、被災前の取引事例を基に、震災の影響による価格形成要因の変動に伴う価格の補正を行う。）に準じて評価を行うものとし、同区域が将来災害の発生するおそれがある危険区域であることをも勘案するものとされています。さらに、震災に伴う土地需要の減退、道路や鉄道が損壊したことによる土地の効用価値の減少、災害危険区域の指定（将来指定されるものを含む。）に伴う建築制限等による土地の効用価値の減少等の減価要因を考慮するとともに、震災後のインフラ等の復旧や地域経済の回復の見通し、復興計画等による将来における当該宅地等の効用価値の回復等による増価要因も併せて考慮して総合的に判断するものとされています。なお、国土交通省住宅局の公表資料によると、東日本大震災における同事業による従前地の買収価格は被災前地価の4～8割程度であるようです。

林秀樹（不動産鑑定士）

Q106　自宅の再建と農地規制

宅地部分がとりわけ甚大な被害を受けたため、破壊された自宅の再建のために、所有農地を利用したいと思うのですが、どのような手続をとれば可能でしょうか。農地の農業以外の用途での利用は、規制が厳しいと聞きますが。

1　農地法、農振法と転用

戦後すぐできた農地法により、農地転用は下表の通り原則禁止です。

1969年（昭和44年）成立の農振法（農業振興地域の整備に関する法律）も、農業の健全な発展と国土利用を目的としますから、農地の転用を容易にする要素は入っているものの、あくまで農業振興の基盤のための開発行為などに限られています。

従いまして、下表のごく例外の農地しか転用は難しいのが平時の法律環境です。

2　農地法自体が持つ災害復旧、復興のための例外規定について

上記転用制限の厳しい農地法4条1項、5条1項の例外が農地法には4条1項2号、5条1項1号で定められてはいます。

しかしその内容は、道路、農業用用排水施設その他の地域振興上又は農業振興上の必要性が高いと認められる施設のためのものです。

ただ、農地法施行規則の解釈として、応急仮設住宅までは含まれることとされていますが、農地所有者の農地を転用しての自宅建設ということには広がらないと考えられます。

3　農業振興地域内の場合～熊本地震を例に

農振法15条の2第5号は、非常災害のために必要な応急措置を認めています。

その具体的内容として、熊本地震について次のような措置が通知されています（平成28年4月15日農林水産省農村振興局長「平成28年（2016年）熊本地震に伴う災害時の応急措置・復旧に係る農業振興地域制度及び農地転用許可制度の取扱いの周知について」）

> 災害によって住宅が損壊し、同一の場所での建て替えができない事情がある者が、自らの住宅の建設を農用地区域内において行うことがやむを得ないと認められたときは、当該土地を農用地区域から除外するための農業振興地域整備計画の変更が必要となるが、この変更に当たっては、災害復旧という緊急性、特殊性を考慮し、関係機関との協力の下、できる限り円滑かつ速やかな手続の処理に努めること。

これが、今後の地震、災害にも適用されれば、農地での自宅再建はできるものと思われます。具体的な手続きは、都道府県、市町村によって異なりますので、農政部（課）などに問い合わせてください。

ただ、2016年（平成28年）12月1日現在、全市町村1718のうち指定されている市町村は1600で、その大部分で農業振興地域整備計画が策定されていると言われるものの、面積としてはまだまだ狭く、たとえば南海トラ

区分	営農条件、市街地化の状況	許可の方針
農用地区域内農地	市町村が定める農業振興地域整備計画において農用地区域とされた区域内の農地	原則不許可（市町村が定める農用地利用計画において指定された用途（農業用施設）等のために転用する場合、例外許可）
甲種農地	市街化調整区域内の土地改良事業等の対象となった農地（8年以内）等、特に良好な営農条件を備えている農地	原則不許可（土地収用法の認定を受け、告示を行った事業等のために転用する場合、例外許可）
第1種農地	10ヘクタール以上の規模の一団の農地、土地改良事業等の対象となった農地等良好な営農条件を備えている農地	原則不許可（土地収用法対象事業等のために転用する場合、例外許可）
第2種農地	鉄道の駅が500m以内にある等、市街地化が見込まれる農地又は生産性の低い小集団の農地	農地以外の土地や第3種農地に立地困難な場合等に許可
第3種農地	鉄道の駅が300m以内にある等、市街地の区域又は市街地化の傾向が著しい区域にある農地	原則許可

（農林水産省HPより）

フ地震に直面する和歌山県の平成20年の農業振興地域整備基本方針を見ても、その時点で、今後地域指定が相当とする地域の総面積が173,790haで、そのうちの農用地面積は38,375haとされていますので、平時のうちにしっかりと地域指定を進めておく必要があります。

4　東日本大震災型の対策の例

東日本大震災級の大規模災害には、3に加えて、もう少し大きな対策もとられるでしょうから、東日本大震災で取られた方式をみておきたいと思います。

自宅再建の意味を発展させることになりましょう。

自ら所有する農地が大規模な場合は単独で、そうでない場合は他の所有者と共同で、住宅を含む復興のために必要かつ適当な事業に活用する方式です。

東日本大震災復興特別区域法（以下「復興特区法」）が、2011年（平成23年）12月7日に成立し、同月26日施行されました（注1）。

復興特区法には、農地法の特例（基準の緩和）が次のように規定されています。

(1) 農地活用の基本方針

市街地・農地の甚大被害に加え、平地の少なさから、「現地での再建が困難であるような場合も想定され、こうした場合には、周辺の農地や森林等を含め、土地利用の再編を図りながら、復興に向けたまちづくり・地域づくりを進めていくことも必要となる」とし、特例が不可欠であると述べています。

(2) 市町村、都道府県に持ち込む

自分の農地または近隣の農地所有者の方々と共同して、自宅も再建する方向としてこの復興整備計画を作成してもらうことが一つの方法となります。

復興整備計画は、市町村において作成することが基本ですが、各市町村の元々の体力、被災の状況によるマンパワーの不足もあり、単独で作成することが困難な場合等には、当該市町村が道県と共同して作成することも可能とされています。

(3) 住宅再建のために復興整備計画に入れる内容

どんな事業をして住宅を作るかですね。

東北での実例は、2018年6月現在、復興整備計画は津波関連がほとんどで、本問で参考になるような事例としては、次のようなものが目につく程度です。

　仙台市久保野地区　民間事業者による、防災集団移転促進事業以外の集団移転による住宅団地整備のような事業

　仙台背後地地区など　土地区画整理事業地内、田子西隣接地区などの市街化調整区域内に集団移転先の住宅団地を整備する。

しかし、本来、復興特区法46条2項4号が定める復興整備事業とは次の通り非常に広いものです。

　イ市街地開発事業　ロ土地改良事業　ハ復興一体事業　ニ集団移転促進事業　ホ住宅地区改良事業　ヘ都市計画法11条1項　各号に掲げる施設の整備に関する事業　ト津波防護施設の整備に関する事業（チ〜ヲ省略）　ワイからヲまでに掲げるもののほか、住宅施設、水産物加工施設その他の地域の円滑かつ迅速な復興を図るために必要となる施設の整備に関する事業

現実の東北において実現しているのはトなどがほとんどのようですが、住宅建設の場合、最後のワを具体化することを地元行政と詰めていかなくてはなりません。その事業のために法律がなくても、予算事業として国、都道府県と協議して具体化するべきでしょう。

(4) 効果（特別措置）〜復興整備計画に基づいて活用できる特別な措置

それは、個別法の各種手続のワンストップ処理ができることです。

復復興整備協議会における協議を活用することで、個別法において求められる関係者の協議・同意等を一括して処理できることとし、これにより個別法の手続によることなく、ゾーニングの変更や次のような許認可等がなされたものとみなすこととされています。

・農地転用の許可（農地法）

・都市計画区域における開発行為等の許可（都市計画法）

・都市計画事業の認可等（都市計画法）

・農用地区域における開発行為の許可（農業振興地域の整備に関する法律）

　　　　　　　　　　　　　　　　以下省略

この復興特区法のような大きな枠組みも、農地を利用しての自宅再建の有力な道筋と思います。

注1　この膨大な法律の全体については、斎藤浩「復興特区の仕組みと運用・改正の課題(1)〜(3)」（立命館法学341〜3号、2012年）、同「被災者のための『復興特区』を考える」平山洋介・斎藤浩編「住まいを再生する　東北復興の政策・制度論」岩波書店。2013年所収）を参照されたい。

斎藤浩（弁護士）

Q107　借地上の建物の再築

借地上に建物を建てて住んでいたのですが、地震で建物が全壊となってしまいました。借地契約には再築禁止特約があったのですが、建物を建て直してはいけないのでしょうか。

再築禁止特約が定められている場合でも、新しい建物を借地上に再築することができます。また、建物全壊後に地主の交替があった場合には、借地の見やすい場所に一定の事項を掲示するなどして、新しい地主に対しても借地権の存在を対抗できるようにすることが必要です。

第1　借地上の建物滅失後の借地

まず、借地上の建物が震災等によって滅失しても、借地権は失われません。したがって、建物滅失後も借地権者は従前どおり土地を使用する権利があります。

よって、震災によって借地上の建物が滅失した場合にも、その借地上に建物を再建築することができるのが原則です。

第2　再築禁止特約がある場合

上記のとおり、借地権上に新たな建物を建築できるのが原則ですが、賃貸借契約においては再築禁止特約が定められる場合があります。このような特約がある場合にも、滅失した建物に代わる新たな建物を建築することができるかが問題となります。

まず、再築禁止特約が定められている場合においても、地主の同意があれば新たな建物を建築することができます。

また、判例は、再築禁止特約を借地借家法（平成4年8月1日以前に設定された借地権については借家法）違反であるとしています。

判例（最一小判昭和33年1月23日・民集12巻1号72頁）は、再築禁止特約を借地法11条により無効と解する判断をしました。そして、上記判例は借地借家法の前身である借地法時代の判例ですが、借地借家法が制定された現在においても上記判断は維持されるものと考えられます。

借地借家法は、借地権存続期間内には自由に借地上に建物を築造して土地を使用することができるものとして、法定更新制度（借地借家法5条）や建物買取請求権（借地借家法13条）といった制度を設けています。また、借地借家法7条は、借地権存続期間内であれば地主の承諾がなくても建物を再築することができることを前提とした規定になっています。そして、借地借家法9条は、借地借家法に反する特約で借地権者に不利なものを無効とする旨を定めていますから、借地権存続期間内に借地上の建物が滅失した場合に、借地上に建物を再築することを禁止する内容の再築禁止特約は無効となります。上記判例の判断も同様の理由によるものであると解することができます。

したがって、当事者間で再築禁止特約が定められていたとしても、災害によって借地上の建物が滅失してしまった借地権者は、借地権存続期間内に借地上にて新たな建物を再築することができると考えられます。

なお、同特約違反による賃貸借契約の解除を制限しながらも、増改築禁止特約を一応有効とした判例（最一小判昭和41年4月21日・民集20巻4号720頁）を根拠に、再築禁止特約を有効とする見解もありますが、この見解によったとしても裁判所から地主の承諾に代わる許可を得ることで（借地借家法17条2項、18条）、新たな建物を築造することができます。

第3　地主の交替について

上記のように、再築禁止特約が定められた場合にも、災害によって借地上の建物が滅失したときには、借地権者は新しい建物を再築することができます。

ただし、災害発生後、様々な理由により当該借地の地主が交替すること（当該借地の所有権が従前の地主から新しい地主へと譲渡されること）があります。このような場合は、以下のとおりに対抗要件について注意する必要があります。

1　平常時の借地権の対抗要件について

借地権を新しい地主のような第三者に主張するためには、対抗要件が必要です。

まず、平常時の対抗要件についてみると、当該土地について借地権の登記をした時に新しい地主に対して借地権を対抗することができるとの民法上の規定があるほか（地上権につき民法177条、賃借権につき同605条）、土地の上に借地権者が登記されている建物を所有するときには、これをもって第三者に対抗することができるとの借地借家法の規定もあります（借地借家法10条1項）。

また、上記の借地上の登記された建物の所有によって対抗要件を備えていたにもかかわらず災害等で当該建物

が滅失した場合にも、借地権者が、その建物を特定するために必要な事項、その滅失があった日及び建物を新たに築造する旨を土地の上の見やすい場所に掲示したときには、借地権の存在を新しい地主に対抗することができます（借地借家法10条2項本文）。ただし、この方法で借地権の対抗をすることができるのは滅失の日から2年間であり、それ以降も借地権を主張するには、建物を新たに築造し、かつ、その建物について登記する必要があります（借地借家法10条2項本文）。

2　大規模災害発生時の借地権の対抗要件

上記の平常時のルールから、借地権上の建物が災害によって滅失した場合にも、上記掲示によって新たな地主に借地権を対抗することができます。しかし、災害発生時には、上記のような対応をスムーズに行うことは困難です。そこで、大規模な災害の被災地における借地借家に関する特別措置法（以下「被災借地借家法」といいます。）は、借地権の対抗要件をより備えやすいように特別のルールを定めています。

まず、借地上に借地権者が登記された建物を所有していることで対抗要件を備えていた借地において、建物が災害によって滅失した場合で、その災害が政令によって到底大規模災害に指定されたときには、その政令による指定のときから6か月間は、借地上に建物が建っていなくても借地権の対抗要件が失われません（被災借地借家法4条1項）。

さらに、借地上に借地権者が登記された建物を所有していることで対抗要件を備えていた借地において、建物が災害によって滅失した場合で、その災害が政令によって特定大規模災害に指定されたときには、借地権者がその建物を特定するために必要な事項及び建物を新たに築造する旨を土地の上の見やすい場所に掲示することで上記政令がなされたときから3年間は、新たな地主に借地権を対抗することができます（被災借地借家法4条2項）。このルールは、借地借家法10条2項のルールによく似ています。しかし、このルールによって借地権の対抗要件を備えることができる期間は、建物の滅失があった日から2年間ではなく、その災害を特定大規模災害と指定する政令が施行された日から3年間と定められており、より長い期間対抗要件を備えることができるものとされています。

このように被災借地借家法は、対抗要件の備えやすさの観点から、被災地の借地権者を保護するものですが、注意を要する点もあります。それは、上記の被災借地借家法による借地権の対抗要件の具備は、特定大規模災害の指定をする政令が施行された日から始まるという点です。つまり、災害によって借地上の建物が滅失した日から特定大規模災害の指定をする政令が施行された日までの間に、新たな地主への交替があった場合には、被災借地借家法によって借地権をその新たな地主に対抗することはできないので、この点について注意が必要です。

関本龍志（弁護士）

Q108　借地権の売却

借地上に建物を建てて住んでいたのですが、地震で建物が崩れて住めなくなってしまいました。新しい家を建てようと考えていたのですが、資金面から断念しました。解体費もかかるので、せめて、借地権だけでも売りたいと考えているのですが、地主が買い取ってくれたり第三者に売ったりできるのでしょうか。

原則として、借地権である賃貸借権を第三者に売却するには、地主の承諾が必要です。しかし、一定の場合、裁判所に対して申立てをして地主の承諾に代わる許可を得ることができます。また、その手続の中で、地主の方からその賃借権を買い取る旨の申立てがなされることもあります。

なお、地震で建物が崩れた場合の解体費用については、原則として建物所有者の自己負担ですが、自治体が補助金等の制度を設ける場合があるので、自治体に問い合わせをすべきです。

第1　地主の承諾の必要性

まず、地上権である賃借権を他人に譲渡し、又は借地を第三者に転貸するには、原則として地主の承諾を必要とします（民法612条1項）。したがって、たとえ借地上の建物が滅失して立て直しの予定がなかったとしても、地主の承諾を得られない限り、第三者に借地権を譲渡し、又はその借地を第三者に転貸することはできないのが原則です。

第2　地主の承諾に代わる裁判所の許可
1　制度の概要

上記の原則を災害による建物滅失の場合にまで維持すると、災害によって突然建物を失い、新たに建物を立て直すことができない借地権者にとって酷な結果になってしまいます。そこで、被災地における借地借家に関する特別措置法（以下「被災借地借家法」といいます。）は、地主の承諾に代わる制度を用意しました。

すなわち、政令で指定された特定大規模災害によって借地上の建物が滅失してしまった場合、その借地権たる賃借権を第三者に譲渡し、又はその借地を第三者に対して転貸しようとする借地権者は、譲渡又は転貸を承諾しない地主の承諾に代わる許可を裁判所に求める申立てをすることができます（被災借地借家法5条1項前段）。この制度によって裁判所の許可を得ることができれば、地主の承諾を得られない借地権者もその賃借権を第三者に譲渡し、又はその借地を第三者に転貸することができます。

この申立ての管轄裁判所は、賃借権の目的である土地の所在地を管轄する地方裁判所です（被災借地借家法5条2項、借地借家法41条）。裁判所が特に必要がないと認めた場合を除き、地主の承諾に代わる許可を求める申立てや、後述の地主自身が賃借権を買い取る旨の申立てに対する裁判をする前に、裁判所は鑑定委員会の意見を聞かなければなりません（被災借地借家法5条2項、借地借家法19条6項）。

また、裁判所は、当事者間の利益の衡平を図るために必要があるときは、賃借権の譲渡若しくは転貸を条件とする借地条件の変更を命じ、又はその許可を財産上の給付に係らしめることができるものとされています（被災借地借家法5条1項後段）。

なお、この地主の承諾に代わる許可を求める申立てが可能な期間は、特定大規模災害の指定をする政令の施行から1年間ですので（被災借地借家法5条3項）、注意が必要です。

2　地主の承諾に代わる許可が認められる場合

上記の地主の承諾に代わる許可を求める申立てに対して、裁判所が許可をすることができるのは、借地権者がその土地の賃借権を第三者に譲渡し、又はその土地を第三者に転貸しようとする場合であって、その第三者が賃借権を取得し、又は転借しても地主に不利になるおそれがないにもかかわらず、地主がその賃借権の譲渡又は承諾をしないときです（被災借地借家法5条1項前段）。

ここで、地主に不利になるおそれがない場合とはどのような場合であるかが問題となります。

まず、賃借権を第三者に譲渡する場合には、通常地主にとっては地代の支払いを確実に受けることができるかどうかが一番の関心事ですので、その譲受人の資力等から賃借権の譲受人が現在の借地権者と比較して地代の確実な支払いが見込める者であるかどうかをもって、地主が不利になるおそれがないかどうかの判断がされることになると思われます。一方で、借地を第三者に転貸する場合については、従前と変わらずに借地権者が地主に対して地代の支払い義務を負い続けるので、転貸によって地主が不利になる場合というのは想定しがたく、地主に

不利になるおそれがないと判断されるのではないかと思われます。

3　地主からの賃借権の買受け等の申立て

借地権者より地主の承諾に代わる許可を求める申立てがあった場合、地主は、裁判所が定めた一定期間の間であれば、地主が自ら賃借権の譲渡又は転貸を受ける旨の申立てをすることができます。そして、このような地主からの申立てがあった場合、裁判所は、その賃借権を地主に譲渡するにあたっての対価（代金）及び転貸の条件（転貸の賃料等）を定めて、これを命ずることができます（この場合、賃借権の移転等と賃借権の対価の支払いとは、同時履行の関係に立ちます。）（被災借地借家法5条2項、借地借家法19条3項）。

このような地主による借地権の買取り等の申立てのルールが定められたのは、裁判所による地主の承諾に代わる許可の制度の目的が、そもそも被災して借地上に新たな建物を建てることができない借地権者に借地についての投下資本の回収の途を開く点にあるところ、上記のように地主が賃借権を買い取ることができるとすれば、借地権者からすれば投下資本を賃借権の対価の受領によって回収することができる一方、地主からすれば地主自身が借地の利用権を取得することによって、望まない第三者への借地の使用権の移転が生じないこととなり、両当事者にとってメリットがあるためです。

第3　借地権が地上権の場合

以上の被災借地借家法5条の制度は、借地権が賃貸借権である場合についての制度です。一方、地上権は物権であることから、地主の承諾を得ずとも自由に譲渡できるのが原則です。

しかし、地上権が設定される際に、地上権の譲渡・転貸を禁止する特約が定められる場合があります（このような特約は、第三者に対して対抗できないものの、当事者間では有効となります。）。このように譲渡・転貸を禁止する特約付き地上権について被災借地借家法5条が類推適用されるかについては、解釈が分かれるところですが、上記特約が付された地上権は建物所有目的の土地の賃貸借権と類似することからすれば、被災借地借家法5条が類推適用される余地は十分にあると考えられます。

第4　倒壊した建物の解体費用

災害によって借地上の建物が倒壊した場合には、当該建物の所有者である借地権者がその倒壊した建物の解体に要する費用を負担するのが原則です。

しかし、建物の所有者が解体費用を捻出できない場合も少なくありません。このような現状に対する考慮もあり、東日本大震災や熊本地震といった現在までに発生した災害においては、倒壊した建物の所在地である自治体がその解体に要する費用について補助金等の制度を設けた事例も多く、今後もこのような制度が被災自治体によって設けられる可能性があります。

したがって、所有する建物が災害によって倒壊した場合には、その建物の所在地の自治体に対し、倒壊した建物の解体費用について補助金等の制度がないか、問い合わせるべきです。

関本龍志（弁護士）

Q109　被災建物建替の際の登録免許税の免税特例

　登録免許税は、かかりません。ただし、現行法律で規定されているものではなく、特例として規定されるもので、注意が必要です。

　阪神・淡路大震災については、『阪神・淡路大震災の被災者等に係る国税関係法律の臨時特例に関する法律』の中で、平成7年4月1日〜平成17年3月31日までの間に当該震災により滅失した建物又は当該震災により損壊したため取り壊した建物に代わるものとして新築又は取得をした建物の取得等に係る登記に係る登録免許税が免除されています。

　東日本大震災については、『東日本大震災の被災等に係る国税関係法律の臨時特例に関する法律』の中で、平成23年4月28日〜平成33年3月31日までの間に当該震災により滅失した建物又は当該震災により損壊したため取り壊した建物に代わるものとして新築又は取得をした建物及びその敷地の用に供する土地等の所有権の登記に係る登録免許税が免除されます。

　平成28年4月に熊本地震が発生したことや近年災害が頻発していることを踏まえ、被災者の不安を早期に解消するとともに、税制上の対応が復旧や復興の動きに遅れることのないよう、各項目にわたり、あらかじめ規定を整備することとされました。（平成29年4月）

　自然災害により住宅、工場又は事務所等の建物に被害を受けた方（以下「建物被災者」といいます。）又はその相続人等が滅失した建物又は損壊したため取り壊した建物の所有権の保存又は移転の登記で、自然災害の発生した日以降5年を経過する日までの間に受けるものについては、一定の要件の下、登録免許税が免除されます。

　「自然災害」とは、被災者生活再建支援法の適用を受ける暴風、豪雨、豪雪、洪水、高潮、地震、津波噴火その他の異常な自然現象により生ずる被害をいいます。

　平成29年4月改正時に免除対象者についても下表のように規定されています。

注意すべき事項

①阪神・淡路大震災については、期間が5年（当初5年であったものが、最終的には10年となりました。）であるのに対し、東日本大震災については、期間が当初から10年とされていました。平成29年新設の法律においては、期間が5年とされています。

　大規模な災害については、それぞれの特例の中で、期間が延長されます。

②阪神・淡路大震災については、原則として、土地の取得に係る登録免許税の免税の規定はありません。

	免除の対象となる個人又は法人	摘　要
建物被災者	自然災害により所有する建物に被害を受けた個人又は法人	建物被災者であることについて、その建物の所在地の市区町村長の証明書（以下「り災証明書」といいます。）の交付を受ける必要があります。
建物被災者の相続人等	建物被災者（個人）が死亡している場合のその相続人	建物被災者が「り災証明書」の交付を受ける前に死亡している場合には、その相続人が「り災証明書」の交付を受ける必要があります。
	建物被災者（法人）が ①合併により消滅した場合の合併法人 ②分割により滅失建物等に係る事業の権利義務を承継させた場合の分割承継法人	建物被災者が「り災証明書」の交付を受ける前に合併により消滅している場合又は分割により滅失建物等に係る事業の権利義務を承継させた場合にはその合併法人又は分割承継法人が「り災証明書」の交付を受ける必要があります。
	建物被災者（個人）の三親等内親族で次の要件の全てを満たす方（住宅用に限ります） ①自然災害が発生した日の前日において、滅失建物等に建物被災者と同居していた方であること ②免除措置の適用を受ける建物（住宅用の建物に限ります。）に建物被災者と同居する方であること	建物被災者であることについて、建物被災者が「り災証明書」の交付を受ける必要があります。

（区分所有家屋の土地の所有者については、その土地に対応する部分の代替え土地については免税対象とされています。）

しかし、東日本大震災については、取得等した建物の敷地の用に供する土地等の所有権の登記に係る登録免許税も免除されています。

土地の取得に関する事項については、津波で多くの土地が使用できなくなり、仕方なく代替えの土地を取得される被災者を考慮したものと思われます。

その後、平成29年新設の法律においても、東日本大震災時の規定が引き継がれています。（区分所有家屋の土地の所有者に対する免税規定は、阪神淡路大震災を引き継ぐ形で、東日本大震災及び平成29年新設の法律においても存在します。）

③登録免許税の免税を受けることのできる対象者は、阪神・淡路大震災のときは、被災者とその相続人に限定されていました。

しかし、東日本大震災については、被災者とその相続人だけではなく、被災者の3親等内親族（長男の妻など姻族も含まれます。）もその適用を受けることができるようになりました。

ただし、被災者の3親等内親族の場合は、
・3親等内親族であることの証明（戸籍謄本など）
・被災の前日において、被災者と同居していたことの証明（住民票など）
・被災者自身が新たに代替えの建物等を取得することが困難であることを証明（住宅ローンを使用することが困難であることなど）
・代替建物等の取得後は、被災者とその3親等内親族が同居すること

などの条件が必要であり注意が必要です。

こちらの規定も平成29年新設の法律においても引き継がれています。

④面積制限

建物の取得等につきましては、面積制限はありません。しかし、土地の取得につきましては、面積制限があります。

まず、土地の取得に係る登録免許税の免税規定は、東日本大震災のみで、阪神淡路大震災は、もともと対応していません。（区分所有家屋に対する規定のみです。）

免税の対象となる土地の面積は、次の①②のいずれか大きい面積が限度となります。
　①滅失建物等の敷地の用に供されていた土地の面積
　②被災代替建物の種類に応じて計算した次の面積
　　イ　個人が再取得する住宅用の建物
　　　　滅失建物等の床面積の合計の2倍の面積
　　ロ　イ以外の建物
　　　　滅失建物等の床面積の合計の6倍の面積

こちらの規定も平成29年新設の法律においても引き継がれています。

西原正博（税理士）

Q110 マンションが滅失した場合の再建

私たちのマンションは、地震によって全部滅失してしまいました。マンションを再建するには、どのような手続きが必要ですか。また、敷地売却決議とはどのようなものですか。

1 マンションが全部滅失した場合の法律関係

マンションのような区分所有建物及びその敷地については、建物の区分所有等に関する法律（以下、「区分所有法」と言います）の定めるところにより、区分所有者全員で構成される管理組合による団体的な管理が行われます。しかし、区分所有建物が全部滅失した場合は、建物の区分所有関係は消滅し、その敷地について民法上の共有関係が残ります。そうすると従前の敷地の上に新たにマンションを再建するには、民法上の共有の規律により、敷地共有者全員の合意が必要であることになります。被災後の混乱の中で、敷地共有者全員の合意を得ることは極めて困難であり、このままではマンション再建の大きな障害になってしまいます。また、被災したマンションが再建されないまま長期間放置されることは、被災地の復興を阻む要因にもなりかねません。そこで、阪神・淡路大震災に伴う緊急立法の一つとして、「被災区分所有建物の再建等に関する特別措置法」（以下、「被災マンション法」）が制定されました。同法により、政令で定める大規模な災害により区分所有建物の全部が滅失した場合、敷地共有持分を有する者や敷地地上権の準共有持分を有する者（以下、「敷地共有者等」といいます）は、再建決議のため敷地共有者等集会を開くことができ、議決権の5分の4以上の多数による決議で、マンションを再建することが可能となりました。なお、被災マンション法は東日本大震災後の平成25年6月に改正され、マンションが全部滅失した場合の再建決議制度に加え、敷地売却決議制度を創設するとともに、再建や敷地売却がなされるまでの暫定的な敷地管理のため、敷地共有者等集会を開くことができ、管理者をおくことができるとしています（被災マンション法2条）。マンションが大規模一部滅失した場合の制度についてはQ112を参照してください。

2 再建決議の手続き、要件

(1) 招集権者

再建を決議するための敷地共有者等集会は、管理者が選任されている場合にはその管理者が、管理者が選任されていない場合には議決権の5分の1以上を有する敷地共有者等が招集します。また、管理者が選任されている場合でも、議決権の5分の1以上を有する敷地共有者等は、管理者に対して集会を招集するよう請求することができます（被災マンション法3条1項、区分所有法34条3項本文）。

(2) 招集通知

再建を決議するための敷地共有者等集会を開催するについては、招集権者は、招集通知を、再建決議をするための敷地共有者等集会の会日より少なくとも2ヶ月前に発しなければなりません（被災マンション法4条4項）。一般の敷地共有者等集会は、会日の少なくとも1週間前に通知を発すれば足りますが（被災マンション法3条1項、区分所有法35条1項本文）、再建決議は敷地共有者等の利害に大きな影響を与える決議であるため、2ヶ月の熟慮期間を確保したのです。

(3) 説明会の開催

マンションを再建するか否かは、敷地共有者等にとって極めて重要な事項です。そこで、再建決議のための敷地共有者等集会の招集権者は、集会期日の1ヶ月以上前までに、議案の要領及び再建を必要とする理由に関する説明会を開催することが義務づけられています。説明会の開催については、開催日の1週間以上前までに説明会開催の通知を発する必要があります（被災マンション法4条7項、区分所有法35条1項本文）。

(4) 再建決議

以上のような手続きを経て、再建決議のための敷地共有者等集会が開催されることになります。敷地共有者等集会における議決権は、敷地共有持分等の価額の割合により規約による別段の定めをすることはできません（被災マンション法3条1項により準用する区分所有法38条の読替）。

再建決議が成立するための要件は、一般の決議事項よりも厳格であり、敷地共有者等の議決権の5分の4以上の賛成が必要です（被災マンション法4条1項）。

また、再建決議においては、少なくとも①再建建物の設計の概要、②再建建物の建築に要する費用の概算額、③区分所有建物の建築に要する費用の分担に属する事項

及び④再建建物の区分所有権の帰属に関する事項を定めなければなりません（以上被災マンション法4条2項1号〜4号）。

なお、敷地共有者等が敷地共有者等集会を開くことができ、管理者を置くことができる期間は大規模災害を定める政令の施行日から起算して3年を経過するまでの期間と定められています。従って、再建決議は政令の施行日から3年以内に行わなければなりません（被災マンション法2条）。

3 売渡請求権

再建決議は、あくまでも多数決原理に基づいて、滅失したマンションを再建させるというものです。ですから、再建決議が成立したとしても敷地共有者等の中にはマンションの再建に反対する人もいる可能性があります。そこで、被災マンション法は、再建決議に賛成しなかった敷地共有者等に対し、再建に参加するか否かを熟慮する機会を与えた上で、再建に参加しない敷地共有者等に対しては、その敷地共有持分等を時価で売り渡すよう請求できる権利を再建参加者に認めています。

具体的には、まず再建決議があった場合、再建決議をするための敷地共有者等集会の招集者は、遅滞なく、決議に賛成しなかった敷地共有者等に対して、再建決議の内容により再建に参加するか否かを書面で回答するよう催告します（被災マンション法4条9項、区分所有法63条1項）。催告を受けた敷地共有者等は、催告を受けた日から2ヶ月以内に再建に参加するか否かを書面により回答しなければならず、この期間内に回答しなかった敷地共有者等は、再建に参加しない旨の回答をしたものとみなされます（被災マンション法4条9項、区分所有法63条3項）。

そして、この催告により再建に参加しない敷地共有者等が確定すると、再建に参加する敷地共有者等又はデベロッパーなどの買受指定者は、再建に参加しない敷地共有者等に対し、敷地共有持分等を売り渡すよう請求することができます。この売渡請求権の行使により、敷地共有持分等を時価で売り渡す旨の売買契約が成立することになります。売渡請求権を行使できる期間は、上記催告期間が満了した日から2ヶ月以内と定められています（被災マンション法4条9項、区分所有法63条4項前段）。なお、再建決議がされたのに、再建決議から2年を経過しても再建の工事の着手がない場合は、売渡請求を受けて自己の敷地共有持分等を売り渡した者は、売り渡した際の代金額を提供して、その権利を再び売り渡すことを請求することができます（被災マンション法4条9項、区分所有法63条6項）。

4 敷地売却決議制度について

改正被災マンション法では、マンションが全部滅失した場合おいて、敷地共有者等の議決権の5分の4以上の賛成により、敷地を売却できる制度も創設されています（被災マンション法5条1項）。マンションを再建するだけの資金の調達が困難な場合、敷地共有者等としては、敷地をやむを得ずそのまま放置するよりも、敷地全体を売却して売買代金の配分を受ける方がメリットは大きく、また敷地を適切に管理して有効に利用する道を開く点で被災地の復興の観点からも望ましいため、新たに敷地売却決議制度が創設されたものです。

河瀬真（弁護士）

Q111　被災マンションと抵当権

私はマンションの区分所有者ですが、そのマンションが地震で大きな被害を受けました。私の区分所有権には、銀行の住宅ローンを被担保債権とする抵当権が設定されていますが、マンションを建替える場合、抵当権はどのように扱われることになりますか。

1　地震による被害と抵当権の効力

地震でマンションが大きな被害を受けたとき、区分所有権につき設定されていた抵当権はどのような影響を受けるのでしょうか。マンションが滅失した場合と、大きな被害は受けているが建物自体は存在している場合とに分けて考えてみましょう。

(1) マンションが滅失した場合

地震により抵当権の目的物であるマンションの専有部分が滅失してしまうと、その区分所有権に対する抵当権自体も消滅してしまうことになります。ただし、抵当権の目的物が滅失又は損傷したことによって債務者が金銭を受けるべきときは、債務者の受けるべき金銭に対して抵当権を行使することができます。このような抵当権の効果を物上代位と呼びます（民法372条、304条）。区分所有者が地震保険など地震による被害を填補する保険に加入していた場合は、その保険金請求権に対して抵当権の効力が及び、被災後の混乱のためローンを滞納したままにしていると保険金請求権が差し押さえられてしまう可能性があります。判例上は、抵当建物が火災で滅失してしまったときに、保険金請求権に物上代位することが認められています（大判大正12.4.7民集52巻1号1頁）。保険金は重要な生活再建資金ですので、物上代位権を行使されないよう金融機関との協議が必要です。災害救助法の適用された地震によりマンションが滅失した場合、「自然災害による被災者の債務整理に関するガイドライン」に基づく債務整理を利用することにより、一定期間担保権の実行を回避できる可能性もありますので、専門家に相談して下さい。なお既に受領してしまった保険金は、価値の代替物としての特定性を失っていますので、物上代位されることはありません。

では、被災マンションに居住していた区分所有者が、被災者生活再建支援法に基づく支援金を得られる場合、支援金請求権は物上代位の対象になるでしょうか。支援金請求権は価値の代替物とは言えません。東日本大震災後の法改正により、支援金は差し押さえることができないことが明記されており、物上代位はできないと解されます（被災者生活再建支援法20条の2）。

マンションの区分所有権に抵当権を設定する場合、その敷地利用権（敷地の共有持分あるいは地上権の準共有持分）についても抵当権を設定するのが通常です。敷地の共有持分や敷地地上権の準共有持分につき設定された抵当権は、マンションが地震により滅失しても関係なく存続します。ただし、マンションの敷地権が借地権（賃借権又は地上権）で、地上権について別途抵当権が設定されていない場合は、マンションが滅失して抵当権が消滅すると、従たる権利である借地権に対しても抵当権の効力は消滅してしまうことになります。

(2) マンションが損壊した場合

これに対して、マンションが損壊しているものの、建物は存在し専有部分が維持されているという場合は、抵当権はそのまま存続します。敷地利用権（共有持分権ないし地上権の準共有持分権）に対して設定された抵当権も、被災の影響を受けることなく存続します。ただし、損壊により担保価値が低減しているため、目的物が滅失した場合と同様、保険金請求権などの価値の代替物は物上代位の対象となり得ます。

2　建替えの局面における抵当権の扱い

では次に、地震の被害を受けたマンションを再建する場合、マンション区分所有権に設定されている抵当権はどのように扱われるでしょうか。建替え決議に基づいてマンションを建て替えるというケースで考えてみましょう。

(1) 売渡請求権と抵当権

マンション建替えの意思決定は、管理組合における区分所有者及び議決権の各5分の4以上の多数の賛成による決議（区分所有法62条1項）によってなされます。この時点ではマンションの建替えに反対する区分所有者も存在するかもしれません。そこで、建替え参加者もしくは「買受指定者」に指定された者は、建替えに参加しない区分所有者に対し、区分所有権及び敷地利用権を時価で売り渡すよう請求することができます（区分所有法63条4項）。

では、売渡請求権を行使された区分所有権及び敷地利用権に抵当権が設定されている場合、その抵当権はどのような影響を受けるでしょうか。抵当権者は抵当不動産を買い受けた第三取得者に対抗できますから、事前に抵当権を消滅させておかない限り、抵当権の負担が付いたまま、区分所有権及び敷地利用権が買受人に移転することになります。しかしながら、それでは建替のプロセスに支障を来すおそれがありますから、買受人、売渡人及び抵当権者の間で抵当権抹消の条件についてよく協議するなどして、事前に抵当権を抹消するよう努めるべきです。どうしても抵当権抹消の協議が整わない場合は、買受人において抵当権付のまま区分所有権及び敷地利用権を買い受けた上で抵当権消滅請求（民法379条、383条）を行うことが考えられます。

(2) 建替の実行プロセスと抵当権

次に、マンション建替えを実行していくプロセスにおいて、抵当権がどのような扱いを受けるかについて見てみましょう。

マンション建替えを実行する手法として、①デベロッパーと等価交換契約を行う手法、②マンション建替円滑化法に基づくマンション建替事業の権利変換処分（マンションの建替えの円滑化等に関する法律（以下「円滑化法」）70条、71条）による手法とが考えられます（都市再開発法に基づく第一種市街地再開発事業の権利変換処分も考えられますが、ここでは割愛します）。

①等価交換とは、デベロッパーが事業主体となり、区分所有者全員から旧マンションの敷地利用権を拠出してもらい、再建されたマンションの区分所有権とその敷地利用権を配分するという手法です。デベロッパーは、容積率の余裕を利用して保留床を生みだせるため、事業資金を捻出することができます。等価交換方式では、デベロッパーが区分所有者全員との間で等価交換契約か、区分所有権と敷地利用権の売買契約を締結することになります。この契約の際に、従前区分所有権及び敷地利用権に対して設定されていた抵当権は抹消されていることが前提となります。このため、建替えに参加する区分所有者は、抵当権者に対し、事業計画を十分説明し再築後の区分所有権及び敷地利用権の担保提供を約するなどして、抵当権の一時抹消に応じてくれるよう交渉することが必要です。

②次にマンション建替え円滑化法に基づく「権利変換処分」とは、市街地再開発事業の権利変換手続に準じて、区分所有権、借家権、抵当権等の権利関係を、旧マンションからマンション建替え事業の施行により新たに建築される新マンションに移行させるという制度です。円滑化法に権利変換処分の規定が定められたことにより、権利の移行に関する問題が立法的に解決されることになりました。これにより旧マンションの区分所有権及び敷地利用権について存する抵当権は、権利変換期日以後は、施行者の定めた権利変換計画の定めるところに従い、再建されたマンションの区分所有権及び敷地利用権の上に存することになります（円滑化法73条）。

河瀬真（弁護士）

Q112　マンションが一部滅失した場合の措置

　私たちのマンションは、地震によって一部滅失しました。被災マンション法には、建物敷地売却決議、建物取壊し敷地売却決議及び取壊し決議がそれぞれ設けられているとのことですが、どのような制度なのですか。

1　改正された被災マンション法

　地震などの災害により、区分所有建物の価格の2分の1を超える部分が滅失した場合（以下、このような滅失を「大規模一部滅失」と言います）、管理組合がとり得る措置として、集会の特別多数による復旧決議（区分所有法61条5項以下）と建替え決議（区分所有法62条）があります。しかしながら、むしろ多額の費用がかかる復旧や建替えは断念し、生活再建のための費用を捻出するため、敷地等をできるだけ高い金額で売却したいと考える世帯も多いかもしれません。このような場合、大規模一部滅失したマンションを取り壊した上で敷地を売却したり、被災したマンションと敷地とを一括して売却したりすることが考えられます。ところが、区分所有建物の取壊しや区分所有建物及び敷地の売却等は、区分所有法に特別の規定が設けられていないため、民法の共有の原則によることになり、共有者全員の同意が必要になります。そうすると、区分所有者の中に一人でも反対者が出れば大規模一部滅失した区分所有建物の取壊しはできず、建物及び敷地の売却もできないことになってしまいます。このままでは、復旧や建替えも行わず、かといって取り壊すこともできないまま大規模一部滅失したマンションが放置されることになりかねず、地域の復興にとっても障害となりかねません。

　そこで、東日本大震災後に改正された被災マンション法では、政令で定める大規模な災害により区分所有建物が大規模一部滅失した場合、区分所有者集会においてとり得る措置として、建物敷地売却決議、建物取壊し敷地売却決議、及び取壊し決議がそれぞれ新たに定められました。建物敷地売却決議とは、大規模一部滅失したマンションを敷地と共に売却するという内容の決議であり、建物取壊し敷地売却決議とは、マンションを取り壊した上で更地になった敷地を売却するという内容の決議です。これらに対し、建物取壊し決議は、マンションを取り壊すことのみを内容とし、敷地の処分は伴わない決議です。

2　建物敷地売却決議等の手続き
(1)　建物敷地売却決議を中心に手続きの概略を説明します。

　建物敷地売却決議がなされるためには、管理組合の管理者（管理組合法人が設立されている場合には理事）が招集通知を発して集会を招集しなければなりません（被災マンション法（以下「法」）7条、区分所有法34条1項）。

　招集通知は、集会の少なくとも2ヶ月前に発しなければならず（法9条4項）、会議の目的たる事項、議案の要領のほか、売却を必要とする理由、復旧又は建替えをしない理由及び復旧に要する費用の概算額をそれぞれ通知しなければなりません（法8条5項、9条5項）。被災マンションの区分所有者は、大規模一部滅失した区分所有建物を復旧する場合、建て替える場合、建物と敷地を売却する場合等、様々な選択肢を比較考量できることが望ましく、上記の事項を合わせて通知し、区分所有者に適切な情報提供を行う必要があるからです。なお、復旧に要する費用の概算額は通知事項ですが、建替えに要する費用の概算額は通知事項ではありません。建替えに要する費用を算出するには、具体的な建替え計画を策定する必要があり、区分所有者に重い負担が生じてしまうため、建替えに要する費用の概算額は法定通知事項とはされませんでした。また、集会の招集権者は、建物敷地売却決議を目的とする集会を開催するに先立ち、集会の開催日より1ヶ月以上前までに説明会を開催しなければなりません（法9条6項）。

　なお招集通知は、区分所有者が所在する場所に宛ててしなければなりませんが、区分所有者が災害の発生した後に管理者に対して通知を受けるべき場所を通知したときは、その場所に宛てて通知すれば足り（法8条2項）、また、招集権者が過失なくして区分所有者の所在を知ることができない場合は、建物又はその敷地内の見やすい場所に掲示することをもって、通知に代えることができます（法8条3項）。

(2)　建物敷地売却決議は、区分所有者、議決権、及び当該敷地利用権の持分価格の各5分の4以上の賛成によってなされます（法9条1項）。

　建物敷地売却決議においては、売却の相手方となるべき者の氏名又は名称、売却による代金の見込額、売却によって各区分所有者が取得することができる金銭の額の

算定方法に関する事項をそれぞれ定めねばならず（法9条2項）、売却によって各区分所有者が取得することができる金銭の額の算定方法については、各区分所有者の衡平を害しないように定めなければなりません（法9条3項）。例えば、建物が相当損傷を受けたためにその価値がほとんどないような場合は敷地利用権の持分価格の割合に従って代金を分配するのが衡平にかなう場合が多いと言えますし、他方建物にも一定の価値が認められるような場合には、建物の価値を専有部分の床面積割合や共用部分の持分割合などで分配し、敷地の価値を敷地利用権の持分の割合に従って分配するという方法が考えられます（岡山忠広編著『一問一答被災借地借家法改正被災マンション法』商事法務157頁）。

(3) 建物取壊し敷地売却決議及び建物取壊し決議の手続きも、基本的に建物敷地売却決議と同じです。ただし、建物取壊し敷地売却決議及び建物取壊し決議では、マンションの取壊しに要する費用の概算額とその費用の分担に関する事項を定めなければなりません（法10条2項1号、2号、法11条2項）。また、建物取壊し決議は区分所有者及び議決権の各5分の4以上の賛成で成立し、敷地利用権の持分価格は考慮されていません（法11条1項）。

3　売渡し請求権

建物敷地売却決議、建物取壊し敷地売却決議、取壊し決議のいずれの場合にも、決議に参加しない区分所有者に対し、その区分所有権及び敷地利用権を時価で売り渡すよう請求する権利が、決議参加者に認められています（法9条9項、10条3項、11条3項、区分所有法63条）。

4　期間制限

建物敷地売却決議、建物取壊し敷地売却決議及び取壊し決議は、法第2条の災害を定める政令の施行日から起算して1年以内にしなければなりません（法7条）。このような期間制限が設けられた理由は、重大な損傷を受けているマンションについて、早期に取壊しや売却等の処分をするのが相当と考えられるからです。

5　賃借人との関係

マンションが被災した場合でも、賃貸借の目的である専有部分が残存している以上、賃貸借契約は存続することになります。建物敷地売却決議等の効力は、第三者である賃借人には及ばず、賃借人の地位が奪われることはありません。このため、大規模一部滅失したマンションの取壊しや売却を円滑に進めるためには、予め賃借人と交渉し、賃貸借契約の合意解約、専有部分の明渡しを求める必要があります。また賃貸人が契約の更新拒絶や解約申入れを行う場合、マンションが大規模一部滅失していることは「正当事由」の判断に影響を与えると考えられます。

河瀬真（弁護士）

Q113　被災マンションの建替等に伴う鑑定

被災したマンションについて復旧や建て替え等を行うにあたり、以下の点につき、教えて下さい。

1　小規模滅失の場合と大規模滅失の場合とで復旧決議の手続きが異なると聞きました。その違いについて教えて下さい。

復旧とは、被災した物件を被災前の原状に復することを意味します。建物の一部が滅失した場合の復旧に関しては、建物の価値の2分の1以下に相当する部分が滅失した場合（小規模滅失）とそれを超える部分が滅失した場合（大規模滅失）とに分けられます。この区分は、滅失の時を基準として、滅失前の状態における建物の価格と滅失後の状態におけるそれとを比較して、後者が前者の2分の1以上であるかどうかで決せられることになります。

小規模滅失の場合、共用部分の復旧に関しては、通常は、集会の普通決議によります。なお、この決議がなされるまでは、各区分所有者が、各自、滅失した共用部分を復旧することができ、他の区分所有者に復旧に要した費用を共有持分に応じて償還請求できますが、上記の決議が予定されている場合は、相当の時期までは、これを差し控えるべきでしょう。この決議がなされると、決議に反対した区分所有者もこれに拘束され、区分所有者全員でその復旧をおこなうことになります。

大規模滅失の場合には、共用部分の復旧については、区分所有者の頭数及び議決権の各4分の3以上の特別決議によります。この決議がなされると、決議に反対した区分所有者もこれに拘束されますが、決議に賛成した区分所有者に対し、建物及び敷地に関する権利を時価で買い取るよう請求して、区分所有関係から離脱することができます。

2　被災したマンションの建替決議がなされました。不参加者への建物及びその敷地に関する権利の売渡請求を行うにあたり、その時価はどのように算定されますか。

この場合の時価とは、建替決議を前提とした時価です。すなわち、売渡請求時点において建替を相当とする状態での建物及び敷地利用権の価格ではなく、建替によって実現すべき利益を考慮した価格となります。

その評価は、再建建物及びその敷地利用権の価額からこれに要する経費を控除した価額、又は建物解体後の更地価格から解体費用を控除した価額と考えられます。

3　再建をおこなわず、敷地を処分することになりました。処分金額の配分は単純に共有持分の割合に従うことになるでしょうか。

建物が全部滅失した時点で、区分所有関係が解消されていることになり、敷地の共有関係が存在するのみの状態となります。したがって、当事者間で特段の取り決めでもない以上、請求できるのは共有持分割合に応じた配分額となると思われます。

4　被災区分所有法にそって再建決議をおこないました。敷地価格の配分は単純に共有持分の割合に従うことになるでしょうか。

阪神・淡路大震災以前は、全部滅失した区分所有建物を再建するためには、民法の原則に従い、もとの区分所有者（敷地の共有者）全員の同意がなければ、建物の再建はできないものとされていました。阪神・淡路大震災の直後に、被災区分所有法が施行され、区分所有建物が全部滅失した場合に、敷地共有者が集会を開き、議決権の5分の4以上の多数決でマンション再建の決議ができることとされました。さて、再建決議をおこなった場合の敷地価格の配分については、阪神・淡路大震災時の区分所有建物の再建事業では、持分割合で対応した場合が多かったようですが、再建が予定されている土地は単なる共有持分とは異なる等の理由から従前の専有部分の階層・位置に基づく効用を反映した価格に依るべきとする意見も根強いのは事実です。また、どちらの方法によるかによって有利あるいは不利となる権利者が異なることになる等の問題も生じてきます。したがって、再建を円滑におこなう観点から実情に応じた現実的な対応をおこなうことが重要になると思われます。

廣嶋琢也（不動産鑑定士）

Q114　被災マンションの建替時の贈与税

災害で倒壊したマンションを建て替えることになりましたが、所有者である高齢の甲には資金が無く、親族である乙がマンションの建て替え資金を出すことになりました。建物登記上、所有者を乙にした場合、乙は敷地利用権の贈与を受けたことになり、贈与税の申告が必要となりますか。

原則、贈与税の申告が必要となります。ただし、下記『特別の事由』を記載した申出書などを登記完了後、登記事項証明書（登記簿謄本）と共に税務署に提出することにより、旧所有者である甲から再建資金の支出者である乙への敷地利用権の贈与は無かったものとして取り扱われています。

昭和58年改正以前の「区分所有法（正式名称：建物の区分所有等に関する法律）」では、マンションの建物専有部分は建物の登記簿に、共有の敷地権部分は土地の登記簿にと別々に登記されていました。この場合、例えば建物所有者の敷地権部分を調べようとすると、他のたくさんの権利者の持分も閲覧されてしまうことや、一覧性がないことから検索に時間と手間がかかったことに加え、登記制度本来の「公示機能」が損なわれているなどの理由で、同年改正法により、マンションの敷地権と建物所有権が一体化され、建物専有部分と共有敷地権を分離して処分することが原則的に不可能になり、現在に至っています。また、不動産登記法上も敷地利用権者を専有部分の所有者以外の者とする登記は出来ないとされています。

そのため、今回のケースのように、乙が資金を出した再建マンションの所有権保存登記を行う際には、建物専有部分と共有敷地権の所有者名義を同一人にする必要があり、甲の所有する敷地利用権を贈与等を登記原因として乙名義に変更せざるを得ません。この敷地利用権の名義変更は、あくまでも区分所有法、不動産登記法上の制約というやむを得ない理由による形式的な手続きであり、贈与を意図したものではないことを明らかにするため、下記の特別の事由を記した事実関係を税務署に示すことで贈与税は課税されません。

『特別の事由』
1、被災マンションの再建のみを目的とした登記である旨
2、甲が再建築後、同マンションに住む旨
3、敷地権は甲が引き続き有するものであり、相続発生時には更地評価になる事を確認している旨
4、再建資金の支出の事実が分かる書類（通帳の写し等）を添付し、乙が資金負担をした旨

また、上記「特別の事由」を記載した申出書に代えて、国税庁の正規書式である「借地権者の地位に変更がない旨の申出書」の書式を援用し、敷地利用権の名義を変更したが旧名義人は敷地利用権者としての地位を放棄しておらず、引き続き敷地利用権を有し、敷地利用権者としての地位に何ら変更はない旨を記載した「敷地権者の地位に変更がない旨の申出書」（下図参照）を提出することによって、同様の取扱いがされた事例もあります。

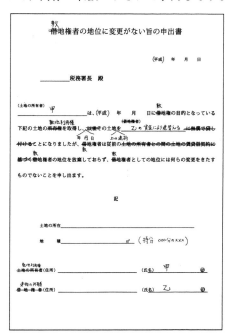

なお、建物名義を甲にした場合は、当然に乙から甲への資金贈与となり贈与税が課税されますので、ご注意下さい。

根拠法令等
・相続税法第21条・区分所有法第22条・不動産登記法第73条・マンションの建替え等の円滑化に関する法律第15条
・昭和39年5月23日付直審（資）22ほか「名義変更等が行われた後にその取消し等があった場合の贈与税の取扱いについて」の6（法令等により取得者等の名義とすることが出来ないために他人名義とした場合等の取扱い）

丸山晃弘（税理士）

Q115　土地区画整理事業

震災復興に関する土地区画整理事業とは、どのような事業ですか。またどのような問題がありますか。

土地区画整理事業の沿革と概念

1　土地区画整理事業とは

　一般的な土地区画整理事業は、都市計画区域内の一定の範囲の土地について、道路、公園等の公共施設の整備改善と、宅地の利用の増進を図るため、土地区画整理法によって行われる土地の区画形質の変更および公共施設の新設・変更に関する事業をいいます（土地区画整理法第2条1項）。

　事業施工者が、従前の宅地に変わる土地（換地）を割り当てる換地処分という行政処分を行う点（この点防集事業が、土地の権利移転が売買契約によるのと、基本的に異なります）、地権者等が公共施設用地の提供や工事費を直接負担しない代わりに、従前土地の面積を一定割合で縮小する「減歩」がされる点に特徴があります。

2　被災市街地復興土地区画整理事業における特例

　阪神淡路大震災を契機に、被災市街地復興特別措置法によって、大規模災害時の土地区画整理事業の特例措置が定められました。

①　被災地権者の申出による、復興共同住宅を設けて、その地区内の土地の共有持分が与えられること（借地権者がいる場合は不可）、②　申出により、一部の宅地に換地を定めず清算金に代えて施行者が建設する住宅が与えられること（但当該宅地に担保権や使用収益権がないことが要件）、③　地区に清算金に代えて、事業施行者が建設、取得する住宅等を与えること、④　宅地の権利関係者全員の同意を得た上で、公営住宅や公共施設の用地として、一定の土地を保留地と定めること等の措置です。

3　復興特区法による特例

　復興特区法では、①　防災上必要な土地の嵩上げの費用を補助対象（全額国庫負担）とする、②　従前の土地区画整理事業が、現位置での換地が原則（とび換地は例外）であったところ、被災市街地から、より内陸部、より高い土地にまとめて集約する換地（とび換地）が、広汎にできるようにすること、市街地の液状化対策事業、等の措置がとられています。

土地区画整理事業の概ねの手続の流れ

1　第1段階は、市町村が土地区画整理事業計画を定め、知事の認可を受け、この間被災者について説明、協議が行われ、換地計画等の縦覧及び意見書の提出等の事前手続きが定められています。第2段階として、仮換地処分がされ、第3段階として、対象土地の整備工事が実施されて、換地処分（本換地処分）がされます。

　この換地においては、従前の土地と換地（新たに地権者が取得する土地）が、位置、地積、地質、水利、利用状況、環境等が照応すること（価値において同等、平等であること）とする照応の原則がとられています。

2　仮換地処分の指定がされると、従前の土地の使用収益は不可となり、仮換地として指定された土地について、従前の土地に有していた権利（所有権、借地権）にもとづいて、仮に使用、収益ができることとなり、造成のできた土地に、知事の許可を得て、建物を建てて居住、利用を開始することができます。

3　事業地域の整備工事が完了後、対象の地域全域について換地処分（本換地処分）がされます。この換地処分の公告がされると、換地が従前の宅地とみなされ、従前の土地に存した権利関係は、換地において存在するものとみなされます。また従前地の権利関係について、本登記も可能となります。

　従前地に存在した抵当権、借地権（但未登記であった借地権は、事業施行者に申告することが必要です）等も、換地先の土地に引きつがれます。

事業区画内容と問題点

1　土地区画整理事業は、計画内容はさまざまです。東日本の被災地では、地盤のかさ上げは、住宅用地を中心に、約5m前後までの高さで行われるのが多数例となっていますが、商工業施設、漁業施設等の用地を中心に、かさ上げをせず、防潮堤を併用する多重防禦体制もとられています。概ね激甚被害を受けた地域の周辺に地盤整備をするわけですから、安全、安心なまちづくりを図るため、計画段階での十分な検討が必要です。

2　減歩とその問題点

　土地区画整理事業においては、道路新設、拡張その他の公共施設用地は、各敷地の面積を減らす（減歩といいます）ことによって、捻り出されます。

　東日本大震災の被災地では、工事費用が市町村負担分も国庫負担とされていますから、本来地権者の負担は軽減されて然るべきです。

　平成 27 年 3 月の兵庫県弁護士会のアンケート調査によりますと、具体的な減歩率は、概ね 10％ 前後の地区が多いものの、3.73％ から最大 24％ と、市町村及び地区間によって大きな開きがあります。

　地域の個別の事情による差異が生じることはあり得るとしても、減歩率のあまりにも大きな格差を生じることは、土地区画整理事業における換地の公平・平等の原則（照応の原則）の要請にそわないものです。

3　清算金の取得と地区外転出

　土地区画整理事業では、換地を受ける代わりに清算金の支払いを受けて、地区外に転出することもできますが、事業地区によっては、かなりの方が、清算金を受け取って転出している例があります。

　土地区画整理事業が、一定の安全な場所に移転し又は安全性を確保する地盤整備を行うことによって、住宅、施設を再建し、被災地の復興に寄与することから見れば、地区外転出が多いことは望ましいことではなく、この実情と原因の把握が必要です。

　この理由として、換地を得てもその上に建物を建てる資金がないことが重要と思われますが、事業制度の中に、清算金に代わる住宅等の給付（申出により宅地の一部について換地を定めず、清算金に代えて事業施行者が建設する住宅を与える）制度があり、また計画地内の共同住宅の区画と権利交換する方法もありますが、いずれも当該住宅地に借地権や抵当権が存在しないことが要件となっています。

4　ニーズと計画内容の整合性

　土地区画整理事業は、計画段階で被災者のニーズを事前に十分に把握していないと、事業自体の規模や、地区内の公共施設や民間の共同施設（商業ゾーン）等の規模が、ニーズと不整合に大きくなった場合等、まちの空洞化が生じ、将来の、人が住み、生活をするまちの活性化を図ることが困難となります。

　また事業内容に係わる事項が、専門的、技術的知識を要する面が強く、研究者、実務専門家、ボランティア活動家等により、被災者の方々への情報の提供、説明がされることが極めて重要です。

　被災者と市町村の事前の協議が十分に行われる必要性が高く、住民もまちづくり協議会等の団体を作って、住民の合意形成を図りまちの共同体意識の確保や住民本意のまちづくりを実現すべきでしょう。

森川憲二（弁護士）

Q116　防災集団移転促進事業

防災集団移転促進事業とは、どのような事業ですか。また参加するにはどのような点に留意すべきですか。

防災集団移転促進事業の概念

防災集団移転促進事業とは、災害が発生した区域、又は災害危険区域（建築基準法第39条第1項で指定）のうち、住民の生命、身体及び財産を災害から保護するため、住居の集団的移転を促進することが適当と認められた区域を移転促進区域とし、地方公共団体（原則、市町村）が、住宅の用に供する住宅団地を整備して、移転促進区域内にある住居の集団的移転を促進するために行う事業をいいます（防災のための集団移転促進事業に係わる国の財政上の特別措置等に関する法律、「防集法」と略称、第2条）。

新たな住宅団地の規模は、防集法では10戸を下らない住居数とされていました。東日本大震災復興特別区域法（復興特区法といいます）施行令では、5戸以上とする特例（既存集落に散在することも可）が定められ、事業費は、国が4分の3、地方公共団体が4分の1の負担となっていますが、地方交付税の地方公共団体への補助により、全額国庫負担の扱いとなっています。

事業そのものが、法律で定められた事業でなく、強制力を伴わないものであり、移転促進区域内の被災住民の合意を得られたエリアが、事業対象区域となります。

また事業の手法は、被災した土地（被災元地といいます）について、市町村等の買い取りを受け、移転先の造成された団地の土地の分譲を受けるもので、通常2回の売買契約を介在させる特徴があります。

このため、売買契約における権利義務関係の問題（例えば買い取りの対象の土地に設定されている抵当権の処理等）に対応する必要があります。

買い取りを受ける者と対象の土地

1　土地の買い取りは、土地の所有者が被災した居宅に居住していたか否かを問わず対象となりますが、必ず被災土地の売買による所有権移転登記を必要とし、相続登記未了の場合は、相続登記を行う必要があります。

現に居住していた人が単独所有とし、買い取りを受けるには、遺産分割協議等を行い、他の全相続人の同意を要しますが、近時、相続登記未了の場合の措置が図られています。

2　買取価格は、一定の基準宅地を定めて鑑定評価を行い、個々の土地についてこれを修正して定める扱いがとられており、通常震災前の価格の7割か8割とされる例が多いとされています。また実際に買取をする場合、個別に鑑定をしたという市町村もあり、対応が分かれています。

3　津波等で流失、損壊した宅地について、境界の確定が必要な場合に備え、被災後、速やかに境界の痕跡の保存又は証拠資料（写真、図面等）の確保をしておくことが望まれます。

4　被災土地に担保権の設定登記がある場合、この抹消をしないと市町村は買い取りをしないのが原則ですが、自然災害債務整理ガイドラインにもとづき、専門家に入ってもらい、債務整理をして担保を抹消する等の対応が可能です。

移転先の土地の分譲

東日本大震災の被災地では、移転先の住宅敷地の合計面積の上限が、100坪（330m²）に、住宅団地の移転戸数を乗じた面積として計画することとされました（但、区画間の面積の変更は可能です）。

移転先の団地への移転資格を有するのは、被災時に移転促進区域内に居住していた方々です。移転促進区域内に宅地や住宅を所有していても、被災時に当該宅地に現に居住していなかった場合は、対象者になりません。

居住していた方が持家だったか、借家だったか、その敷地が自己所有か借地であったかは、関係ありません。

移転先の土地の借地

移転先の団地の土地について、分譲を受ける資金のない場合、借地することも可能です。また市町村によって、借地料について免除、補助がされる場合がありますが、借地料免除、補助を認めた市町村は、数例でした。これは、災害公営住宅の家賃補助は国の制度がありますが、借地料補助について国の制度がなく、独自の市町村の財源が必要なことによります。

仙台市のように、被災前後の土地価格の差額と流失建物等の移転費用相当額の合算額相当分の額を1ヶ月の賃料で割った期間について、借地料を免除（但、市街区域内の移転先で1,000万円、市街化調整区域内の移転先で

800万円を上限とし、免除期間は最長50年です）する例もあります。

このような場合、まず借地をし、借地料の免除を受けて住宅を建設（ローンを組む）して再建し、後日借地を買い取るという二段階での復興の方法をとることができます。仙台市の防集事業では、借地先への移転者が100％となっています。

この借地料免除又は助成制度を、市町村において拡充していくことが、将来の課題です。

その他の問題点
1　移転先の土地における建築時期については、現状、防集事業で移転先の土地を分譲後、一定期間内に建築をする制約が設けられている市町村が大半ですが、1年以内の着工から5年以内の着工等々、制約期間はまちまちです。
2　移転先の土地における建物の用途については、被災地において、住宅で何らかの事務所・店舗等を併用していた場合、併用住宅の建設を可とするのが、概ねの市町村の扱いです。

この点、防集法で「住居の移転」と規定しているため、当初併用住宅も不可とする解釈・運用がなされて事業化がスタートしましたが、被災者のニーズによって運用が弾力的に改善されました。
3　被災者の方は、自らの資力によって防集事業への参加が可能か、又は適切か、それとも災害公営住宅への入居によって対応するかの選択の判断をするためには、自分にとってどの手段が適切か、障害となるのはどんなことがあるか、その障害が解決可能か等について弁護士等専門家からの情報提供と説明を受けることが重要ですし、この情報の取得は、計画段階でできるだけ早い時期になされることが望まれます。

防集事業における移転先の被災者の生活再生の課題とコミュニティ形成

集団移転をする場合（防集事業以外の事業でも同様ですが）、従前の生活では地域住民との交流、買物、学校、医療施設、介護・福祉施設、地域の交通アクセス、地域の防災等々、一定の安定した住環境が維持されていたものが、一旦とぎれるため、この維持、回復が重要な問題となります。

比較的大規模な防集事業であったり、移転先で住民が、従来からのなじみのない人又はなじみの薄い人で占められるような場合、地域コミュニティの維持、形成を図ることが困難で、より努力を要することになります。

特に少子高齢化社会にあって、被災地が過疎地である場合等、相互の助け合いの減少、欠如、ひいては住民の孤立化等を招き、孤独死等の問題を生じます。

移転先でのコミュニティの維持、形成は、単に住宅の再生にとまらず、まちの再生、活性化を実現するために、重要な要素です。

このため、事業の計画準備段階から、被災者が、共にまちづくり協議会や住民協議会等の団体をつくり、意見交流、意見調整等を図り、必要な合意形成、コミュニティ形成を行うことが、有益かつ不可欠となります。

また、復興まちづくりを進めていく過程で、個別の防集事業の地区内だけでなく、周辺・近隣の地域全体における地域のまちづくりのための、ニーズの利害調整が重要です。

（Q-115、116は、日本弁護士連合会編集「東日本大震災復興支援Q&A」、及び日弁連と被災地の岩手、仙台、福島県弁護士会の共同編集、Q&A「住まいと暮らしの復興のために」を参照）

森川憲二（弁護士）

近畿災害対策まちづくり支援機構
「会員および構成団体」一覧

研究者（まちづくり・住宅・法律・エネルギーなど）
大阪弁護士会、兵庫県弁護士会
近畿税理士会、近畿司法書士会連合会
日本土地家屋調査士会連合会近畿ブロック協議会
近畿不動産鑑定士協会連合会
（公社）日本技術士会近畿本部
兵庫県社会保険労務士会、兵庫県行政書士会

執筆者一覧

首都大学東京教授　市古　太郎	税理士　大野　秀朋
長岡技術科学大学大学院准教授　木村　悟隆	税理士　大原　利弘
神戸大学名誉教授　塩崎　賢明	税理士　甲斐　裕二
アルパック（株)地域計画建築研究所会長　杉原　五郎	税理士　寺岡　直樹
追手門学院大学准教授　田中　正人	税理士　西原　正博
神戸まちづくり研究所代表　野崎　隆一	税理士　橋本　恭典
神戸大学教授　平山　洋介	税理士　浜口　祐介
京都府立大学名誉教授　広原　盛明	税理士　濱西　敏郎
立命館大学授業担当講師　前田　萌	税理士　藤原　麻子
立命館大学教授　見上　崇洋	税理士　丸山　晃弘
弁護士　河瀬　真	不動産鑑定士　櫻井　美津夫
弁護士・立命館大学法科大学院客員教授　斎藤　浩	不動産鑑定士　林　秀樹
弁護士・京都大学法科大学院非常勤講師　繁松　祐行	不動産鑑定士　廣嶋　琢也
弁護士　眞並　万里江	司法書士　石神　健吾
弁護士　関本　龍志	司法書士　岡田　茂
弁護士　田崎　俊彦	司法書士　安田　捷
弁護士　津久井　進	司法書士・甲南大学法科大学院教授　吉田　結貴
弁護士　永井　幸寿	土地家屋調査士　大石　太郎
弁護士　名倉　大貴	土地家屋調査士　鈴木　雅博
弁護士　古殿　宣敬	土地家屋調査士　高曽　修司
弁護士　松森　美穂	土地家屋調査士　髙橋　雅史
弁護士　森川　憲二	土地家屋調査士　中井　富子
技術士　太田　英将	土地家屋調査士　樋口　敦仁
技術士・気象予報士　大藤　明克	土地家屋調査士　福浦　真介
技術士　國近　光生	土地家屋調査士　藤本　栄造
技術士　幸　徹	土地家屋調査士　和田　慶太
技術士　小島　和彦	社会保険労務士　澁谷　昌則
技術士　西濱　靖雄	社会保険労務士　谷口　正樹
技術士・一級建築士　杉本　哲雄	社会保険労務士・関西学院大学非常勤講師　松永　和美
一級建築士　松本　敏夫	社会保険労務士　嶺山　洋子
税理士　池田　篤史	行政書士　松村　康弘

防災・減災・復旧・復興 Q&A
——大災害被災者支援の経験から

2018 年 11 月 21 日　　初版第 1 刷発行

編　者	ⓒ近畿災害対策まちづくり支援機構
発行者	稲川博久
発行所	東方出版(株)
	〒543-0062　大阪市天王寺区逢阪 2-3-2
	Tel.06-6779-9571 Fax.06-6779-9573
装　幀	森本良成
印刷所	亜細亜印刷(株)

乱丁・落丁はおとりかえいたします。　　ISBN978-4-86249-350-7